Belas Letras.

FAMÍLIA VIAGEM GASTRONOMIA **MÚSICA** CRIATIVIDADE
& OUTRAS LOUCURAS

LAURA JOPLIN

COM AMOR, JANIS

Tradução:
JULIA VIDILI

BelasLetras

Este livro é o resultado de um trabalho feito com muito amor, diversão e gente finice pelas seguintes pessoas:

Gustavo Guertler (edição), Fernanda Fedrizzi (coordenação editorial), Germano Weirich (revisão), Celso Orlandin Jr. (capa e projeto gráfico) e © Getty Images Brazil / Michael Ochs Archives - RM Editorial Images (foto da capa)

Obrigado, amigos.

2019
Todos os direitos desta edição reservados à
Editora Belas Letras Ltda.
Rua Coronel Camisão, 167
CEP 95020-420 – Caxias do Sul – RS
www.belasletras.com.br

Dados Internacionais de Catalogação na Fonte (CIP)
Biblioteca Pública Municipal Dr. Demetrio Niederauer
Caxias do Sul, RS

J81 Joplin, Laura, 1949
Com amor, Janis / Laura Joplin, tradução de Julia Vidili. - Caxias do Sul, RS : Belas Letras, 2019.
440 p. il.

ISBN: 978-85-8174-488-9

1. Músico Americano - Biografia. 2. Joplin, Janis, 1943-1970. I. Título. II. Vidili, Julia.

19/31 CDU 929Joplin

Catalogação elaborada por Rose Elga Beber, CRB-10/1369

ESTE LIVRO É DEDICADO
A JANIS JOPLIN E A TODOS OS QUE A AMARAM.

SUMÁRIO

CAPÍTULO 1
OUTUBRO DE 1970

What good can drinking do?
What good can drinking do?
I drink all night,
But the next day I still feel blue

[Que bem pode fazer a bebida?
Que bem pode fazer a bebida?
Eu bebo a noite inteira,
Mas no dia seguinte ainda estou triste.]
- JANIS JOPLIN, "What Good Can Drinking Do?"

No outono de 1970, eu vivia a boemia de uma universitária em um espaçoso apartamento vitoriano em uma vizinhança decadente no sul de Dallas, Texas. Na tarde de domingo de 4 de outubro de 1970, eu estava em casa. Fiz uma xícara de chá e passei da cozinha à sala de jantar. O sol brilhante da tarde, que entrava pela grande vidraça, banhou meu corpo.

Parei ali, deixando os pensamentos correrem pela mente, até que fui tomada por um desejo irresistível de falar com minha irmã. Hesitei, pensando no incômodo que teria se ela não atendesse o telefonema: a dificuldade de tentar provar a quem quer que atendesse que eu era de fato a irmã de Janis Joplin. Daí a hesitação desapareceu. Ao me encaminhar para o telefone, sentia aquele vínculo único que eu tinha com minha mais velha e ousada irmã.

Eu vira Janis pela última vez em meados de agosto de 1970. Nosso relacionamento tinha uma constância especial que vencia os grandes períodos de separação e as vidas completamente diferentes. Nem sempre concordávamos e algumas vezes trocávamos palavras inflamadas sobre nossas diferenças, mas tudo isso desaparecia quando nos encontrávamos. Em agosto havíamos falado sobre sexo, romance, casamento, carreira, carros, casas, roupas, nossa cidade natal, sua fama e nossa família. Quando nos separamos, planejávamos nos encontrar na Califórnia no Natal, quando eu estivesse de férias da faculdade.

No momento em que terminei de atravessar o piso de carvalho amarelado até o telefone ao lado da minha cama, a compulsão de telefonar desaparecera. Não via razão sequer para tentar. Mas eu voltaria a pensar aquilo naquela noite. Por que não liguei? Fui para a cama mais cedo, preparando-me para um dia atarefado. Logo adormeci, relaxada sob as cobertas, quando o telefone tocou.

"Janis morreu", disse simplesmente a voz tensa de meu pai. Era uma manhã de segunda-feira. Aquelas espantosas palavras pareciam irreais. Acordei apenas o bastante para responder: "Não". Ele repetiu: "Janis morreu". Sacudia a cabeça como se tentasse expulsar aquelas palavras indesejadas, repetindo com insistência: "Não". O choque penetrou em meu coração e o endureceu como um cristal de gelo. Janis estava morta.

Minha colega de quarto apareceu, sabendo que havia algo errado. "Janis morreu", repeti para ela. Ela saiu e voltou logo depois com duas aspirinas e um copo d'água. "Para que isso?", perguntei. "Engula", disse, tentando oferecer-me o tipo de conforto mais conhecido pelos americanos. Engoli tudo, sabendo que não tinha nem a mais vaga ideia de como parar com aquela dor. Chorei até cair em um sono inquieto, perguntando-me: por que não liguei para ela esta tarde?

No dia seguinte, meus pais telefonaram dizendo que estavam indo para Los Angeles para resolver os negócios de Janis. Meu irmão Michael e eu não fomos, pois nossos pais queriam nos manter longe das câmeras e da imprensa. Uma multidão se espremia no lado de fora do Landmark Hotel, onde ela estava, segundo o rumor que se espalhara entre seus amigos. A polícia colocou as fitas amarelas oficiais de MANTENHA DISTÂNCIA e a multidão se movia e estremecia em confusão, frustração, lamento e choque.

A irmã de minha mãe, Barbara Irwin, vivia em Los Angeles e ajudou os meus pais com as providências necessárias. Eles encontraram o advogado de Janis, Robert Gordon, cuja elegância e firmeza os confortou e frustrou. Bob os deixou a par dos detalhes da morte de Janis e da estipulação em testamento de que seu corpo fosse cremado e as cinzas espalhadas pela costa da Califórnia, perto de Marin. Nossos pais estavam angustiados. Não apenas haviam perdido sua primeira filha, como sequer podiam levá-la para casa para um enterro apropriado.

Antes de deixar o Texas, meu pai me dissera que não tinham certeza da causa da morte de Janis. Podia ser uma overdose de drogas, mas ela também podia ter desmaiado, caído e sufocado no carpete felpudo. Ao chegarem à Califórnia, não puderam me ligar, pois tinham muito a fazer. Eu vagava por Dallas em um vácuo de fatos, ouvindo a ladainha dos rádios e as fofocas das pessoas parcialmente informadas nos salões da Universidade Metodista do Sul.

Fiquei furiosa com aquela tribo do rock'n'roll, que se consideravam amigos de Janis. Como podiam tê-la deixado experimentar heroína? Na época todo mundo usava drogas, até eu, mas heroína era diferente! Ela era mais esperta que isso! Deviam tê-la detido! Não havia ninguém para intervir? Eu me punia por não ter sido uma irmã melhor e não saber sobre a heroína. Por que ninguém fizera nada? Acima de tudo eu culpava o papel dela como rainha do rock'n'roll, aquele poleiro imponente do qual nenhuma mulher mortal poderia ouvir palavras de cautela ou sabedoria.

O relatório do legista logo foi definitivo e o veredicto foi overdose de heroína. Ela já usava a droga havia algumas semanas, como relaxante a cada três dias mais ou menos, depois de um dia duro nas gravações de seu novo álbum para a Columbia Records.

Meus pais conversaram com Bob Gordon e ele brigou com a imprensa, a polícia e o legista, a fim de assegurar uma cerimônia quieta para a família poder prestar suas últimas homenagens. Em uma capela de funeral, eles disseram adeus a Janis enquanto meu irmão e eu estávamos em confuso isolamento em cidades separadas do Texas.

Nada mostrava tanto as fraquezas de nossa família quanto o modo como tratamos a morte de Janis. Não houve um funeral para a família.

Nem túmulo para peregrinação póstuma. Não houve um velório cheio de entes queridos com quem compartilhar nossa afeição e nossa perda. Choramos sozinhos.

Nunca será suficiente dizer simplesmente que eu amava Janis. Para mim, ela era muito mais que isso. Quando nasci, Janis tinha 6 anos. Ela abrigou-me sob suas asas logo que fui capaz de engatinhar atrás dela. Na parede do quarto que dividíamos, mamãe pendurou fotos das duas meninas rindo e contando histórias uma para a outra. É assim que lembro da minha infância, sempre junto com minha constante companheira e intérprete do mundo, minha irmã mais velha. Ela me ajudou com tudo e me levava para toda parte. Em troca, eu a idolatrava.

Com a diferença de idade de seis anos, nossas experiências cotidianas muitas vezes eram inexplicáveis uma para a outra. Entrei na escola quando ela estava ingressando no ginásio. Iniciei o ginásio quando ela entrava na faculdade. Comecei a faculdade quando ela se tornou a rainha do rock'n'roll hippie. Assim, nosso relacionamento nunca se baseou em compartilhar os mesmos desafios na vida. Nossa aliança era uma coisa mais básica, uma confiança fundamental que continuou ao longo de todas as alterações nas circunstâncias. Íamos direto ao assunto. Compartilhávamos imagens, fantasias e sentimentos que eram como quartos secretos que as outras pessoas nem mesmo sabiam existir.

Meus pais ligaram e me deram os detalhes finais. Sob certos aspectos, tudo terminara. Sob outros, minha experiência mal começara. Muitas semanas depois da morte de Janis, Bob Gordon ligou. "Você gostaria de vir à festa? Janis deixou 2.500 dólares em seu testamento para dar uma festa para os amigos depois de sua morte." Janis gostava da ideia de uma festa depois do falecimento de um amigo. Ela disse ao escritor Michael Thomas: "Chocolate George [que recebera esse apelido por sua paixão por leite achocolatado], um dos Angels, foi morto, e deram uma festa grátis no parque. Tomamos um monte de cerveja e eles trouxeram o Morto e nós [*Big Brother*]. Foi muito bonita, todos os hippies e os Angels completamente bêbados... não era possível imaginar um funeral melhor. Foi a melhor festa do mundo". Quando Bob me pediu para ir à festa de Janis, eu disse imediatamente: "Sim, eu vou". Não hesitei. Eu precisava ver como era e quem eram aquelas pessoas. Precisava tocar a casa dela e suas coisas e descobrir partes de sua vida que eu não havia conhecido por estar no Texas.

A casa de Janis estava meio vazia quando cheguei no dia 25 de outubro, pois ela deixara suas posses para os amigos. Muitos já haviam aparecido para pedir um tapete oriental, um armário de cerejeira entalhada e outros itens especiais. Bob explicou galantemente que imaginava que as irmãs também eram amigas e que, se eu visse alguma coisa que quisesse para mim, devia dizer-lhe. Os móveis já estavam reservados, explicou a colega de quarto Lyndall Erb. Por isso, dei uma olhada no que ainda restava. Encontrei um presente meu, um isqueiro banhado em prata que eu dera a Janis em seu aniversário. Tinha um relevo de rosas em sua barriga oval. Pesava na minha mão, e aquele peso era agradável. Lyndall disse que estava quebrado, como quem diz: quem quer uma coisa dessas? Eu nem fumava. Não precisava do fogo, apenas do calor da ligação. Um presente meu para Janis e, agora, de Janis para mim.

A turma californiana de Janis não sabia o que fazer comigo, mas me enfiaram na casa dela. Lyndall Erb se mudara para o quarto de Janis depois que ela morreu. Ainda se ofereceu, de má vontade, para sair de lá para que eu o ocupasse. Recusei, dizendo que a cama na sala estava ótima para mim.

Ao chegar à festa no Lion's Share em San Anselmo, no dia 26 de outubro, sentei-me com pessoas que estavam tentando se forçar a ser joviais, mas naturalmente passavam a conversa em voz baixa sobre quem estava fazendo o quê. Alguém ao meu lado apontava ansiosamente um lençol de cetim *tie-dye* pendurado por trás de um bando de amigos que tocavam no palco. Comentavam que o amante recente de Janis havia feito aquele enorme buraco no calor da paixão porque se recusara a tirar suas botas de caubói. Várias pessoas insistiram para que o renomado tatuador Lyle Tuttle tirasse a camisa e me mostrasse seu torso tatuado. Ele e eu concordamos que não achávamos aquilo necessário.

Alguém me ofereceu um bolinho, e eu estava louca para comer, pois quase não comera no jantar. Só mais tarde disseram que era um bolinho com maconha. O ar estava ficando espesso dentro de minha cabeça e bati em retirada apressadamente nos braços de Bob Gordon e John Cooke, o magricela e amigável empresário de Janis, o nativo do Leste que se vestia à maneira do Oeste. Cheguei à calçada e ao ar fresco da noite exatamente a tempo de vomitar na bota esquerda de John Cooke. E eu que achava que não podia ficar pior!

Mas o ponto culminante foi acordar de meu sono induzido por drogas ao sentir Seth Morgan, um rapaz belo e musculoso que me fora apresentado como o noivo de Janis, tentando se enfiar na cama em que eu estava dormindo na sala. Uma mulher embrulhada em cobertores no chão, ao lado, impediu-o dizendo: "A irmã de Janis está aí. Venha para cá". Então ele deitou ao lado dela, tentando rejeitar suas carícias provocantes, mas finalmente cedeu. O suposto noivo de Janis fez sexo com uma amiga dela na noite do funeral de Janis.

Passei apenas três dias em São Francisco, mas estive na casa de Janis e conheci alguns amigos dela, até mais do que gostaria. Estava pronta para voltar ao Texas e à minha própria vida. Achava que meu luto tinha terminado. Acreditava que voltaria à rotina da vida, aos amigos e ao trabalho de sempre no Texas. Mas eu mal tinha atravessado o primeiro estágio do luto – o choque. Ainda tinha de passar pelos ataques da tristeza, da culpa, da raiva, do remorso e do medo.

Minha família levou anos para compartilhar nosso luto pela morte de Janis. Uma porta se fechara no dia em que ela faleceu e, por mais que Michael e eu tentássemos, raramente conseguíamos que nossos pais a abrissem. A agonia de papai pela perda da filha tornou-se visível quando a artrite se espalhou em cada articulação de seu corpo. Ele sobreviveu à sua tristeza, sempre pensando que seu apoio às inclinações não tradicionais de Janis havia contribuído para sua morte. Quando Michael e eu mostramos sinais de comportamento antissocial, ele rapidamente nos preveniu contra isso, obviamente preocupado com as consequências daquilo para nós.

Mamãe encerrou seus sentimentos em um armário interno que continha todas as memórias ternas de uma filha adorada e as preocupações com as transgressões dessa filha. Ela nunca mais foi tão delicada, suave ou carinhosa depois da morte de Janis. Era quase como se acreditasse que reconhecer seu luto colossal a derrubaria no chão e ela nunca poderia se erguer novamente. Em vez disso, tratava dos fãs de Janis como um jardineiro cuida de suas flores. Até a vista de mamãe começar a falhar, cada fã que escrevia uma carta para a família após a morte de Janis recebia uma resposta carinhosa. Ela se esforçava para lhes dar a orientação que pediam. Ela queria responder a suas queixas sobre os maus-tratos do mundo. Escreveu a uma mulher:

> *Como eu lido com as lembranças? Simplesmente lembrando com alegria os momentos felizes e os muitos, muitos momentos de riso que tivemos com nossos filhos. Eles são de longe bem mais numerosos que os momentos tristes e os problemas.*
>
> *Como lido com as lembranças dos problemas? Tentando fazê-lo sem amargura, sabendo que meus filhos foram emprestados a mim por 16-18 anos; eles não eram minhas posses. Ao crescer e se tornar autossuficientes, todos os filhos devem romper o cordão umbilical materno/paterno. Gradualmente, nossos filhos adultos começam a se relacionar conosco como pessoas e podemos nos relacionar com eles como indivíduos completamente separados.*
>
> *Como lido com a amargura? Apenas a deixo de lado, sem reservas e sem olhar para trás dizendo "Se isso" ou "Se aquilo"... quem não faz isso acaba com uma perspectiva deformada que gira em torno de si mesma. Não é fácil; eu tento e continuo a tentar.*
>
> *Como lido com a angústia de perder uma filha? Simplesmente sendo grata por todos os momentos com ela e a riqueza que ela me trouxe... e NUNCA, NUNCA esquecendo.*
>
> *Como consigo perdoar? É preciso trabalhar nisso. Isso DEVE ser feito. Afinal de contas, eu NÃO sou juiz de ninguém, nem para o mal nem para o bem. A tese religiosa na oração é: perdoe os MEUS pecados assim como perdoo os dos outros. Sendo assim, devo fazê-lo.*

Meu próprio luto se instalou em minha vida como um gato se deita sob um raio de sol no tapete, mas sempre com as garras afiadas para me causar uma dor lancinante se por um momento eu perdesse o controle firme de minha vida. Carreguei-o por 18 anos, até que um dia ele explodiu na forma de raiva. Eu chutava caixas de arquivos no escritório, arquivos que continham os papéis judiciais que definiam minha obrigação para com a carreira de Janis. Apanhei tudo o que pertencera a ela e estava na minha casa, encaixotei e mandei para meu irmão. Pedi que ele viesse buscar o Porsche dela, que estava na minha garagem. Tentava desesperadamente me libertar de alguma coisa. Finalmente desabei e chorei. O luto sacudiu meu corpo, trazendo antigas lembranças da mente como slides tirados em uma viagem pessoal. Aquilo era muito bom, eu buscava até o último grão de tristezas escondidas e o jogava fora para sempre. Finalmente compreendia que havia guardado meu luto porque era como a última coisa que tinha dela; havia sido a minha resistência silenciosa a aceitar sua morte. Era uma reação emocional absurdamente exagerada, mas, depois disso, quando atravessei a sala, era como se flutuasse. Estava leve. Estava livre.

Aquele espectro não me assombrava mais. Eu não sabia quais outras máscaras ainda deviam ser arrancadas, mas, tendo me livrado dessa, não tinha mais medo das outras. Sentia-me estranhamente atraída a buscar uma compreensão melhor de Janis.

Eu ouvia as seguintes palavras de minha irmã, que refletiam uma ideia de nossa criação comum: "Não comprometa a si mesma, é tudo o que você tem". Eu sabia que minha busca por Janis era a procura da verdade. Não poderia me contentar com nada menos que uma compreensão plena de sua vida, suas escolhas e seu tempo.

Janis dizia: "Se deixe levar e você será muito mais do que jamais pensou em ser". Livre de minha tristeza, estava livre para amá-la novamente. Deixei de lado minhas ideias prontas sobre Janis, disposta a deixar que sua vida me contasse o que podia.

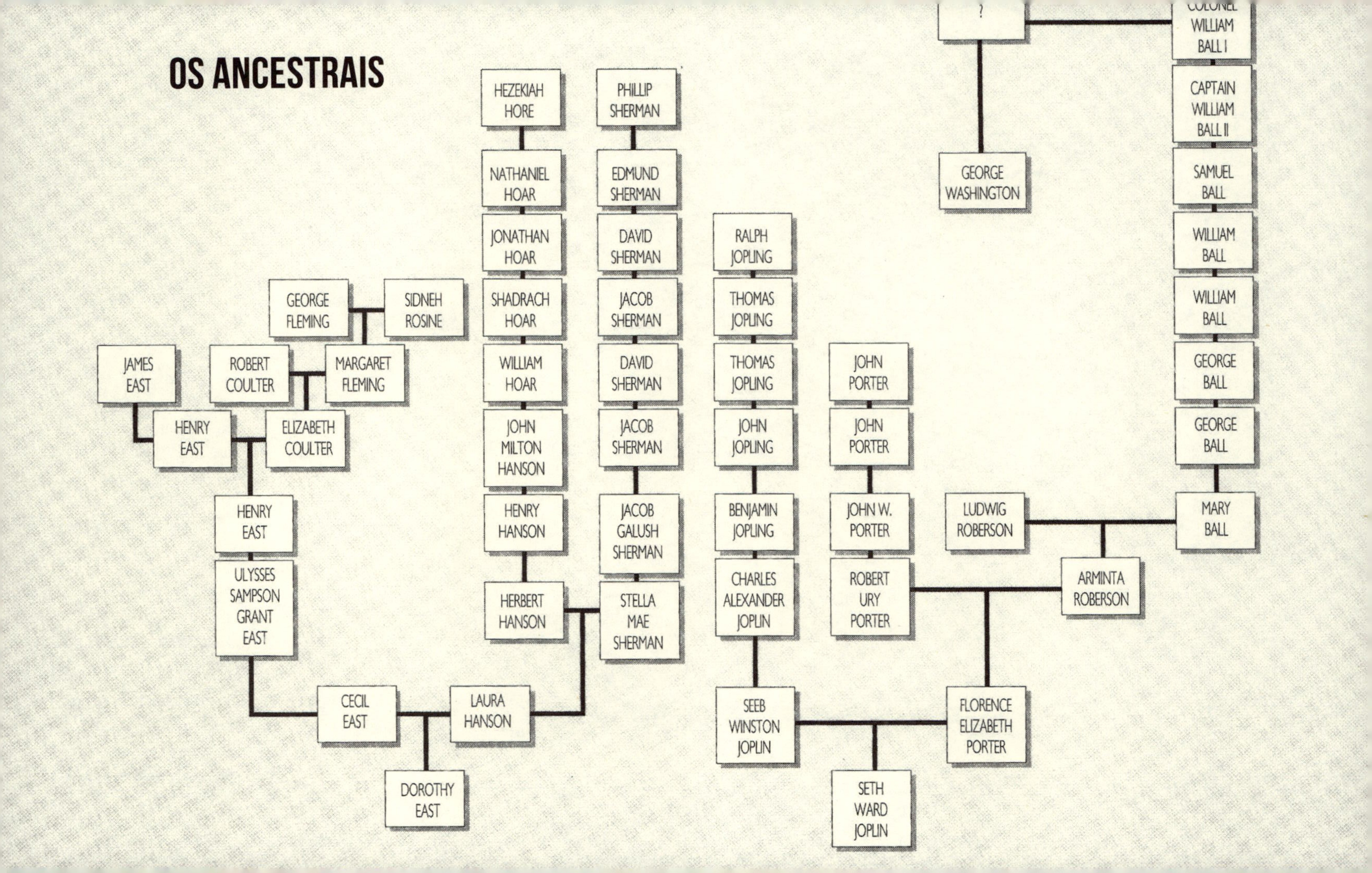
OS ANCESTRAIS
GEORGE FLEMING
SIDNEH ROSINE
JAMES EAST
ROBERT COULTER
MARGARET FLEMING
HENRY EAST
ELIZABETH COULTER
HENRY EAST
ULYSSES SAMPSON GRANT EAST
CECIL EAST
LAURA HANSON
DOROTHY EAST
HEZEKIAH HORE
NATHANIEL HOAR
JONATHAN HOAR
SHADRACH HOAR
WILLIAM HOAR
JOHN MILTON HANSON
HENRY HANSON
HERBERT HANSON
PHILLIP SHERMAN
EDMUND SHERMAN
DAVID SHERMAN
JACOB SHERMAN
DAVID SHERMAN
JACOB SHERMAN
JACOB GALUSH SHERMAN
STELLA MAE SHERMAN
RALPH JOPLING
THOMAS JOPLING
THOMAS JOPLING
JOHN JOPLING
BENJAMIN JOPLING
CHARLES ALEXANDER JOPLIN
SEEB WINSTON JOPLIN
JOHN PORTER
JOHN PORTER
JOHN W. PORTER
ROBERT URY PORTER
SETH WARD JOPLIN
FLORENCE ELIZABETH PORTER
LUDWIG ROBERSON
ARMINTA ROBERSON
?
GEORGE WASHINGTON
COLONEL WILLIAM BALL I
CAPTAIN WILLIAM BALL II
SAMUEL BALL
WILLIAM BALL
WILLIAM BALL
GEORGE BALL
GEORGE BALL
MARY BALL

CAPÍTULO 2
NOSSOS ANCESTRAIS

When I'm sitting round late in the evening, child
Wondering why, why, why did I ever leave
Well, I went out searching for something, baby
I left it behind now, babe, now I see

[Quando estou por aí tarde da noite, meu bem
Pensando por que, por que, por que fui embora
Bem, eu estava procurando alguma coisa, meu bem
E agora vejo que a deixei para trás]
-JANIS JOPLIN, "Catch me, Daddy"

Os nomes que conheço do lado paterno da minha família são Joplin (ou Jopling), Porter e Ball. O sobrenome da minha mãe era East, havendo também parentes de nome Hanson (antes Hoar e, antes ainda, Hore), Sherman, Coulter, Fleming e Rosine.

Os primeiros ancestrais a chegar à costa americana eram pescadores da família Hore que se aventuraram a atravessar o encapelado Atlântico para chegar às ricas águas da Nova Escócia. Ali, Hezekiah Hore, então com 25 anos, foi atingido pela onda salgada da oportunidade. Ambicionava todos aqueles quilômetros de terras de cultivo, densas florestas e caça abundante. Era o segundo filho de um segundo casamento. Além de uma frota de barcos de pesca, a família possuía vastas terras arrendadas do tempo do confisco de Henrique VIII à propriedade da Igreja Católica. Nada disso seria dele, porque não era o filho mais velho. Em 1633, doze anos depois da chegada do *Mayflower*, Hezekiah Hore embarcou no navio *Recovery* para uma nova vida na colônia da baía de Massachusetts.

Hore se juntou a um grupo de primos e vizinhos na fundação da cidade de Taunton, Massachusetts. Estabeleceu-se entre pessoas em geral consideradas puritanas, mas, desde o início, os ateus formavam uma bela minoria. Esses outros peregrinos celebravam a vida em roupas coloridas e com um riso sincero. Hezekiah foi um próspero fazendeiro e homem de negócios. Como seus colegas, tentava romper com a tirania da Igreja da Inglaterra, o governo inglês e o sistema econômico que mantinha os homens no degrau da vida em que nasceram.

Seitas religiosas conflitantes perturbavam a coexistência pacífica dos colonos. Cada grupo era um defensor inflexível de seu próprio ponto de vista. Puritanos, batistas, separatistas e quakers discutiam inflamadamente. No auge da tirania opressiva da colônia de Plymouth, navios que transportassem quakers podiam ser multados, e estes açoitados e aprisionados. Muitos eram levados à forca.

Roger Williams atraiu a ira de muitos com seus apelos por tolerância religiosa e respeito pelos índios. Suas acusações influenciaram a vida de outro de meus ancestrais na colônia da baía, Phillip Sherman, genro de Williams. “Nenhum homem tem o direito de forçar outro a entrar para nenhuma Igreja!” Williams se queixava. “Não deveria haver religião de Estado na nova terra.” Ele enfureceu especialmente os colonos com seu apoio ousado aos direitos dos índios. Vivia entre eles, aprendeu sua língua e acusou: “Nenhum inglês deve se apoderar da terra dos índios sem permissão e pagamento”. Seu ponto de vista incômodo ameaçava tanto a colônia de Plymouth que ele e seus seguidores foram expulsos. Phillip Sherman, com seu grupo de colonos mais liberais, formou a colônia de Rhode Island. Os colonos restantes, leitores da Bíblia, capturaram os índios sobreviventes e os venderam como escravos nas Índias Ocidentais.

Como reação ao fervor de seus pais, os filhos dos primeiros colonos prenunciavam uma era de cautela e estabilidade. William Ball, um dos ancestrais de meu pai, mudou-se da baía de Chesapeake para a Virgínia, onde construiu sua mansão em estilo georgiano, Millenbeck. Ele se tornaria avô de George Washington.

Phillip Sherman tornou-se um quaker, fazendeiro e orador. John Porter e Thomas Jopling eram fazendeiros na Virgínia. Todos foram apanhados no "Grande Despertar", um período de fervor religioso e descoberta de um eu interior no início do século XVII. Esse grupo rejeitava a ideia dos pais de que simplesmente viver poderia trazer a satisfação. Eles queriam que a "Nova Luz" viesse de dentro para que todos conhecessem a glória e a euforia de um renascimento espiritual. Saíram em missão e fundaram novas comunidades, denunciaram a escravidão e converteram índios enquanto revitalizavam suas igrejas.

As guerras de fronteira também consumiam sua energia. Durante os sete anos (1755-63) da Guerra Franco-Indígena, milhares de colonos perderam a vida. Uma jovem sueca que foi a primeira ancestral americana de minha mãe, Sidneh Rosine Brown, sentiu o ímpeto da abominável violência nos conflitos raciais e territoriais. Era noite quando bateram na porta. "Quem está na casa?", a voz inglesa perguntou. Seu jovem marido abriu a porta e seu corpo surpreso foi atravessado pelas lanças indígenas. A cabeça do bebê de 2 anos de Sidneh foi esmagada contra o batente da porta. A casa e o celeiro, com os animais dentro, foram incendiados enquanto o bando de seis índios e um francês vestido como índio dançava e festejava na noite fumacenta. Sidneh foi forçada a marchar com eles até o Canadá e deu à luz um filho no caminho. Os índios deram àquela nova vida seu batismo cerimonial em um rio gelado. Sidneh obteve aprovação de seus captores ao se recusar a comer sua porção da última coisa comestível que eles traziam, uma bolsa de couro usada para carregar balas de rifle. Ela acabou sendo vendida aos franceses no Canadá por 5,30 dólares e ficou com o governador para se recuperar antes de ser negociada de volta às colônias inglesas.

Sidneh voltou à Virgínia, onde se casou com George Fleming, recém-emigrado ao Novo Mundo. Troncudo e cheio de coragem, seu navio naufragara a 5 quilômetros da costa, sem salva-vidas a bordo. Depois de atirar pertences e ouro para fora, George Fleming se agarrou em um tronco e flutuou até a terra, levado pela maré. Depois de se estabelecerem, George e Sidneh levaram uma vida confortável, comprando contratos de trabalho de criminosos condenados.

As guerras menores acabaram por detonar o maior conflito da época, a Revolução Americana. John Porter alistou-se em 1776 como sargento. Shadrach Hoar tornou-se cabo. Um da Virgínia e um de Massachusetts, lutaram na mesma campanha para impedir o ataque britânico ao norte das colônias. Essa campanha de Saratoga foi uma batalha decisiva e habilidosa, bem-sucedida graças à capacidade e à ousadia do comandante, Benedict Arnold, um homem lembrado pela história por seus atos traiçoeiros posteriores.

Jacob Sherman desafiou sua criação quaker ao pôr um rifle no ombro e marchar até combatê-lo em Boston. Lutou em uma batalha que se tornou conhecida como Bunker Hill. Em seu diário "Crisis", de 23 de dezembro de 1776, Thomas Paine descreveu o dia: "Este é um período que testa a alma dos homens. O soldado de verão e o patriota do bom tempo, nessa crise, recuarão do serviço a seu país; mas aquele que o sustenta merece o amor e a gratidão de homens e mulheres".

Longe de receber gratidão dos entes queridos por seus esforços, Jacob Sherman foi deserdado por seus pais por violar a crença quaker da não violência. Seus esforços ajudaram a fundar um país, mas desfizeram uma família. Ele foi o último dos quakers na nossa família.

A geração seguinte de membros trouxe todos os grupos familiares para o Oeste. Benjamin Jopling era um escocês esquelético, com as mãos grandes de um homem acostumado ao trabalho duro. Em 1826, Jopling entrou para a Igreja Metodista durante uma campanha de evangelização ao ar livre e sua vida mudou abruptamente. A Igreja Metodista foi a primeira a condenar publicamente a escravidão. A Igreja Metodista-Episcopal separou-se dela em 1844 como um movimento pró-escravidão e Benjamin foi com eles. Era uma verdadeira Igreja do povo, sem missionários pagos. Os membros eram incitados a levar a palavra viajando em grupos comunitários a novos territórios e fundando novas igrejas.

Essa força interior impeliu Benjamin Jopling a separar sua família dos parentes e rumar para a fronteira no nordeste do Alabama. Homens brancos haviam recentemente encontrado ouro nas terras dos Cherokees. Nenhuma disputa diplomática podia evitar que o governo federal encontrasse um modo de expulsar os Cherokees de suas terras. Benjamin tornou-se um membro estabelecido da comunidade até ser atraído pelos cartazes de TEXAS OU FRACASSO nos vagões que passavam. Ele finalmente se estabeleceu próximo a Fort Worth, onde formou uma fazenda e ajudou a construir o forte que deu ao assentamento esse nome. Ao longo do caminho casou-se quatro vezes, teve 22 filhos e sobreviveu a todas as esposas.

John Milton Hanson tomou um caminho para o norte durante sua viagem para o oeste a partir de Massachusetts. Seu pai, William Hoar, mudara o nome da família para Hanson. Com sua nova noiva, Lauretta, John primeiro tentou a vida em Nova York e depois em Ohio, até se estabelecer em Henry County, Iowa, a 50 quilômetros do Rio Mississippi. Em troca da parelha de cavalos que os havia puxado até Iowa, eles receberam terra inculta.

Dez anos depois, o atraente chamado de um futuro melhor obrigou John Hanson a perseguir seus sonhos na corrida do ouro da Califórnia. Deixou a esposa e os oito filhos e levou o filho mais velho. Sua esposa logo morreu e os filhos foram entregues a vizinhos e parentes até que, seis anos depois, John voltou para casa para continuar seu papel de provedor do lar. Era um homem de notável inteligência, muito respeitado na comunidade, e viveu até uma idade muito avançada.

Na Virgínia, John W. Porter casou-se com a filha de um pastor batista. O jovem casal planejou seu futuro baseado nas histórias contadas nas cartas do irmão de John, Beverly Porter, que vivia no distante mundo do Texas, na época território mexicano. A esposa de John era uma valente mulher pioneira, de corpo robusto e coração forte, cujas convicções internas e fé em seu marido a levaram a atravessar a fronteira. Em 1833, marido e mulher, dois filhos e um punhado de escravos partiram de Nashville em uma chata rumo a Nova Orleans. Porter carregara o barco com carne de porco e fogões como bens de troca, que permutou por passagens de barco até o porto de Velasco, no Texas. Ali encontraram o irmão Beverly Porter moribundo em meio à epidemia de cólera de 1833. Destemido, John e seu grupo extraíram sal da água do mar para poder comprar bois e carroças para iniciar sua jornada continental. Enfrentaram as curvas e as voltas do Rio Brazos e chegaram a uma área acidentada e montanhosa coberta por uma relva muito verde e pontilhada de pinheiros. Ali, Porter reclamou seu lote de terra prometido pelo governo por um tratado. Deu à propriedade o nome de Porter's Prairie e construiu cabanas de troncos para a sua família e a dos escravos.

O filho de John W. Porter, Robert Ury Porter (bisavô de meu pai), compartilhava o dom de fazer fortuna com muitos de sua geração. Após a morte do pai, passou a administrar os bens de sua mãe. Criava gado e cultivou a terra inculta com grãos e frutos. Diminuiu o número de escravos e retirava madeira da fazenda e das florestas do leste do Texas. Edificaram a primeira casa de dois andares em Burleson County, uma construção de madeira segundo o modelo da graciosa casa sulista. Tinha amplos alpendres na frente e atrás, com varandas superiores para dormir durante as noites quentes e úmidas do verão texano. Havia um salão central com quartos de ambos os lados e uma cozinha separada para impedir que os frequentes incêndios de cozinha se espalhassem.

Robert se casou e levou a jovem noiva para Nova York para comprar móveis para seu novo lar: camas de carvalho com baldaquim, cômodas altas e baixas, tapetes e um piano de salão. Construiu a primeira igreja metodista e o primeiro edifício da escola no condado. Durante a Guerra Civil, Robert serviu como agente de comércio para os confederados. Os sucessos da ligação de seu grupo com o México permitiram que o Sul mantivesse suas forças por muito mais tempo do que se houvesse contado apenas com suprimentos sulistas.

O irmão de Robert entrou para os Texas Rangers de Terry, o flagelo dos exércitos nortistas. Esse grupo era conhecido por sua ousadia e determinação, embora no final da guerra dois terços tivessem perdido a vida. Eles cavalgavam em animais selecionados e infligiam constantes derrotas aos ianques, que não eram nada em comparação com os astutos comanches, que os texanos já haviam enfrentado em casa.

Do outro lado da Guerra Civil lutavam os Hansons. Henry W. Hanson (o bisavô de minha mãe) alistou-se como voluntário no 4º Batalhão de Cavalaria do Iowa aos 18 anos. Serviu como ordenança no quartel-general do general Robert. Sua admiração pelo serviço era tanta que ele usou seu uniforme muitas vezes anos depois do final do conflito.

Sua geração de progressivos tinha interesse em servir à sociedade. Henry entrou para a Loja Maçônica e o Grande Exército da República, que se dedicava ao trabalho ativo de assistência. Ao nascer, fora chamado simplesmente Henry, mas, já adulto, com todo o seu respeito pela pompa da vida institucional, sentiu a necessidade de ter um nome do meio e, por isso, atribuiu a si mesmo a inicial W.

A geração seguinte continuou a migração para o Oeste. A família de mamãe parou no Nebraska. Ulysses Sampson Grant East, avô de minha mãe, era um garoto de Illinois nascido de pais patriotas durante a Guerra Civil. Grant, como era chamado, apanhou a febre da corrida por terra de Oklahoma, da qual participaram vários de seus parentes, mas escolheu uma rota mais a norte. Um homem afável, mas autocrático, ele acabou formando uma fazenda no canto sudeste do estado, em uma área que os índios Pawnee haviam sido recentemente forçados a desocupar.

O vizinho de meu bisavô era um sujeito há pouco vindo de Iowa, Herbert Hanson. Herbert perdera seu trabalho como mensageiro em Iowa e não podia trabalhar em fazenda por causa de uma lesão na perna causada durante um jogo de beisebol. Seu pai lhe dissera: "Vá para o Nebraska, Herbert. Qualquer homem que possa erguer um machado pode ganhar a vida ali". Como a família de Herbert algumas vezes fora reduzida a comer batatas no almoço e água de batata no jantar, eles precisavam de uma mudança. No Nebraska ele prosperou, tendo possuído uma loja de ferragens e uma loja de móveis de segunda mão.

Herbert era ativo no Partido Republicano. Se alguém quisesse alguma coisa na pequena comunidade agrícola de Clay Center, Nebraska, dizia: "Procure Herbert Hanson. Ele pode arranjar tudo". Na verdade, era tão ativo política e socialmente que sua esposa, Stella Mae Sherman Hanson, teve de criar sozinha oito filhos. Ela ressentia-se de suas ausências e tornou-se uma pessoa amarga. Muitas vezes escrevia aos filhos (quando cresceram) frases que começavam com: "Estou tão magoada com..."

W.E.B. du Bois iniciou o primeiro movimento que exigia direitos iguais para os negros, enquanto meus ancestrais Porter foram forçados a lidar com o fato de ter escravos. O folclore familiar conta que Robert Porter reuniu seus escravos e disse: "Aqueles que quiserem ir embora, podem ir. Vou cuidar daqueles que desejarem ficar". Em um belo gesto, ajudou a comprar terras e mulas para uma dessas famílias. Ensinou a seus filhos que a escravidão era errada. Era capaz de aceitar a derrota e a mudança.

Minha avó, Florence Porter Joplin, começou a vida na protegida tradição sulista, que logo se curvou às realidades econômicas do final do século XVIII. Nascida de um pai que já tinha 62 anos, sofreu com sua capacidade cada vez menor de cultivar a terra. Em uma visita a um primo de Big Springs, Texas, ela ajudava na casa com uma fornada de pãezinhos frescos preparada para um grupo de caubóis que aparecia lá para o café da manhã de domingo. Logo se casou com o tímido capataz do rancho, Seeb Joplin.

Seeb fora criado próximo a Lubbock, Texas, e era o mais velho de 11 filhos. O pai de Seeb, Charles Alexander Joplin (que retirara o *g* de Jopling), ajudou a fundar a Igreja Metodista local e trabalhou como delegado do condado. Ajudou a abrir ruas, projetar edifícios municipais e planejar instituições sociais beneficentes. Charles era um homem bem-humorado e diligente, mas não acreditava em dar uma educação para seus filhos. Em vez disso, achava que deviam sustentar grande parte do fardo do trabalho agrícola. Seeb era um garoto notavelmente inteligente, mas não foi muito além da sexta série. Seu treinamento no trabalho com a terra teria lhe bastado em épocas anteriores, mas ele atingiu a maioridade quando toda a terra disponível para a formação de fazendas terminara.

Vovô pensava no romance das novas fronteiras quando conduziu um rebanho de vacas do rancho que administrava até Billings, Montana. Com seu irmão, aventurou-se em uma ferrovia de bitola estreita até Dawson, Alasca. Alguém lhe ofereceu 800 dólares para passar o inverno ali e manter apenas uma vaca viva, mas não gostou do clima com neve e voltou ao Texas. Ele e vovó Florence criaram seus dois filhos em um grande rancho que administravam na zona rural de Tahoka, Texas. O sufrágio feminino pode ter sido legalizado em 1920, mas a verdadeira emancipação para minha família veio com um número reduzido de filhos. Minha avó Florence Porter Joplin fora criada em uma família de 16. Ela teve apenas dois filhos. Isso era liberação! Meu pai, Seth Ward Joplin, nasceu em 1910, o segundo e último filho de Seeb e Florence.

"Pergunte à madame" era como vovô lidava com muitas das perguntas que os dois filhos lhe faziam. Era um sinal da formalidade que governava seu ambiente doméstico, mesmo naquele ponto remoto das planícies do oeste do Texas. A avó Joplin ensinou os filhos a respeitar as pessoas pelos seus méritos. Ela aprendera uma lição durante os dias da Reconstrução, coalhados de revoltas, matanças de brancos e negros por motivos raciais, e os republicanos do governo do Estado forçando as taxas sobre a propriedade imobiliária a níveis tão altos que os proprietários do pré-guerra eram forçados a vender suas terras. A lição era ser discreto, e ela a passou adiante.

Um dos frequentes pânicos do mercado de ações apanhou o proprietário do rancho em seu turbilhão e forçou a venda das terras administradas por meu avô Seeb. Por algum tempo, ele foi xerife da cidade de Tahoka, mas sua personalidade era demasiadamente gentil. Seeb finalmente encontrou seu nicho como administrador dos estábulos em Amarillo, Texas. Minha avó ajudava no orçamento doméstico à frente de uma pensão para os homens que trabalhavam para meu avô. Sua comida era tão boa que algumas pessoas procuravam emprego com ele apenas por essa razão. Vovó aprendeu a dirigir um automóvel somente para assistir a aulas de culinária.

No Nebraska, os pais de minha mãe, Cecil East e Laura Hanson, se encontraram e casaram na comunidade agrícola de Clay Center. Ainda estavam tomados pela febre da propriedade de terras e se mudaram, junto com o clã dos East, para o oeste de Oklahoma. Trocaram as fazendas do Nebraska pelos ranchos de Oklahoma. O temperamento de meu avô Cecil era adequado à independência e rudeza da vida de rancho. Seu pequeno rebanho prosperou e ele ocupou-se em desenvolver a comunidade local. Sua esposa, porém, tinha muita saudade da família em Clay Center e insistia tanto nesse assunto que seu marido finalmente cedeu. Com duas crianças pequenas, voltaram à rotina da família Hanson, com jantares aos domingos e sessões de canto em volta do piano.

Vovô Cecil era um homem ambicioso. Percorreu a zona rural em busca de animais de criação para suplementar sua renda doméstica. Minha avó Laura cuidava de uma horta de um acre e armazenava alimento bastante para sustentar a família por um ano. Os dois trabalhavam pesado, mas meu avô investiu todo o dinheiro em capados que contraíram uma doença e tiveram de ser sacrificados. A família ficou arrasada, porque a perda dos capados lhes custou a fazenda. Vovó levou os filhos para viver com seus pais. Vovô transferiu-se para Amarillo para encontrar trabalho e um modo de sustentar a família. Logo teve sucesso, vendendo aquilo que um fazendeiro conhece melhor: propriedade imobiliária.

A família East se mudou para Amarillo durante o último ano do segundo grau de minha mãe. Ela viu sua mãe perder seu posto integral na economia familiar quando seu pai começou a ganhar comissões em vez de dividir o trabalho da fazenda com a esposa. Os novos papéis forçados a meus avós não foram aceitos de bom grado por nenhum dos dois. Culpavam um ao outro pelos padrões indesejados de sua nova vida. Trocavam acusações, atormentando os quatro filhos com as brigas. Vovô começou a ter casos extraconjugais, em busca do conforto que a esposa não podia lhe dar. Também começou a beber ocasionalmente, uma clara afronta ao ponto de vista cada vez mais estritamente religioso de Vovó.

Todos os meus avós começaram a vida na zona rural, mas seus filhos se tornaram cidadãos urbanos. As estruturas que haviam definido a vida desde a fundação do país – a Bíblia, a família e a reputação pessoal – estavam começando a perder seu poder central. De uma geração para a seguinte, ideias, diretrizes, atitudes e ambições aparentemente ultrapassadas eram deixadas de lado com a nova visão que cada novo grupo de adolescentes tinha de seu futuro.

Os escritores William Strauss e Neil Howe, em seu livro *Generations*, descrevem o processo como um conjunto cíclico de estágios previsíveis. A cada vinte anos, nossa sociedade concentra e reconcentra sua energia. A cultura evolui de uma concentração em experiências espirituais e crescimento pessoal para um período de comprometimento com grupos cívicos que trabalham diligentemente para resolver crises culturais. Strauss e Howe descrevem uma cultura americana que oscila entre dois polos: “CRISES SECULARES, quando a sociedade se concentra em reorganizar o mundo exterior de instituições e comportamento público; e DESPERTARES ESPIRITUAIS, quando a sociedade se concentra em transformar o mundo interior de valores e comportamento privado”.

As ambições e as expectativas de qualquer pessoa são, assim, definidas pela época em que nasceram e foram criadas. Seus companheiros, nascidos durante o mesmo período de vinte anos, compartilham um conjunto único de experiências históricas, assim como "atitudes de toda a sociedade em relação a família, escola, papéis sexuais, religião, crime, carreiras e risco pessoal", explicam Strauss e Howe. "Em diversos momentos da história, os americanos escolheram ser mais protetores com os filhos, ou mais generosos com os idosos, ou mais tolerantes com jovens e adultos pouco convencionais. Daí, depois de algum tempo, a tendência passou para o outro lado. Sempre que isso acontece, o ambiente social altera-se de forma diferente segundo cada grupo... árvores plantadas no mesmo ano têm anéis que indicam quando todas enfrentaram um inverno muito frio, uma primavera úmida ou um verão seco. Os grupos são como as árvores nesse aspecto. Trazem dentro de si uma assinatura única dos momentos passados da história."

Meus ancestrais nasceram, viveram e morreram como parte de grupos geracionais formados e limitados pelos acontecimentos históricos e atitudes de sua época. Por isso, exibiam características semelhantes, causando e reagindo a outros fatos que formaram as experiências de vida de um grupo geracional que veio a seguir. A história da vida de meus ancestrais é a saga dos pioneiros americanos, que exploraram e algumas vezes conquistaram aquilo que era visto como a fronteira daquele tempo. Quer se tratasse de um crescimento espiritual, de formação de fazendas ou da fundação de instituições que prometiam respostas a questões consideradas urgentes, os membros de minha família dedicaram a vida àquelas tarefas. Tinham fé em um futuro melhor, além da energia e dos talentos necessários para mover a sociedade um passo além no caminho evolucionário.

CAPÍTULO 3

A INFÂNCIA DE JANIS

I ain't quite ready for walking
I ain't quite ready for walking
And what will you do with your life
Life just a-dangling?

[Não estou pronta para andar
Não estou pronta para andar
E o que você fará com sua vida
A vida apenas oscila?]
– JANIS JOPLIN, "Move Over"

Os amigos chamavam minha mãe, Dorothy East, de "Lily Pons do Texas", um elogio por sua capacidade de cantar como uma grande soprano de ópera. A voz dela era pura, clara e poderosa; trazia as melodias de seus espetáculos favoritos da Broadway à vida nas planícies do Texas. Ela também se saía muito bem com as canções jazzísticas de Cole Porter. Cantava em qualquer oportunidade, o que, em Amarillo, significava a igreja, casamentos e o Kiwanis Club. Sempre que cantava, o rosto de seu pai se iluminava e seus olhos se enchiam d'água. Sua mãe mantinha a personalidade severa, raramente permitindo-se sorrir.

O ponto alto da vida de mamãe no colegial foi interpretar o papel principal em um musical organizado por toda a cidade. Como era um evento de caridade importante, os organizadores contrataram um diretor da Broadway para melhorar ainda mais sua qualidade. Todos falavam sobre as coisas boas que viriam para aquela talentosa jovem. O diretor do espetáculo chamou mamãe de lado, dizendo: "Se você quiser o trabalho em Nova York eu posso conseguir, mas não recomendo. Conheci você melhor durante o espetáculo e sei que aquelas pessoas não são o seu tipo de gente". Ela aceitou o conselho e não foi a Nova York. Em vez disso, ganhou uma bolsa para a faculdade em um concurso de canto. Atendeu aos conselhos do pastor de sua igreja e candidatou-se à Universidade Cristã do Texas em Fort Worth.

Em 1932, em meio à Grande Depressão, minha mãe embalou os únicos dois vestidos que tinha e foi à faculdade, pronta para conquistar seu futuro. Em vez do inevitável triunfo, ela se chocou com as limitações de uma única professora de canto que só ensinava ópera. Falida e desiludida após um ano de escola, mamãe voltou a Amarillo para trabalhar.

Era a década de 1930. As garotas petulantes estavam na moda e minha mãe era uma mulher liberada. Junto com suas colegas, ela escandalizou os pais ao cortar o cabelo em estilo joãozinho. Usava vestidos justos, salto alto e chapéus vistosos – em estilos que seu futuro sogro, Seeb Joplin, chamaria de chapéus "caminho do inferno". Fumava cigarros para chocar. Fumar era uma verdadeira afronta aos pais naquele tempo. Cigarros eram ilegais em 14 estados e havia legislações pendentes em outros 28. Era comum que se expulsassem moças – como Edna St. Vincent Millay – da faculdade por fumar.

Mamãe começou a trabalhar em uma estação de rádio de Amarillo, a KGNC. Sua reputação local de espírito livre foi conquistada quando, ao tentar descobrir irritada por que a música não tocava, ela gritou: "Não consigo entender essa droga!" e percebeu em seguida que seu desabafo fora transmitido a cada casa e fazenda em um raio de 160 quilômetros.

Um encontro às cegas no Natal aproximou meus pais. Papai estava de férias da faculdade de Engenharia e queria se divertir. Mamãe gostava de dançar, por isso o levou a seu local favorito, mas percebeu que ele estava desconfortável naquele ambiente barulhento e bagunçado. Longe do barulho, sua conversa logo se voltou para os assuntos de que ambos gostavam: a literatura e o mundo das ideias.

Muitas vezes, mamãe fugira à hostilidade em sua casa mergulhando durante horas em Dostoiévski e Tolstói na biblioteca local. Meu pai se interessava por literatura americana. O primeiro dinheiro que meu pai ganhou quando menino fora usado para comprar *As obras completas de Mark Twain* e *As obras completas de Edgar Allan Poe*. Nas cartas trocadas, papai escreveu: "Não me diga o que você está fazendo. Conte-me o que você está pensando".

Papai era um rapaz belíssimo, com maxilar quadrado e sorriso oblíquo. Dizia-se que tinha os olhos mais azuis do colegial. Era um namorador que costumava vencer as "corridas lentas" – um desafio que consistia em rastejar em volta da escola em um carro com pneus recheados com farrapos enquanto se falava com as meninas (usavam farrapos nos pneus porque a borracha para novos pneus era rara desde a Primeira Guerra Mundial). Ele gostava de usar ternos com um chapeuzinho, que mantinha cuidadosamente inclinado na cabeça.

Era dolorosamente tímido de vez em quando e costumava passar muito tempo sozinho. A casa de seus pais havia abrigado os rapazes contratados por vovô Seeb para trabalhar nos estábulos. Florence não gostava da influência dos homens rudes sobre seus filhos e por isso hospedou a filha na cidade para estudar. Meu pai tinha sua cabana de um só quarto.

A falta de dinheiro forçou papai a abandonar a faculdade um semestre antes de se formar. Embora fosse intelectualmente curioso e um ávido leitor, a escola o aborrecia. Era mais um playboy, conhecido por fazer seu próprio gim durante os últimos dias da proibição para animar as festas da faculdade. Levava uma vida arriscada, fumava maconha, que era legalizada, mas não facilmente encontrável. Em Amarillo, durante uma época com 25% de desemprego, ficava com sua garota e trabalhava no único emprego que pôde encontrar, como frentista de posto de gasolina.

Mamãe conseguiu um emprego temporário como folguista no crediário da loja Wards local. Passou as duas semanas mostrando ao chefe que seria melhor ficar com ela do que aceitar de volta a moça que estava de folga. Conseguiu o que queria e acabou como chefe do departamento.

Meus pais passavam horas juntos, muitas vezes de visita na casa dos Joplin. Gostavam da gentileza e da conversa animada do casal. Dorothy sentia-se aceita e gostava de escapar das constantes discussões que deixavam pesado o ar na casa dos East. Em um momento de ternura, seu pai, Cecil, confidenciou para papai: "Minha esposa e eu costumávamos conversar e compartilhar as coisas, mas agora ela não consegue ouvir, parece que nunca conversamos sobre nada". Laura usava um aparelho auditivo desde a infância. Nesse período de sua vida, muitas vezes preferia desligá-lo a ouvir o que as pessoas diziam. Dedicava-se quase exclusivamente à igreja.

Vovô Cecil também era um homem religioso, mas sua opinião sobre a vida mudara com a idade. Sabia-se que consumia álcool, atitude que segundo sua esposa era obra do Diabo. Ele chegava a beber com papai e, certa vez, embebedou o rapaz e morreu de rir quando ele vomitou na varanda.

Quando a tensão na casa do East explodia, vovó Laura escrevia um bilhete e o deixava sobre a escrivaninha. Daí pegava suas malas e tentava ir de volta ao Nebraska, mas vovô sempre a encontrava e trazia de volta.

O desastrado relacionamento dos East fez mamãe fazer uma promessa para si mesma: "Nunca vou discutir com meu marido. Sempre vou fazer com que as coisas funcionem". Escolheu papai porque era gentil, amável e sensível. Papai escolheu mamãe porque era forte como sua mãe, porém mais estimulante e desafiadora, de um modo que se adequava à loucura da época.

Por volta de 1935, o melhor amigo de papai na faculdade o recomendou para um emprego na Texas Company, futura Texaco, em Port Arthur, Texas. Ficava a quase mil quilômetros, mas era um emprego de verdade e uma chance de começar uma vida nova. Meu pai a agarrou e mamãe deixou seu emprego para segui-lo. Seu chefe na Wards tentou dobrar o salário para segurá-la em Amarillo, mas ela apenas ficou brava. "Se agora eu valho duas vezes o meu salário, o senhor me enganou esse tempo todo", foi sua réplica. Rapidamente encontrou trabalho no departamento de crédito da Sears.

Quatro anos depois de se conhecerem, meus pais finalmente tiveram dinheiro para se casar. Em 20 de outubro de 1936, Dorothy East e Seth Joplin eram marido e mulher. Não houve reunião de família ou horas de celebração. Foi uma cerimônia simples com dois amigos, porque a família estava longe e os tempos eram difíceis.

Port Arthur era a principal refinaria do mundo. Ficava a apenas 30 quilômetros do maior poço de petróleo da época, em Spindletop, Beaumont. O petróleo era o rei daquele tempo, a fonte de muitas novas fortunas e uma reestruturação da paisagem econômica. Seth e Dorothy podiam ver seu futuro na renda constante proporcionada pelo óleo. O Texas liderava todos os outros estados em produção de óleo e Port Arthur estava no centro disso tudo.

A cidade de Port Arthur fora fundada por um visionário, Arthur Stilwell. Escolheu o local com a ajuda de vozes em seus sonhos, às quais chamou fadas. Construiu-a às margens do belo Lago Sabine, a apenas 30 quilômetros do golfo do México. Stilwell projetou a cidade com amplos bulevares, grandes avenidas e casas de alto padrão na margem do lago. Usou o dinheiro e o conhecimento holandês para abrir um canal que ligava a cidade ao golfo do México. A cidade tornou-se o primeiro porto continental com acesso ao oceano para as refinarias. Port Arthur estava destinada, dizem, a ser o porto de embarque para toda a indústria de petróleo do Texas.

Mas então Stilwell caiu ante o cerco financeiro promovido por John "Aposto-um-Milhão" Gates, que desvirtuou o controle do desenvolvimento da cidade. Ele fez fortuna vendendo arame farpado nos estados do Oeste, formando uma empresa que mais tarde se tornaria a U.S. Steel. Gates vendeu as pitorescas margens do lago para cidades vizinhas que queriam o direito de continuar o canal intracosteiro até suas comunidades. As mansões da cidade não tinham mais panoramas de ondas brancas e barcos a vela singrando à brisa constante. Em vez disso, observavam navios-tanque passando para lá e para cá pelo canal.

Meus pais iniciaram a vida sob o New Deal de Roosevelt, mas os rumores de guerra na Europa anuviavam seu sentido de futuro. Em 1936, a Alemanha ocupou a Renânia e o Japão invadiu a China.

Papai trabalhava na única fábrica da Texaco que fazia contêineres para petróleo, latas que viajavam por todo o globo. Com o advento da guerra, a fábrica de acondicionamento de Seth tornou-se ainda mais essencial. Foi chamado para alistar-se no exército três vezes, mas sempre recusou por causa da importância de seu trabalho para o esforço de guerra.

Com o inevitável colapso do casamento dos East, vovó Laura e sua filha mais nova, Mimi, vieram viver com meus pais. Para meus pais era a oportunidade de comprar sua primeira casa, um bangalô de tijolinhos com dois quartos nos limites da cidade. O dinheiro era pouco, tanto que, quando Seth foi comprar um cortador de grama, precisou pagar a prazo os 8 dólares do preço.

Rodeados por incerteza, temor e trabalho interminável, meus pais celebravam a vida. Muitas vezes eram vistos na outra margem do Rio Sabine, em Vinton, Louisiana, uma cidade que se especializara em oferecer álcool sem limites e boa música para dançar para uma multidão do Texas. Batendo os saltos e estalando os dedos, mamãe às vezes dançava em cima das mesas. Papai costumava se perguntar se seria capaz de controlá-la.

Certo dia, meu pai chegou do trabalho e sussurrou para minha mãe: "Vamos deixar algo para a posteridade!". A moralidade do oeste do Texas permitia que a pessoa bebesse e festejasse antes de se estabelecer. Com a gravidez de mamãe, a festa foi abruptamente interrompida.

Janis Lyn Joplin nasceu às 9h30 de 19 de janeiro de 1943. Naquela manhã, quando o trabalho de parto começou, minha mãe disse a papai que fosse para o trabalho. "As mulheres sempre tiveram bebês. Vou ficar bem." Mais tarde ela confidenciou suavemente: "Na próxima vez em que tiver um bebê, quero você comigo". Janis pesava apenas 2,5 quilos quando nasceu e estava três semanas adiantada. Mas aos 8 meses de idade já tinha espantosos 9 quilos. Em meio à Segunda Guerra Mundial, trazer uma vida ao mundo era aposta terrivelmente otimista.

Papai mandou a mamãe um bilhete comovente e bem-humorado sobre o nascimento de Janis (o conteúdo só pode ser entendido se lembrarmos que ele trabalhava em uma fábrica):

> *Desejo expressar minhas congratulações pelo aniversário do término bem-sucedido de sua quota de produção para o período de nove meses que terminou em 19 de janeiro de 1943.*
>
> *Percebo que a sra. atravessou um período de inflação em níveis nunca vistos – mesmo assim, atingiu seu objetivo graças a um esforço supremo durante as primeiras horas de 19 de janeiro, três semanas antes do final do prazo.*

Janis era a primeira criança, de ambas as famílias, a nascer em uma cidade e não na fazenda. Foi a primeira a ter maior exposição cultural além do rádio ou da igreja. Também mudou a vida de seus pais imediatamente. O fato de viver com a família estendida garantiu a Janis amor e atenção extras. Em seu terceiro aniversário, os Estados Unidos haviam jogado a bomba H em Hiroshima, a guerra caminhava para o fim e a vida de todos estava mudando. Minha avó e minha tia se mudaram para outras casas e a rotina dos Joplin ficou mais firme.

Papai era o arrimo da família e tinha a palavra final nas maiores decisões. Os restantes 90% das escolhas eram de mamãe. Ela estava encarregada da casa e dos filhos. Mamãe largou o trabalho e dedicou-se a ser mãe da jovem Janis. Levou-a à Primeira Igreja Cristã para receber educação religiosa, que mamãe acabou por lecionar. Mamãe, na infância, passava horas costurando roupas elaboradas para suas bonecas e agora fazia ainda mais para a linda filhinha. Janis tinha belos vestidos de organdi com franzido, saias e blusas arrematadas com fitas e rendas, e lindos trajes de marinheiro para brincar.

Papai estava acostumado à formalidade das relações dentro da família. Queria ser chamado pelo termo respeitoso "pai", por isso ensinou a filha a dizer "mãe" em vez de "mamãe". Mamãe era uma pessoa mais informal e, por isso, não obrigava a filha a dizer "pai". Em vez disso, Janis naturalmente se acostumou a chamá-lo de "papai".

Embora durante o dia mãe e filha ficassem juntas, a tarde era a hora em que papai voltava do trabalho. Todas as noites Janis esperava pelo pai na porta da frente. Logo que ele chegava, eles se abraçavam, sentavam-se nos degraus da varanda e conversavam. Certo dia, mamãe por acaso ouviu papai contando a Janis sobre sua experiência de fabricar gim na época da faculdade. "E por acaso isso é um tópico apropriado para conversar com uma criança?", ela perguntou mais tarde. Papai se recusou a discutir o assunto; em vez disso, deixou de se sentar à noite com Janis nos degraus para conversar. Janis ficou arrasada e nunca soube o porquê.

Mamãe comprou para Janis um antigo piano de armário e a ensinou a tocar. Ela e Janis sentavam-se juntas no banquinho e a menina cantava as canções infantis que mamãe lhe ensinava. Janis muitas vezes se deitava à noite repetindo essas canções, muitas e muitas vezes, até dormir.

Janis praticava as escalas regularmente, com os erros e as frustrações típicos. Papai odiava aquele ruído incômodo em suas noites pacíficas. Ele gostava de piano, mas queria as melodias de Chopin executadas por Rubenstein. Queixou-se e minha mãe concordou em vender o piano para evitar a potencial briga na casa.

Papai também queria que o piano fosse vendido porque sua presença na casa era emocionalmente dolorosa para mamãe. Ela recentemente fizera uma operação para remover a glândula tireoide. Algo acontecera a suas cordas vocais na cirurgia e sua voz mudou para sempre. Ela nunca mais foi capaz de entoar sons puros nem de cantar em volume alto, embora sua fala estivesse boa.

Antes de Janis completar 6 anos, mamãe tivera dois abortos naturais. A perda desses bebês tornava Janis ainda mais especial para seus pais. Finalmente, em 1949, mamãe deu à luz sua segunda filha, Laura Lee. Com meu nascimento, nossos pais decidiram mudar-se para uma casa maior. Alugaram uma bela residência de três quartos em uma rua calma ao lado de um grande pasto no limite da cidade. O bairro era chamado Griffing Park. Havia crianças em toda parte. As ruas eram distribuídas como os raios de uma roda e o eixo era uma escola elementar nova em folha, a escola pública Tyrrell. Quatro anos depois, nascia nosso irmão, Michael Ross.

A área de Griffing devia seu caráter único a uma fazenda experimental iniciada no local em 1896. Fazia parte da promoção inicial da cidade, um método de demonstrar a fertilidade do solo. Os trabalhadores exibiam batatas, feijões, ervilhas, figos, laranjas, limões, cidras e romãs. Eucaliptos, cânfora, noz-pecã e palmeiras cresciam entre arbustos de oleandro e roseiras.

Nossa nova casa, no número 3130 de Lombardy Drive, era de sequoia que o empreiteiro havia pintado de branco. Meu pai amaldiçoou a pintura desnecessária da madeira em todos os verões em que viveu na casa, porque tinha de passar a maior parte de suas férias raspando e pintando o exterior da casa. Como a maioria das casas na área, que ficava a apenas

1 metro acima do nível do mar, ela fora construída sobre colunas de tijolo de 45 centímetros de altura. Port Arthur estava sujeita a tempestades torrenciais e enchentes regulares.

Nossos pais plantaram gardênias brancas na janela da sala e azaleias na janela dos quartos. Glicínias roxas cresciam em arbustos curtos, deitando botões abundantes e aromáticos como cachos de delicadas uvas. Uma árvore mimosa exibia suas brilhantes e penugentas flores de pontas rosadas na primavera, seguidas por uma densa camada de vagens marrons que as crianças gostavam de abrir. Duas sempre-vivas cônicas marcavam os cantos dianteiros do terreno e um carvalho vivo tinha posição de destaque no meio do quintal da frente. Mamãe fez um canteiro de flores que mudavam conforme a estação do ano na beira do caminho e papai plantou uma grande horta cercada por lírios no quintal de trás. Um pé de noz-pecã e dois de cinamomo completavam a paisagem.

Nossos pais eram industriosos, curtos de dinheiro, mas criativos. Nossa sala era decorada com um painel retangular em cima do sofá. Era apenas um pedaço da parede que fora pintado de uma cor diferente do resto. Ao longo dos anos ela recebera uma moldura de madeira e era decorada com diversos tripés e pratos de bronze. Fora criada originalmente porque meus pais não tiveram dinheiro para comprar tinta suficiente para cobrir a parede inteira. Como a tinta não deu para cobrir aquele ponto, simplesmente o chamaram de arte. Pouco a pouco aquilo se tornou parte da casa e também uma lição. O que parecia ser um problema foi transformado em vantagem.

Janis era uma criança precoce, com sorriso cativante e um estilo que encantava as pessoas. Tinha um rosto redondo e pequeno, olhos azuis brilhantes, uma testa ampla que mamãe sempre dizia que mostrava seu intelecto e cabelo loiro fino e sedoso, com um suave ondulado. Nas ocasiões especiais, mamãe fazia cachinhos nos lados da cabeça. No restante do tempo, ficava preso em um rabo de cavalo e deixado livre. Os traços poderiam ser considerados comuns se não fosse por seu espírito alegre e sua paixão pela vida. Era uma criança que gostava de pessoas. Sempre fazia os estranhos se sentirem bem-vindos. Sempre estava disposta a convidar outras crianças para brincar.

Janis mostrava uma independência que agradava a seus pais quando demonstrava criatividade e originalidade. Em outros momentos eles rangiam os dentes e ficavam chocados com suas demonstrações óbvias de desobediência e desafios à sua autoridade. Era ótima no típico amor das crianças pequenas por testar limites, seja no trabalho ou na brincadeira. Quando ela e o pai jogavam dominó fora de casa, ele usava uma camisa de baixo sem mangas e velhas calças de terno e ela, uma roupa de brincar. Eles se sentavam e espalhavam os dominós e o tamborete de madeira que ele fabricara. Quando a noite descia e os mosquitos começavam a aparecer, eles corriam para dentro. Certa noite, depois de guardarem tudo e correrem para a cozinha, Janis deixou cair os dominós nos degraus. Papai pediu que ela os apanhasse antes de entrar. Ela fechou a cara e desafiou a ordem. Ficaram sentados entre os insetos que zumbiam e picavam por duas horas inteiras antes que ela obedecesse.

Em 1946, Benjamin Spock publicou *Meu filho, Meu tesouro*. Ele se tornou o livro de cabeceira de Dorothy. Spock dizia: "Confie em seus instintos e não tenha medo de amar o seu bebê. Relaxe, carinho é tão importante quanto limpeza". Os pais, antes de Spock, eram vitorianos. Os bebês tinham horários para tudo e havia uma disciplina familiar inflexível. Depois de Spock, os pais passaram a ver os filhos menos como um novo par de mãos para trabalhar na fazenda e mais como o próprio objetivo do casamento.

Assim que a psicologia começou a penetrar na mente das pessoas comuns, as mães perceberam que seus esforços eram essenciais para o desenvolvimento da criança. Mamãe se empenhava para estimular nossa mente e nossa criatividade enquanto nos ensinava as regras sociais. Papai estabelecia os limites definitivos do comportamento aceitável. Era encarregado da disciplina na casa. Se Janis discordasse dos limites de mamãe, muitas vezes criava algum tipo de cena para forçar papai a perguntar: "O que está acontecendo?". Se não fosse por isso, ele preferia não entrar na briga. Na maioria das vezes, ficava do lado de mamãe, mas não sempre. Quando era o momento de reforçar os limites, o serviço era de papai. Algumas vezes ele bateu nos filhos, mas para nós parecia que sua alma doía mais a cada palmada do que o nosso traseiro.

Conforme Janis crescia, ela começou a brincar com a turma local de garotos. Vivíamos em um verdadeiro bairro, com um grande grupo de amiguinhos de todas as idades à distância de um grito. O clima em Port Arthur é temperado e no inverno a temperatura não ficava menor do que 4° C. Podíamos brincar na rua durante quase todo o ano. O dia inteiro no verão e nos fins de semana, e em quase todas as tardes e noites depois de escola, uma massa barulhenta de entusiasmo envolvia a vizinhança, criando jogos e explorando o mundo.

As janelas ficavam abertas quase o ano inteiro e, à noite, quando cessavam os rumores das casas, era possível deitar na cama e ouvir os sons do bairro. Janis e eu dormíamos juntas quando eu era pequena e falávamos sussurrando depois de deitar. À distância ouviam-se as vozes em *staccato* dos vizinhos em suas casas. As mães mandavam as crianças para a cama, irmãos discutiam ou um casal conversava sobre o dia. Poucos segredos eram possíveis nessas circunstâncias, por isso aprendemos a aceitar nossos vizinhos como eles eram.

Janis algumas vezes comandava a organização das coisas, por ser uma das crianças mais velhas. Muitas vezes disputava o poder com o menino mais poderoso da vizinhança, Roger Pryor. Era um rapazinho alto, musculoso e esperto com olhos brilhantes e cabelos encaracolados cor de areia. Passava horas em nossa casa porque gostava da atenção que nosso pai lhe dava. Janis se ressentia por causa disso e por essa razão competia com Roger. Ela o desafiava em coisas pequenas e, quando a brincadeira permitia, tentava derrubá-lo no chão e alegremente se sentar nas suas costas. Papai fez para cada um deles um par de pernas de pau e instituiu a grande corrida de pernas de pau, uma série de desafios espontâneos pela casa ou até os eufórbios e de volta à casa.

Papai era querido por todos os garotos porque era um engenheiro-marceneiro que inventou e fabricou equipamentos de playground para nosso quintal. Quem quer saber de balanças quando se tem um Chapéu Mexicano no quintal? Passávamos horas pendurados em anéis presos a cordas na ponta de um grande X equilibrado em cima de um poste alto. Corríamos em círculos, erguendo os pés quando o impulso era suficiente.

Era a cara de papai fazer brinquedos maravilhosos que usávamos ao máximo, até descobrir que havíamos transformado suas ideias em maneiras engenhosas de nos ferir. O Chapéu Mexicano foi retirado depois que as crianças mais velhas ficaram peritas em balançar as menores em um ângulo de 90°. Não conseguíamos nos segurar e voávamos direto no pé de noz-pecã, aterrissando cobertos de machucados e lágrimas. Um dos vizinhos chegou a quebrar o braço. Por que a diversão era perigosa? Papai queria ir além daquilo que lhe haviam ensinado como um modo seguro e razoável de viver. Mas, ao quebrar esses limites, alguma coisa sempre dizia que ele fora longe demais.

O mesmo aconteceu com uma gangorra que ele construiu que, por meio de um pivô no centro, permitia que déssemos voltas além de ir para cima e para baixo. Ou seja, era possível derrubar uma criança mais nova que ficasse no caminho dela. Era ótimo, até que foi desmontada.

Ele colocou uma corda bamba entre o pé de pecã e um dos cinamomos. Era um cabo de aço esticado a cerca de 15 centímetros do chão, que nos permitia fingir que estávamos no circo. Muitas vezes papai chegava em casa do trabalho e se sentava no quintal para rir e conversar com as crianças enquanto tomava uma cerveja.

Às vezes apresentávamos pecinhas de teatro. Pendurávamos lençóis no varal para formar os dois lados e a parte de trás de um palco. E Janis era ótima para improvisar. Outra brincadeira de que gostávamos, Annie Over, era feita apenas na nossa casa. Era um jogo de caça às cegas, no qual uma pessoa atirava uma bola por sobre o telhado de uma casa para um jogador do outro lado. Se a outra pessoa a apanhasse, podia dar a volta na casa e tentar acertar a pessoa que havia atirado a bola. Quando tive idade o bastante para pedir para brincar, mas era nova demais para atirar a bola, minha galante irmã inventou uma nova categoria de brincadeira de equipe, o *traidor*. Cada lado tinha um traidor que se deitava na grama e espiava debaixo da casa para ver se outra pessoa apanhava a bola e saía correndo ou se deixava a bola quicar. Havia certas vantagens naqueles quatro pilares de tijolo que erguiam a casa.

Michael era dez anos mais novo que Janis e quatro anos mais novo que eu. Gostávamos de brincar com ele como se fosse uma boneca viva.

Nós o levávamos até o armário da mamãe e o vestíamos, e depois o fazíamos desfilar para o riso de todos, até dele mesmo.

Tínhamos um ventilador embutido no sótão para refrescar a casa no calor e umidade sufocantes do verão. Para nós, crianças, era poderoso, mágico e divertido. Ficava no corredor que ligava a sala a dois dos quartos. Muitas vezes puxávamos a grossa corda de algodão que abria a portinhola do sótão para sentir a corrente repentina de ar fresco. Éramos Marilyn Monroes com cabelos esvoaçantes, segurando as saias e rindo furiosamente.

Papai era especialmente engenhoso para fazer a turma de garotos ajudar nas tarefas domésticas. Como um Tom Sawyer tentando fazer que a cerca fosse pintada, ele convidava todo o mundo para ajudar a encerar o assoalho de carvalho. Limpava a sala de estar e de jantar, e espalhava a cera no assoalho. Depois pegava qualquer número de pés descalços imundos e amarrava toalhas limpas neles. Então nos mandava patinar e brincar de trombada na superfície escorregadia criada pela cera nova. Era divertidíssimo.

Algumas vezes levávamos a lição de criatividade longe demais. Certa vez pegamos uma jiboia morta da coleção de cobras de um vizinho. Amarramos uma corda no pescoço dela e a pusemos na vala que havia na frente de casa, do outro lado da rua. Esticamos a corda até nossa casa e nos escondemos na grama alta. Esperamos até que viesse um carro e cuidadosamente puxamos a corda para parecer que a cobra estava saindo da grama e atravessando a rua. "AAAAAAAIIIII!", gritou a pobre senhora, pisando no freio com tanta força que o cheiro de pneu queimado empesteou o ar. Percebemos que não haveria desculpa para essa brincadeira, por isso tiramos a cobra de lá, a encharcamos de gasolina e pusemos fogo.

Passávamos muito tempo cozinhando em casa. Papai fora criado em uma pensão e sua mãe fazia sobremesas frescas todos os dias. Queria o mesmo serviço em seu próprio lar, para grande frustração da mamãe. Pelo menos nossa avó o ensinara a fazer doces ótimos. Adorávamos suas tortas de maçã, cereja e merengue com limão, seu bolo de chocolate ou qualquer outro, biscoitos de açúcar e amendoim e bolinhos russos para o chá. Para esses últimos ele usava nozes-pecã e, em Port Arthur, isso queria dizer que as crianças ficavam ocupadas descascando a colheita das árvores locais.

Papai não sabia tanto de cozinha quanto mamãe. Certa vez ele fez um bolo de camadas e queria testar um novo tipo de cobertura com açúcar queimado. Quando o bolo chegou à mesa, a cobertura estava tão grossa, grudenta e dura que não conseguiu cortá-lo. Em vez disso, descascamos a cobertura do bolo inteiro e a comemos como se fosse bala puxa-puxa.

Nossa comida era típica do sul dos Estados Unidos: rosbife, galinha, caldo, presunto e feijão-rajado, sopa de legumes, broa de milho e muitos legumes. Havia uma lata de alumínio na estufa da cozinha com a palavra GORDURA gravada em relevo e uma tampa com alça em forma de gota pintada de vermelho. Ali estava o aromatizante que deixava a comida deliciosa: gordura de bacon! Aquilo e molho de pimenta vermelha eram nossos principais temperos.

Mamãe tentou ampliar nossos horizontes com novas receitas, como frango ao curry e yakisoba. Nós comíamos. Era uma boa cozinheira. Ela se orgulhava de usar a receita de Sophia Loren para fazer molho de espaguete desde o início. Biscoitos eram sua especialidade; éramos capazes de comer dezenas deles mergulhados em mel depois da refeição.

Nossos pais tentavam pensar naquilo de que não gostávamos ao planejar um cardápio. Uma vez eles trocaram a marca da maionese, da cara Hellman's para a mais barata Miracle Whip. Não consegui suportar o gosto e protestei com veemência. Papai disse: "Ah, você nem sabe a diferença. Está se queixando à toa". Janis tomou minhas dores e sugeriu um teste cego. Prepararam amostras das duas marcas na cozinha e as trouxeram para mim na sala de jantar. Era fácil dizer a diferença e, por isso, começaram a comprar Hellman's para mim dali em diante.

Mamãe comandava as festas comemorativas. Fazia biscoitos e, todos os anos, assava um peru no dia de Ação de Graças e um presunto no Natal. Os dois jantares tinham batata-doce, abóbora, biscoitos, molhos e muito mais. Fazíamos uma árvore de Natal, decorada com luzes, lantejoulas, bolas coloridas e alguns ornamentos especiais – anjinhos de madeira tocando trompete, um homem de neve de plástico e um Papai Noel de metal vermelho. Certo ano, papai nos levou de carro até a cidade na noite de Natal para ver as luzes. Na volta, mamãe estava costurando, mas Papai Noel havia entrado e deixado presentes debaixo da árvore. Eu não podia acreditar que minha mãe fosse tão obtusa a ponto de não perceber que o Papai Noel tinha entrado em casa! Janis sacudiu a cabeça diante de minha credulidade infantil, mas não disse nada.

Nos Natais, trocávamos presentes modestos. Sempre havia um presente melhor para cada filho e mais dois ou três menorzinhos. Alguns anos, quando o dinheiro estava curto, eles se esforçavam para conseguir isso. Quanto aos nossos presentes para os outros, mamãe nos levava até a Woolworth, no centro. Dava algumas notas para cada um e mandava que escolhêssemos. Ela se sentava na frente da loja e esperava até que terminássemos.

Em virtude de nosso clima semitropical, tínhamos de enfrentar a estação anual das chuvas, que forçava a união familiar enquanto aproveitávamos ao máximo o dramalhão da mãe natureza. As tempestades chegavam de repente. Primeiro, o céu escurecia e o vento começava a soprar. Se não estivesse chovendo, as crianças subiam o mais alto que pudessem em uma árvore e vibravam quando o vento as sacudia. Gritávamos de excitação. Depois de algum tempo éramos mandados para dentro com indignadas advertências sobre como estávamos nos arriscando. Mas nem ligávamos. Daí a verdadeira fúria da tempestade escurecia o céu e a casa sacudia ao vento, enquanto a chuva batia como tambores por todos os lados. Nesse momento nos amontoávamos em torno de uma vela na sala. Muitas vezes jogávamos alguma coisa, o método dos pais para lidar com o estresse infantil. Um dos favoritos era a dança das cadeiras, divertida a qualquer momento, mas ainda mais no escuro, quando não se podia ver direito as cadeiras em que se estava tentando sentar.

Em 1948, Janis viu neve pela primeira vez e fez um boneco de neve. Uns dez anos depois, nevou novamente. Eu estava de cama com caxumba e não podia sair para brincar na primeira neve de minha vida. Fiz uma verdadeira birra para mamãe, mas ela não cedeu. Minha irmã e meu irmão fizeram um boneco de neve na frente da minha janela para que pudesse vê-lo. Daí Janis inocentemente entrou para me visitar. Depois de conferir se mamãe não estava olhando, ela disse: "Laura, veja essa bola de neve. Sinta". Prendi a respiração e gritei: "Oh, obrigada". Fiquei um pouco desapontada com a neve. Não era leve e macia, mas fria e quebradiça. Eu a escondi debaixo do travesseiro até que ela começou a derreter. Mamãe percebeu o problema e disse: "Sua irmã foi muito gentil. Deixe-me colocá-la no congelador até você ficar bem".

Embora nossa casa ficasse em Port Arthur, Texas, nos sentíamos cidadãos do mundo. Toda semana, papai nos levava ao único edifício da cidade com altas colunas romanas no alto de uma imensa escadaria – a biblioteca pública. Em família, galgávamos cada degrau, o que me fazia sentir que a subida tinha uma natureza cerimonial, como se estivéssemos nos aproximando do altar de um templo maia. Acreditávamos firmemente no valor inquestionável do conhecimento armazenado dentro dos livros.

Nossas frequentes viagens à biblioteca também trouxeram à baila uma implicância particular dos meus pais. Nossa família se mudara para uma sociedade sulista, mas não apreciava o dialeto local. Faziam tudo o que podiam para nos ensinar a falar apropriadamente. Mamãe insistia principalmente na palavra *window* [janela], porque muitos dos habitantes locais diziam *winder*. A favorita do meu pai era a palavra *library* [biblioteca]. Tínhamos a tendência de dizer *libary*, pulando o primeiro *r*. Ele respondia: "Já comi *blueberries* [mirtilos] e *strawberries* [morangos], mas nunca vi um *liberry*". Nós ríamos e dizíamos: "Ok, ok". Aprendemos tão bem as lições que as crianças da escola algumas vezes gritavam, apontando para nós: "Ianque! Ianque!".

Cresci pensando que tudo o que eu precisasse saber poderia ser encontrado na biblioteca. Outras crianças conquistavam o pleno reconhecimento da família como adultos por meio de um Bar Mitzvah ou uma cerimônia da igreja. Em nossa família, obtínhamos respeito de acordo com livros que lêssemos. Eu cresci um palmo no dia em que finalmente convenci o papai, depois de muito implorar e insistir, de que podia ler um livro adulto. Meu principal critério era visual: o livro devia ter uma sobrecapa de plástico, coisa que os livros infantis nunca tinham. Conforme descíamos os degraus da biblioteca, devagar e cerimoniosamente, eu segurava o meu livro coberto de plástico para que todas as pessoas que subiam pudessem ver que o mundo teria de enfrentar uma nova mente.

Os livros, para nós, eram mais do que ideias. Eles eram vivos. Nós líamos, aprendíamos e dividíamos pensamentos com todos os escritores representados pelas muitas prateleiras de livros da biblioteca. As opiniões que importavam – as impressas – nos apoiavam nas discussões que tínhamos na escola. Como os livros eram publicados em Nova York e Chicago, acreditávamos que aqueles fossem os lugares em que os melhores pensadores viviam. Quem sabe algum dia poderíamos viver entre aquelas pessoas que conhecíamos apenas no papel.

A leitura e as ideias definiam nossa vida familiar. Ninguém hesitava em falar sobre nenhum tópico durante a conversa à mesa do jantar e nossos pais esperavam que todos os filhos contribuíssem nas discussões. As ideias pessoais sobre qualquer assunto eram fundamentais para mamãe e papai e eles perguntavam: "O que você acha, Janis? E você, Laura?", e ouviam seriamente nossa resposta. Desse modo, eles nos ensinavam sobre integridade pessoal. Se você pudesse afirmar sua opinião e sustentá-la, devia ser fiel a ela. Isso não significava que não tentavam nos convencer do contrário a respeito de coisas de que eles não gostavam, mas respeitavam o nosso direito de ter opinião.

Janis aprendera a questionar com papai. Se ele fosse um homem de meditação, seu mantra teria sido "Quem sou eu?". Ele sempre olhava para além do momento. Lembro-me das chuvas em Port Arthur. Chovia a cada dois dias, mas papai nunca considerou aquilo como coisa certa. Ele nos chamava: "Ei, crianças, venham cá". Todos saíamos na varanda e nos espremíamos no degrau de cima. Ele nos orientava: "Respirem fundo e saboreiem todos os novos cheiros que a chuva liberou". Ficávamos ali absorvendo os odores e vendo a chuva escorrer do telhado da varanda e se espalhar no cimento, atirando pingos frios nas nossas pernas. É tão fácil ser apanhado na rotina da vida. Papai nos fazia parar e perceber a preciosidade de cada momento. Algumas vezes nos perguntávamos de onde viria a chuva. Será que estivera recentemente em Bornéu ou Chicago? Será que outras famílias ficavam em outros lugares se perguntando sobre nós? Papai era um espírito místico que nunca perdeu o espanto diante da vida. Era quase como se Deus tivesse posto sua alma aqui na Terra antes de acabar de explicar a experiência que viveria. Papai dizia que devia ter sido monge, porque gostava muito da contemplação. Brinquei com ele alguns anos antes de sua morte, perguntando: "Como você poderia ter sido um monge, se não acredita em Deus?". Ele deu um sorriso amarelo e disse: "Sim, isso poderia ser um problema". Decidimos que os monges passavam a vida caçando Deus, e isso certamente o definia, se é que havia definição para ele.

Ele procurava sugestões mentais em tudo o que via. Transformava uma caminhada sem graça até o correio em aventura empolgante. Dizia para que estudássemos os rostos nos cartazes de homens procurados e depois nos levava para dar uma volta de carro pela cidade para procurá-los. Michael adorava os truques de papai para entreter crianças entediadas em passeios de automóvel. Papai explicava as regras do jogo desta maneira: "Olhe a placa de qualquer carro que você vir e decore-a. Durante o passeio, quero que você encontre outra igualzinha!". Era um *koan zen:* se conseguisse ver o caminho além do enigma, você o teria resolvido.

Enquanto papai nos dava os fatos imponderáveis da vida para saborear, mamãe apresentava possibilidades como uma refeição de três pratos. Ela nunca falou de limites, apenas de nossos objetivos e de como poderíamos alcançá-los. Os únicos limites que ela via na vida estavam na estrutura da sociedade e suas instituições. Achava que uma pessoa esperta podia contornar esses confins. Tudo era simplesmente questão de planejar e aproveitar as chances que aparecessem.

Nossas vidas eram cheias do despertar da oportunidade. A renda subiu mais de 200% desde o final da guerra e as pessoas usaram o dinheiro extra para dar a seus filhos as coisas que não haviam tido durante a infância. Fomos uma geração de crianças mimadas.

Mamãe estava sempre pronta a estimular o interesse expresso por seus filhos, especialmente se fosse de natureza artística. Os talentos inatos de Janis para o desenho deram a mamãe a oportunidade perfeita para aproveitar a ocasião.

Comprou belos livros coloridos com as obras-primas artísticas que ficavam em todos os museus do mundo. Se não pudéssemos chegar até a cultura, ela a trazia até nós. Mamãe também conseguiu lições particulares de arte para Janis com o melhor professor da cidade. Janis desenhava constantemente. Roger Pryor, o belo e confiante garoto da casa vizinha, observava Janis desenhar durante horas o cavalo que sua família possuía no bairro. Janis lhe disse: "Os cavalos são particularmente difíceis de desenhar porque a distância do pescoço até a cabeça é diferente daquela do pescoço até a cauda". Ela trabalhava naquilo até acertar. Daí ficava contente.

Mamãe acreditava que era preciso apenas um pequeno esforço para transformar algo bom em algo excelente. Explicava que desde a juventude queria dar opções a seus filhos. Já com mais de 70 anos se queixava com certa amargura de ter comido mingau de aveia no café da manhã durante 18 anos. Deixava os filhos escolherem o café da manhã e também grande parte do resto de suas vidas.

Mamãe foi a melhor professora que já conheci. Seu dom se baseava naquele traço que todos os mestres inspiradores têm – uma fé genuína na capacidade dos que são ensinados. Ela achava que ser humano era aprender; por isso, não era um processo estranho – era tão natural quanto respirar. Acreditava que as pessoas só precisavam de oportunidade.

Aprender com mamãe era experiência diária, maneira de interagir sempre que nossos caminhos se cruzavam em casa. Cantávamos muito, como todas as crianças, melodias despretensiosas atiradas no ar pela simples diversão de fazê-lo. Mamãe muitas vezes nos interrompia para uma lição imprevista. "Quando cantar, fique com o corpo reto e sustente isso aqui" – ela cutucava meu diafragma. "Melhorou, você percebe?". Perguntava. "Mastigue, mastigue. Não pule o final das palavras. Senão o público não vai entender nada." Algumas vezes olhávamos uma para a outra e ríamos, cumprimentando a audiência inexistente para a qual nos apresentávamos. Daí mamãe apanhava a roupa suja e voltava à sua rotina.

Também havia muito trabalho duro em nosso ambiente doméstico. Mamãe bajulava, negociava, estimulava e muitas vezes deixava de lado a lei a respeito de lição de casa, prática musical ou qualquer tipo de esforço que fosse instrutivo por natureza.

Comprava a maioria dos brinquedos e tinha ideias muito claras sobre o que era aceitável. Nunca tivemos brinquedos que fizessem qualquer coisa sozinhos; eram sempre materiais crus que estimulavam a imaginação do usuário. Tínhamos de produzir a centelha que tornasse a experiência divertida. Mamãe nos dava grandes quantidades de blocos, jogos de armar, kits de construção, cartões, jogos de varetas, animais da fazenda, livros, lápis de cor, tintas e papel. Ela ainda oferecia bons jogos de tabuleiro, como Detetive e Banco Imobiliário.

Tornar a rotina mais interessante era um lema em que nossos pais acreditavam. Certa vez papai trouxe para casa caixas de velhos artigos de papelaria que a fábrica jogaria fora. Rapidamente fizemos várias esquadrilhas de aviões de papel, que estacionamos em cada centímetro do chão da casa. A batalha final foi uma explosão ofuscante de bombardeiros e jatos rosa, verdes, amarelos e brancos voando pela casa. Durante o desenrolar da brincadeira dos aviões de papel, mamãe fazia o jantar e nos auxiliava no desenvolvimento de nossas ideias estratégicas. Papai ajudava a descobrir novos estilos para dobrar o papel.

Mamãe monitorava nossa vida constantemente, pois considerava a supervisão seu principal papel. Ela interferia de duas maneiras em nosso desenvolvimento. Primeiro, elogiava-nos o tempo todo. Mamãe sempre encontrava algo positivo para dizer sobre nossas façanhas. Projetos rapidamente abandonados recebiam os comentários que mereciam – algumas palavras selecionadas sobre alguma possibilidade digna de nota que ela via. Ou então adotava o seu segundo método de envolvimento: sugestões. Nossas energias infantis podiam estar espalhadas entre dez projetos atraentes de uma vez só ou nos meandros de nossa vida social conforme crescíamos, mas as declarações de mamãe sempre nos incitavam a nos concentrar. "Venha cá, deixe que ele mostre", dizia. Muitas vezes ela começava com "Quando eu tinha a sua idade, a minha avó me ensinou a costurar. Ela não permitia que eu apenas montasse roupas. Ela me fez aprender a costura francesa, na qual a extremidade das costuras é enrolada e costurada para dentro. Nós desenhávamos nossas roupas e fazíamos nossos próprios moldes. Fazíamos vestidos tão bonitos quanto os comprados em Nova York. Foi quando aprendi que o trabalho duro compensa". Daí ela fazia a história se adaptar àquilo que estávamos fazendo e dizia: "Você pode ter essa mesma sensação, se simplesmente diminuir o ritmo e praticar até acertar". Odiávamos nossa desconhecida bisavó. O problema é que mamãe tinha razão. Não havia nada pior do que reunir todas as bravatas para desafiar seus delicados ensinamentos só para descobrir que estávamos errados.

O amor de mamãe pela grandeza poderia até ser interpretado como zelo ambicioso se sua agressividade natural não fosse temperada pela bondade e apoio maternos. Podíamos até ter pensado que ela era dura demais se seus esforços não tivessem o apoio pleno de nosso pai. Em meio a uma birra por não querer refazer um projeto, procurei o apoio dele. Ele estava relaxado em seu descanso noturno e lia um livro, sentado em sua poltrona de couro marrom no quarto. Ele me contou que sabia por experiência que a execução cuidadosa de um projeto é importante – que ele quase fora expulso da faculdade porque não fazia isso. Prendi a respiração. Minha imagem heroica de papai havia sido maculada. Em um momento horrendo eu vi a estátua corporificada de George Washington desfazer-se em pedaços de mármore inútil, deixando apenas um homem.

Desse modo, percebi que trabalho duro era o *único* meio de ter sucesso. Não que meu pai e minha mãe exigissem tanto assim de mim, mas era o que o mundo esperava. Nada nunca estava completo. Sempre podia ficar melhor. Algumas vezes era enlouquecedor, porque, não importa o quanto fizéssemos, sempre havia mais a realizar.

Mamãe apoiava sua atitude para com o aprendizado citando aquilo que ela acreditava, erroneamente, serem palavras de Abraham Lincoln: "Não é possível fortalecer o fraco enfraquecendo o forte... não é possível construir caráter e coragem retirando a iniciativa e a independência do homem. Não é possível ajudar os homens permanentemente fazendo por eles o que eles poderiam e deveriam fazer sozinhos". Era sempre difícil discutir com mamãe quando ela trazia à baila coisas assim.

Janis entrou na oitava série com um histórico escolar respeitável, mas não espetacular; aparentemente a escola não era desafiante o bastante para inspirá-la a se esforçar. Era uma garota rápida e inteligente, cujas avaliações sempre diziam que estava "tendo progressos aceitáveis" na maioria das matérias. Em algumas, ela era "digna de elogio". Na quarta série algumas matérias traziam a observação "precisa melhorar". Ela nem sempre foi boa esportista ou manteve seu trabalho ou a sala limpa.

As avaliações da oitava série eram outra coisa. Mostravam uma garota que discutia muito com os professores. Não estava satisfeita com a rotina da educação. Janis fazia perguntas como "Por que as pessoas têm pelos nos dedos do pé?". Começou a receber avaliações insatisfatórias em hábitos de trabalho e cidadania porque falava demais e não terminava o trabalho no prazo. Apenas alguns professores achavam que ela fosse um problema, e não é porque não gostassem de Janis. A professora que mais a incentivava também lhe deu as piores notas quando se tratava de obedecer às instruções, terminar trabalhos e respeitar o direito dos outros, ou seja, falar quando não era sua vez.

Janis fora educada a buscar a excelência em casa, mas era criticada pelos professores, que queriam que ela ficasse quieta e seguisse instruções da escola. Ela era mais inquisitiva e enérgica do que o programa da escola permitia. Janis recebera um modelo de comportamento feminino diferente da maioria das meninas sulistas. Sua mãe era forte, independente, inteligente, ambiciosa e pragmática. Janis não fora criada para considerar as mulheres como seres passivos ou que agiam nos bastidores. Nossa mãe vivera em uma fazenda na qual o trabalho da mulher era igual ao do homem, mesmo se fosse diferente. Havia pouco espaço no casamento da fazenda para o pedestal em que as mulheres eram postas nas cidades do Leste. Nossa mãe não precisou rasgar o espartilho para ter poder. Ele veio naturalmente. Nascera de sua experiência na fazenda e fora reforçado pelos problemas de seus pais.

Mamãe casou-se com um homem que gostava dela por sua força e que nunca tentou ser seu dono. Nunca lhes ocorreu criar filhas cujos objetivos principais fossem ser atraentes ou obedientes. Concentravam-se naquilo que acreditavam ser as qualidades importantes da vida – caráter, inteligência e talento.

Janis manteve uma posição social apropriada durante a oitava série. Ela e mamãe fizeram seu primeiro vestido de noite, de renda rosa, com uma bolsinha rosa combinando, para o Natal. Entrou para o círculo de leitura, que a introduziu na leitura e na crítica de boa literatura fora do círculo familiar. Sua professora de jornalismo, senhorita Robyn, pediu a Janis que entrasse para seu clube Tri Hi Y, o que ela atendeu. Janis fez uma reunião em nossa casa, uma noite de cafeteria à italiana. Cobriu mesas de jogo com toalhas de xadrez vermelho e passou semanas derretendo cera de vela em garrafas de vinho para criar a atmosfera.

Janis fez parte do Glee Club durante a oitava série. Na nona série fez um solo na festa de Natal, sua primeira apresentação pública além da igreja. Em virtude de uma confusão sobre as datas de matrícula no jardim de infância, Janis fazia parte de uma classe na qual as crianças chegavam a ser 18 meses mais velhas do que ela. No nono ano, era uma diferença complicada, porque ela não estava tão fisicamente desenvolvida quanto a maioria. Pesava menos de 50 quilos e não havia chegado à puberdade. Muitas das outras meninas eram bem-dotadas e gostavam de exibir sua recém-iniciada feminilidade em vestidos decotados e saias vaporosas. Felizmente sua melhor amiga, Karleen Bennett, tinha a idade mais próxima e exatamente o seu tamanho. Pelo menos ela não estava só.

Com a ajuda dos pais, Janis começou a aperfeiçoar sua principal paixão na vida: o *bridge*. Havíamos aprendido os rudimentos do jogo logo que fomos capazes de sentar no alto de dois enormes dicionários para chegar à altura da mesa. Aí aprendemos a dar as cartas, contar os pontos e apostar de acordo com as regras básicas. Nossos pais tinham uma paciência inimaginável ao nos deixar jogar uma mão, apoiando nossa sofrível estratégia e nos incluindo como iguais em um jogo. Na oitava série, Janis tinha lições especiais de *bridge*, jogava com nossos pais e os amigos deles e convidava seus amigos para participar.

Jack Smith era namorado de Janis no nono ano, um sujeito alto e bonito com inteligência notável e muito educado, apaixonado por conhecimento. Jack deu a Janis um colar com a inicial dela, um estilo que estava na moda na escola. Ele quis esbanjar e comprou um de 5 dólares, porque seus sentimentos eram muito maiores do que a variedade normal de 1 dólar. Jack dizia que Janis muitas vezes o chamava de chorão, e apenas anos depois ela explicou o que isso queria dizer. Um chorão era um *sob* [choro, soluço] e um *sob* era um S.O.B. [iniciais de *Son of a Bitch*, "Filho da puta"], e naquela época ela nunca diria essa expressão.

Jack e Janis leram *Ivanhoé* na escola. A história a inspirou. O galante, ferido cavaleiro Ivanhoé foi resgatado dos inimigos e protegido até se curar por uma jovem judia e seu pai. De volta a seu verdadeiro amor, Ivanhoé teve de deixá-la para lutar pela vida da judia. Nobres traidores acusavam-na de bruxaria por sua capacidade de curar Ivanhoé. Da mesma maneira, Janis muitas vezes esperava que Jack a resgatasse. Suas expectativas em relação aos homens eram bem claras. Ela simplesmente buscava um cavaleiro da Távola Redonda, alguém que pertencia a Camelot.

Janis chegou certo dia na casa de Jack com vontade de ver o filme *Os Dez Mandamentos*. Nenhum deles tinha dinheiro, por isso foram contar as moedas do cofrinho de Jack. Chegaram no guichê carregados de moedinhas. Janis ficou polidamente de lado enquanto Jack tentava explicar sua situação constrangedora para a moça da bilheteria, que contava as moedas. "Perdi uma aposta com um amigo", murmurou Jack. Janis se adiantou e o cutucou jocosamente, dizendo meio a sério: "Você não devia mentir, especialmente em um filme sobre Deus".

Janis, Jack e Karleen Bennett começaram a ficar interessados naquela outra compulsão da adolescência: sexo. Trocavam cópias gastas de *A Caldeira do Diabo* e *Clamor do Sexo*, com as melhores partes grifadas e indexadas. "Não esqueça de ler a p. 89", escreviam nos bilhetes trocados entre si.

A festa de aniversário de Janis quando ela estava no nono ano foi uma gincana na vizinhança. Ela se formou na escola de dança de Arthur Murray. Com toda a família, assistiu ao concurso de Miss América e perguntou-se como seria ser Miss Texas. Discutimos os estilos de vestido usados pelas participantes e planejamos um novo para Janis.

Embora Janis tivesse alguns problemas na escola, também passou por experiências estimulantes ali. A senhorita Dorothy Robyn foi sua professora de jornalismo no nono ano e era presidente do clube de jornalismo. Janis era ótima em ambos. Ilustrava *The Driftwood*, a revista literária da escola. Sua arte consistia em figuras de palito estilizadas e esboços ilustrando os artigos e as experiências. Ela tinha a capacidade de capturar emoções em poucos traços. Em seu álbum, Janis colou um prêmio de jornalismo recebido por seu trabalho, escrevendo ao lado: "A srta. Robyn foi até o meio da classe e disse casualmente: 'Ah, eu acho que você gostaria de ver isto'. Quase caí da cadeira, fiquei tão empolgada".

Janis escreveu um artigo para *The Driftwood* intitulado "A oração mais incomum":

> *Na minha família somos um irmão, uma irmã, um pai, uma mãe e eu. Nós revezamos para fazer a oração na hora do jantar.*
>
> *Minha irmã Laura a faz em uma noite. Eu a faço na noite seguinte. Michael, meu irmãozinho, nos escuta há dois anos.*
>
> *Há cerca de três meses Laura disse esta oração: "Agradecemos a ti, Deus, pelos pássaros e as flores e as coisas com que brincamos. Obrigada, Deus, pelas lindas noites e os lindos dias. Amém".*
>
> *Depois de terminar, todos ouvimos um estranho cântico vindo do lado de Mike: "Páfaros, fores, batatas, evilhas, água, manteiga, plato". Era Michael dizendo a oração.*
>
> *Desde então, Michael também tem sua vez de fazer a oração. Outra noite, quando decidimos que estava na vez dele, ele proferiu a curta, mas abrangente "Obigado por tudo. Tchau".*

A aula de jornalismo era a favorita de Janis, apesar de ter notas baixas em cidadania dadas pela srta. Robyn. Ela não conseguia conter seu entusiasmo a ponto de aceitar a estrutura da aula. Ela falava, fofocava e rabiscava. Seus melhores amigos estavam com ela nessa aula – Karleen, Jack Smith e outros. Janis algumas vezes entrou com os outros pela porta com o cartaz NÃO ENTRE da sala de jornalismo. Ela dava para uma escadaria estreita até a cúpula do alto do edifício. A partir dali era possível ver a cidade inteira.

Na época em que Janis trabalhava no *The Driftwood*, eu comecei a escrever um jornal de bairro. Eu sempre imitava Janis quando podia. Escrevia sobre assuntos de interesse para uma menina de 8 anos como "De onde vem o vento". Perguntava a todos que falassem comigo e decidi que talvez os enormes ventiladores no campo do outro lado da rua, ao lado da Igreja Batista, tivessem algo a ver com isso.

Janis gostava de manipular a cena doméstica sempre que possível e o fato de que eu a copiava era um de seus instrumentos. Ela dizia: "Não vou gostar de você se não fizer o que eu estou mandando". Daí eu fazia. Uma vez ela ficou ofendida e berrou: "Eu vou fugir", e bateu os pés pela casa. Eu gritei: "Eu vou com você". Perguntei a meu pai o que a pessoa fazia quando fugia e ele disse que ela pegava uma vara de bambu, que nós tínhamos, amarrava todas as coisas dela em um lenço vermelho e pendurava na ponta desse bastão. Então corri pela casa para me aprontar, até que Janis disse: "Laura, eu não estava falando sério".

A arte se tornava o modo como Janis interagia com o mundo. Ela abria as portas e lhe dava um sentido de identidade e de existência. Em 1957, ela se aproximou da bibliotecária durante uma das frequentes visitas da família à biblioteca. "Vocês precisam de voluntários aqui?". "Oh, sempre", foi a resposta. Naquele verão, Janis trabalhou fazendo cartazes para os quadros de notas da biblioteca. O *Port Arthur News* tirou uma foto dela diante de sua ilustração do espantalho do mágico de Oz. O título dizia: EMPREGO NA BIBLIOTECA REVELA VERSATILIDADE DE ADOLESCENTE. Havia também uma frase dela: "É uma chance de fazer arte e ao mesmo tempo realizar algo de bom para a comunidade".

Port Arthur era um lugar apropriado para dizer às moças como elas deveriam ser. Janis começou a seguir o caminho aceito para as jovens ingênuas, mas com a idade foi ficando mais consciente. A imagem imaculada da cidade contrastava com a cidade portuária de Port Arthur, com prostituição à luz do dia e jogos de azar anunciados na parede dos edifícios. Nada daquilo, obviamente, era discutido entre pessoas polidas. Manchetes chamando a cidade de CIDADE DO PECADO pipocavam nos jornais de todo o país quando um novo delegado distrital se comprometeu a limpá-la.

Na sétima série de Janis, em 1954, a Suprema Corte havia banido a segregação escolar. Todos respiramos fundo naquele Sul altamente segregado para ver o que viria daquele grande jogo de xadrez no Norte. Tivemos uma infância racialmente isolada. Os negros da cidade, pelo menos 40% da população, viviam "do outro lado dos trilhos". Ficavam em seu lugar e nós permanecíamos no nosso. Nas poucas vezes em que a nossa família chegou a ir à praia, mais ou menos duas vezes a cada verão, tivemos de passar pela parte negra da cidade. Não é preciso ser gênio para reparar nas casas pequeninas caindo aos pedaços, nas crianças vestidas de farrapos e no estado geral de desigualdade.

Nossos parentes eram francos a respeito disso. "O tratamento que a sociedade dá aos negros é errado, mas não se pode fazer nada a respeito. Você só vai se ferir se tentar." Não havia muita oportunidade para fazer nada de qualquer forma, além de tentar sorrir e ser gentil com um negro na rua se ele olhasse para você. Mesmo assim havia discussões em todos os jornais e nas revistas. Nossos pais assinavam a *Time* e todos tínhamos de lê-la de cabo a rabo. Como o resto do país, Janis foi influenciada pelos rumorosos desafios raciais.

Acrescente-se a isso o emprego malfadado de Janis como vendedora em uma loja de brinquedos. Ela estava radiante quando chegou correndo perto de nós, gritando que havia conseguido emprego. Uma vendedora de Natal! Ela levou aquilo a sério e pediu a mamãe dicas sobre como ajudar os clientes a escolher brinquedos perto da faixa de preço adequado. Então seu chefe lhe disse para pôr preço em um grupo de brinquedos. Não foi um problema, até o dia seguinte. Ela chegou em casa com uma dolorosa sensação de desonestidade. "Eles me fizeram marcar os mesmos brinquedos com um preço menor e colocaram um cartaz de liquidação! É desonesto", disse ela. Parecia que, para onde quer que olhasse, via hipocrisia social. As pessoas que ela costumava respeitar não eram mais admiráveis. O rei estava nu.

Janis fez a única coisa que uma moça brilhante, determinada e idealista poderia fazer. Começou a procurar. Simplesmente se afastou do caminho recomendado para encarar as camadas da vida que a sociedade lhe ensinara não serem apropriadas para uma jovem. Ela ainda não rompera totalmente com o que aprendera. Simplesmente estava curiosa. Com um raciocínio simplista, decidiu que, se as boas pessoas não eram todas boas, talvez aquelas supostamente más não fossem todas más. Queria ver por si mesma.

CAPÍTULO 4

ADOLESCÊNCIA

Well I know that you got things to do and places to be
And I guess I'll have to find the thing and place for me
I may wind up in the street a-sleeping 'neath a tree
Still I guess you know I've gotta go

[Bem, você sabe que tem coisas a fazer e lugares para ir
E acho que vou ter de encontrar a coisa e o lugar para mim
Posso acabar na rua, dormindo sob uma árvore
Mas mesmo assim acho que você sabe que tenho de ir]
- POWELL ST. JOHN, "Bye Bye Baby"

Ao buscar novos horizontes, Janis se matriculou no programa de verão do Little Theater, de Port Arthur, logo depois do nono ano. Passou a maior parte do tempo pintando cenários para as produções e também apresentava os espetáculos. *Sunday Costs Five Pesos* foi a única peça em que Janis teve um papel. Ela representava uma garota ingênua, o papel apropriado para aquele período de sua vida.

O programa Little Theater era conduzido pela mãe de Grant Lyons, um estudante que estava um ano na frente de Janis. Os Lyons eram pessoas do Leste que vieram a Port Arthur para trabalhar nas refinarias. Eles aspiravam a uma experiência cultural mais ampla do que a disponível na provinciana Port Arthur.

Grant andava com um grupo de intelectuais unidos por seu desdém pelo nível de sofisticação de seus colegas de classe e da cidade em geral. O Little Theater permitia que eles se identificassem com o grande mundo artístico. As oficinas também eram ótimas para conhecer meninas. As atividades diárias do programa reuniam um grande grupo de adolescentes que começavam a dar festas e sair juntos. O grupo principal era o núcleo de amigos de Grant – Dave Moriaty, Adrian Haston, Jim Langdon e Randy Tennant. Não havia um líder; eram todos igualmente poderosos.

Dave era um rapaz compridão, com cabelo ondulado e olhos grandes e penetrantes. Guardou o dinheiro que ganhava cortando grama e criando abelhas para comprar uma chalupa de 5 metros, que o fez subir instantaneamente de posição social, algo que ele usava muito em sua incessante busca por garotas. Estava determinado a se tornar um cientista e construía foguetes com Randy Tennant em seu tempo livre. Randy Tennant era um rapaz de olhos brilhantes e corpo magro, um cientista com inclinação para as artes. Grant era o atleta, tendo mais tarde se tornado *linebacker* distrital e jogador de futebol estadual. Era um garotão de cabelo loiro e com uma paixão pela música folk. Dave, Grant e Randy eram membros do clube de latim e do clube de teatro, e exerciam várias funções no jornal da escola. Jim Langdon era um menino mais baixo e atarracado, com grandes olhos azuis que lhe davam uma aparência de cão bassê que as meninas adoravam. Era muito paquerador e as garotas disputavam para ver quem seria sua namorada fixa. Tinha paixão por tocar trombone na banda da escola e em bandas de baile locais. Adrian Haston era um rapaz alto, magro e moreno com olhos caídos que combinavam com sua voz lenta e seu comportamento delicado. Era extremamente gentil e inteligente. Tocava na banda e adorava música. No ano anterior ao que Janis os conheceu, vários dos rapazes foram ativos no governo estudantil e receberam condecorações. Faziam tudo juntos.

Eles controlavam a socialização no grupo do Little Theater segundo seus próprios interesses, deliciando-se em caçoar daqueles descarados o bastante para admitir que acreditavam em algo de bom. O cinismo adolescente era seu *modus operandi*.

O grupo Little Theater fazia o que a maioria dos adolescentes fazia em Port Arthur e em outras cidades pequenas: amontoavam-se em um carro, dirigiam até um ponto distante, sentavam-se e conversavam. Gostavam da estrada Sarah Jane, uma trilha sem saída atrás da refinaria

Atlantic-Richfield ladeada por altos liquidâmbares dos quais pendiam massas de líquens. Aquela estrada estimulava a conversa sobre a morte porque se dizia que uma mulher chamada Sarah Jane se enforcara em uma das árvores. “Queria saber se Sarah está no céu olhando para nós agora”, Janis dizia. “O céu? O que faz você pensar que existe um Deus, menina? A religião é só uma cobertura de açúcar para idiotas com cérebro de ervilha, incapazes de entender sua própria mortalidade.” Jim Langdon sempre conseguia comandar as discussões com sua voz profunda, forte, e sua capacidade de falar com autoridade, qualquer que fosse o tópico. Janis discutia com ele: “Como você pode não acreditar em Deus? Você precisa!”. Todos riram e caçoaram de sua ingenuidade.

Era aquilo! As pessoas questionavam Deus. Suas experiências do nono ano lhes permitiram ver que a sociedade não vivia segundo a moral que tentava impingir aos jovens. No verão, Janis percebeu que as pessoas legais não acreditavam em Deus, nos Dez Mandamentos e no Inferno. Descobrir a hipocrisia da sociedade e a possibilidade de que Deus não estivesse no comando a libertava de aceitar as ideias preconcebidas. Se as pessoas supostamente “boas” não eram realmente boas, e se Deus não estava ali para vigiar, então ela podia tomar decisões sobre seu comportamento em seus próprios termos. Estava livre para olhar para o mundo com uma visão desperta, que olhava para todos os caminhos da vida. Talvez os supostamente “maus” não fossem assim tão maus, especialmente se os protetores dos códigos sociais locais os expulsavam sempre que conseguiam.

Com o fim do verão, Janis se preparava para iniciar sua carreira no colegial e mamãe aproveitou a ocasião. Queria dar um belo lar para Janis para que ela se orgulhasse de trazer seus amigos. Para mamãe, isso significava comprar móveis novos. Ainda tínhamos os mesmos móveis de bordo da Sears comprados quando meus pais se mudaram para aquela casa. Mamãe tinha a firme intenção de modernizá-la.

A grande tendência da arquitetura e da arte daquele tempo era o movimento moderno, que se desfazia dos gárgulas da antiga história e expunha a beleza da simplicidade da estrutura subjacente. Mamãe adorava aquilo. Ela imaginava a si mesma na vanguarda da decoração.

Fomos até a loja de móveis Fingers, em Houston, e escolhemos novos conjuntos de sala e quartos. Mamãe escolheu um sofá resistente estofado em *tweed*. Ao lado dele havia dois aparadores feitos de freixo amarelo com pernas palito e um tampo de vidro com uma caixinha por baixo. Sobre ele ficava um par de abajures marrons de alumínio, arrematados por uma espiral de bronze brilhante e encimados por uma fina tira de luz. O conjunto de jantar combinava com os aparadores, madeira amarela com cadeiras estofadas de *tweed* marrom. Nas janelas, ela pendurou longas cortinas de fibra de vidro.

No verão de 1957 e durante seu primeiro ano do colegial, Janis usava muita maquiagem, saias retas e camisas brancas, meia soquete e sapatos boneca, e seu cabelo era delicadamente cacheado. O segundo ano foi marcado por seu constrangimento com o corpo pouco desenvolvido. Ainda era um ano e meio mais nova do que muitas das meninas de sua classe e sua relativa imaturidade física se tornava cada vez mais importante para ela. Seu corpo demorava para mudar. Ela falou mais tarde sobre a razão por ter sido infeliz na escola: "Porque eu não tinha tetas aos 14 anos". Ela falava em um tom bem-humorado, mas não deixava de ser verdade. Quando entrou no primeiro colegial [décimo ano], ainda era muito magra e mal começara a desenvolver quadris e seios.

Lamentavelmente, o rosto de Janis floresceu em uma série interminável de doloridas espinhas vermelhas, o pior tipo que uma menina pode ter. Revistas como a *Seventeen* explicavam que as espinhas eram causadas por beber Coca-Cola, comer batata frita e chocolate e práticas de higiene insuficientes. Ela negou a si mesma todos esses prazeres e se esfregava sem parar, mas os temidos pontos vermelhos insistiam em aparecer. Mamãe levou-a ao dermatologista, que continuou com as acusações. "As espinhas são sua culpa!", ele parecia dizer. "Mantenha as mãos longe do rosto." Então ele espetava o rosto dela e apertava a pele tentando eliminá-las. Tentou queimar as maiores com aplicações seletivas de gelo seco, mas nada parecia funcionar. Ninguém percebia naquela época que as espinhas são causadas por bactérias e hormônios, e podem ser tratadas com antibióticos. Como nada funcionava, Janis ficou furiosa com o médico e irada com sua situação.

A adolescência é a época de procurar e experimentar papéis. Até mais ou menos os 14 anos, a infância se desenvolve em padrões previsíveis. Quando a puberdade aparece, todas as apostas são perdidas. Para a maioria das meninas, a puberdade é uma experiência de alta pressão caracterizada por alterações de humor e explosões emocionais irracionais. Para algumas meninas, a intensidade das mudanças é ainda maior. Para Janis, foi dolorosa.

A pergunta que todos os jovens se fazem é: "Quem sou eu?". Em geral ela vem junto com: "Quem eu quero ser?". Janis já fora educada na importância dessas questões essenciais da vida por nossos pais. Em seu segundo colegial ela foi consumida pela esmagadora necessidade de responder a elas. Era inteligente e inquisitiva. Não olhava simplesmente para as opções postas diante dela pela sociedade; avaliava o mundo inteiro.

Janis ficou surpresa e depois oprimida por perceber a incapacidade de atingir o ideal social. Sempre tivera um ego forte e uma grande autoconfiança, mas no colegial começou a se questionar. Achava que tinha olhos de "porco", incapaz de ser uma daquelas belezas de cílios longos que apareciam nas fotografias das revistas glamorosas. Odiava seu nome e suas iniciais. Diferentemente de sua colega de classe Arlene Elster, cujas iniciais eram ACE [*Ás*], Janis dizia: "JLJ, não quer dizer nada!". Ela roía as unhas, o que a envergonhava ainda mais. Tentou pintar o cabelo de vermelho, pensando que mudaria de aparência, mas tudo o que viu no espelho foi Janis com o cabelo vermelho. Foi ao salão de beleza mais chique da cidade e pediu que o sr. Allen lhe fizesse um novo penteado, mas isso não mudou sua posição social.

Janis olhava à sua volta na escola e via a hierarquia dos grupos sociais. No alto estavam aqueles no governo da classe; a seguir vinham os atletas, as líderes de torcida, as crianças com personalidade marcante de que todos gostavam e, finalmente, um enorme grupo de outros de qualidade indistinta. Ela se sentia claramente em meio a esse último grupo, embora seu ego sentisse que ela merecia estar no topo.

"O principal objetivo do colegial era *não ser diferente*", conta Kristen Bowen, colega de classe e amiga da família. "Os clubes eram *tudo*."

Em janeiro de 1958, Janis entrou para o Future Teachers of America. Ela colou sua vela e a carteirinha, com fitas vermelhas, brancas e azuis, em seu álbum de recortes. Era ativa no Tri Hi Y, fabricando centros de mesa para jantares e decoração de bailes. Fazia pôsteres para os candidatos das eleições da escola, dava festas e certa vez apostou 50 centavos no resultado de uma eleição.

Para participar de um grupo alternativo da moda, Janis e Karleen começaram a sair com os valentões de touca, que poderiam ser considerados os "Fonzies" da época. Formavam clubes de carros e usavam jaquetas de couro negro com seu nome bordado nas costas, como "Pássaros Noturnos" ou "Gatunos da Estrada". Por algum tempo, Janis pintou o cabelo de laranja como as garotas duronas que andavam pelos clubes de carros. Amava um dos meninos, Rooney Paul. Ele não participava das atividades da escola. Vivia sozinho com a mãe e começou a trabalhar cedo. Quando Janis o conheceu, ele trabalhava no *drive-in*. Rooney era magrinho, com 1,80 metro. Frequentava um café decadente na frente da escola chamado Bucket [Balde] e apelidado de "Balde de Sangue". Era muito atraente e sexy. Tinha cabelos longos que prendia em um rabo de cavalo, deixando a quantidade certa solta na frente. Seus lábios carnudos imploravam para ser beijados. Janis e Rooney Paul namoraram algum tempo, mas não o suficiente para uma relação firme. Mesmo assim, seu relacionamento continuou por todo o colegial.

Karleen Bennett ainda era a melhor amiga de Janis. Arlene Elster também era amiga de Karleen e as três se reuniam sempre na casa de Karleen. Arlene vivia ali perto. Elas descobriram que as chaves do carro da mãe de Karleen serviam no carro da mãe de Arlene, por isso Karleen e Janis andavam alguns quarteirões até a casa de Arlene e depois iam de carro até a casa de Karleen só pela emoção de roubá-lo. Quando era hora de Arlene ir para casa, ela ia de marcha à ré para que o odômetro não registrasse a quilometragem. Passavam bastante tempo na beira da piscina do clube de campo flertando com os salva-vidas.

Certa vez decidiram sair pela cidade como fotógrafas. Câmera na mão, dirigiram-se ao canal para atravessar a ponte levadiça até o Pleasure Pier. A estátua de algum pioneiro notável atraiu sua atenção e elas fizeram várias fotos escalando-a. Essa afronta social insultou a sensibilidade de uma família decente que estava por ali com seus filhos pequenos. Seus olhares de desprezo aumentavam ainda mais a emoção da aventura.

Janis muitas vezes perguntava a Karleen como fazer as coisas e se deixava enganar com facilidade. Certa feita, Karleen estava do lado de fora do carro em um restaurante *drive-in*, fumando um cigarro. Janis viu a exalação e comentou: "Não acredito que você consiga segurar tanto ar". Karleen apenas sorriu, sem dizer a Janis que o que vira simplesmente era seu sopro congelado no ar gélido.

Janis tinha um horário para chegar em casa nas noites em que havia aula, e a desobediência resultava em castigo. Certa feita, percebendo que chegaria atrasada, perguntou a Karleen: "Qual o caminho mais rápido de todos para chegar até minha casa daqui?". Karleen sugeriu um atalho e Janis partiu, dirigindo o carro do trabalho de papai até em casa. Mais tarde, naquela mesma noite, Janis foi se encontrar com Karleen, contando tristemente uma história sobre como atravessara um sinal de "Pare" e abalroara um carro. "Você não me disse que eu tinha de parar nos sinais!", acusou. Felizmente ninguém se feriu, mas foi um acidente feio que magoou todos os envolvidos.

Papai tinha muito orgulho de seus carros, embora não tivéssemos nenhum modelo digno de bajulação. Ele os mantinha em boas condições de rodagem, limpos e encerados. Comprava carros usados, escolhendo modelos sobre os quais havia lido e aqueles que seu olho de engenheiro decidia estarem em boa forma. Além de sua afeição pelos próprios carros, ele exigia um grande senso de responsabilidade dos outros. Ficou mais do que um pouco aborrecido com a irresponsabilidade de Janis ao passar direto pelo sinal de Pare. Era o maior problema que qualquer de seus filhos já havia causado e ele ficou muito agitado, berrando em uma voz que raramente ouvimos: "Como você pôde ser tão idiota? Alguém podia ter se machucado!". Janis estava prostrada, envergonhada, frustrada e aborrecida por ter fracassado tão miseravelmente. Era apenas mais um sinal de que ela não se encaixava nos padrões do mundo. Ficou de castigo e passou esse tempo vagando pela casa em um clima emocional hostil e resoluto. Nossos pais perceberam que sua severidade com os limites de tempo foram parte da causa do acidente. Tentaram relaxar e pôr os horários em uma perspectiva apropriada à segurança.

No primeiro colegial, Janis optou por Estudos Sociais, Inglês, Geometria Plana, Biologia, Ginástica e Latim. Recebia As, Bs e alguns Cs. "Gostei de tê-la na classe", foi o comentário escrito por um dos professores. "Janis é uma excelente aluna e pensadora." Porém, ela continuava a receber notas baixas por seu comportamento na sala de aula. "Os Ns [necessita melhorar] vão se tornar Xs [insatisfatório], a menos que ela pare de conversar." Essa tendência continuou durante todo o colegial.

As escolas de Port Arthur eram excelentes. Pagavam salários mais altos do que os da maioria das cidades do Texas; 57 mil pessoas viviam na cidade, que era o centro do maior distrito de refinamento de petróleo do mundo. Muitas das maiores companhias de petróleo tinham suas maiores e mais novas refinarias na região. As empresas investiam no sistema escolar como meio de treinar funcionários de alto nível para as fábricas locais.

Em 28 de abril de 1958, os Estados Unidos realizaram testes atômicos no atol de Eniwetok, nas Ilhas Marshall. Uma sensação de aniquilação em potencial pairava no ar, uma realidade aterrorizante para os que quisessem olhar. Ela aparecia em todas as decisões de modos ocultos, sutis, subconscientes.

Em seu primeiro ano, Janis trabalhou na equipe do Livro do Ano, com vários dos rapazes do grupo Little Theater. Eles se tornavam, pouco a pouco, o grupo mais importante que ela já conhecera. Eles a apresentaram a um novo horizonte, que conquistara sua mente e sua vida. Em 1957, Jack Kerouac publicou *On the Road*, a primeira e espantosa saga de outro modo de vida. Era a crônica da geração *beat*, precursores dos *beatniks*. A turma de Janis via o personagem de Kerouac, Dean Moriarty, como um fora-da-lei moderno e extravagante. Kerouac usava o termo "Negro Branco".

Os *beats* reduziam a vida ao essencial para se sentirem vivos novamente. Romantizavam a pobreza e aqueles que viviam nesse divino estado de graça, mais notadamente o *jazzista* negro. Buscavam a liderança nesse equilíbrio entre a humildade e a liberdade. Os *beats* se vestiam de forma a demonstrar desagrado com a sociedade e seus valores. Fumavam maconha, bebiam excessivamente e falavam em um jargão desconexo que apenas o converso poderia compreender. Suas palavras desafiavam os leitores ingênuos do Texas com a questão implícita: "Você está por dentro?".

Alguns dizem que o termo *beat* se referia a um *deadbeat* [vagabundo], ou a ser *beat up* [surrado]. Kerouac pensava que fosse da palavra *beatific*, caminhar segundo a batida de uma música interna da alma. A turma do Texas buscava desesperadamente romper a rotina tediosa que achavam que a sociedade tentava lhes forçar. Ansiavam por fazer parte do mundo *real* e sabiam que, onde quer que fosse, não era em Port Arthur. Os *beats* ofereciam a consciência sobre o mundo *inteiro*, não apenas às partes que a sociedade queria mostrar aos filhos. Para Janis, eles pareciam prometer respostas às questões da existência que dominava a sua vida.

Muitas das influências *beat* se mostravam nos filmes para adolescentes, liderados por *Juventude Transviada*, com James Dean, de 1955. O filme mostrava um herói forçado a se rebelar contra os limites da sociedade, guiado por um imperativo moral mais elevado. Na telona, ele se queixava: "Meus pais não entendem". Caçoava do mundo quadrado com uma atitude insolente e um novo uniforme: os *blue jeans*. A máquina de Hollywood descobrira a enorme audiência desse público. Pela primeira vez faziam programas especialmente para adolescentes, um grupo que até então estivera acostumado a ouvir as mesmas coisas que seus pais.

Os *beats* se tornaram os luminares da turma intelectual que formava as oficinas de verão do Little Theater. Janis escreveu uma nota no livro do ano de Karleen:

> *Para um velho ovo. Tentei em vão analisar você, mas não pude, então pensei – que droga, continue confusa. Gostaria de poder entender você. De quem você gosta agora – Mickey, Dennis, Jim ou David? Espero conhecê-la e entendê-la melhor no ano que vem. Nunca me esqueça, DIZ Janis.*
>
> *PS: Lembre-se – EU SOU VIRGEM!*

Durante o verão entre o primeiro e o segundo ano de Janis, ela participou novamente das oficinas do Little Theater. Era o mesmo grupo de pessoas, mas ela estava mais velha e mais capacitada a cuidar de si. O grupo Little Theater era o único lugar em que ela se sentia confortável e plenamente aceita. Os líderes sociais da oficina continuavam a ser os meninos – Dave, Jim, Adrian, Randy e Grant.

Esse grupo de cinco rapazes não admitia meninas em seu círculo íntimo, mas as mantinha na periferia, como amigas ou namoradas. No primeiro ano de Janis, ela saíra algumas vezes com meninos do grupo. Foi a um baile de inauguração da fraternidade DeMolay com Roger Iverson, um membro ocasional do grupo. Saiu para velejar com Dave Moriaty. Mas não era namorada de nenhum deles.

Quando Janis queria algo, ela entrava naquilo com força total. Se não fosse inicialmente convidada para algum evento ao qual os rapazes fossem, fazia questão de se convidar. Tomava a iniciativa de ligar para um deles e perguntar: "O que está rolando? Estou pronta para tudo". Pouco a pouco, ela se tornou um membro firme por seus próprios méritos. Era uma menina, não era namorada de ninguém e era membro da turma. "Janis era segura de si e incisiva o bastante para fazer amizade com cinco rapazes que por si sós eram bastante difíceis", conta Adrian.

Seus hormônios haviam finalmente assentido em lhe conceder a maturidade física por que tanto ansiava. Ela esperava as curvas de violão de Lana Turner. Em vez disso, seu corpo desafiou o desejo de manter sua cintura de 45 centímetros. Seu torso engrossou e os quadris se aproximaram da fartura de uma esposa de fazendeiro, enquanto seu peito adquiria apenas uma curva suave. Ela nunca foi gorda no colegial, mas perdeu a flexibilidade de gazela e adquiriu um pneuzinho abaixo do umbigo que atiçava ainda mais seu desejo de ter uma barriga lisa.

Ao adotar a atitude *beat* na vida, Janis caçoava acidamente daqueles que se identificavam por sua beleza física superficial. Quem fosse bonito ou popular tinha de provar que também tinha intelecto antes que Janis se dignasse a se socializar com essa pessoa. Diversas meninas passaram pelo teste, porém, e Janis estava em bons termos com algumas das garotas mais populares da escola.

Para alguns de seus colegas, ela parecia mal-humorada e agressiva. Mamãe continuava a tentar fazê-la se encaixar, fabricando ou comprando roupas bonitas, a maioria das quais Janis se recusava a vestir. Algumas das mais inflamadas discussões durante os anos de colegial de Janis eram a respeito de roupas. Ela gritava com indignação quando nossa empregada lavava os tênis que ela tivera tanto trabalho em fazer chegar no grau certo de imundície!

Como o corpo escolar não aceitava meninas de calças compridas, Janis usava malhas de balé pretas ou roxas, enquanto suas colegas de classe ainda se conformavam às meias soquete e aos sapatos de boneca. Usava saias acima do joelho, enquanto as outras deixavam a barra logo abaixo. Quando as bonecas Barbie foram lançadas, em 1959, Janis tinha um guarda-roupa que nenhuma Barbie ousaria experimentar. Janis estava se tornando uma *beatnik*.

Janis e seus amigos pegavam o pouco que sabiam do estilo de vida dos personagens de Kerouac no que toca a esnobar a sociedade e misturavam com uma atitude íntegra em relação a seu próprio comportamento escandaloso. Não eram párias; eram rebeldes!

Em julho de 1958, a revista *Time* publicou um artigo sobre Jerry Lee Lewis e sua noiva criança. A edição seguinte trazia várias cartas ao editor condenando a suposta lassidão moral de Lewis e seu caráter fraco como representante da "juventude de hoje". "O cara que escreveu essa carta é maluco!" Janis batia os pés pela casa, furiosa contra as acusações injustas feitas à sua geração. "Então escreva você uma carta ao editor e dê sua opinião", foi a resposta de mamãe. Janis de fato escreveu uma carta de apoio e recebeu uma resposta, agradecendo-lhe e dizendo que muitos outros haviam, como ela, escrito para defender a qualidade da nova geração. Ela se orgulhava da carta e a guardava em seu álbum de recortes.

A *Time*, principal leitura semanal de nossa família, escreveu sobre os *beats* em 1957. Também assistíamos ao programa de entrevistas de Steve Allen e, em uma das edições, Steve mostrou a nova forma de arte que estava na moda, o jazz livre, com Allen tocando piano como fundo para Jack Kerouac, que lia seus escritos.

Janis se destacou em uma época na qual as pessoas não queriam ser diferentes. Seus colegas de classe estavam apenas descobrindo os movimentos de massa. Sua geração girava em torno do novo som do rock'n'roll, encabeçado por Bill Haley and the Comets, que entraram em cena em 1954 com *Rock Around the Clock*, usada no filme *Sementes de Violência*. Muitos outros se seguiriam – Elvis Presley, Buddy Holly, Big Bopper e muitos mais. O rádio era o veículo de libertação dos adolescentes, pois lhes permitia conversar diretamente uns com os outros. O rock era especialmente adequado ao rádio porque não exigia orquestra grande ou sala espaçosa.

O rock, naquele tempo, não era para ouvir, mas para dançar. Precisava de participação do público. Elvis sacudia os quadris e criou uma dança erótica, que foi chamada *bop*. O *twist* e outras danças populares atraíam mais pessoas ao novo som.

O rock'n'roll tinha raízes na música folk, ritmos negros e blues, além da música country. Muitos negros achavam que estavam sendo lesados quando rapazes brancos pegavam suas canções e ganhavam uma fortuna gravando-as. Mas os rapazes brancos também estavam encontrando maneiras de tratar e incluir os negros e a experiência negra em suas vidas segregadas. Janis e seus amigos estavam mais interessados nas raízes do rock do que no estilo de Elvis.

A grande comunidade negra de Port Arthur estava encerrada em um local na parte mais antiga da cidade, uma região central limitada pela Houston Avenue. Os únicos negros que víamos regularmente eram empregados domésticos. Apesar disso, sabíamos a respeito da vida noturna, que era a principal atividade da Houston Avenue, um sinal de diferentes qualidades de vida. O fato de ser proibido tornava aquilo ainda mais intrigante. Os negros eram apenas um dos muitos grupos culturais definidos da cidade. A região era um "cadinho de trabalhadores, cajuns católicos do sul da Louisiana, caipiras protestantes do leste do Texas e alguns administradores da Costa Leste", explicava Jim Langdon. O porto internacional, com seus navios marítimos, atraía muitas nacionalidades – holandeses, irlandeses, italianos, mexicanos, alemães, sírios, franceses e muito mais. Os abundantes legados tornavam ainda mais difícil considerar os afro-americanos como algo diverso de apenas mais um grupo, com suas próprias histórias e tradições.

A integração racial começava a despertar a atenção nacional. Em 4 de setembro de 1957, o governador do Arkansas, Orval Faubus, usou a milícia do Estado para bloquear a entrada dos estudantes negros que tentavam frequentar a Central High School. No desfecho, o presidente Eisenhower ordenou que tropas do Exército americano escoltassem nove estudantes negros até a sala de aula. Em setembro de 1958, o governador Faubus fechou quatro escolas em desafio à Suprema Corte. Foi apenas em junho de 1959 que a corte federal declarou inconstitucional a lei de Arkansas que permitia o fechamento de escolas e que os negros tinham a permissão de se matricular. Em agosto de 1959, 250 manifestantes se reuniram perto da Central High School do Arkansas para exigir a integração.

Port Arthur era solidamente segregada, mas na época despontavam algumas tentativas de interação inter-racial. Havia um jogo de futebol americano de negros contra brancos todos os domingos em um campo próximo à divisa entre as duas comunidades. "Nunca houve raiva ou racismo, era apenas futebol, negros contra brancos", explicou Jack Smith.

Apesar dessa mistura, havia salas de espera separadas em escritórios profissionais que atendiam ambas as raças. Cartazes dizendo APENAS BRANCOS ornavam os bebedouros.

Nossos pais eram rebeldes silenciosos que reconheciam a autoridade da sociedade maior. O máximo que faziam era pagar um salário justo à faxineira que trabalhava para nós e dar-lhe os móveis usados quando comprávamos novos.

As relações de raça figuravam com destaque na literatura *beat* que Janis lia com sua turma. Eles adotavam os ideais de Kerouac sobre a moralidade mais elevada do negro pobre. A aula de Estudos Sociais de Janis era dada pela srta. Vickers, tradicional fiel ao clichê de professora de escola rural, com mais todos os traços que deve ter uma excelente mestra. A srta. Vickers gostava de trazer os acontecimentos atuais à aula e, certo dia, levantou a questão da raça e das decisões da corte. Um a um os estudantes destacaram o valor da segregação e a negação da validade de todas as reivindicações dos negros. Janis e Karleen se entreolharam e

Janis levantou-se. “O tratamento dado pela sociedade aos negros é errado! Eles são pessoas como eu ou você!”. Ela expressou sua crença sincera na igualdade e foi saudada por vaias de menosprezo pela classe. Karleen afundou na cadeira, intimidada demais para tomar a defesa da melhor amiga. Depois da aula, gritavam para ela no corredor: “Amante de preto! Amante de preto!”. Janis se encolhia de justa indignação.

Ela passou por um processo muito semelhante quando ousou questionar o valor dos sindicatos. Papai tinha um cargo de gerência e ela ouvia muitas histórias sobre as discussões na fábrica. A escolha entre o sindicato e a obediência ao gerente muitas vezes acabava com uma amizade. Os sindicatos locais eram grandes, poderosos e inclinados a greves violentas. Para Janis, era questão de saber o que estava certo. Não se podia descobrir até que se pudesse conversar sobre tudo, incluindo o porquê de o ponto de vista do sindicato ser justo e exato. Para muitas pessoas, o apoio ao sindicato era o apoio a todos – estivessem certos ou errados. Janis estava do lado da minoria em nossa cidade operária.

“Janis e eu adotamos uma atitude dura para sobreviver no mundo”, explica Jim Langdon. “Port Arthur era hostil. Era ultrajoso que pessoas muito mais estúpidas que eu mandassem em mim. Eu não estava disposto a ser feito de vítima pelos *neandertais* do mundo. Ser duro funcionava. Eu sobrevivi.” Janis assumiu um modo de andar, uma certa postura corporal e um estilo de praguejar feito para que as pessoas se afastassem. Um punhado de colegas passou a segui-la pela escola, implorando-lhe que dissesse um palavrão. Pararam de rir quando seu escárnio finalmente fez com que ela despejasse uma resposta verbal.

Ela começou a desenvolver uma imagem deliberada para usar nas confrontações da escola. Foi até a casa de Karleen e sentou-se na cama, praticando uma risada especial. Ela gargalhava e prestava atenção ao efeito. “Foi alto o bastante, Karleen? Foi irritante o bastante?”.

Ao ousar rebelar-se contra o código social de conformidade, Janis e seus amigos se tornaram alvo fácil das zombarias normais dos adolescentes. Os rapazes eram tão bombardeados quanto Janis, mas as farpas penetravam mais profundamente nela que em seus amigos. Elas a feriam de modo a ser difíceis de arrancar, mesmo muitos anos mais tarde.

A resistência da sociedade ao que era obviamente a coisa certa a se fazer – integrar-se racialmente – reforçava ainda mais o ponto de vista de Janis e seus chapas intelectuais a respeito da natureza retrógrada de sua cidade natal. Eles começaram a se considerar vítimas de um mundo ignorante. O conflito racial nacional, com seus ecos locais, incitou-os a perseguir o outro lado da vida. Era quase como se algumas pessoas na sociedade estivessem prontas, esperando que alguém trouxesse o assunto racial à linha de frente. A turma de Janis respondeu ao chamado.

A rotina em casa – papai no trabalho e mamãe cuidando dos filhos – mudou radicalmente no segundo ano de Janis. A avó Laura East precisava de cuidados e mamãe teve de ganhar algum dinheiro extra para ajudar a pagar por isso. Ela entrou em um curso de datilografia na escola de administração para polir suas habilidades antes de começar a se candidatar a empregos. Era tão obviamente competente que, antes do final do semestre, a escola a contratou para dar o curso! Ela assumiu o trabalho de treinar jovens a ser secretárias, orientando-as desde a adolescência até o primeiro emprego. Ao mesmo tempo, Janis sistematicamente rompia os códigos sociais locais, como se tivesse uma lista deles. O contraste tornava a rebeldia de Janis ainda mais desconfortável em casa.

Nossos pais gostavam do interesse que ela tinha em correr atrás de alguma coisa, fosse ou não uma tarefa da escola. Certa vez ela encasquetou com a ideia de fazer cerveja na banheira. "Você não tem idade para beber, querida", disseram diante de seus planos entusiasmados. "Eu sei. Não faz mal. Só quero fazer", respondeu. Ela reuniu os materiais e trabalhou na fermentação da mistura, mas alguma coisa deu errado e a massa ficou horrivelmente amarga. Ela carregou a mistura fracassada até o quintal e pôs fogo. Embora papai sempre contasse da época em que fazia gim, ninguém parecia fazer a ligação com a cerveja de Janis. Talvez, à sua própria maneira enviesada, estivesse tentando ter sucesso a seus olhos.

Os segundo e terceiro anos de Janis foram marcados por períodos de paz rompidos por sequências de comportamento ofensivo que levava a confusão, pânico e berreiro em casa. "Ela mudou completamente de um dia para o outro", disse mamãe em um suspiro. "Uma mudança completa daquilo que era antes, e não sei o que fazer. Não entendo." Talvez Janis pertencesse à minoria de meninas que têm um problema grave com o desequilíbrio hormonal e as mudanças físicas da puberdade. Talvez fosse simplesmente inteligente demais e tivesse um senso de justiça forte demais para aceitar as muitas concessões que a vida exigia. Era incapaz de se deixar levar pela vida. Quando começou a desafiar os valores culturais e defender a verdade, cruzou uma linha invisível que não poderia mais ser encontrada. A rebelião assumiu valor e significado próprios. Cada desafio ou pedido para que ela mudasse de comportamento resultava em uma dedicação mais firme à atividade. A resistência criava resistência igual e aumentava a escala do problema.

A busca de Janis deixou um rastro oceânico de caos em nossa casa. Eu estava emocionalmente aterrorizada pela recorrente discórdia e fazia a única coisa que uma menina de 11 anos podia – procurava uma autoridade maior. Comecei a ir à igreja e rezar por todos.

Em retrospecto, o comportamento de Janis não era assim tão chocante. Na maior parte do tempo, ela só encontrava os amigos e conversava. Eles se reuniam na casa de Jim Langdon porque seu pai trabalhava à noite e a mãe não gostava de interferir. "Só nos divertíamos, era diversão limpa", disse Adrian Haston. O grupo se reunia à noite ou no final de semana e procurava algo interessante para fazer. Às vezes iam à praia, como todo o mundo, para acender fogueiras e fazer piquenique. De vez em quando paravam no farol abandonado, xeretavam e conversavam. Na plana e pantanosa Port Arthur havia poucos pontos altos que atraíssem o olhar, como as caixas d'água e Rainbow Bridge. A turma subia em uma das duas para olhar para o mundo lá embaixo. Tinham o objetivo de subir em todas as caixas d'água da região ao menos uma vez.

O grupo tinha sua própria versão da vagabundagem. Enquanto os outros garotos vagavam por uma área de quatro ou cinco quadras da cidade, olhando uns para os outros, essa turma pegava a estrada. Gastaram o chão do triângulo entre Port Arthur, Beaumont e Orange. Passavam metade da vida dentro do carro. Paravam em alguma lanchonete no caminho para um café, para absorver o ambiente operário e continuar suas intensas discussões. Falavam sobre filmes como *Picnic* [Férias de Amor], no qual a heroína abandona tudo por um homem que a ama por qualidades que iam além da beleza física. Em geral ficavam paranoicos com a possibilidade de ser pegos pelos pais em alguma atividade inapropriada. "Bagageiro" era o sinal para que Dave afundasse no assento porque um carro com bagageiro, como o do pai dele, estava se aproximando. Era bom estar sempre atento, mesmo que os ganchos sobre o carro não estivessem visíveis. A maioria das discussões dizia respeito aos males do mundo, a estrutura social hipócrita, a banalidade da escola, o tédio da cidade e os valores sexuais puritanos.

Janis começou a ler a revista *Mad* com os rapazes. Ela ria com Alfred E. Neuman, cujas peripécias faziam troça com o mundo dos adultos e traziam um sentido de cultura *underground* nacional com uma visão satírica da vida. Os quadrinhos da *Mad* caçoavam da classe média americana, da televisão, do subúrbio e de tudo o mais que cheirasse a valores estabelecidos. Por algum tempo, Jack Smith e Tary Owens produziram uma revista de humor no colegial, dando aos jovens comentaristas um local para externar suas opiniões.

Eles devoravam a poesia de Lawrence Ferlinghetti, proprietário da famosa loja de livros de bolso City Lights em São Francisco e que dava aos jovens escritores a chance de ingressar no mundo editorial. Escrevia títulos que atraíam sua atenção, como *A Coney Island of the Mind* [Uma Coney Island da Mente]. Eles criticavam os novos trabalhos insanos de Allen Ginsberg, cujo estilo poético inicial, inspirado em William Blake e Walt Whitman, dera origem à poesia performática, introduzida por seu famoso poema "Howl" [Uivo]. Leram *Lust for Life* [Sede de Viver], de Irving Stone, a biografia romanceada de Vincent van Gogh, um homem arrebatado pela arte. Foram atraídos por *O Amante de Lady Chatterley*, de D.H. Lawrence, quando foi proibido por obscenidade pelo ministro das comunicações dos Estados Unidos. Janis e Karleen leram *Battle Cry*, de Leon Uris; *From Here to Eternity* [A Um Passo da Eternidade], de James Jones, e os romances policiais de Mickey Spillane. Gostavam de escolher livros de acordo com os palavrões contidos neles. Papai muitas vezes levava as meninas à biblioteca e tinha o ritual de inspecionar o que elas escolhiam. Pegava o livro e olhava o título e, se não o conhecesse, o sopesava na mão aberta. Contou a elas seu método secreto de determinar a qualidade de uma peça: "Se o livro for pesado, é porque foi impresso em papel bom e provavelmente é um bom livro".

A turma também falava muito sobre garotas e sexo. Era principalmente um grupo de meninos que uma menina decidira invadir de acordo com as regras deles. Quem namorar, como seguir as etapas, qual garota estava fora da jogada e se haviam ou não se dado bem eram os tópicos discutidos. O sexo não era jamais discutido nos círculos sociais refinados. Os garotos do colegial não deviam "fazer aquilo". Não precisavam sequer saber *o que* era!

Janis recebia dos meninos da escola as informações em primeira mão sobre o que estava ou não acontecendo, embora não participasse em nada daquilo. Ela e Karleen conversavam sobre sexo, amassos e outras coisas, mas Janis não tinha um namorado para experimentar.

"Oh, Janis, você é uma boa menina!", diziam frequentemente os rapazes intelectuais. "Não diga que sou uma boa menina, caramba!", respondia ela. Janis era tão mulher quanto qualquer outra, mas não era considerada como tal no grupo. Para eles, as mulheres eram suaves e protetoras, e Janis não queria ser nenhuma dessas coisas. Os meninos não conheciam outro modo de se relacionar com mulheres que não a agressividade sexual. O único outro tipo de relação que tinham era uns com os outros, como camaradas. Pouco a pouco, Janis começou a tratar os homens que conhecia do mesmo modo como via os rapazes considerando as moças. Ela se envolveu no papel de garota rude, já que era o único modo de ser considerada uma igual.

Ao passo que as outras garotas da década de 1950 almejavam namorar firme, Janis rejeitava todo aquele ritual de acasalamento. A sociedade estimulava as moças a procurar um homem que as protegesse dos perigos da vida. Janis se recusava. Adotar os traços femininos necessários a uma relação seria dar aquele fadado primeiro passo para renegar sua identidade individual.

Grant Lyons era um entusiasta da música popular – música de raiz, não aquela coisa aguada de Burl Ives que tocava em quase todas as casas. Procurou gravações de artistas obscuros como Huddie Ledbetter ("Lead-belly"), Woody Guthrie, Odetta e Jean Ritchie. Jim, Adrian e Dave gostavam do jazz de Dave Brubeck e outros. Suas brincadeiras foram revertidas para a música, e a turma passou a analisar as técnicas de certos artistas, períodos e instrumentos. Dave e Jim tinham uma vasta coleção de clássicos. A música não era um pano de fundo para aquele grupo. Era o principal.

Espremidos no quarto de Jim Langdon, a turma se reunia em volta de seu aparelho de som portátil. A música montanhesa de Jean Ritchie falava da vida dura dos mineiros dos Apalaches e das belas colinas arruinadas pelas companhias de mineração descuidadas e ignorantes. Essa música falava às suas entranhas, já que as mesmas condições existiam na relação de nossa cidade com as companhias petrolíferas. A fumaça da refinaria empesteava o ar diariamente. Os petroleiros, ao soltar o lastro, deixavam periodicamente bolhas de óleo na areia de nossas praias.

Para Janis, os artistas mais atraentes eram os antigos cantores negros de blues. Eles a tocavam com a experiência da opressão social descrita nos livros de Kerouac. As gravações de blues permitiam que Janis rompesse com os limites estereotipados de seu mundo branco e se movesse para além da raça para conhecer o coração e a mente poética da cultura negra.

Às vezes, o grupo levava seus discos a uma festa da igreja ou outra reunião em que houvesse mais pessoas. De maneira calculada, punham aqueles discos na vitrola. Conforme a melodia daqueles artistas se espalhava pelo ar, a festa começava a esvaziar e em pouco tempo era toda deles. "Você está por dentro?", suas ações pareciam perguntar.

Janis fazia o mesmo em casa. Ela testava nossos pais substituindo os tons vibrantes das sinfonias clássicas pela versão de Willie Mae Thornton de "Hound Dog". Ela percebeu que a música não era apreciada. Acabou por ter direito a um tempo igual para suas novas descobertas em música, com a condição de que incluísse faixas clássicas entre suas seleções.

Quando a turma dirigia pela "grande noite americana", como a chamara Jim Langdon, cantavam em uníssono as melodias folclóricas que haviam ouvido lealmente durante o dia. Certa noite, enquanto entoavam uma canção de Odetta, Janis recusou-se a participar. Sentou-se em silêncio, expressando desprezo. Incapaz de suportar aquela algazarra, ela soltou uma voz que soava exatamente igual à de Odetta. Ficaram chocados. Não havia por que cantar junto se ela fosse cantar daquele jeito. Mais tarde, ela telefonou a Jim Langdon: "Adivinha só. Eu sei cantar". Ele respondeu: "Ah, é mesmo? E cadê a novidade?".

O grupo encontrou novos sons ouvindo as estações de rádio madrugueiras de Mênfis, Nashville, Chicago e México, no outro lado da fronteira. Localmente acompanhavam o programa do Big Bopper em Beaumont. Tratava-se de Jay Richardson, um homem branco que cantava como um negro. Ouviam os sons de Bobby "Blue" Bland, de Houston. O rádio os deixava por dentro dos sons da moda em todas as partes. Naquele tempo, muitas das atrações nacionais tinham raízes nessa região do Texas.

Com Karleen, Janis levou adiante seu interesse pelo rádio. Gostava de tudo o que se relacionava a rádio; era o veículo de comunicação a distância que permitia que as pessoas encontrassem almas gêmeas em qualquer lugar. A Faculdade de Port Arthur, em que mamãe trabalhava, tinha uma estação de rádio afiliada, a KPAC, na qual os estudantes dos cursos técnicos podiam praticar. Roy May e John Robert, que estavam um ano à frente de Janis na escola, trabalhavam como DJs. Janis e Karleen muitas vezes iam à estação para uma visita durante o expediente deles. Às vezes, iam à cabine de transmissão de outra estação, a KOLE, para falar com "Steve-O, o Caminhante Noturno", Steve O'Donohue, esperando quietinhas pelo fim das intervenções ao vivo, quando ele podia responder às suas perguntas. Ele tocava *rhythm and blues* e rock'n'roll, e Janis queria saber sua opinião sobre as canções e músicos. Em outras ocasiões, as meninas levavam café para os rapazes que faziam a manutenção da torre de rádio e paravam para conversar.

Janis desenvolvia uma bravura que acabava por excluir Karleen. Como seus contemporâneos, as duas garotas vagavam sem rumo pelo namoródromo em certas noites da semana. Perscrutavam os carros que passavam e os ocupantes do outro carro olhavam de volta. Janis muitas vezes afundava no banco de trás, escondendo-se, pois sabia que, se algum de seus camaradas intelectuais a visse, estaria tudo acabado. Com Karleen, ela fazia coisas que não faria com eles. Muitas vezes ela tentou arrastar Karleen para fora do namoródromo até aquele covil do pecado, o Keyhole Club. Eram novas demais para entrar, por isso Janis pedia para algum cliente que estivesse passando que entrasse e lhe comprasse um daqueles cachorros-quentes famosos em toda a cidade. Sua ousadia envergonhava Karleen, que se escondia no carro até que Janis voltasse, ostentando seu tesouro como um troféu.

Janis começou a pintar a óleo, um desafio em técnica e custo. As tintas e telas custavam muito e nossos pais não tinham dinheiro o bastante para financiar tudo o que as paixões artísticas de Janis podiam consumir. Ela ocasionalmente aceitava um emprego temporário, por exemplo como bilheteira no Port Theater, para comprar materiais artísticos.

A pintura consumia os dias de Janis. Suas emoções internas exigiam um escape. Suas telas mostravam pessoas, em geral apenas uma, homem ou mulher, e qualquer observador de seu trabalho podia sentir a paixão da artista por compreender a humanidade. Janis pintava temas religiosos, como um Cristo angular na cruz, e temas sociais, como um velho negro tocando o banjo. Suas pinceladas captavam emoções e suas imagens gritavam seus questionamentos.

Janis era fascinada pela forma humana e começou a se interessar por pintar nus. A família ficou muito perturbada, pois achava que era um tema inapropriado para uma moça. Queriam que ela pintasse paisagens ou construções. Papai e eu a ajudávamos a preparar um lanche e seu material de arte e a levávamos ao Pleasure Pier, até um ponto próximo ao antigo salão de baile, perto na água. Ela ficava ali quase o dia inteiro, pintando vistas das ondas, barcos a vela, pescadores e mergulhões.

Janis decidiu decorar seu quarto com arte e pintou os dois painéis da porta do armário. Em um deles fez uma figura nua. Meus pais ficaram aborrecidos. Não queriam que Michael e eu fôssemos expostos àquelas visões. Janis discutiu muitas e muitas vezes com eles a respeito da pintura terminada, até ser forçada a substituí-la. Por cima do nu ela pintou uma cena de peixes tropicais sob a água com fios de algas na correnteza.

A arte ainda era um palco para Janis interagir com o vasto mundo. Ela ganhou um concurso de pôsteres de futebol usando uma pele de tigre no último ano do colegial. Também entrou para o concurso de modelagem em massinha Captain Kangaroo com um modelo do sistema digestivo. Recebeu uma menção honrosa.

O álcool começou a fazer parte da cena social de Janis no segundo ano. A idade legal no Texas era 21, mas, como muitos adolescentes, a turma passava várias noites juntando moedinhas para comprar uma caixa de cerveja e procurando alguém para adquiri-la. Se conseguissem, cada membro da turma tinha direito a uma, saboreada desafiadoramente enquanto atravessavam os atalhos escuros da costa texana.

A primeira vez que Janis bebeu um destilado foi na casa de Karleen Bennett. A mãe de Karleen queria que as meninas aprendessem sobre o álcool em um ambiente seguro, não em clubes ou no assento traseiro de um carro. A sra. Bennett preparou para Janis um *whisky sour*, que ela bebericou com orgulho. "Isso é bom demais pra ser verdade, Karleen!", ela exclamou com prazer. As meninas se sentiam especialmente sofisticadas porque o drinque incluía uma cereja ao maraschino.

A cidade de Port Arthur tinha uma porção de comunidades independentes, como Griffing Park e Pear Ridge. Cada uma delas possuía suas próprias leis sobre o álcool segundo a lei do Estado do Texas, que proibia o consumo de destilados no local da compra. Algumas áreas eram secas e outras molhadas. O sistema permitia que um pequeno enclave contornasse a bandeira da abstinência mantendo lojas de destilados no limite da comunidade em Port Arthur. Mesmo as áreas molhadas não permitiam bares com serviço completo. Os clientes tinham de comprar uma garrafa, que era guardada com o nome deles e da qual o barman preparava os drinques. Os "clubes privados" podiam servir drinques caso se pagasse uma "taxa de membro" na porta. O cinismo, a negação e a verdadeira insanidade dessas leis e os modos aceitos de contorná-las apenas aumentavam o desgosto dos adolescentes transviados pela sociedade hipócrita, que parecia temerosa de encarar a realidade.

Eles aprendiam sobre bebida nos livros. Descobriram a forte ligação entre gênio literário e fraqueza alcoólica: F. Scott Fitzgerald, Thomas Wolfe, Dashiell Hammett, John Berryman, Jack Kerouac, Edgar Allan Poe, Ambrose Bierce, James Thurber e Stephen Crane. Quatro dos oito escritores americanos que haviam recebido o Prêmio Nobel até 1958 eram alcoólatras: Eugene O'Neill, Wiliam Faulkner, Ernest Hemingway e Sinclair Lewis.

Em determinado momento, o grupo de Janis descobriu os teatros de variedades. Felizmente, ou infelizmente, Port Arthur era próximo à fronteira Louisiana-Texas e a idade legal para o álcool em Louisiana era de 18 anos. Em Louisiana, além disso, era permitido consumir álcool no local da venda. A garotada do Texas acreditava que as espeluncas do outro lado da fronteira serviriam qualquer um que tivesse altura suficiente para conseguir pôr o dinheiro no balcão. Eram ainda mais atiçados por um *happy hour* de 25 centavos em um local chamado Buster's. Jim Langdon começou a conseguir serviços para tocar com bandas em Vinton e seus amigos vinham ouvi-lo. As boas moças do colegial bebiam álcool, mas não iam a Vinton. Ou, se iam, não falavam a respeito.

Vinton, Louisiana, oferecia a Janis um relance de outro modo de vida. Era cajun. Tanto a linguagem quanto a atitude social que a acompanhava eram diferentes da cultura anglicana do Texas. Havia todo um grupo de bares que atendia a juventude texana: o Big Oak, Lou Ann's, Buster's, Stateline e outros. Cada um deles tinha uma grande pista de dança e várias mesas de sinuca. Depois de crescer ouvindo rádio e vitrola, Janis teve seu primeiro contato com a boa música ao vivo em Vinton. Podia ser soul cajun, *rockabilly* ou qualquer outra coisa. Certamente havia a música soul branca de Jerry LeCroix e os Counts. O que quer que fosse, era bom de ouvir e totalmente louisiano. Misturada à atmosfera do clube havia a prioridade cajun de se divertir. Aqueles descendentes franco-arcadianos não apoiavam a atitude recalcada anglo-saxã em relação à expressão emocional. Deixavam as coisas rolarem e todos aceitavam aquilo.

Louisiana era tão segregada racialmente quanto o Texas em 1959-60 e, em Vinton, havia bares "somente para brancos" que eram proibidos aos negros. Porém, diversos bares, como o Lou Ann's, dirigiam-se principalmente ao público afro-americano, mas permitiam a entrada de brancos para assistir às bandas negras. Os símbolos do soul começaram a entrar na vida de Janis. Eles eram parte da cena *beat*, ecoadas nas suas experiências em Vinton. O grupo adotou o jargão, referindo-se às pessoas na moda como "gatos", aos afro-americanos como "espadas" e incluindo um engenhoso uso de "ain't" [não é, não sou] e "cara" em todas as frases possíveis.

Janis ficava cada vez mais fluente na nova gíria adolescente. Ela e Karleen praticavam na casa desta, com concurso de blasfêmias. Os pais dela riam ao ver suas filhas praticando palavras que não entendiam para parecer duronas em seu círculo social. Elas se sentavam no sofá com um dicionário. Uma dizia uma palavra e a outra tinha de defini-la, ou ambas a procuravam no dicionário.

Longe dos rapazes, Janis se parecia mais com uma menina. Ela e Karleen pintavam as unhas juntas. Algumas vezes faziam coisas estranhas, como pintar bolinhas nas unhas. Certa vez pintaram o cabelo com spray roxo e verde para o Dia das Bruxas. Karleen lavou o dela antes de ir à escola no dia seguinte. Janis não.

Nossos pais continuavam a tentar dar apoio a Janis e oferecer-lhe experiências positivas para equilibrar seus sentimentos hostis. No verão entre o segundo e o terceiro anos, tentaram pagá-la para que ficasse comigo e Michael enquanto mamãe estava no trabalho. Esperavam que Janis desenvolvesse um sentido de responsabilidade maior. Janis brincou com o papel, convidando a família Bennett para um jantar completo que preparara, frango havaiano servido do modo mais formal possível.

Michael e eu adorávamos aqueles momentos, mas Janis queria se libertar e sair com os amigos. Mamãe acabou contratando alguém para substituir Janis durante o dia. Foi quando Janis se matriculou para os cursos de verão na Faculdade de Administração de Port Arthur. Os velhos não deixariam Janis vagabundear durante todo o verão, especialmente porque mamãe tinha de trabalhar e não poderia controlá-la. Ela durou até 7 de agosto, quando bateu em retirada. Do mês pelo qual tinha se matriculado, perdeu nove dias de aula.

Janis ajudava a ficar com os menores à noite quando necessário. Certa noite, nós três estávamos assistindo a *Papai Sabe Tudo* na TV e vimos aquelas crianças representarem um assassinato misterioso para os pais. Decidimos fazer o mesmo. Michael representou o morto, com ketchup no lugar de sangue na camisa. Janis pintou pegadas nos degraus da frente e escondemos cuidadosamente um cano – a arma do assassino – na sala.

Nossos pais ficaram deliciados ao chegar em casa e participar do jogo. Era o tipo de rompimento com a tradição a que davam valor.

Janis tinha seus próprios encontros verdadeiros com a polícia. Em certa tarde de verão, Arlene arranjou encontros para Janis e Karleen com alguns amigos de outra cidade. Durante o passeio, os meninos atiraram bombinhas na estrada, de brincadeira. Denunciados à polícia, foram apanhados e levados à delegacia de Port Neches. Janis gemeu: "O que vão fazer comigo?", já que Arlene fora liberada porque seu pai era médico e Karleen perdoada porque a empresa do pai dela arrumara o encanamento da nova delegacia. Janis ficou ali, sem acreditar. "Meu pai só trabalha para a Texaco! Nunca vou sair aqui!". Depois de uma severa reprimenda, Janis teve a permissão de sair. Voltou-se para Karleen: "O que vou dizer a meus pais?". Com seu modo tipicamente tranquilo de encarar a vida, Karleen sacudiu a cabeça diante da ignorância de Janis. "Não diga nada!".

O último ano do colegial de Janis foi diferente do ano anterior, principalmente pela ausência do grupo intelectual central, que havia se formado e entrado na faculdade. Os mais jovens começaram a andar juntos, tendo como núcleo Jack Smith, Tary Owens, Philip Carter e Janis.

Janis adorava ficar na casa de Karleen. Os Bennetts a tratavam mais como uma igual que como uma adolescente. O pai de Karleen conversava com ela por horas sobre sua visão da vida. Acreditava na reencarnação e que a vida era o inferno. Contou-lhe histórias sobre seu pai, que outrora fora um pastor e que o cobriram de piche e penas porque foi pego com a esposa de outro homem. Janis e Karleen algumas vezes levavam rapazes à praia, junto com a família Bennett. Faziam churrasco, nadavam e festejavam regularmente. Seu envolvimento com os Bennetts era tão constante que a avó de Karleen comentou: "Você nunca a deixa em casa?".

Nossos pais gostavam de Karleen, por isso era fácil a Janis obter permissão para ir à casa dela. Porém, não era assim tão fácil sair com os rapazes. No inverno de seu último ano, Janis foi à casa de Karleen para, de lá, ir a um café – o Sage – que acabara de ser inaugurado por Elton Pasea, um antigo marinheiro mercante de Trinidad. Ele queria oferecer um ponto de encontro social relaxado e servia um bom café com um fundo de jazz de qualidade. Havia quadros originais nas paredes e tabuleiros de xadrez nas mesas. Fora inspirado nos muitos locais semelhantes em Los Angeles, São Francisco, Nova York e Paris. A cultura de vanguarda estava tentando deixar raízes em Port Arthur.

O Sage era apenas uma simples fachada de lojas, apenas um sonho de um homem. Na noite de Ano-Novo de 1959, a turma deu uma festa no Sage. Embora não fosse uma apresentação formal, Janis cantou para o grupo. Também dançou sobre as mesas, como sua mãe fizera tantos anos antes.

O Sage deu a Janis a oportunidade de exibir sua arte e vender algumas pinturas. Ela pendurou sua interpretação dos três reis seguindo uma estrela distante. Uma pessoa de Galveston adquiriu aquela peça. Janis ia para o Sage sempre que podia e, normalmente, era uma briga para conseguir a permissão de nossos pais. Ao menos uma vez ela fugiu de casa à noite, pegou minha bicicleta e pedalou até o Sage, escondendo a bicicleta sob a torre de resfriamento da A&P do outro lado da rua. Como conseguiu carona para casa, deixou minha bicicleta lá. Fiquei arrasada no dia seguinte ao perceber que alguém tinha roubado minha bicicleta! Procurei em toda parte até que Janis, papai e eu fomos até a A&P fazer compras. Janis casualmente sugeriu que fôssemos pela rua de trás, que passava pela torre de resfriamento. Quando passamos por lá, exclamei: "Minha bicicleta! Está ali! Não acredito que a encontramos". Ela nunca admitiu tê-la pego e eu me magoaria se percebesse o que fizera, mas não fiquei. Em vez disso, estava maravilhada com sua ajuda para encontrá-la.

O Sage e Vinton talvez fossem incursões em um mundo novo e melhor, mas todos sabiam que a música realmente boa estava em Nova Orleans, seguindo a estrada. Em 26 de janeiro de 1960, perto do 17º aniversário de Janis, ela convenceu Jim Langdon e outros dois rapazes no Sage, Clyde Wade e Dale Gauthier, a ir até Nova Orleans ouvir música. Nossos pais nunca a teriam deixado ir, por isso ela os enganou. Emprestou o carro do trabalho de papai e contou aos velhos uma história falsa de que passaria a noite com Karleen. Achava que eles nunca perceberiam que ela saíra da cidade. Quem acreditaria que iria até Nova Orleans no fim de semana? Levava quase esse tempo para chegar lá e voltar! Talvez ela tivesse saído dessa sem problemas, se uma batida sem importância não houvesse danificado o radiador, deixando o carro inutilizável.

A polícia de Louisiana começou a olhar documentos e percebeu que Janis era menor de idade e atravessara a fronteira interestadual com rapazes maiores de idade. "Eles queriam aplicar o Mann Act, estupro previsto em lei", conta Jim Langdon, "e a viagem tinha sido ideia dela!". A polícia ligou para mamãe e ela lhes disse que a intenção não era ruim. Explicou que Janis e os rapazes muitas vezes faziam coisas juntos. O fato de estarem em Louisiana não era de se estranhar. A polícia escoltou Janis até o ônibus, mas os meninos tiveram de pegar carona para voltar.

Ninguém considerou aquilo uma travessura de adolescente. Janis enfrentou horas de infelicidade e apreensão durante a volta para casa. Era tão ruim que nossos pais não sabiam o que dizer a respeito. Era óbvio que Janis não aceitava os limites que eles lhe estabeleceram e que não sabia estabelecer seus próprios limites. As feridas se inflamaram por algum tempo enquanto tentavam decidir como lidar com os problemas que Janis parecia estar criando para si mesma. Temiam que o verdadeiro mal dessa excursão seria sofrido por Janis na escola.

Tinham razão. A história chegou até o campus, obviamente enfeitada pelo circuito das fofocas. Janis ficou indignada, com razão. Na mente suja das pessoas, ela estava fazendo coisas feias com um grupo de rapazes em Nova Orleans. Na verdade, ela passara a noite indo de bar em bar e ouvindo diferentes bandas. Como mais tarde ela contou, "aquela coisa de sexo que atribuem a mim está na mente de quem fala". A sociedade dava aos meninos uma liberdade que negava às meninas. Para eles, era "molhar o biscoito", mas, para elas, "manchar a reputação".

Deve ter sido horrível estar na escola com as mentiras que circulavam. Antes desse incidente, Janis apenas parecia um pouco excêntrica aos olhos dos outros porque usava roupas *beatnik*. Depois da fofoca sobre a viagem a Nova Orleans no seu último semestre do colegial, ela hasteou a bandeira de pária social e começou a insultá-los com ela.

A conselheira da escola chamou Janis à sua sala. Ela discutiu os rumores sobre a bebida e o comportamento impróprio e Janis negou tudo. Manteve a pose naquela sala, tendo mais tarde dito a Karleen que tinha uma garrafa de vinho escondida na bolsa o tempo todo (nem Janis nem seus amigos bebiam muito durante o colegial – o álcool era difícil de conseguir. Quando tinham algum, gabavam-se daquilo, o que levou a histórias conflitantes sobre a extensão de sua bebedeira).

A tensão não resolvida em casa era espessa. Nossos pais não podiam acreditar nas coisas estúpidas que Janis fazia. Quanto mais problemas seu comportamento criava, menos ela parecia se preocupar em modificar suas atividades. Ela ficava fora até tarde, estudava menos e desenvolvia cada vez mais o repertório de imprecações descorteses. Ao chegar em casa à uma da manhã, ela e Karleen foram recebidas por mamãe e bombardeadas por um sermão sobre a estupidez das transgressões da filha. Mamãe gritou, irritada: "Você está arruinando sua vida! As pessoas vão achar que você é vulgar!". Batendo a porta do quarto, Janis gritou para Karleen: "Como ela pôde fazer isso? Sou filha dela".

No Texas dos anos de 1950, as pessoas eram intolerantes. Nossos pais viam Janis prejudicando sua reputação, algo tão importante e nebuloso que uma garota precisava fazer qualquer coisa para mantê-la limpa. Mamãe tentara tudo e estava claro que não aguentava mais. Para piorar, via a filha fazer exatamente as mesmas coisas que tanto a aterrorizaram em sua própria adolescência. Mamãe conhecia a tristeza de perder a posição social em razão dos casos amorosos e extraconjugais de seu pai. Temia mais que tudo a possibilidade de Janis perder aquilo a que mamãe mais dera valor na vida – sua reputação. Para ela, aquilo era tão real que nem conseguia explicar para Janis. Falava de forma geral: "Simplesmente não se faz isso!". Mamãe não lidara o bastante com a raiva que sentia de seus pais para falar do fundo da alma. Ainda estava revivendo a dor de sua própria adolescência. Não conseguia sentir empatia por Janis. Só podia falar do medo que ainda a mantinha presa à sua firme crença de não desafiar as regras da sociedade.

Nossos pais se preocupavam com o comportamento de Janis. Conversavam, bajulavam, davam sermão, estabeleciam limites, faziam recomendações e tentavam tudo o mais em que podiam pensar. "Por favor, não faça o mundo se voltar contra você", pareciam implorar. Finalmente, mandaram-na a um conselheiro para ajudá-la a ultrapassar o seu ódio social. Pensaram em terapia familiar para ajudar a reduzir os problemas das discussões internas, mas acabaram optando por um trabalho individual com Janis. Depois de pouco tempo, o conselheiro parecia tê-la ajudado a lidar com a situação, embora não a atingir qualquer iluminação catártica.

Papai oferecia a Janis algum alívio. Tinha muito menos respeito pelo sistema de valores da sociedade do que mamãe, mas aceitava a vida e aconselhava Janis a fazer o mesmo. Mesmo assim, acreditava que o mundo era maior do que qualquer conjunto localizado de valores. O fato de que Janis os questionava o intrigava, embora dissesse a ela que as dificuldades não valiam o preço.

Papai sempre tivera um riso alto e fácil com seus filhos, até que as meninas começaram a se tornar mulheres. Daí ele se retirou. De alguma forma nossa feminilidade o fazia sentir-se estranho ao expressar sentimentos, tarefa que sempre exigia algum esforço. Ele era tímido, por isso o conforto que podia oferecer a Janis não bastava.

Os amigos tentaram conversar com Janis. Kristen Bowen tentou incluí-la no planejamento de festas, pensando que ela na verdade precisasse de maior aceitação social. Mas, mesmo quando Janis comparecia às reuniões, não se sentia incluída. Roger Pryor certa vez telefonou e a convidou para uma Coca-Cola. Foi o maior desastre que se pode imaginar. Mamãe ficava dizendo: "Não estrague tudo. Roger é um jovem adorável". Janis secretamente achava que Roger estava interessado nela simplesmente porque ouvira as fofocas sobre a sua lassidão moral e queria fazer sexo. Em vez disso, Roger passou em Janis um sermão sobre seu comportamento impróprio e recomendou que ela o melhorasse. Janis caçoou dele belicosamente: "Vá se danar!".

As coisas atingiram seu ponto culminante em meados de março. No dia 17, dois dias depois de meu aniversário, Janis foi suspensa da escola por alguns dias. Foi quando um pouco de realidade pareceu entrar na sua cabeça e ela organizou a vida o bastante para terminar a escola.

Karleen ficou sabendo de uma tentativa para impedir que Janis conseguisse um convite para o baile preto-e-branco do *country club* para veteranos. Karleen, cujos pais eram membros e, portanto, tinham o direito de conseguir convites, ligou para Mary Carmen Fredeman e as duas bolaram um plano. Mary Carmen disse ao comitê de organização que, se Karleen não desse a Janis um convite para o baile, ela mesma forneceria. Mary Carmen era uma das garotas mais populares da escola – não era possível negar a *ela* um convite. Ela também pertencia a uma família importante e rica. Por isso, Janis conseguiu um convite. Ela e Karleen foram com rapazes. Dançaram em seus vestidos formais nos braços dos acompanhantes e sentiram os olhares gelados das narcisistas jovens e certinhas em torno delas. Não houve incidentes, mas aquilo feriu Janis mesmo assim.

A maconha estava começando a entrar na cena escolar. Janis a encontrou pela primeira vez em uma festinha, na qual recebeu um baseado de um sujeito que conhecia da escola. Karleen e Janis pegaram um carro e foram até os arrabaldes da cidade, na Procter Street. Como sempre, o tempo estava quente e úmido, mas as meninas ergueram os vidros antes de acender. Karleen não queria fumar, mas Janis estava ansiosa. "Mas, Karleen, é isso que todos os *beatniks* fazem!", Janis implorou. Puxou profundas tragadas da droga proibida e suspirou de antecipação. O carro foi se enchendo de fumaça enquanto as meninas circulavam pelo subúrbio.

Na noite do baile de formatura, Janis e Karleen foram de carro. Deram carona a dois rapazes que queriam ir até Port Neches. Era um anticlímax adequado para um período de três anos de frustração adolescente. Sobre Port Arthur, Janis mais tarde disse: "O que quer que esteja acontecendo, nunca acontece lá. Só existem cinemas *drive-in* e banquinhas de Coca-Cola na esquina, e qualquer pessoa que tenha ambições como eu sai de lá logo que pode ou então é dominada, reprimida e derrubada". Ao refletir sobre aquele tempo, ela disse: "Tudo o que eu queria era algum tipo de liberdade pessoal e outras pessoas que se sentissem da mesma maneira".

A convivência com Janis no colegial testou os limites da família. Ela fugia da inocência da infância insistindo em encontrar um substituto melhor do que uma maturidade responsável. Exigia que os pais soubessem o que ela estava fazendo e aceitassem seu comportamento. Na época da formatura, uma trégua instável fora alcançada. Os velhos aceitaram o fato de que Janis provavelmente continuaria a fazer coisas de que eles não gostavam e foram confortados pelo fato de que ela atingira um certo nível de independência social ao terminar a escola. Estavam mais dispostos a deixá-la resolver seus próprios problemas. Juntos, os três decidiram que se amavam e que concordariam em discordar.

CAPÍTULO 5

A FACULDADE E A CENA BEAT DE VENICE

Time keeps moving on
Friends they turn away
I keep moving on
But I never find out why...
But it don't make no difference
And I know that I can always try

[O tempo não para de se mover
Os amigos se afastam
Eu não paro de me mover
Mas nunca descubro o porquê...
Mas não faz diferença
E sei que sempre posso tentar]
– JANIS JOPLIN E GABRIEL MEKLER, "Kozmic Blues"

Em nossa família, nunca admitimos a derrota. Em vez disso, bolávamos uma estratégia para resolver nossos problemas. A fantasia de Janis para resolver suas frustrações no colegial era mudar-se para uma comunidade mais tolerante e compreensiva. Aos 17 anos, assim que se formou, Janis seguiu seus amigos à faculdade, na escola estadual Lamar de Tecnologia em Beaumont, Texas.

As faculdades não eram um lugar em que as pessoas discutiam a verdade? O poder das ideias inteligentes não reinava supremo entre os estudantes que vinham afinar ali o uso de sua mente? A faculdade não era uma comunidade em que as pessoas cobiçavam o pensamento livre e a vida livre mais do que a própria vida? A faculdade não era um lugar que poderia valorizar os dons de Janis? Ela não poderia finalmente escapar da repressão da vigilância paterna?

No verão depois do colegial, ajudamos Janis a se mudar para um dormitório moderno de tijolos com dois andares. O dormitório era dividido em suítes com dois quartos duplos unidos por um banheiro. Uma varanda aberta na frente dos quartos servia de saguão. Ajudei a levar suas coisas até o segundo andar e invejei o cheiro de novo do quarto, seus armários de madeira tingida de marrom-dourado e suas grandes janelas. Em seu novo lar, ela desembarcou velhos tesouros que adquiriam um novo valor em um mundo de potencial desconhecido.

Janis não derramou lágrimas quando saímos; quase nos expulsou com promessas de "Até logo!". Deitada, entregou-se à tarefa de se estabelecer em seu território. A peça central de decoração de seu novo palácio era uma pintura que acabara de fazer. Como não tinha mais telas, havia deitado a tinta em uma grande peça de compensado. Cheia de confiança, ela dirigiu-se à marcenaria do campus com a pintura nas mãos, pronta para saudar um companheiro de viagem, um artista da madeira que aparasse o canto inferior do compensado, não pintado. De volta ao quarto, ela chorou, bateu nas paredes e praguejou o quanto pôde. Não achara um marceneiro que apreciasse seu trabalho. Encontrara apenas um imbecil com uma serra que lascou a madeira e arruinou a pintura!

Em meio à sua artilharia verbal, Gloria Lloreda entrou no quarto. Era uma beleza feminina e morena de uma família católica mexicano-americana em Galveston. Gloria ficou encantada com Janis, sua energia, poder e talento, que pareciam lhe assegurar que a vida na faculdade seria animada. Sua amizade começou com a empatia a respeito da profunda frustração de Janis com a pintura. Era um modo fácil para as meninas estabelecerem uma conexão. Gloria e Janis ficaram amigas naquele verão. No outono, tornaram-se colegas de quarto.

Janis e suas novas amigas ficaram acordadas até tarde na primeira noite, conversando infinitamente sobre sonhos e questões. O primeiro dia de Janis na faculdade prometia maior senso de participação do que ela jamais tivera em anos.

Lamentavelmente, os fofoqueiros que haviam falado sobre Janis no colegial a seguiram até a faculdade. Formaram irmandades e andavam por lá em grupos de cabeças penteadas da mesma maneira, cujo uniforme lançava o desafio: "Simplesmente não é apropriado *fazer* isso!". Gloria logo foi prevenida de que Janis era incorreta e que ela devia ficar longe dela e de seus amigos. Felizmente as fofocas nunca perturbaram Gloria. Além disso, ela sentia atração por Adrian Haston, o homem com quem mais tarde se casaria. Gloria já considerava Janis uma amiga fiel e carinhosa. Mas a fofoca certamente acrescentava uma atmosfera de desconforto aos encontros de Janis com outros novos alunos. Aquilo criou uma distância automática entre as meninas da irmandade que fofocavam e os intelectuais e artistas que zombavam delas.

Tanto Jim Langdon quanto Adrian Haston voltaram a Lamar para seu segundo ano. Sua rede de intelectuais estava crescendo, tanto com calouros de Beaumont quanto com os que vieram da turma original de Port Arthur. Ali estavam Tommy Stopher, um maravilhoso artista, e seu irmão Wally, junto com Patti Mock e seu futuro marido, Dave McQueen, além de Phillip Carter, Jack Smith e Tary Owens, da classe de Janis no colegial.

Janis escolheu o bacharelado em arte e se dedicou seriamente. Teve aulas de desenho da figura humana em que Patti às vezes trabalhava como modelo, sempre vestida em um traje de banho de Beaumont. Janis brincava com os estilos. Gostava das amplas áreas planas de cor em grande parte do trabalho de Picasso. Também gostava da aspereza de Braque e da cor de Van Gogh. Seu favorito de todos os tempos era Modigliani, um apaixonado pintor e escultor italiano que revolucionara a arte com suas misteriosas figuras fluidas que mostravam enorme influência africana. Ele passou sua breve vida artística em Paris, na época em que o mundo havia sido arrasado pela Segunda Grande Guerra. Janis estudou o homem, assim como seu trabalho, e descobriu que ele bebera álcool e experimentara haxixe de tal forma que eles haviam acabado com sua vida. Sua personalidade era descrita por muitos como maior do que a vida – um homem que carregava uma cópia da *Divina Comédia* de Dante e a Bíblia e que dizia: "O seu verdadeiro dever é salvar o seu sonho".

Janis foi a Houston com Karleen, que queria visitar um amigo. Janis desejava conhecer a cafeteria Purple Onion. Karleen deixou Janis em um hotel barato, sem perceber que era um prostíbulo. Quando o gerente explicou isso a Janis, ela disse: "Bem, é barato, não é?". Eles a acolheram por aquele dia. Karleen foi buscá-la no dia seguinte e elas foram para casa, sentindo-se jovens, livres, loucas e capazes de qualquer coisa. O tempo estava quente e úmido, e Janis tirou a camisa e deixou que a brisa que entrava pela janela do carro a refrescasse. Apanhou uma garrafa de vinho tinto que conseguiu resgatar da aventura. "Temos problemas", Karleen disse a Janis. "A polícia está dando farol para nós." Rapidamente Janis pôs de volta a camisa e escondeu a garrafa. "Você sabe qual era a sua velocidade, minha jovem?", perguntou o guarda. As meninas responderam: "Estamos perdidas". Ele foi legal e as escoltou até o caminho certo.

Patti e Janis algumas vezes matavam aula juntas para ir a um bar, em que bebiam e conversavam. Em outras ocasiões elas reuniam tantas pessoas quanto necessário para juntar 50 centavos e ir até o Paragon Drive-In na avenida Houston, onde era possível comprar 4 litros de cerveja por 50 centavos se você trouxesse sua própria jarra.

O comportamento ofensivo fazia parte da imagem que o bando de artistas achava necessário manter. Quando uma situação não surgia sozinha, eles a criavam. Certa noite, Janis e suas três companheiras de suíte vestiram as camisolas na hora de dormir. O dormitório dos meninos era do outro lado do pátio, visível através de uma grande janela que era coberta apenas por uma cortina. Gloria ficou acendendo e apagando a luz do quarto. Com a sombra criada pela luz, as quatro meninas fingiram estar fazendo um strip-tease e ficaram só com as roupas de banho que vestiam por baixo. No dia seguinte, alguns dos rapazes expressaram sua apreciação pelo show, para grande choque das meninas. As falsas *strippers* nunca imaginaram que alguém pudesse saber quem havia feito o show. Não repetiram a façanha.

As meninas quase foram expulsas porque uma delas teve um encontro com o capitão de um petroleiro no porto. Janis, Gloria e várias outras meninas também jantaram no navio. Toda a empolgação desapareceu quando a esposa do capitão descobriu e se queixou ao reitor da faculdade de que as garotas haviam passado a noite ali. "Não dormimos lá, não fizemos nada e não sabíamos que ele era casado!", e lamentaram-se elas, honestamente. Quando conseguiram apresentar provas de que dormiram no campus, o reitor as liberou com o aviso: "No futuro, tratem de adotar um comportamento mais apropriado".

As festas quase nunca eram planejadas; simplesmente aconteciam quando um grupo de três ou mais se reunia. Alguns dos meninos tinham apartamentos fora do campus, que eram os locais favoritos para celebrações. Agora que parte da turma já tinha idade suficiente para comprar bebida legalmente, o álcool corria solto. Em algumas ocasiões, Janis bebeu demais e seus amigos tiveram de levá-la à força de volta para o dormitório. Era um desafio içar Janis do gramado por sobre a varanda até os braços de seus amigos no segundo andar. De algum modo, eles sempre conseguiam enganar a inspeção noturna.

Ocasionalmente Janis e alguns fugiam do dormitório só por fugir. Muitas vezes o destino era passear "na linha" – a descrição jazzística dos bares do outro lado da fronteira Texas-Louisiana. Buscavam a música dos clubes de Vinton, especialmente quando Jim Langdon tocava na banda.

No final do semestre de outono, Janis se desiludira com a vida na faculdade. A escola se destinava a treinar engenheiros para trabalhar na indústria petrolífera local. Lamar não era o cadinho de estímulo artístico de que Janis necessitava e buscava. Ela falou com nossos pais em um de seus fins de semana em casa. "Não quero voltar." "Mas o que você vai fazer?", perguntaram. "Você não tem nenhuma qualificação para se sustentar."

Mamãe trabalhava em uma faculdade de Administração e via nos programas de treinamento de curto prazo uma resposta para o dilema de Janis, que se matriculou na faculdade de Port Arthur para aprender taquigrafia, datilografia e outras habilidades de escritório. Depois do treinamento, ela estaria equipada para passar à atmosfera mais tolerante de uma grande cidade e sustentar a si mesma. Janis treinou apenas o bastante para atingir o nível de habilidade necessário para conseguir trabalho. Matriculou-se em março de 1961 como aluna especial de meio período. Faltou a 19 dias de aula, ou quase, nos quatro meses em que esteve matriculada. A razão alegada foi "doença".

Janis ficou em casa naquela primavera. Ela e Patti passavam muito tempo juntas na cidade. Algumas vezes iam até uma loja de discos no centro. Em 1961, as lojas de discos tinham cabines de audição. As meninas passavam horas tocando de tudo, incluindo jazz e country, mas só compravam coisas como Bessie Smith. Algumas vezes Janis e Patti emprestavam o gravador de fitas Webcor do pai de Patti. Janis cantava e ouvia a gravação com olhar crítico. Nunca ficavam satisfeitas.

Certa vez, Phillip e Janis passaram para apanhar Patti para um festival de camarão no píer. Era um típico dia chuvoso e eles deram carona a um jovem negro no caminho para deixá-lo em sua casa no centro da cidade. Quando Patti se dirigia ao carro, o pai dela avistou o jovem negro no banco de trás e a acusou de estar saindo com ele. Até as boas ações os metiam em encrencas.

As festas ficavam cada vez mais inadequadas. Poucas pessoas se impunham limites para a bebida; bebiam tanto quanto podiam comprar. Com cada vez mais álcool, muitas festas se desintegravam em bolinação, com rapazes bêbados se insinuando para Janis ou as outras mulheres presentes. Era uma maneira aviltante de descobrir a intimidade física.

As festas eram comumente feitas na casa das pessoas cujos pais estivessem fora. Certa reunião na casa de Phillip Carter ficou famosa pela destruição de um petroleiro em miniatura de 1,20 x 2,40 metros pertencente ao pai de Phillip. O acidente seguiu-se a uma disputa verbal entre Janis e G.W. Bailey, um nativo de Port Arthur que mais tarde foi o sargento Rizzo no seriado M*A*S*H. G.W. era amigo do irmão de Patti Mock e advertiu Patti contra andar com Janis. A mistura de álcool e duas atitudes hostis produziu saraivadas de acusações de G.W. a Janis e vice-versa. Dirigindo-se altiva a Jack Smith, Janis disse: "Seja meu Cavaleiro Branco. Faça alguma coisa". Jack aceitou o desafio e acabou por enfrentar G.W. pela honra de Janis. O navio em miniatura foi a infeliz vítima de sua fúria.

Certa noite um grupo de oito pessoas – Jim, Dave, Adrian, Randy, Janis e mais três garotas – subiu a escarpada calçada que beirava a estrada de duas pistas da ponte Rainbow. A ponte ficava sobre um rio estreito, mas tinha de ser alta o suficiente para permitir a passagem das altas chaminés dos navios oceânicos. Ao chegar lá em cima, o grupo passou ao parapeito externo e desceu uma escadinha até a passarela que ficava embaixo. Era escuro, silencioso, seguro e proibido. Bem abaixo, os pequenos rebocadores empurravam as pesadas barcas de petróleo. Em silêncio, alguém se inclinou e jogou uma garrafa de cerveja vazia, mirando em um rebocador. Todos seguraram a respiração para ver se ela atingiria o alvo. Repentinamente, sirenes encheram o ar – um, dois, três e mais uivos ensurdecedores. Um motorista que passava vira a última moça andando pelo parapeito. Temendo um possível suicídio, a polícia fora acionada. Cada viatura em um raio de 30 quilômetros bloqueava ambas as pistas da rua e os meninos foram chamados a subir. "Puxa vida", resmungaram os rapazes. Mas os encantos femininos podem operar maravilhas e os policiais foram convencidos a deixá-los ir.

Na festa de Ano-Novo na casa de Phillip, Janis e Patti foram instadas pelos rapazes a mostrar as táticas de luta femininas. Elas se jogaram no chão em uma verdadeira briga de gato, puxando o cabelo e arrancando botões. As meninas adoraram a bagunça. Quando desceram para pegar mais uma garrafa de uísque, a porta da frente se abriu. O sr. e a sra. Carter as apanharam todas desgrenhadas, camisa meio aberta e embriagadas com *bourbon*. Na mesma hora puseram todo o mundo para fora.

As pessoas começaram a viajar. Certo fim de semana, Jim Langdon e Rae Logan, sua futura esposa, junto com Adrian, Gloria e Janis, foram até Austin e ficaram em um hotel. Queriam visitar seus velhos parceiros Dave Moriaty e Randy Tennant. Durante um feriado escolar, quando Adrian não podia suportar ficar separado de seu verdadeiro amor, o antigo grupo de Port Arthur foi até Galveston visitar Gloria. Quando a noite caiu, Janis e os meninos se despediram de Gloria e decidiram ficar em um motel barato, em vez de dirigir até Port Arthur. Disputaram na cara-ou-coroa quais as duas pessoas que dormiriam na cama. Janis e Adrian venceram. Os outros rapazes dormiram desconfortavelmente no chão.

No dia seguinte, Gloria foi acompanhá-los até a balsa de Galveston que os levaria de volta à margem em que ficava Port Arthur. O carro continha seis pessoas grogues, de ressaca, com sono e entediadas. Janis, sempre interessada em animar as coisas, disse: "Gloria, adivinhe com quem eu dormi esta noite?". Adrian gemeu: "Oh, não!". E todos no carro vaiaram a brincadeira enganosa. Estavam todos lá e sabiam que não acontecera nada além de sono.

Vários membros do grupo haviam saído de Port Arthur. Dave Moriaty e Randy Tennant frequentavam a Universidade do Texas, em Austin. Grant Lyons foi para Tulane, em Louisiana. Janis ansiava por lugares melhores. Ela e nossos pais esboçaram um plano para mandar Janis a Los Angeles, onde viviam as duas irmãs de mamãe, Barbara e Mimi. Nossos pais tinham a esperança de que, ao afastar Janis da influência da turma, ela poderia encontrar uma nova base. Los Angeles parecia um lugar ótimo porque as duas tias poderiam exercer um certo controle. Porém, Los Angeles também abrigava uma atraente comunidade artística, um dos três maiores grupos *beat* do país. Janis vibrou com a ideia de ir a Los Angeles, um lugar que considerava cheio de possibilidades.

Nós a levamos ao centro em uma manhã de sábado e a colocamos em um enorme e fedido ônibus Greyhound. Eu me sentia magoadíssima porque Janis estava me deixando para trás, mas não podia influenciar nada a não ser minha própria raiva e frustração. "Não vá", eu continuava dizendo, um pedido que caía em ouvidos moucos que já podiam escutar o quebrar das ondas do oceano Pacífico.

Barbara e Mimi foram buscar Janis na estação de ônibus de Los Angeles. Encontraram-na ao lado de uma pilha de lindas malas novas e conversando com um jovem negro. "Ele veio ao meu lado no ônibus", disse Janis alegremente. Nenhuma delas fez comentários a respeito de suas amizades, mas não precisavam dizer que para elas era impróprio que Janis conversasse com um negro. "Sua bagagem é muito bonita", disseram a Janis. Ela respondeu: "Mamãe insistiu em comprá-la. Eu não queria. Já tinha posto minhas coisas em uma mala velha, mas ela insistiu".

Já no carro, Barbara e Mimi iniciaram um passeio guiado pela cidade que amavam. Mostraram a vista e a levaram para tomar café da manhã em um local chique perto de Beverly Hills. Janis estava calada e polida, mas um pouco alheia.

Logo Janis se instalou em um ateliê de artista atrás da casa de Mimi em Brentwood. Era uma construção pequena na qual o marido de Mimi, Harry, pintava. Ele a deixava bem abastecida de tintas a óleo e telas. Mimi não sabia que Janis também pintava e se surpreendeu no dia seguinte, ao descobrir que Janis ficara acordada metade da noite pintando. Janis achava que tinha se mudado para o paraíso! Já começava a gostar de Los Angeles.

Nossos pais insistiram para que Janis trabalhasse e, com o auxílio das tias, ela logo arranjou um emprego como taquígrafa na companhia telefônica. Ficava na casa dos fundos quase o tempo todo, mas certo dia chegou em casa do trabalho e foi à cozinha conversar. "Um rapaz vai vir aqui daqui a pouco e não quero que vocês pensem que estou louca por ele nem nada assim. Não estou. Só estou me aproveitando dele. Pedi que viesse aqui posar para mim." Daí Janis explodiu em uma gargalhada. "Ele vai entrar em choque quando descobrir que só quero pintar as mãos dele. Tem mãos perfeitas para eu terminar o quadro em que estou trabalhando." Era a segunda tentativa de Janis de pintar um homem tocando violão.

Mimi saiu com a sobrinha uma noite para conhecê-la melhor. Levou Janis a uma pizzaria perto da universidade, pensando que gostaria de estar perto de outras pessoas de sua idade. Era um local animado com uma bandinha de música ao vivo. Antes de Mimi se acomodar, viu Janis levantar-se, arrancar os sapatos e marchar sem sair do lugar cantando a plenos pulmões "When the Saints Go Marching In". Por cinco minutos Mimi e todos os presentes aplaudiram, enquanto a jovem entusiasta do Texas roubava o show.

Barbara ajudou Janis a encontrar um apartamento adequado, mas ela não ficou lá por muito tempo. Não tinha muito dinheiro e se mudou para o apartamento de dois quartos de Barbara. Era uma acomodação desajeitada, pois Janis teve de se espremer junto com Jean, a filha adolescente de Barbara. A vida no apartamento de Barbara não podia ser mais diferente da calma normalidade da rotina de Mimi e Harry com a filha do casal, Donna.

Barbara vendia imóveis e tinha um relacionamento especial com seu corretor, um homem casado chamado Ed. Barbara fora casada duas vezes. Eles trabalhavam bem juntos e muitas vezes o dia começava com Ed chegando às 10 da manhã para alguns martínis. Frequentemente saíam com algum cliente para almoços e drinques. Regularmente Ed vinha ao apartamento às 4 da tarde para um coquetel. Janis ficou impressionada. Achava a vida de Barbara maravilhosa; encontrara a liberdade.

Janis ficou muito próxima de Barbara. As duas compartilhavam um gosto pela vida e um estilo direto e decisivo de interagir com o mundo. Muitas vezes Janis acompanhou Ed e Barbara nos drinques e na conversa. Porém, Jean não gostava de Janis e essa tensão dificultava a vida de todos no apartamento.

Certa tarde, ao voltar do trabalho para a casa de Barbara, Janis começou a conversar com um rapaz no ônibus. Ele estava a caminho de Venice Beach, nos arrabaldes de Los Angeles. Janis deixou passar seu ponto e foi com ele.

Venice era o sonho tornado real de Albert Kinney, que fizera fortuna com tabaco. Ele imaginara uma cidade renascentista como Veneza, na Itália, com gôndolas e lindas pontes sobre 25 quilômetros de canais interligados. A área tornou-se embelezada por hotéis em estilo rococó e parques de diversões, a Coney Island do Oeste. Centenas de turistas saboreavam seus encantos. Porém, a descoberta do petróleo destruíra o desenvolvimento daquele fantástico burgo. Os poços e o fedor de petróleo não caíam bem na singular arquitetura de estuque veneziana. Muitos dos canais se encheram de lama. Os turistas pararam de aparecer. Na década de 1950, os *beatniks* ocuparam os apartamentos baratos de Venice ao longo de ruazinhas e becos pitorescos.

Venice nunca se parecera com um subúrbio comum de Los Angeles, nem gostaria disso. O bairro atraía um grupo único de residentes que tinham pouco dinheiro, mas um apurado senso estético. Eles viviam em "pobreza voluntária". Gostavam das ruas arejadas, da área da cidade proibida aos carros e da proximidade do belo oceano Pacífico. Alexander Trocchi, um americano que editava uma revista literária em Paris, veio a Venice e escreveu *Cain's Book*, seu conto sobre a fissura e a luta contra a heroína. Stu Perkoff foi o poeta mais famoso a emergir das cafeterias de Venice, um grupo que incluía Charles Bukowski, que mais tarde escreveria "Notes of a Dirty Old Man", uma coluna no *Los Angeles Free Press*.

Lawrence Lipton atraiu o reconhecimento nacional àquilo a que chamava "Veneza Oeste" em seu conto épico sobre a vida *beat* ali, *The Holy Barbarians*. Publicado no final de 1959, transformou a cena local para sempre. A *Time* publicou uma resenha completa a respeito. Era o novo guia da geração *beat*. Os turistas voltaram a Venice, dispostos a experimentar um café em uma cafeteria "real" e admirar *beatniks* envolvidos em suas atividades artísticas.

Lipton tinha a intenção de transformar Venice na nova North Beach, onde seu amigo Kenneth Rexroth reunia os *beats* do norte da Califórnia. O romance de Lipton objetivava conseguir o reconhecimento para a cena do sul da Califórnia. Porém, poucos queriam o mesmo. A maioria havia se mudado para lá para escapar. Agora estavam sob os holofotes.

Havia cerca de 50 cafeterias na região de Los Angeles nos anos de 1960. A Venice West Café Espresso foi a primeira cafeteria e restaurante da moda. Foi inaugurada por Stu Perkoff para sustentar sua família e permitir-lhe continuar a escrever poesia. Vendeu-a no início de 1959, antes da publicação do livro de Lipton, em um período no qual o café estava sempre vazio e dava prejuízo. Já no final de 1959 ele ficava lotado e era lucrativo.

A Gas House era a mais famosa cafeteria de Venice porque se tornou o alvo de um grupo de cidadãos que odiava o influxo dos turistas e artistas. A Gas House foi o primeiro lugar que quiseram fechar. A ideia era que fosse uma galeria em que os clientes não apenas pudessem ver arte nas paredes, mas também os artistas produzindo novas peças. Também devia ser um local para leitura de poesias e um albergue noturno apenas para membros. Labutava para fazer a maioria dessas coisas, mas o processo judicial movido contra o local lhe deu tanta publicidade que muita gente passou a frequentá-lo.

Outro produto da cena *beatnik* de Venice foi *Pesadelo Refrigerado*, de Henry Miller, uma saga que narrava a viagem de automóvel de uma família através do país. Os heróis de Miller acreditavam que a Califórnia fosse o único lugar no país em que havia alguma esperança de cultura, onde as pessoas tinham qualquer prazer ou alegria com a vida.

Havia uma mistura deliberada de raças nas cafeterias. O movimento literário em Venice devia muito aos antigos movimentos boêmios e também às energias criativas de Watts. Muitos negros frustrados do sul se dirigiam a Los Angeles para fundar uma comunidade vibrante na década de 1930. Langston Hughes, o grande escritor negro, veio de lá, e Arna Bontemps também escreveu sobre Watts. Os melhores anos de Jelly Roll Morton foram em Watts.

Janis se mudou para os baratos aluguéis de Venice. Tia Barbara e Ed foram visitar seu novo lar. O queixo de Barbara caiu ao ver o depósito de lixo escolhido por Janis. No meio da sala havia um enorme barril de aço em que todo o lixo era jogado. Na parede estava uma colagem que Janis fizera com uma lata de sopa de ervilha seca e um osso de presunto solidificado em uma velha corda. Ela virou-se para Janis e exclamou: "Você não foi criada pra viver desse modo!". Uma disputa verbal se seguiu entre as duas, um artifício que ambas haviam aperfeiçoado e que achavam útil para resolver suas diferenças. Dessa vez, Barbara foi embora brava e resoluta. Não voltaria mais para visitar Janis.

Janis se mudara para Venice bem depois de seus dias de glória. Chegou no finalzinho da onda de recém-chegados atraídos pela publicidade que haviam lido o livro de Lipton. A área se tornara mal frequentada. Crimes eram comuns – assassinatos, roubos e estupros. O parque de diversões se deteriorava. À noite a praia ficava cheia de assaltantes. Não estava mais na periferia do mundo das drogas, agora era um de seus centros. Maconha, benzedrina, heroína e xarope codeína tinham seus adeptos.

As cenas *beat* de Los Angeles e Venice eram saturadas de drogas e seus efeitos eram vistos na comunidade artística. Um dos totens do movimento era o impulso noturno de criar arte sob qualquer forma. O vinho e a maconha eram os mais populares, mas a heroína era usada por uma pequena porcentagem do grupo. A pintura, a música e a escrita ocupavam as horas do dia de todos. Janis sem dúvida foi influenciada por toda a capacidade que testemunhava ali. Ainda se considerava uma pintora e se concentrava nisso. Além disso, começava a se destacar como uma espécie de cantora, apresentando-se espontaneamente na Gas House ou em reuniões de madrugada com amigos.

A exploração sexual fascinava e unia esses estudiosos da estética. Recebiam de braços abertos o prazer sem freios entre homens e mulheres, assim como aquele entre homens e homens, mulheres e mulheres ou grupos de entusiastas. A virgindade muitas vezes era a primeira coisa que um novato perdia ao entrar curiosamente na cena. Um símbolo ainda melhor de liberdade era o sexo inter-racial. A sociedade certinha desenvolvera uma paranoia a respeito dos *beats*, sentimento disparado quando a polícia prendeu Lawrence Ferlinghetti, em 1956, por ter publicado “Howl”, o surpreendente poema de Allen Ginsberg.

Janis frequentava a Gas House e conheceu “Big Daddy”, o porta-voz oficial do estabelecimento. Seu verdadeiro nome era Harry Hilmuth Pastor, mas também era conhecido como Eric Nord. Tinha 1,95 metro de altura e pesava 140 quilos. Vivera na comunidade de North Beach, onde possuía a Casa de Bagels Coexistence. Ao sair com ele e os outros, Janis ouviu falar da cena de North Beach. Telefonou a Mimi e Barbara certo dia e disse: “Vou a São Francisco e gostaria de me despedir”. Elas responderam: “Como pretende chegar lá?”. Janis suspirou e disse simplesmente: “De carona”. “Oh, não”, exclamaram as tias, “vamos lhe dar o dinheiro do ônibus”. Janis foi firme. “Não quero seu dinheiro. Quero ir pra lá do *meu* jeito”. Ela chegou a North Beach e desceu a Grant Street. Aí foi à livraria City Lights e trombou com Lawrence Ferlinghetti.

Perto do Natal de 1961, Janis voltou a Port Arthur vestindo um casaco de piloto da Segunda Guerra Mundial pelo avesso, de forma a mostrar o forro de pele de carneiro. Chegou sem avisar em um táxi que parou na frente de casa, algo que nunca acontecera. Papai saiu para cumprimentá-la e ficou espantado ao ver sua filha sair do banco de trás do carro derrubando caixinhas de sapatos amarradas com barbante na grama. Então ela o abraçou com um sorriso alegre e caloroso, ignorando a esquisitice de sua chegada. Ficamos felizes por tê-la em casa.

Janis voltou mais experiente, capaz de impressionar a turma local com suas histórias sobre a vida real na Califórnia. Janis foi com Jim

Langdon a um clube privado na noite de Ano-Novo para ouvir um de seus amigos da Lamar, Jimmy Simmons, e sua pequena banda de jazz. Jim levou Janis ao palco e Jimmy pediu que ela cantasse algumas músicas com eles. Depois da primeira, ele disse: "Já chega". O estilo rude de Janis não era o som melodioso que ele esperava.

Janis provara a liberdade em Los Angeles e sentia-se desconfortável por viver sob a vigilância dos pais novamente. Ela e Jack Smith descobriram um cinema *drive-in* abandonado certo dia em que andavam pela cidade. Ela ficou empolgada com o apartamento na base da tela e discutiu com nossos pais sobre mudar-se para lá. Nossos pais sequer consideraram a possibilidade e Janis jogou na cara deles o fato de ficarem sempre em seu caminho.

Matriculou-se como aluna na Lamar e ficava indo e voltando. Vivia em casa. Janis cada vez mais considerava Jim Langdon um mentor. Jim era um músico de talento que se sentia em casa em Lamar. Tocava na sinfônica de Beaumont, em diversos clubes de jazz da cidade e em bandas de baile como aquela formada por Johnny e Edgar Winter, que vivia em Beaumont. Por vezes, de madrugada, quando Jim estava tocando e a multidão diminuía, Janis era chamada ao palco para cantar algo como "Cherry Pie".

Janis e a turma conheceram George Alexander, um trompetista de jazz que tocara com Gatemouth Brown e muitos outros. Ele voltara a viver em Port Arthur, lecionando no colegial local. Tocava jazz nos finais de semana e orientava seus fãs.

Jim Langdon trabalhava com um grupo chamado Ray Solis, que tinha um contrato para fazer um comercial de rádio e televisão para um banco de Nacogdoches, Texas, que celebrava seu 15° aniversário. A banda gravou uma faixa instrumental da melodia de Woody Guthrie "This Land is Your Land". Pediam que Janis fizesse uma versão vocal. Ela cantou:

This bank is your bank
This bank is my bank
From Nacogdoches
To the Gulf Coast waters

Fifty years of saving
Fifty years of service
This bank belongs to you and me
[Este é o seu banco
este é o meu banco
de Nacogdoches
até as águas de Gulf Coast
cinquenta anos de poupança
cinquenta anos de serviços
este banco pertence a você e a mim]

O vocal nunca foi usado.

Em março, logo antes da terça-feira de Carnaval, Patti Mock e Dave McQueen se casaram. Fizeram sua lua de mel em Nova Orleans e Janis e Phillip Carter foram juntos para saborear a vibração da cidade. Foram no carro do pai de Phillip e só tinham 10 dólares ao todo, além do cartão de crédito do pai de Phillip. Dormiam em turnos no carro estacionado na Pirate's Alley. Um dormia no banco da frente e outro no de trás, enquanto os outros dois vagavam por ali. Quando Janis e Phillip bateram no vidro para ter a sua vez de dormir, Dave não se mexeu. Frustrada, Janis saiu de lá e entrou na multidão. Na manhã seguinte, apareceu dizendo que conhecera um marinheiro que a levou para um motel. Disse isso casualmente, como modo de resolver um problema.

Janis conseguiu um emprego no boliche de Port Arthur como garçonete. Ganhar seu próprio dinheiro lhe dava uma sensação de independência, e ela precisava daquilo. Trabalhava até a meia-noite e dali saía pronta para desanuviar-se. Frequentemente encontrava Jack Smith depois que ele saía de seu trabalho noturno na drogaria. Gostavam de atravessar o canal até o píer do lago e conversar. A visão das ondas delicadamente se chocando sob um céu imenso estimulava pensamentos profundos.

"Por que todo mundo tem namorado, menos eu?", perguntava-se Janis. Havia Jack e Nova, Jim e Rae, Adrian e Gloria, etc. "Gostaria de querer a casinha branca com a cerca de roseiras, mas não consigo", dizia muitas vezes em um suspiro.

Havia uma ponte levadiça no outro lado do canal que conectava o píer em Pleasure Island à cidade. Se um petroleiro estivesse passando, os carros tinham de esperar cerca de 20 minutos até que ele atravessasse cuidadosamente sob a ponte erguida. Certa noite, quando esperavam no carro de Jack, Janis teve a impulsiva ideia de tirar um dos pequenos holofotes instalados na base da ponte erguida. Instou com Jack até que ele enfiou um deles, quebrado, no banco de trás. Não pensaram que o zelador da ponte chamaria a polícia. Uma viatura esperava por eles no outro lado da estrada. Jack foi preso e posto na cadeia. Janis ficou louca, percebendo que fora a causa de seu infortúnio. Foi à delegacia e ficou falando por três horas com o sargento de plantão. Tentou todas as abordagens possíveis, suplicou, assumiu a responsabilidade e até demonstrou que a luz se quebrara quando eles a pegaram. Finalmente, soltaram Jack. Ao sair, ele expressou sua gratidão e a cabeçuda jovem disse: "Eu estava assustada demais para chamar meus pais a essa hora da noite".

Os velhos toleravam a maior parte da atividade pessoal de Janis, desde que ela fizesse seu trabalho. Suas atividades ainda iam da frequentação da igreja ao totalmente ultrajoso. Eles esperavam que Janis, como a maioria dos adolescentes rebeldes, passaria por uma reviravolta e voltaria a ser como era.

Eles traçaram uma linha invisível entre Janis e Michael e eu, tolerando coisas no comportamento dela que eram proibidas para nós. Sua hostilidade era a resposta às tentativas de Janis de estimular Michael e eu a adotar suas maneiras. Em outros aspectos eles tentavam aceitar o comportamento de sua filha mais velha.

Deve ter havido algumas discussões sobre bebida, porque Michael chamou Janis de lado certa vez e lhe perguntou se já tinha visto alguém bêbado. Ele queria saber como se comportavam. Ela deu uma gargalhada e disse: "Ei, eu já fiquei bêbada. É legal". Ele ficou chocado. Não tinha ideia de que ela bebesse. "Na próxima vez que você beber, me conte", implorou ele. Pouco tempo depois, bateram em sua porta. "Bem", ela disse, "você percebe? [pausa] Estou bêbada", ele ficou estarrecido. Não percebia nada.

As festas haviam se tornado desafios mentais. Grant Lyons frequentemente atirava dardos de um lado para o outro da sala. Perto dele ficava

Jim Langdon de frente para alguém. A parede estava coberta de discos e outra pessoa cuidadosamente escolhia um dentre eles. Ao colocar o álbum na vitrola, vinha o desafio: "Quem toca o trecho de 45 minutos de Fliscorne na primeira faixa?". Jim era um músico sério e sua paixão estabelecia o tom.

Uma noite típica começava com as pessoas atirando moedas para testar a lei da probabilidade de Newton ou com algumas mãos de bridge. Janis criara uma nova convenção para as apostas, que chamava de "zoiúda", como em "ter o olho maior que a barriga". Queria dizer que ela sabia que não devia apostar, mas desejava, por isso chamava a aposta de zoiúda para sancionar sua base inapropriada. Logo as pessoas se cansavam de jogar cartas e começavam a beber e ouvir música. A última rodada de bebida era às 10 da noite. Se o nível de energia ainda estivesse alto por volta da meia-noite, o grupo se dirigia a Vinton para ver o que estava rolando.

A quantidade de álcool consumida muitas vezes determinava o tom de uma saída noturna. Em certa noite indistinta no apartamento da garagem de Patti e Dave McQueen, no meio da camaradagem, Patti e Janis se abraçaram e beijaram-se na boca. Foi o único encontro remotamente homossexual que ocorreu no grupo.

O beijo chocou ambas as garotas. Elas deram um passo para trás. Era tarde, por volta de meia-noite, e Dave McQueen, o marido de Patti, e Jim Langdon haviam acabado de entrar em casa, de volta do trabalho. Apareceram no quarto bem a tempo de testemunhar o beijo. Ninguém disse nada. A festa continuou.

Janis e Patti nunca mais trocaram um beijo ou um abraço. Nenhum relacionamento sexual se formou entre elas. Patti diz que se amavam muito, mas o sentimento não tinha nada a ver com sexo. Janis era ansiosa para explorar o mundo e queria que Patti partisse com ela para viver uma vida de fantasia na Califórnia, mas Patti era casada. Via o futuro em seu marido.

Muito mais tarde, naquela mesma noite, Jim, Dave e alguns outros estavam conversando em um pequeno corredor ao lado do banheiro nos fundos do apartamento de um só quarto. Naquela hora, 2 ou 3 da manhã, restavam poucas pessoas no apartamento e a maioria estava bebendo, caindo de bêbada ou desmaiada. Patti caíra no sono, toda vestida, entre dois homens igualmente incapacitados na cama do canto. Finalmente a raiva de Dave explodiu e ele atirou a garrafa de cerveja na direção de Patti com toda a força de seus músculos poderosos. Errou o alvo, mas acertou o maxilar de Jack Smith e arrancou-lhe vários dentes da frente.

Janis entrou na briga, tomou Jack nos braços e o levou até o hospital. "Isso não devia ter acontecido. É horrível! Por que isso aconteceu?", não parava de repetir.

Na primavera de 1962, Janis e seus amigos Dave Moriaty, Randy Tennant, Grant Lyons, Adrian Haston e Bob Clark foram ao Cameron Shrimp Festival. Era um negócio meio bagunçado em que se podia comprar camarão cozido e lagostins em barraquinhas por toda a cidade. As pessoas passeavam, comendo e tomando cerveja. Janis usava uma camiseta "69", que vestia para provocar os habitantes locais. Alguns participantes do festival tentaram negociar com seus amigos para "comprar" os serviços de Janis. Os rapazes acharam aquilo muito divertido e definiram um preço, tudo de brincadeira. Adrian tentou dar um fim à piada, mas acabou sendo necessário que os amigos de Janis lutassem para se livrar daquela cena. Felizmente, ninguém se feriu.

Janis e Patti desenvolveram toda uma cena para representar com os rapazes que encontravam nos bares de Louisiana. Algumas vezes o grupo não tinha dinheiro suficiente para todos pagarem o couvert. As meninas se tornaram especialistas em enganar um estranho para pagar a entrada delas. Uma vez lá dentro, continuavam a paquerar e encorajá-lo, para ver quantas bebidas grátis podiam conseguir. Sentiam-se seguras porque sabiam que estavam com uma turma de protetores confiáveis. Quando as coisas haviam ido longe demais ou era hora de ir embora, indicavam que estavam acompanhadas por outros homens ou simplesmente fugiam. Isso quase levou a brigas sérias mais de uma vez, mas a turma do Texas parecia saber lidar com os cajuns de sangue quente e a tripulação dos navios ancorados nas proximidades, pessoas que as garotas humilhavam. Podiam enfrentá-los ou fugir, correndo o quanto podiam até o carro.

Certa noite, quando estava no Shady Motel Restaurant and Lounge jogando sinuca e tomando cerveja, Patti flertava um pouco demais para o gosto de Dave McQueen. Ele segurou sua fúria até que todos entraram no Oldsmobile de segunda mão. No caminho para casa, muito irritado, enfiava cada vez mais o pé no acelerador. Os números do velocímetro subiram até 190 quilômetros por hora, mas o carro não andava a mais de 180 quilômetros por hora. Ele gritou e pisou mais fundo. Em uma curva mais fechada, o carro saiu do controle e desceu uma ribanceira. Quando finalmente parou, o grupo de sete pessoas começou a chamar uns aos outros e sair do automóvel. Incrivelmente, ninguém se feriu.

Naquela primavera, Janis ajudou Jack Smith a preencher uma candidatura para West Point. Estava frustrada por ele querer ir embora, como se a estivesse abandonando. Talvez ela tivesse mais do que um interesse de amizade em Jack; algumas vezes parecia que tinha um ciúme latente da namorada de Jack, Nova. Mas Janis e Jack nunca discutiram nenhuma razão romântica que ela poderia ter para desejar que ele ficasse. Em vez disso, dizia para Jack que achava que era hipócrita da parte dele ir para West Point porque bebia cerveja e fumava. "Você não pode ser um soldado com honra e deveres para com o país se agir como agimos", queixava-se ela.

A pureza de ação guiava o comportamento de Janis. Se ela quisesse ser boa, era muito, muito boa. Se quisesse ser má, ultrapassava todos os limites. Qualquer coisa que não fosse a plena entrega a uma ideia ou atividade era "hipócrita", o pior adjetivo que uma pessoa poderia atribuir a outra.

A primavera de 1962 foi o período de planejar novos inícios. As atividades da turma de Port Arthur-Beaumont estavam diminuindo. Jim e Rae Langdon haviam se casado e tinham um bebê. Outros planejavam sua vida depois do último ano da faculdade. Jack Smith disse a Janis: "Você não pode simplesmente ficar aqui e festejar".

CAPÍTULO 6

AUSTIN, TEXAS

Home of the brave, land of the free
I don't wanna be mistreated by no bourgeoisie
Lawd, in a bourgeois town
Hee, it's a bourgeois town
I got the bourgeois blues
I'm gonna spread the news all around

[Lar dos bravos, terra dos livres
Não quero ser maltratado por nenhuma burguesia
Deus, em uma cidade burguesa
Ei, é uma cidade burguesa
Peguei a tristeza burguesa
Vou espalhar as notícias por aí]
– LEADBELLY, "Bourgeois Blues" ©

Os rumores sobre uma comunidade vívida em Austin estavam chegando a Port Arthur. Com a intenção de ver do que se tratava, Janis emprestou sub-repticiamente o carro de papai pelo fim de semana. Sem planejar, por volta da meia-noite durante uma festa em que todos resolveram ir para Vinton, ela e Jack se dirigiram a Austin. Jack a levou diretamente para o prédio de apartamentos no número 2812 1/2 em Nueces Street. Era chamado carinhosamente "o Gueto", refletindo o ponto de vista do grupo sobre seu papel na vida do campus. Ao atravessar a porta da cozinha de um dos apartamentos, Janis encontrou cerveja à vontade e uma conversa animada. John Clay, um habitante local, estava sentado em cima da geladeira tocando banjo. "Você tem razão, Jack", ela exclamou. "Vou gostar desse lugar!"

Seu fim de semana de música e festa foi interrompido apenas por ataques ocasionais de culpa retardada por estar ali sem permissão. Por isso, ela limpava as folhas caídas de cima do carro de papai, como se tomar um cuidado extra com ele fosse compensar os erros que cometera. De volta para casa, teve de enfrentar as consequências, mas nessa altura de sua vida essa não era uma experiência incomum. O escândalo de suas brigas com os velhos sempre terminava com a questão: "O que você vai fazer da sua vida?". A pergunta era tão séria que Janis os convenceu a deixá-la se matricular na Universidade do Texas – UT.

Mamãe, Janis e eu fomos a Austin para fazer a mudança de minha irmã para uma nova faculdade. Janis estava animada, ansiosa para chegar lá. Arrastou mamãe e eu para o Gueto, como se mamãe fosse aprovar aquilo como um lar para Janis. Era um amontoado de apartamentos decadentes que custavam 40 dólares por mês e atraíam um amontoado de estudantes não convencionais que dividiam os quartos por quatro e usavam o lugar como uma comunidade sempre em movimento. Mamãe foi enfática em que deveríamos encontrar outro lar para Janis. A universidade finalmente resolveu essa questão. Como a maioria das instituições de ensino superior da época, a administração da UT via sua responsabilidade para com os estudantes segundo o conceito de *in loco parentis* (na casa dos pais). Exigiam que as meninas do primeiro e do segundo anos vivessem em repúblicas supervisionadas.

Encontramos um lugar adequadamente original para Janis, um enorme edifício de tábuas que precisava de pintura. A porta de madeira era de tela escura, muito comum no clima infestado de insetos e sem ar-condicionado do sul. A porta batia e rangia conforme eu entrava e saía carregando suas coisas para o novo lar. Esfreguei o ombro, como outras pessoas antes de mim, na pintura brilhante, amarelada pela idade, que cobria as paredes da escadaria. Tudo ali dizia que ela estava entrando em um novo mundo e, no ritmo das minhas passadas, cantava: "Adeus, adeus".

"A universidade", como era chamada no Texas, já que em 1962 havia apenas uma Universidade no Texas, era frequentada por cerca de 40 mil estudantes, a maioria texanos atraídos pelo custo baixo de 25 dólares por semestre. Ricos pastos em que se havia descoberto petróleo enriqueceram a escola e permitiram que ela crescesse agressivamente e se expandisse academicamente.

Janis não se preocupava muito com a escola, mas ansiava pela sociedade pouco convencional. Ela ficava na extremidade das pitorescas colinas do Texas. "Oxford sobre o Rio Perdenales", como Jim Langdon descreveu. Os reitores nunca previram todos os grupos que uma boa educação poderia atrair ou desenvolver. Em 1962, os poderes locais estavam indignados porque um pequeno subgrupo de inventores sociais havia se instalado no conforto da educação universitária quase grátis. Ficaram tão surpresos que a polícia monitorava as atividades do grupo. Tinham medo de subversivos, mas tudo o que encontraram foram menores bebendo e brincadeiras de colégio.

Janis estava contentíssima com o estímulo de um grupo social maior e oportunidades culturais mais amplas. Ela engolia tudo como um fazendeiro com a garganta seca após uma busca infrutífera por água e que finalmente consegue escavar um bom poço. Os filmes de arte e performances musicais proclamavam que ela encontrara o nirvana! Austin não era simplesmente uma cidade universitária, era decididamente texana. A rudeza desafiadora do Texas esmagava os intelectuais bem-comportados. Em Austin, as ideias bradavam por reconhecimento.

Janis entrou confortavelmente em um grupo já envolvido em comportamento ofensivo. Suas festas eram conhecidas por atividades como dar 25 tiros de pistola nas paredes, abrir buracos na porta de um armário e dar um soco com as mãos nuas em uma janela. As pessoas eram atiradas em uma fonte do campus, de onde entretinham os presentes. Grafites nasciam de seus pincéis, impulsionados pela bebida a rabiscar "Que merda" e "Foda-se", com o slogan interno "Poddy governa o mundo!", em referência a um personagem de quadrinhos local criado por Gilbert Shelton. Joe E. Brown subiu ao telhado de um prédio e escreveu: "Foda-se, Rei do Céu", para que pudesse ver a frase quando voasse por cima.

O novo grupo consistia em uma associação livre de músicos, escritores e cartunistas da revista de humor *Texas Ranger* e um clube de espeleólogos. Eram a oposição leal. Eram excluídos com um senso agudo do absurdo, deliciando-se com nada mais do que tirar sarro e caçoar da sociedade. Por necessidade, havia muita tolerância dentro do grupo, respeito pelas diferenças individuais e imensa exaltação pela criatividade pessoal.

Wally Stopher, que fazia parte do movimento da turma de Beaumont para Austin, tornou-se o símbolo memorável da época. Chamado "Willie da Aveia", era o mascote não oficial da Austin. Uma foto de Wally dentro de um balde de aveia, vestido com um quepe de aviador e roupa de baixo de bolinhas, recebeu a legenda "Avante Através da Neblina".

Certa noite, um grupo de garotas que formava uma irmandade se trancou em uma casa de frente para uma festa do Gueto. Janis e seus amigos se deliciavam em provocá-las, tentando fazer que saíssem da casa e se juntassem à festa. Janis foi até lá e cantou-lhes algumas canções, e algumas delas saíram. A polícia chegou depois da meia-noite. Foram até um grupo de músicos sentado no pórtico e disseram: "Vocês sabem que há uma senhora morrendo na casa ao lado?". Lieuen Adkins, um dos músicos e bom amigo de Janis, disse: "Não, mas cante alguns compassos e vamos tentar acompanhá-lo". Janis achou essa resposta hilária e escreveu uma letra na mesma hora, que os dois passaram a apresentar. Janis e John Clay foram caricaturados (próxima ilustração) no manual de dicas para festas na *Ranger*, um artigo intitulado "O que fazer até que cheguem os guardas", escrito por Lieuen Adkins e desenhado por Hal Normand.

O período de Janis em Austin coincidiu com uma época turbulenta da história americana, incluindo demonstrações raciais e a crise dos mísseis cubanos. A sombra que pairava sobre a maioria das conversas era atômica. Na mente de todos sempre estava presente a questão: será que o futuro sobre o qual discutiam tão acaloradamente teria uma chance de florescer antes de a bomba ser lançada? As mulheres começavam a fazer exigências por pagamentos iguais e orgasmos iguais. A integração racial começava no Texas. A universidade admitia negros, mas, se uma tarefa de aula mandasse ver um filme em um cinema local, eles não podiam entrar por causa da cor de sua pele. Em 1962, o Estado estava retirando os sinais segregados das portas dos banheiros do edifício do capitólio e os restaurantes começaram a aceitar clientes negros. Essas mudanças impulsionaram a turma de Janis a conversas inflamadas nas festas e excursões inter-raciais no mundo da música. Janis revelou a um amigo próximo: "Eu gostaria de ser negra, pois as pessoas negras têm mais emoção".

Janis voltou a Port Arthur cheia de histórias entusiasmadas. Contou-me as últimas novidades da moda daquela grande cidade, dizendo: "Estão usando bastante blusas amarelas com um material cinza e branco que pinica para as calças e saias". Levei aquilo a sério e encomendei um conjunto para sua próxima visita.

Seu modo de vestir era diferente, nada semelhante à estudante típica da UT. Janis e seus amigos usavam camisas masculinas e *blue jeans*. Em outras vezes, o uniforme era uma blusa preta com gola olímpica e calças negras folgadas com botas ou sandálias. Janis temperava sua interpretação do código de vestuário local usando sua jaqueta de aviador da Segunda Guerra Mundial pelo avesso. Ela eliminara as mangas para que ficasse mais confortável no calor do Texas, destacando ainda mais a aparência surrada do forro velho de lã de ovelha. Janis não usava maquiagem, embora algumas vezes se vestisse de forma mais feminina para um encontro. A maioria das garotas da UT tinha penteados bufantes, o que levava a *Ranger* a chamá-las de "Cabeças de bolha". O cabelo de Janis era comprido e ficava solto.

Seu grupo social implicava com as fraternidades e vice-versa. O ressentimento mútuo resultava em pancadaria de vez em quando, disparada por desafios sérios, como o bigode de um dos amigos de Janis. Os estudantes do Texas sabiam que nem mesmo uma pessoa formada poderia conseguir emprego se fosse a uma entrevista usando barba. Deixar crescer a barba depois de ser contratado era motivo de demissão. Todos os seus amigos eram alvos, mas o temperamento volátil de Janis fazia que a maior parte da fúria recaísse sobre ela. Todos contavam histórias sobre como haviam sido xingados nas ruas de Austin. Janis era uma das poucas que devolviam os epítetos verbais. Ela era "muito defensiva e radicalmente hostil", dizia Tary Owens. Diferentemente de Janis, a maioria das pessoas do Texas em 1962 não pontuava suas frases com "porra".

Janis gritava essa palavra em alto volume e a usava para incitar os certinhos a responder. Ela insultava seus inimigos sociais com exibições intencionais, embora se magoasse quando eles a insultavam de volta.

Que grupo tinha as ideias *certas*? Naquele tempo, as pessoas dificilmente pensavam que não havia problema em ver as coisas de forma diferente. Powell St. John, um rapaz magro, bonito e amável de Laredo, Texas, que se tornou um amigo, amante e parceiro musical, muitas vezes falava com Janis sobre as investidas que recebiam da comunidade certinha. "Janis", dizia ele, "você não tem nada a dever para essas pessoas. Você sabe que você é legal e eles não são. Por que isso a aborrece? Que diferença faz?". Ela não sabia que diferença fazia, mas não podia evitar sentir uma raiva intensa e justa diante das ofensas dirigidas a ela.

Todos do grupo sabiam que a comunidade certinha não os compreendia, mas um novo rumor começou a preocupá-los. Um agente do FBI viera ao Gueto entrevistar Powell sobre um antigo colega de quarto que evidentemente queria acesso a material secreto. Mais tarde, ouviram falar que o FBI na verdade estava investigando o pessoal do Gueto. O FBI não gostou do apelido "Gueto". Ele os preocupava. Perguntaram: "O que o grupo Gueto defende? Quais são seus principais porta-vozes?". Ao ouvir isso, a turma não sabia se devia rir ou chorar. O FBI não tinha entendido nada. O grupo não era político.

No verão de 1962, Ted Klein comprou uma casa à margem do Lago Travis, um ponto de recreação local. Deu uma festa de bota-dentro com 50 companheiros do Gueto e alguns outros conhecidos. Era uma festa normal do Texas, com canto e cerveja, até que Janis berrou: "Vamos nadar pelados" e seis ou mais "desceram correndo a colina, atirando as roupas pelo caminho". O lago era um refresco no calor do Texas.

No dia seguinte, Ted foi contatado pela delegacia a respeito de uma queixa sobre "uma festa cheia de '*beatniks* pelados'". Eles estremeceram, discutiram e fizeram pose até que Klein pediu desculpas, acrescentando: "Por um lamentável acidente, esquecemos de mencionar roupas de banho nos convites".

Depois de pouco mais de um mês na cidade, Janis se destacara o suficiente para merecer um artigo sobre ela no jornal do campus, *The*

(4) GRITOS. Nesse jogo, como o próprio nome já diz, trata-se de gritar. As regras são muito simples: todo o mundo se senta na varanda na frente de casa e começa a gritar. É só isso. Mas tem de continuar até que a polícia chegue. Você pode até fazer uma competiçãozinha entre festas para ver qual delas atrairá o maior número de policiais em menor tempo. Estabelecendo, assim, uma classificação para as próximas festas. Quando alguém lhe perguntar: "Como estava a festa sábado passado?", você responde: "Ah, legal. Foi uma festa de três carros".

O padrão de todas as festas do grito é medido pelo imortal Departamento de Geologia do Clube da Alegria de 17 de abril de 1959. Os participantes estavam tão animados que atraíram 14 viaturas policiais, um carro de bombeiro, seis táxis, duas ambulâncias, a carrocinha, o Exército da Salvação e um vizinho da rua de baixo de pijamas e com uma enxada nas mãos.

Summer Texan, de 27 de julho. O cabeçalho era ELA OUSA SER DIFERENTE! Pat Sharpe, editora-assistente do Campus Life, escreveu um artigo, acompanhado por uma foto de Janis tocando auto-harpa.

ELA OUSA SER DIFERENTE

Ela fica descalça quando tem vontade, usa Levi's na aula porque é mais confortável e leva sua auto-harpa a toda parte porque, se sentir a necessidade de uma canção, ela estará à mão.

Seu nome é Janis Joplin, e ela parece um tipo de garota a que um quadrado (seu termo é mais descritivo: "Barriga de chumbo") chamaria uma *Beatnik* [a senhora Sharp parece ter entendido mal um dos comentários de Janis sobre Huddie "Barriga de chumbo" Ledbetter, um cantor de blues que Janis apreciava. A palavra barriga de chumbo nunca foi usada como termo descritivo por Janis ou seu grupo].

Janis se refere a si mesma como "jazzística", não *beat*. Ela leva uma vida invejosamente sem limites.

Não se preocupa em arrumar o cabelo toda semana ou em usar o último grito da moda feminina e, quando tem vontade, canta em uma vibrante voz de contralto.

VOZ SEM ESTUDO

Como nunca teve uma aula de música e não sabe ler partituras [Janis cantou no coral da escola por vários anos; sabia ler partituras], sua voz é destreinada. Mas essa carência parece ser mais uma vantagem que deficiência, pois Janis canta com certa espontaneidade e gosto que as vozes refinadas às vezes têm dificuldades em capturar. Seu melhor momento são as canções folclóricas, que interpreta de modo objetivo, metálico.

A atual ambição de Janis é ser cantora folk, embora na verdade prefira o blues. Ela já se apresentou na Gas House em Venice, Califórnia, e em

Port Arthur, sua cidade natal. Mas começou a pensar a sério em cantar quando entrou na universidade este ano para estudar artes.

Ela diz que as pessoas de Austin são definitivamente mais ligadas em música popular do que os cabeças-duras das outras cidades que visitou. Na verdade, foi aqui que um amigo a convenceu a aprender auto-harpa.

AUTO-HARPA

Esse instrumento particular não é visto com tanta frequência quanto um piano ou um violão. Na verdade, é tão comum quanto um metalofone. À primeira vista, parece uma cítara, porém mais comprida e fina e com menos cordas. Na extremidade quadrada há 12 barras rebaixadas, formando acordes.

Nesse momento, a carreira de Janis como cantora folk-auto-harpista está nos estágios iniciais. É atualmente membro de um grupo local que se chama Waller Creek Boys. Os outros dois são Lanny Wiggins e Powell St. John Jr.

GUETO

Quando não está na aula ou em casa, o programa favorito de Janis e seus amigos é um apartamento apelidado de Gueto.

As paredes são decoradas com pinturas modernísticas originais feitas pelos gatos locais e o mobiliário desafia qualquer descrição. Por falta de um nome melhor, poderia ser chamado de miscelânea americana contemporânea.

A senha no Gueto é "Desinibição". Cara, se uma pessoa não for desinibida, ela é doente. Sempre que alguém tem a vontade de se levantar e fazer uma dancinha improvisada, ele se levanta e dança. E se de repente tem necessidade de cuspir uma peça de arte moderna, ele se levanta e faz isso.

COMPULSÃO

Se, por outro lado, ele se sente inspirado para escrever uma poesia, *beat* ou o que seja, cara, ele escreve. E se uma pessoa não sentir a compulsão de fazer alguma doideira ao menos de vez em quando, ele é um barriga de chumbo.

Todas as atividades sagradas para os barrigas de chumbo – como boliche, danças ou ir ao cabeleireiro – são tabu para os gatos. Consequentemente, os gatos são limitados a ser desinibidos e cantar a música folk por horas inteiras, o que parece tão empolgante quanto as festas de fraternidade comuns.

Clichês como "suave", "vibrante" e "não acrediiito!" são vistos com o maior desprezo pelos desinibidos, mas ao mesmo tempo é interessante notar a frequência com que "cara", "mina", etc., aparecem na conversa.

Em suma, comparar a vasta maioria dos estudantes da universidade à vasta minoria dos *beatniks* da universidade seria como comparar um enorme saco de batatas a um pequeno saco de cebolas. As cebolas podem ser um pouco mais picantes, mas não deixam de ser cebolas.

Apesar da inclinação de Janis para se encolerizar contra os que não pertenciam ao grupo, Tary Owens dizia que ela se dava bastante bem com todo o mundo. Mesmo a disputa verbal a que ela e John Clay recorreram quando estavam os dois bêbados era parte de seu relacionamento. Jack Jackson, um contador que escrevia uma tira cômica para a *Ranger* intitulada "JAXON", conta: "Quando Janis entrava na sala, dominava-a completamente". Tinha uma presença poderosa, complementada por seus novos talentos nas áreas artísticas prezadas pela turma.

Janis chegou a Austin interessada em pintura e música. Certo dia, encontrou um amigo de Beaumont, Tommy Stopher, em Austin. Ele acabara de chegar de Washington, D.C., onde estudara na Galeria Nacional. Sua técnica se aprimorara e Janis teve vergonha de suas fraquezas. Ao mesmo tempo, ela começou a abandonar o trabalho isolado do pintor em favor do drama das multidões de um artista de performance; foi sendo afastada da pintura pela gratificação das apresentações para uma audiência. O poder do aplauso, o fluxo de adrenalina e a camaradagem do trabalho em grupo a cativaram.

A verdadeira educação de Janis em Austin não veio das aulas na universidade. Veio da cena musical de Austin. Naquele verão, Janis se juntou a Powell St. John na harmônica e Lanny Wiggins no violão e no banjo, ambos habitantes e festeiros do Gueto. Passavam incontáveis horas na área de serviço do apartamento tocando canções. Cantavam *bluegrass*, música country antiga, canções operárias e música folclórica tradicional. Logo reuniram uma porção de material para se apresentar.

Powell St. John apaixonou-se loucamente por Janis. Ele passara dois anos no programa de treinamento de oficiais antes de largar tudo e se concentrar em seus estudos artísticos. Não queria ser simplesmente um pintor. Também desejava ser uma personalidade original. Powell se sentia atraído pela natureza impetuosa e sincera de Janis. Ele gostava dela *porque* ela era diferente.

O sentimento antiguerra crescia, mas seu grupo era decididamente não político. Janis simpatizava com o histórico de Powell. Ela lhe disse: "Se houvesse guerra, eu trabalharia em uma fábrica de artefatos militares para deixar os rapazes livres para lutar". Havia em Janis uma parte convencional que sempre aparecia ao lado de seu espírito notável e excêntrico.

Seu romance foi breve naquele verão porque Janis simplesmente não estava interessada. Ela disse a Powell: "Faço o que faço porque é bom, cara". Quando sua intimidade física foi interrompida, continuaram a ser amigos. Eram íntimos o bastante para que Janis entrasse na casa dele alguns meses mais tarde e declarasse: "Adivinha só? Acabei de passar no centro de saúde estudantil e eles disseram que eu tive um aborto espontâneo. E o filho era seu!".

O Departamento de Parques e Recreação de Austin promovia um concurso de talentos no parque Zilker. Havia muitas categorias, incluindo grupos vocais e dança. Janis, Powell e Lanny se inscreveram e tiraram o primeiro lugar na categoria canto. Estavam no caminho.

O grupo cantou na Cafeteria Cliché em Guadalupe, na qual um palco aberto abrigava músicos folk não remunerados entre um e outro poeta que desejasse ler seu trabalho. A decoração artística fora selecionada pelo amigo e residente do Gueto Ted Klein.

Começaram a cantar na *hootenanny* [festa regada a música folclórica] da União dos Estudantes nas noites de quinta-feira. Janis aprendeu a tocar a auto-harpa em Austin e começou a se apresentar com ela. Powell St. John, Lanny Wiggins e Janis se intitulavam Waller Creek Boys. Ser a terceira de uma banda de "meninos" não incomodava Janis na maior parte do tempo. Muitas vezes ela dizia: "Sou apenas um dos rapazes". Algumas vezes, não ser considerada feminina o bastante a feria, por isso eles começaram a se apresentar como Waller Creek Boys, apresentando Janis Joplin. Powell explicou que, quando Janis cantava, não havia dúvida de que ela era o destaque.

A *hootenanny* atraía os aspirantes a músico e cantor da região. As regras exigiam que todos cantassem uma canção antes que qualquer um pudesse cantar uma segunda. Janis gostava de cantar, não de sentar e esperar. Certa noite, seu grupo conseguiu interpretar duas ou três canções. Entre elas havia uma saraivada constante de vozes femininas chorosas cantando "Barbara Allen".

Janis não gostava de competição, especialmente se fosse uma mulher atraente com talento. Lolita era sua rival mais visível. Logo que aquela mulher começava a cantar, Janis empurrava os meninos do grupo para tomar o palco. Ela tentava abafar o tom alegre de Lolita com sua áspera intensidade. Mas Janis não devia se preocupar. A multidão amava os Waller Creek Boys. Estavam claramente entre os mais talentosos dali.

Janis tentou capitalizar sobre sua popularidade arranjando um serviço de cantora nos bares locais, mas eles preferiam os tipos *a la* Lolita – um rosto bonito com a voz de Joan Baez. Quando Maria Muldaur chegou à cidade e foi atraída a uma festa do Gueto, Janis ficou na sombra. Ela se recusou a cantar e competir com a miúda beleza que já era uma cantora de sucesso.

Janis apreciava canções como "Careless Love" e "Black Mountain", uma canção que apresentava dizendo: "Eu a canto sempre que canto". As letras falavam sobre a vida na Montanha Negra, onde as pessoas eram más, tão más que "uma criança podia dar um tapa na sua cara".

No final da canção, a mulher deixa a montanha com uma arma para se vingar de seu amante indigno.

Cantar era uma atividade constante entre o pessoal do Gueto. Janis e Gilbert Shelton, um ótimo músico e cartunista, muitas vezes interpretavam canções religiosas antigas. Cantavam muitas e muitas vezes a música tradicional – "You better start reading your B-I-B-L-E/There's comfort, hope, and joy in the book of G-O-D/It's there in simple language, so P-L-A-I-N/that the D-E-V-I-L gets those who live in S-I-N" [É melhor começar a ler a B-Í-B-L-I-A/há conforto, esperança e alegria no livro de D-E-U-S/está ali em linguagem simples, tão F-Á-C-I-L/que o D-I-A-B-O vem buscar aqueles que vivem em P-E-C-A-D-O]. Quase toda canção tradicional podia ser ouvida na interpretação do grupo. Melodias de Flatt eScruggs se misturavam àquelas popularizadas pelos Stanley Brothers.

A *hootenanny*, os clubes de jazz e blues no lado leste da cidade e a constante musicalidade do Gueto influenciaram Janis, mas um barman/cantor a influenciou mais ainda. Kenneth Threadgill era um cantor country, dono de um bar voltado a pessoas realmente rurais, motoristas de caminhão e alguns estudantes da UT. Em seu bar, a realidade vivia e respirava com o balanço regular de suas duas portas da frente. Janis dizia que Threadgill "era velho, um homem grande com um barrigão e cabelo branco penteado para trás no alto da cabeça. Ele ficava lá atrás [do balcão] servindo salsichas polonesas e ovos cozidos e [as cervejas] Grand Prize e Lone Star". Era um homem sem pretensão. Para ele, um músico folk era um nova-iorquino de bermuda. Não se considerava parte do *revival* da música folk. Gostava da música country que sempre conhecera. Aos olhos de seus admiradores da faculdade, ele assumia o papel da "Coisa real", as autênticas raízes da música que queriam conhecer.

O bar de Threadgill, um posto de gasolina transformado, foi o primeiro em Austin a conseguir licença para vender destilados quando a proibição foi anulada. A fumaça do tabaco descolorira as paredes caiadas, testemunhando a história da clientela do bar. A obrigatória *jukebox* era puro Threadgill. *Todos* os discos eram de seu cantor favorito, Jimmie Rodgers. A sala era cheia de mesas e cadeiras descombinadas, com um antigo balcão de madeira de um dos lados. Havia um pequeno palco no outro canto. Quase todas as noites Threadgill era convencido a sair do bar para cantar algumas de suas melodias favoritas de Jimmie Rodgers. Ele "punha as mãos na barriga, inclinava a cabeça para trás e trinava, como um passarinho..."

Jimmie Rodgers popularizou a música country, criando o som de Nashville e trazendo reconhecimento internacional para o trinado. Ele não viajava muito. O sucesso se baseava somente em seus discos. Rodgers foi o primeiro músico a entrar para o Hall da Fama da música country. Cantava sobre estradas de ferro e devaneios, amores perdidos e melodias lacrimosas de mamãe e papai. O "Guarda-Freios Cantor" tomava empréstimos liberais de músicas negras, letras de blues e o sabor das lamentações. Por meio da adoração de Threadgill por Rodgers, Janis aprendeu ainda mais a respeito da entrega apaixonada a um estilo musical.

Uma vez por semana, geralmente na quarta-feira, Threadgill chamava alguns músicos de *bluegrass*. A tradição foi iniciada em 1961 por um professor de inglês chamado Bill Malone e quatro de seus alunos formados. Muitos músicos de qualidade se apresentavam com bandolim, violão, banjo e harmônica. Mais tarde, Threadgill assumiu essa apresentação e, em 1962, a turma de Janis a dominava. Cada grupo recebia 2 dólares por noite e toda a cerveja que pudesse beber. A política de Ken encorajava Janis a aprender a tocar guitarra. Se ela conseguisse se acompanhar, não teria de dividir o dinheiro. Outro problema, obviamente, é que ela ainda era menor de idade no Texas, e Threadgill era rigoroso a respeito de vender bebida a menores.

Threadgill falou a Janis sobre como era tocar em hospedarias, ter de lidar com a proibição e os muitos atos que conhecera por ter uma taverna com música ao vivo desde os anos de 1940. Ele reconhecia que ela tinha um talento extraordinário, mas não lapidado, e adotou uma atitude paternal para com ela. Nenhum comentário de seus amigos poderia se igualar à aceitação de seu talento por Threadgill. Ele disse: "Você consegue, Janis. Você tem do que precisa".

A senhora Threadgill também gostava de Janis. Oferecia um toque maternal à apreciação musical de Ken. A senhora Threadgill mandava que Janis se sentasse e escovava seu cabelo rebelde. "Permita-se ser bonita", sugeria o seu conselho maternal.

Assim, Janis cantava e cantava mais. Embora Threadgill exigisse melodias country e *bluegrass* na maior parte do tempo, deixava que ela incluísse um número de blues quando estava no palco. As melodias que escolhia permitiam que a força de sua voz cedesse aos tons e os permitia ressonar por sua estrutura. Eles ecoavam em sua cabeça como a pulsação de um gongo em um templo budista. Seu talento finalmente lhe dava um modo de angariar o respeito e a aceitação dos caipiras e motoristas de caminhão, pessoas que de outra forma a teriam desprezado.

A música encontrada no negócio de Threadgill tinha raízes profundas, uma mistura de canções de estrada de ferro, blues, canções folclóricas da família Carter e músicas country e western dos anos de 1920, 1930 e 1940. Combinado com o *rhythm and blues*, esses estilos construíram um alicerce para o rock que surgiria no final da década de 1960. Havia o rock enquanto Janis estava em Austin, mas era musicalmente simplista e topicamente banal comparado com o que veio depois. Durante seu período em Austin, as pessoas sérias e os melhores músicos estavam na cena folk.

Os músicos folk queriam que seu público se identificasse com as canções e reagisse de forma emocional. Os intérpretes precisavam que os ouvintes se sacudissem, batessem palmas e cantassem junto com a melodia. A música folk permitiu que a juventude ancorasse sua experiência atual dentro de um contexto do passado. Essa continuidade histórica e a validação que ela oferecia eram essenciais para a capacidade do músico de capturar o coração e a mente de seus ouvintes.

Austin estava profundamente inserido nas raízes dessa música. Os grupos mais comerciais, como o Kingston Trio, eram notavelmente diferentes do estilo áspero e direto que Janis cantava. Apenas um intérprete bem-sucedido merecia o respeito do grupo de Austin – Bob Dylan. Janis acreditou em Dylan por muito tempo. Achava que ele e a música folk eram a resposta.

Mas o folk era apenas um ladrilho no caminho para a descoberta dos aspectos ocultos da vida que ela estava tão convicta de encontrar. Ela mais tarde descreveu sua situação desta maneira: "Houve um período em que eu queria saber tudo. Era intelectual. Os sentimentos me deixavam muito infeliz". Sua turma de intelectuais em Port Arthur havia, inconscientemente, adotado nossa separação cultural entre intelecto e sentimento e os aspectos espirituais da vida. Mesmo quando ouviam música, analisavam-na intelectualmente. Essa confusão ainda estava entremeada na vida de Janis quando encontrou o grupo de Austin. No bar de Threadgill ela descobriu as raízes emocionais da música, um modo de expressar seus sentimentos – cantando o blues. O blues substituiu até o estilo de música folk de Dylan. Os sentimentos começaram a funcionar para ela! No blues, Janis podia celebrar o aroma da vida natural em vez de se resguardar contra a espontaneidade, como preconizava sua cultura anglófona. A música era a experiência atraente, e a música folk contava histórias da vida cotidiana. Era basicamente democrática, pois louvava o valor de cada indivíduo. A música e o palco eram o veículo; a resposta da audiência era o guia. O cego guiava o cego.

Não foi acidental o fato de isso ter ocorrido espontaneamente no Texas. O Estado era um dos últimos postos avançados do espírito americano original. Os grandes sonhos faziam parte da cultura, junto com uma crença ardente na capacidade do indivíduo de agir e colher as recompensas. Sua dedicação contínua aos fundamentos da crença protestante americana deixava a sociedade local atrasada anos em relação às mudanças que afetavam o resto do país. O Texas também estava geograficamente isolado de Nova York e Los Angeles. Presa no meio do continente com pouca experiência na competição ferrenha das cidades grandes, a turma de Janis tinha visões ilimitadas de sucesso. Entre suas ambições estava a mudança social. Eles simplesmente esperavam que o país fosse o que devia ser. Exigiam que Camelot surgisse de uma vez!

Seus pontos de vista foram tornados conhecidos por meio do comentário social da *Texas Ranger* satirizando os desatinos da cultura dominante. Eles declaravam suas queixas em linguagem bem-humorada, não em berros raivosos. Fundada em 1923, a *Ranger* era um antigo exemplo em uma longa linhagem de revistas universitárias de humor que grassaram nos *campi* no início da década de 1960. Era a melhor, eleita em primeiro lugar pelos editores universitários de humor de todo o país. As pessoas eram a revista. Seu frágil comprometimento comunitário ao prazo mensal, apesar do pagamento miserável ou inexistente, se baseava somente no amor pelo trabalho e uns pelos outros.

Bill Helmer, o arguto editor em 1959-60, disse: "[Nós] transformamos a *Ranger*, que era uma publicação facciosa e distinta, em uma publicação popular comercial". A revista era operada por uma empresa conhecida como Texas Student Publications. O editor tinha mandato de apenas um ano. Assim, deveria haver rotatividade da equipe. Em 1962, isso queria dizer que um grupo de pessoas se revezava no serviço e que os membros da equipe eram remanescentes do passado e incrivelmente capazes.

Janis testemunhou o desenvolvimento de um fenômeno social quando a circulação da *Ranger* passou de 5 mil para 25 mil exemplares. O grande aumento de interesse tinha origem no desejo da administração da universidade de censurar a revista. Eles proclamaram as violações à liberdade de expressão em um devaneio sobre um poema. "O açougueiro, o padeiro e o fazedor de castiçais. Por que não posso eu?". As autoridades pensaram que fosse um uso obsceno do castiçal. Os escritores achavam que fosse uma brincadeira divertida com as palavras.

O crescimento da *Ranger* mostrou a Janis uma estratégia para ser notada: usar a notoriedade para obter sucesso artístico. A *Ranger* foi um ponto de encontro tão importante para o desenvolvimento de Janis quanto sua experiência com a música folk.

Janis trouxe para casa uma de suas páginas favoritas da edição de setembro da *Ranger* em uma visita. Bravamente pendurou na parede uma das tiras de Gilbert Shelton (na próxima página). Ele acertou em cheio ao capturar sua queixa sobre a sociedade no relacionamento entre o pintor e seu modelo.

Shelton, editor-chefe da revista, era mais famoso em Austin por sua tira "Wonder Wart Hog", um super-herói *underground* conhecido como "Porco de ferro". Com os músculos entumescidos rasgando o terno que usava em seu emprego normal, Foolbert Sturgeon se transformava no capado, "um incansável, destemido e desbocado campeão da justiça".

YOUR PORTRAIT $2.00 LIKENESS GUARANTEED
YOUR PORTRAIT $2.00 LIKENESS GUARANTEED
!! !
!
.00 LIKENESS GUARANTEED
CRUNCH
POP POP
KNEAD
KNEAD
SHELDON

OS JOPLIN – NOSSO AVÔ PATERNO

Benjamin Jopling, nosso trisavô. Benjamin trouxe a família da Virgínia, pelo Alabama, até o leste do Texas, tendo se casado quatro vezes e tido 22 filhos. Ajudou a construir o forte em Fort Worth. (Cortesia da família Joplin)

Charles Alexander Joplin, nosso bisavô, era o 16° filho de Benjamin e ajudou a fundar as colônias em torno de Lubbock, Texas. Era conhecido como C.A. e seus sete filhos também o chamavam por essas iniciais. (Cortesia da família Joplin)

Seeb Winston (S.W.) Joplin – nosso avô – era o mais velho dos filhos de C.A. e Margaret Joplin; ele era gerente de um grande rancho de criação de gado próximo a Tahoka, Texas; conduziu gado até Montana, aventurou-se no Alasca e voltou para se casar com Florence Porter e viver em Amarillo, Texas, cuidando de estábulos. (Cortesia da família Joplin)

C.A. e sua noiva, Margaret Elmira White, nossos bisavós. Eles exibem orgulhosamente todas as suas posses ao iniciar a vida em uma região próxima a Joplin, Texas. (Cortesia da família Joplin)

OS PORTER – NOSSA AVÓ MATERNA

Robert Ury Porter, nosso bisavô, trouxe a família ao Texas em uma chata fluvial pelo Rio Mississippi e um navio até Velasco, Texas. Dali se aventurou em uma carroça puxada por bois até o Texas Central, onde se estabeleceram em um lote de terra cedido pelo governo que foi chamado Porter's Prairie. (Cortesia da família Joplin)

Florence Elizabeth Porter, nossa avó, era filha de Robert Porter e sua segunda esposa, Arminta Roberson Porter. Ela nasceu quando ele tinha 62 anos. Era a 14ª de 16 filhos. Mais tarde, aprendeu a dirigir apenas para ter lições de culinária, pois comandava uma estalagem. (Cortesia da família Joplin)

Arminta Roberson Porter – nossa bisavó – e suas filhas depois que Robert Porter morreu e a família se mudou para Georgetown, Texas. Florence está no canto direito. (Cortesia da família Joplin)

ɛunião da família Porter em Porter's Prairie, na casa de Robert Porter – a primeira casa de dois andares construída em Burleson County, ɛxas. A foto foi tirada em algum momento anterior à morte de Robert em 1899. (Cortesia da família Joplin)

OS EAST – NOSSO AVÔ MATERNO

Nossos bisavós, Ulysses Sampson Grant East e sua esposa, Anna Belle Bowman East, e seus filhos, Violet, Cecil (nosso avô), Vern e Floyd. Os East se estabeleceram em Illinois no início do século 19. Conta-se que o bisavô de Grant se casou na nação Cherokee. (Cortesia da família Joplin)

OS HANSON – NOSSA AVÓ MATERNA

John Milton Hanson (nosso tetravô), que se estabeleceu no sertão de Henry County, Iowa, e deixou sua esposa encarregada da fazenda enquanto ia buscar fortuna na Corrida do Ouro da Califórnia. (Cortesia da família Joplin)

Quatro gerações de Hanson. Henry Hanson (nosso trisavô), no alto, à direita, serviu como ordenança em um quartel-general na Guerra Civil. O filho de Henry, Herbert, casou-se com Stella Mae Sherman. Sua filha mais velha, Laura (nossa avó), é mostrada com dois de seus filhos, o bebê Gerald e Dorothy, a mais velha. Esta é nossa mãe. (Cortesia da família Joplin)

Cecil e Laura East e seus quatro filhos. Dorothy está em pé no centro. Os outros, da esquerda para a direita, são Barbara, Mildred (Mimi) e Gerald. Eles viveram no Nebraska, Oklahoma, e Amarillo, Texas, onde se separaram após o casamento de Dorothy. (Cortesia da família Jopli

Dorothy e suas irmãs e
irmão em seu cavalo favorito,
Beauty, o Nebraska, pouco
antes de seu pai perder
a fazenda na Depressão.
(Cortesia da família Joplin)

Dorothy East cantou no evento social anual
patrocinado pelo Lion's Club em seu último ano
de colegial. Ela é a primeira garota à direita do
centro. (Cortesia da família Joplin)

Nosso pai, Seth Ward Joplin, filho de Seeb e Florence Joplin. Essa foto foi tirada quando ele começou a trabalhar para a Texaco, logo antes do casamento. (Cortesia da família Joplin)

Dorothy East, nossa mãe, tinha 22 anos quando trabalhou na estação de rádio de Amarillo e conheceu seu futuro marido, Seth. Sua reputação de "doidinha" foi adquirida quando ela estava irritada, tentando entender por que a estação não estava transmitindo, e disse: "Não consigo fazer essa droga funcionar", tendo descoberto em seguida que estava funcionando e seu xingamento havia sido transmitido para cada casa e fazenda da região. (Cortesia da família Joplin)

Janis, com alguns meses, e nossa mãe, Dorothy, em sua casa na Procter Street em Port Arthur, Texas. (© família Joplin)

Janis e nossos pais em uma visita a Amarillo, Texas; essa foto foi tirada pouco depois de Janis ter se virado para eles e dito: "Estamos indo para casa agora. Vou ter de começar a ser boazinha". (© família Joplin)

Retrato de estúdio de Janis, por volta dos 3 anos, e nossa mãe. Dorothy era doida pela filhinha. (© família Joplin)

Janis, com 6 ou 7 anos, na nova casa da família em Lombardy Street. Dorothy lhe fez muitos lindos vestidos, como esse traje para a Páscoa. (© família Joplin)

ista aérea da cidade de Port Arthur, Texas, na década de 1940, com Pleasure Island em primeiro plano. O grande edifício branco no centro um salão de baile. A montanha-russa e a parte do meio estão diretamente atrás de uma área chamada Pleasure Pier. O canal intracosteiro epara a ilha da cidade. A distância, podem-se ver os tanques de armazenamento das refinarias. (Cortesia de Artie Hebert)

Em uma viagem a Los Angeles para visitar a família de Dorothy, Janis e eu posamos com nossa mãe, com vestidos combinados feitos por ela. (© família Joplin)

No denso gramado do quintal de St. Augustine, Janis segura seu melhor amigo. (© família Joplin)

Janis adorava nosso irmãozinho, Michael. Era como uma boneca viva para ela. (© família Joplin)

Janis, com cerca de 10 anos, em um dos vestidos que nossa mãe fez para ela. (© família Joplin)

Janis (à esquerda) gostava de brincar de se fantasiar com as meninas da vizinhança. A casa em Lombardy ficava em uma vizinhança familiar cheia de amiguinhos de todas as idades. (© família Joplin)

Seth e seus filhos no quintal, diante da cerca viva que ele retirou e replantou de um pasto no outro lado da rua. Janis tinha 13 anos. (© família Joplin)

Vovô Seeb Joplin com seus três netos por volta de 1957, em uma visita a Port Arthur. Janis tinha uns 14 anos. (© família Joplin)

Janis em uma foto da escola, provavelmente no nono ano. (© família Joplin)

Janis diante de um desenho a caneta e tinta feito durante seu trabalho voluntário na biblioteca local, desenhando ilustrações para o mural de avisos da seção infantil. Um artigo e uma foto no jornal diziam "Emprego na biblioteca revela versatilidade de adolescente". (© The Port Arthur News)

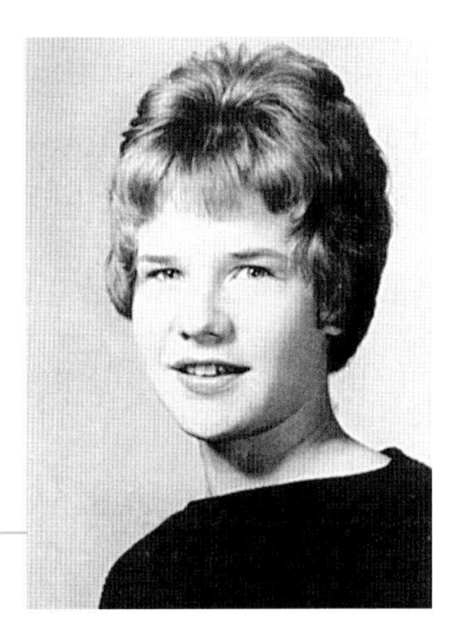

A foto de Janis para o livro do ano em seu segundo colegial. Ela usava muito preto, imitando os artistas *beat*. Andava com um grupo de rapazes que ouviam música folk e jazz, liam boa literatura e discutiam longamente tópicos intelectuais. (Cortesia da família Joplin)

Janis (a segunda da esquerda) usava seus talentos artísticos em competições da escola. Aqui, ela e as colegas estão planejando a morte para seus futuros adversários no futebol americano. Suas roupas são perceptivelmente diferentes das usadas pelas outras, com uma saia mais curta e sem meias soquete e sapatos boneca. A amiga da família, Kristen Bowen, é a segunda da direita. (Cortesia de Kristen Bowen)

No verão após o nono ano, Janis (segunda à esquerda) entrou para o Little Theater de Port Arthur. Nessa produção, Sunday Costs Five Pesos, ela fez o papel de uma ingênua. (Cortesia de Jim Langdon e Grant Lyons)

O avô Joplin em uma visita de 1960, após seu segundo casamento. Era o último ano de Janis no colegial. Ela usava um conjunto azul-royal que adorava. (© família Joplin)

Retrato de estúdio de 1960-61, quando Jani frequentava a Faculdade Estadual de Tecnologi de Lamar em Beaumont, Texas, e a Faculdade d Administração de Port Arthur. (© família Joplir

Janis tentou viver na região de Los Angeles-Venice no verã e no outono de 1961. Inicialmente, foi viver com as irmãs d nossa mãe. Elas aparecem aqui, sentadas na mesa em lado opostos ao de suas filhas. Da esquerda para a direita: Jea Pitney, Mildred "Mimi" Krohn, Janis, Barbara Irwin e Donn MacBride. (Cortesia de Donna MacBride

No verão de 1962, Janis se matriculou na Universidade do Texas, em Austin. Ela estudava arte, mas passou a maior parte do tempo na crescente cena da música folk. Aprendeu a tocar auto-harpa e se destacou o bastante para ser assunto de um artigo no The Summer Texan, o jornal da escola, com a manchete ELA OUSA SER DIFERENTE. (© The Summer Texan; cortesia da Texas Student Publications)

Janis brincando na Califórnia, posando como uma rata de praia sofisticada. (Cortesia da família Joplin)

Na Universidade do Texas, Janis andava com um grupo de músicos folk e escritores da revista *Ranger*. Frequentemente se reuniam em um grupo de apartamentos carinhosamente apelidado “o Gueto”. A partir da esquerda, no apartamento de Ted Klein no Gueto, vemos Ted Klein, Ray “Papa” Hansen, Gilbert Shelton e Pat e Bill Helmer. (© Texas Ranger; cortesia da Texas Student Publications; da coleção de Ted Klein)

Nas noites de quarta-feira, o grupo cantava na hootenanny patrocinada pela universidade no Chuckwagon, na União dos Estudantes. Aqui, Janis se apresenta com Powell St. John e Lanny Wiggins. (© 1963 Cactus yearbook; cortesia da Texas Student Publications)

as noites de terça-feira, Janis e sua turma de Austin costumavam cantar no bar de Ken
readgill, um posto de gasolina convertido nos limites da cidade. (© 1980 Tom Hatch)

Kenneth Threadgill obteve a primeira licença para venda de bebidas alcoólicas em Austin depois do fim da proibição e começou a vender álcool e apresentar músicos locais. Com seus anos de experiência, oferecia o conhecimento e o apoio de que Janis necessitava. (© Burton Wilson)

Janis tinha um novo violão de 12 cordas e me presenteou com o antigo de seis cordas. Em uma visita em 1964, quando atravessava o país, Janis me ensinou a tocar. Ela usava típicas roupas *beatnik*: blusas pretas de gola olímpica e medalhões dourados com *blue jeans* e sandálias. (© família Joplin)

Janis mudou-se de Austin para São Francisco em janeiro de 1963. Teve empregos incomuns e levou a vida de uma artista *beatnik* em busca de si mesma. Começou a cantar profissionalmente em clubes locais. Aprendeu a tocar violão na Califórnia, assim não precisaria dividir os modestos pagamentos que obtinha cantando com o músico que a acompanhasse. (Cortesia dos Arquivos de Michael Ochs e da família Joplin)

Janis voltou para casa na primavera de 1965, após uma experiência desastrosa com metedrina em São Francisco. Passávamos horas como mulherezinhas, arrumando o cabelo e experimentando maquiagem e roupas. (Cortesia da família Joplin)

Antes de se tornar cantora, Janis voltou seus talentos artísticos à pintura e ao desenho. No colegial, ela fez esse croqui rápido de um colega e namoradinho chamado Rooney Paul. (Cortesia da família Joplin)

Pedi a Janis que fizesse meu retrato, esperando que ela pintasse uma bela sulista ao lado de uma lareira. Em vez disso, Janis pintou o que vi uma garota de 11 anos entediada olhando por sobre o ombro para ver que a irmã estava fazendo. (Cortesia da família Joplin)

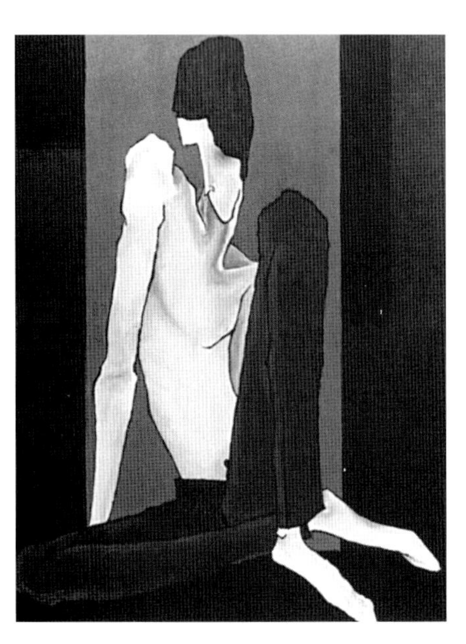

Na faculdade, Janis estava especialmente fascinada pelo estilo angular de retrato de Modigliani. Aqui, ela adaptou seu estilo em uma pintura que decorou a sala de jantar da família durante anos. (Cortesia da família Joplin)

Ao passo que o grupo de Port Arthur era introspectivo, Jack Smith explicava que o lema do grupo de Austin era: "Não importa para que sirva isso, vamos inverter". Queriam diversão e empolgação. Viviam uma vida do avesso, forçando os observadores a interromper a rotina por um momento.

Muitas culturas reservam um lugar sagrado para os opositores, como os contos dos índios navajo sobre o coiote ladino que frustra os maiores esforços do homem e lhe ensina uma lição de humildade. A turma de Janis era uma matilha de coiotes sabidos que trazia a lição da cultura navajo para os anglo-saxões. Alguns índios escolhiam papéis invertidos, lavavam-se com lama e se secavam com água, simplesmente pelo benefício educacional de fazer as pessoas pensar. É fácil demais se concentrar na rotina e deixar passar o profundo. Ao romper o tédio, o grupo permitia que os outros mudassem o seu foco. A *Ranger* deu a Janis a dádiva do palhaço e do coiote.

Em 1962, o coiote deve ter nomeado Janis para Homem mais Feio do campus, uma brincadeira beneficente de uma fraternidade. Por um dia eles montavam um palco no campus e escreviam nomes em uma lousa. Cada voto custava 25 centavos e havia uma competição divertida entre as fraternidades para eleger o seu homem. Tradicionalmente, as personalidades da escola eram nomeadas – todos os veteranos, etc. O grupo bem-humorado de Janis via o concurso como um desafio para ser virado do avesso e transformado em uma brincadeira. Inscrever uma mulher no concurso de Homem mais Feio seria o golpe perfeito! Jack disse que eleger Janis como o homem mais feio seria como a Universidade Rice escolher uma geladeira como rainha da volta às aulas, o que fizeram alguns anos depois de Janis passar por Austin. Jack dizia que ela nomeara a si mesma por travessura! Outros achavam que fosse um tipo de vingança de um membro de fraternidade que Janis provocara sexualmente.

Janis se queixou amargamente sobre seu envolvimento no concurso ao ser entrevistada mais tarde. Austin não gostava dela na época – eles a elegeram Homem mais Feio do campus! Bem, Janis não ganhou, embora estivesse na competição. Seus amigos contam histórias conflitantes. Vários se lembram do evento com bom humor, mas Powell St. John se lembra de Janis chegando na União com lágrimas nos olhos porque estava recebendo votos no concurso. Embora aquilo tivesse sido iniciado como paródia e pilhéria, Janis ficara magoada com a experiência.

Janis tinha as necessidades emocionais de toda adolescente – ser amada e aceita pelo que era. Mas ela vivia a vida fantasiosa de Wonder Wart Hog como uma mulher "incansável, destemida e desbocada". Escolhera um papel louvado por seus amigos, mas se recusava a aceitar as consequências que os outros viam em sua versão feminina de rudeza. No coração, ela era tão suave e carinhosa como qualquer outra mulher.

Em Austin, seus amigos homens se relacionavam com ela como uma mulher, não apenas como "um dos rapazes", como tinha sido em Port Arthur. Ela tinha namorados, primeiro Powell St. John do grupo musical e finalmente um editor da *Ranger*, Bill Killeen. Era um homem bacana, intenso e inteligente, com 1,80 metro, cabelos e olhos escuros. Originalmente de Massachusetts, era um antigo membro de uma revista de humor da Universidade do Estado de Oklahoma que irrompeu em Austin em um Cadillac 1950 Superior, modelo rabecão, caindo aos pedaços, forrado de veludo vermelho. Levava as mulheres para estranhos programas no cemitério em seu carro fúnebre.

Janis conheceu Bill em uma festa na casa de Gilbert Shelton, em que ele estava hospedado. Foram até um restaurante próximo ao capitólio e observaram um morcego voar por ali e aterrorizar os clientes. Janis achou aquilo hilariante. Dormiram aquela noite na grama do capitólio, perto de um dos monumentos. Um guarda do capitólio fez uma tímida tentativa de enxotá-los, mas eles não estavam fazendo grande coisa, apenas se acariciando, e logo ele se conformou e afastou-se.

Seu romance era complicado pelo fato de que nenhum deles tinha um lugar para encontros amorosos. Janis vivia em uma república que não permitia visitantes masculinos. Killeen morava de favor com Shelton. Então Janis conseguiu um favor de um amigo chamado Wynn Pratt. Seu pai era professor da UT e tinha uma casa que estava desocupada. Wynn lhes deu a chave. Viveram ali em setembro e outubro.

Certa noite, deram uma festa tão barulhenta que chamou a atenção da polícia. "Quem mora aqui?", perguntaram os guardas. Killeen disse:

"Sou eu". "E qual seu nome, por favor?". "Foolbert Sturgeon", respondeu, usando a identidade secreta de Wonder Wart Hog. Gostava de desafiar a autoridade. Dirigia sem carteira, explicou à *Ranger*. "Para que preciso de uma carteira de motorista? Já dirijo bem sem uma." Era divertido, sério e articulado, e Janis o amava.

Bill achava Janis uma fascinante alternativa à maioria das meninas que ele conhecia. Tinha mais energia e gosto pela vida. Queria se divertir e era uma boa companheira. Janis não queria perder nada. Quando ele lhe leu um artigo no jornal sobre as pessoas que pulavam de prédios depois de tomar LSD, comentou: "Não quero nem chegar perto desse negócio". Janis disse: "Bem, eu queria um pouco agora mesmo!". Janis estava mais gorda do que no colegial; devia pesar por volta de 65 quilos. Tinha o rosto redondo, que parecia ainda mais redondo pelo modo como se penteava e, como gostava de usar roupas largas, parecia ainda maior.

Com Bill, Janis brincava com seu lado mais feminino. Arrumava-se, penteava o cabelo e usou salto alto quando foram com outro casal à estreia da temporada de futebol americano do ano, UT contra Oregon. Havia uma festa da *Ranger* em seguida e Janis começou a resmungar no final do jogo: "Por que diabos eu vim nesse negócio? Não vai sobrar nenhuma bebida na festa".

Janis e Bill resolveram ir até a cidade fronteiriça de Nuevo Laredo em um fim de semana com Gilbert Shelton e Karen Kay Kirkland. Foi um período agradável, embora Karen quase os tenha metido em uma briga ao chamar alguns vagabundos mexicanos de "idiotas fajutos".

Seu relacionamento se desmantelou principalmente quando perderam a casa grátis. O teste final foi o fim de semana de futebol UT – Oklahoma. Era uma antiga rivalidade local sustentada pelos estudantes que se aventuravam a ir a Dallas, onde os jogos eram realizados, e se embebedavam. Janis desejava ir à festa. Bill não queria. Não era homem de beber. Janis foi com um grupo; quando voltou, haviam sido expulsos de seu ninho de amor pelo sr. Pratt e Bill estava dormindo em uma varanda sem aquecimento. Não havia lugar para romance. Ela voltou para a república que nossos pais continuavam a pagar.

John Clay era um homem cujo estilo jornalístico a *Ranger* de outubro definiu como "texanês, para ser lido com um ritmo arrastado..." Ele conta que o relacionamento de Janis e Bill começara com amor e rosas. Janis era a garota de Bill. Ele era forte e mais velho e, de acordo com John, "a mantinha na linha". Assim, o romance com um membro da turma ainda resultava em uma crença geral de que uma mulher precisava ser mantida na linha. Que mensagem isso passava a Janis?

Fora de um relacionamento, a conquista sexual era considerada um jogo de salão por Janis. Ela se gabava de flertar com um membro de fraternidade no bar do Threadgill certa noite, o mesmo incidente mais tarde relacionado ao concurso de Homem mais Feio. Ele voltou com ela ao Gueto antes do final da festa. Ao sair, olhou para seus companheiros de fraternidade de maneira que deixava implícito: "Vejam só o que consegui!". E então Janis saiu de fininho e deixou seu ego masculino ferido.

A experimentação sexual também incluía relações com mulheres. Ela anunciou claramente suas intenções, em meio a um passeio com um grupo de amigos da União dos Estudantes que incluía Ted Klein. Sentou-se e disse: "Decidi virar lésbica". Dado seu visível apetite por homens, as pessoas caíram na gargalhada. "Esperem para ver", respondeu diante da caçoada. Eles lhe desejaram tudo de bom. Alguns dias depois ela voltou para a turma da União. Perguntaram como haviam sido suas experiências lésbicas. Ted Klein conta que Janis "encolheu os ombros, murmurou um 'ehnn' bastante neutro e voltou a beliscar os meninos".

Várias mulheres tinham reputação de homossexuais no grupo, em particular a baixa e musculosa Juli Paul. Todos a aceitavam, possivelmente até mesmo apreciando o modo como sua presença elevava o sentido do grupo sobre seu próprio não conformismo. Juli era gentil, delicada e considerada. Também podia se tornar agressiva e era bastante emocional, especialmente quando bebia.

Juli Paul descreveu seu primeiro encontro. "Quando vi Janis pela primeira vez, eu estava descendo a Drag, na Guadalupe, e Janis, Lanny e Powell estavam passando com a auto-harpa e o banjo. Pensei que a coisa certa a fazer era girar o volante e ver o que eles iam fazer, para onde estavam indo. E tenho certeza de que foi Janis, com sua voz atrevida, quem disse que estavam indo a uma festa, será que eu não queria ir?"

Seu relacionamento era firme e tempestuoso – às vezes amantes; às vezes apenas amigas. Iam de companheiras eternas a disputas verbais regadas a álcool. Certa noite, Juli ficou muito bêbada. Janis estava com ela no Gueto. Em algumas rodadas de artilharia verbal, Janis começou a chamar Juli de embusteira e hipócrita. Era demais! Juli avançou furiosa para Janis, pronta para esmagá-la. Ela a perseguiu pelo prédio até que Janis conseguiu fugir. Juli, ao procurá-la por todos os apartamentos, começou a irritar as pessoas, destruindo a tendência geral de uma cena social tolerante. Uma coisa levou a outra e, alguns empurrões mais tarde, Juli escorregava pelas escadas. Em *Enterrada Viva*, Myra Friedman escreve que Janis empurrara Juli pelas escadas. Outros se lembram de que outra pessoa foi autora do fatídico empurrão. De uma forma ou de outra, Juli aterrissou lá embaixo, surpresa e dolorida, mas inteira.

Stan Alexander, membro da turma de Austin, disse que Juli era "indômita, mas interessante, uma alma perdida". Janis disse a ele que ela e Juli haviam ido de carona até Port Arthur. As duas haviam forçado situações para conseguir caronas, a ponto de se deitar na estrada entre as faixas para que as pessoas parassem e ouvissem o pedido. O grupo de Port Arthur não recebeu Juli de braços abertos. Ela os enfrentou com maneirismos rudes que ao menos alguns acharam repulsivos.

Havia um fluxo constante de tráfego entre os contingentes de Austin e Beaumont/Port Arthur do grupo. Várias vezes o pessoal de Austin era levado em um passeio pelos clubes de Vinton pela turma de Port Arthur. Certa vez, Janis levou Wally Stopher, Dave Moriaty, Travis Rivers, Tary Owens, Johnny Moyer e Wynn Pratt a Vinton. Ali, embarcou em sua antiga rotina de atrair sexualmente os cajuns, pensando que os garotos de Austin cobririam a mesma função de seu antigo grupo. Mas eles não conheciam as leis não escritas do território cajun. Não ostentavam sua masculinidade de modo que a protegesse dos insultos dos habitantes locais. Eles a mantinham escondida até que fosse necessária.

Wynn Pratt era um boxeador da Golden Gloves. Quando os rapazes de Louisiana começaram a provocá-lo, ele tentou ficar calmo para evitar um confronto. Os outros acharam que fosse apenas um covarde e o prensaram contra a parede. Ele deu um soco com o punho coroado por um anel de formatura e abriu o queixo de alguém. Um silêncio atônito foi seguido por um pandemônio generalizado e troca de socos. Alguém quebrou uma garrafa de cerveja no rosto de Johnny Moyer e ele se curvou de dor. As meninas viram que ele estava muito ferido e o enfiaram sob uma mesa para não ser atingido outra vez. Travis, que caíra nas boas graças dos locais depois de umas partidas de sinuca na sala dos fundos, saiu de lá para ajudar a livrar a turma. As meninas levaram Johnny para o carro. Cuidadosamente, o pessoal de Austin foi se desvencilhando da confusão até que a briga passou a contar apenas com os habitantes locais. Dave e Tary estavam no estacionamento, sentados no capô de um Chevy 1953, observando um maluco tentando atropelar as pessoas com seu Oldsmobile. Os caras de Louisiana apareceram na porta no momento em que o carro dos meninos de Austin se preparava para uma saída rápida. Com uma conversa de macho para macho, eles chegaram à estrada, carregados de matéria-prima para boas histórias sobre viver no limite. As pessoas sacudiam a cabeça e os olhavam de soslaio ao ouvir a história, principalmente ao descobrir que Johnny estava com o maxilar quebrado. O que costumava ser divertido começava a ficar doloroso.

O álcool assumira o espírito do não conformismo e o aumentava, até que os problemas começaram a surgir. As drogas de um ou outro tipo sempre estavam envolvidas nos excessos do grupo. A *Ranger* publicou um artigo intitulado “Como ficar bêbado em Dallas”, mostrando a hipótese do grupo de que estar bêbado não era apenas desejável, mas necessário. Os homens provavam sua masculinidade enchendo a cara regularmente, esperando que o espetáculo resultante lhes angariaria a estima social dos touros selvagens do Texas.

O álcool era quase sempre a finalidade do dinheiro, o requisito para iniciar uma festa e o assunto de contos difundidos liberalmente entre os amigos. A cerveja e os destilados consumiam os magros ganhos que o grupo obtinha com a venda dos exemplares da *Ranger*. Ele era rapidamente queimado na festa mensal da equipe depois da publicação de cada edição. Uma garrafa de birita foi o prêmio de uma corrida de bicicleta patrocinada pela *Ranger*. Era uma corrida maluca pela cidade em busca de tesouro escondido – uísque. Doze participantes pedalavam furiosamente em torno da delegacia, do capitólio e da [cervejaria] Scholz's Garten de olho no resplendor do líquido ambarino da garrafa. Gilbert Shelton venceu. Kenneth Threadgill pagava seus músicos com cerveja, em vez de dinheiro. Ele estava em toda parte. O álcool transformava uma diversão inocente em episódio ofensivo. As coisas muitas vezes saíam do controle. Juli Paul certa vez parou seu Triumph nas ruas de Austin e literalmente empurrou Janis para fora do carro. Juli saiu cantando os pneus e deixou Janis a pé.

Gilbert Shelton e seus amigos organizaram um trote para Lieuen Adkins, que escondera uma garrafa inteira de gim para mantê-la a salvo dos lábios de seus amigos durante uma breve ausência. Tendo encontrado o líquido transparente em seu armário, beberam-no todo. Depois o substituíram por água pura e esperaram o retorno de Lieuen. Na volta, ele preparou um drinque. Enquanto o saboreava, Bill Killeen se ofereceu para entornar a garrafa toda de gim se Lieuen lhes pagasse o jantar. Lieuen ergueu as sobrancelhas diante da possibilidade de ver o moderado Bill ser derrotado pelo gim e concordou com a aposta. Bill tomou o "gim", mas Lieuen percebeu tudo. Pagou o jantar do mesmo jeito. Tentou revidar comprando uma nova garrafa de gim, esvaziando-a e substituindo a bebida por água. Eles o tapearam novamente, encontraram o gim verdadeiro, beberam e voltaram a substituí-lo por água.

Algumas pessoas usavam peiote, que era legalizado na época. Na Rodovia 183, como explicou John Clay, alguém ia até Hudson's Cactus Gardens e comprava peiote a 10 centavos por planta. "Quarenta centavos já eram uma dose eficaz." As pessoas ferviam aquilo até obter um caldo verde sujo. Com 100 gramas já dava para ficar alto.

O peiote foi usado pelos índios do oeste dos Estados Unidos e do México por séculos. Depois de ser descoberto pelos homens brancos, passou dos cientistas aos intelectuais e aos boêmios, processo que levou 30 anos. Os psiquiatras acreditavam que a mescalina, o ingrediente ativo do peiote, simulava a esquizofrenia. Usavam-na na terapia para ajudar os clientes a encontrar as emoções e visões nas profundezas do subconsciente. Outros a consideravam uma ferramenta de aprendizado para escapar do plano racional de um mundo literal. A psilocibina, semelhante à mescalina, foi descoberta em 1958 e, em 1961, tornara-se a queridinha do *jet set* nova-iorquino, que programava fins de semana inteiros de esplendor visionário. O Texas demorou para aderir às novas tendências. O peiote ainda tinha a preferência. Janis certamente experimentou peiote, mas não foi arrebatada por um renascimento espiritual nem se interessou o bastante para usá-lo com frequência.

Muitas pessoas fumavam maconha, mas, como era ilegal e a turma era vigiada, o nível de paranoia era alto. Na maioria das vezes acendia-se um baseado no banheiro com os vidros fechados. Janis e Tommy Stopher deram a Powell St. John seu primeiro baseado. Era bem fino, mas os três o dividiram com reverência. Janis e Tommy contaram ter ficado altos, mas Powell não sentiu nenhum efeito.

Janis gostava de maconha porque era algo "proibido", mas o álcool era sua droga favorita. Ela preferia a cerveja, como a maioria. Seu principal crime era beber antes de atingir a idade legal. O álcool também era seu maior problema. Ninguém parecia saber a hora de parar.

No inverno de 1962, um novo sujeito chegou à cidade. Chet Helms era um texano e antigo aluno da UT que agora vivia em São Francisco. Estava passando por lá e foi atraído pela qualidade da música folk de Austin. Aqueles músicos haviam conseguido algo que os de São Francisco desejavam, um verdadeiro som de raiz. Os músicos do norte da Califórnia estavam presos a um som *pop-folk*, ansiando por autenticidade. Chet disse a Janis que ela faria muito sucesso em São Francisco.

A centelha da fascinação brilhou na mente dela. Fez planos de partir. Precisava de dinheiro e um dos modos que inventou para obtê-lo era não comprar comida – passou a roubá-la. Desse modo, queria se preparar para partir com Chet.

Muitas pessoas roubavam lojas ocasionalmente no grupo do Gueto. A maioria fazia aquilo pela emoção. Janis gostava de guardar um vidro de cerejas ao maraschino ou alguns filés da Checker Front Store do outro lado da rua, um pouco afastado do Gueto. Daí exibia alegremente seu esconderijo diante da turma. Bill Helmer invocava a moralidade da situação ao se roubar abacates por causa dos preços ultrajosos que os tornavam inacessíveis. Também pensava que, se fosse apanhado, seria uma bela manchete nos jornais: PRESO POR ROUBAR ABACATES! "Precisávamos deles para a guacamole!"

Janis gostava da excitação de viver no limite, entre o conhecido e o desconhecido. Embora Port Arthur possa ter formado seus impulsos, apenas em Austin ela pôde testar suas asas e praticar seu estilo. Austin a ensinou a atuar, deu-lhe o apoio e o reconhecimento necessários e formou sua sátira pública ao estilo do Texas. A vida de Janis em Austin foi seu verdadeiro trampolim. Era um lugar para testar as águas e ganhar experiência, de modo que, quando a oportunidade surgisse, ela estaria pronta.

CAPÍTULO 7

A CENA BEAT DE SÃO FRANCISCO

I ain't got no reason for living
I can't find no cause to die...
I ain't got no reason for going
I can't find no cause to stay here
I got the blues
I got to find me that middle road

[Não tenho razão para viver
Não vejo causa para morrer...
Não tenho razão para ir
Não vejo causa pra ficar aqui
Estou melancólica
Tenho de encontrar um caminho do meio]
– JANIS JOPLIN, "No Reason for Living"

Em meados de janeiro de 1962, quando as aulas de inverno terminaram na Universidade do Texas, Janis e Chet Helms ergueram os polegares e foram de carona até São Francisco. Janis queria mais do que Austin podia oferecer. *On the Road* fora seu mapa para encontrar a vida e ela já estivera em Venice, Califórnia. Sua próxima parada era a comunidade de North Beach em São Francisco.

Janis e Chet pararam primeiro em Forth Worth, onde viviam os pais de Chet. A dupla foi recebida com cortesia e acolhida para o jantar, mas Janis não procurou aprovação. Eles ficaram chocados com seu estilo profano e selvagem. Janis e Chet não puderam ficar ali para passar a noite. Dirigiram-se para a autoestrada e fizeram sinal para os caminhoneiros que iam para a Califórnia. Em menos de 50 horas chegavam a São Francisco.

"Pessoas de parede a parede" era como Nick Gravenites descrevia a cena. Nick era um homem alto e delicado, cheio de emoções inflamadas que liberava em curtas explosões para dramatizar seus argumentos. Ele já mexia com música folk desde 1955. Em 1959, dirigiu-se a São Francisco desde a Universidade de Chicago. As pessoas de North Beach eram muito semelhantes às que Janis conhecera em Austin e Port Arthur, mas em muito maior quantidade.

A cena devia sua existência às noitadas literárias que Kenneth Rexroth, célebre poeta radical, promovia em apartamentos da cidade desde a década de 1940. A cidade sobre a colina, com sua contracorrente culta, atraíra o poeta Lawrence Ferlinghetti em 1951. Em 1953, ele tropeçou naquilo que se tornaria a Livraria City Lights. Em 1955, Ferlinghetti era o único proprietário. Ficava aberta da manhã à meia-noite, sete dias por semana – a primeira livraria exclusiva de livros de bolso do país em uma época em que a capa dura ainda era a regra. Desde o início, os proprietários queriam que a livraria fosse o coração de uma comunidade intelectual e artística.

Os anos de 1950 viram a publicação de livros como *O Homem de Terno Cinzento*, de Sloan Wilson, e *The Organization Man*, de William White. Eles levantavam a questão da venda da alma à empresa em uma época em que as corporações americanas controlavam 1 dólar de cada 2 dólares do país. Eles insistiam na ideia de um método gerencial que escravizava os pensamentos e hábitos dos empregados, em contraste com os artigos das revistas nacionais sobre a contínua prosperidade.

Nos anos de 1950, os não conformistas americanos eram desprezados e temidos porque sacudiam o barco em que todos estavam ocupados remando. Os não conformistas foram atraídos a City Lights; o objetivo da empreitada era oferecer uma alternativa.

A consciência nacional concentrou-se na cena de São Francisco desde a época de uma leitura de poesias em 13 de outubro de 1955. Seis poetas leram naquela noite; o segundo deles foi Allen Ginsberg, com "Howl"

[Uivo], um lamento que bradava: "Vi as melhores mentes de minha geração destruídas pela loucura, esfaimadas, histéricas e nuas/arrastando-se pelas ruas dos negros na madrugada em busca de uma dose violenta..." Jack Kerouac estava ali, berrando entre os aplausos, marcando o ritmo com os pés – "Vai! Vai! Vai!" –, enquanto Ginsberg lia em compasso acelerado. Foi um divisor de águas. O resto da nação despertou para o desafio quando o agente alfandegário Chester MacPhee apreendeu 520 cópias de "Howl" quando chegaram ao país, enviadas pelo impressor britânico. Rotulou o poema como "obsceno". Ferlinghetti, o editor, foi preso. A partir daquele momento, ele se tornou leitura obrigatória para qualquer alma com um sentido faiscante de discordância das autoridades estabelecidas. A Livraria City Lights tornou-se famosa em âmbito nacional.

Janis entrou em uma cena que fora iniciada e liderada por um grupo a que Ferlinghetti chamava "metecos [*carpetbaggers*] nova-iorquinos". Rexroth a chamava "Renascença de São Francisco". Quando Janis chegou, em janeiro de 1963, a cena artística estava no auge. Muitos daqueles que definiram a pulsação do movimento haviam trocado North Beach por locais menos visados. Michael McClure, célebre poeta local, mudara-se para Haight-Ashbury. Lawrence Ferlinghetti tinha uma casa de temporada em Big Sur. Os passeios turísticos dos ônibus da Gray Line à cena *beatnik* significaram um fim para a vitalidade *underground* que se sustentava com sua própria energia. Janis chegava a um lugar cheio de pessoas como ela, argonautas de todo o país atraídos pela reputação da região. Chegavam sem conexões e em busca de raízes. Janis ficou por algum tempo com Chet Helms e seus amigos e depois se mudou.

North Beach oferecia a Janis uma verdadeira experiência inter-racial, com a maior variedade de contextos étnicos e sociais que ela já conhecera. Era uma das primeiras comunidades integradas da América. George Wallace foi eleito governador de Alabama com o slogan "Segregação já; segregação amanhã; segregação para sempre!". A integração de São Francisco foi vilipendiada na imprensa e vigiada pela polícia. Os que faziam parte dela se entregavam cada vez mais a seus ideais. Sua disposição para estabelecer fronteiras rapidamente se transformou em um senso de comunidade que era muito bem-vindo, já que a maioria rompera os laços com o lar.

Dormindo em pisos de concreto ou no sótão dos armazéns das redondezas, os *beats* cultivavam um sentido de "Um por todos e todos por um". Quem tinha dinheiro comprava comida e cada um contribuía quando podia. Janis andava com um grupo que costumava se reunir em um apartamento alugado por um amigo íntimo, Kenai, um artista de talento. Kenai era filipino, mas seus pais eram diplomatas, de forma que ele fora criado fora das Filipinas. Entrou na Universidade Northwestern de Illinois aos 13 anos. Tendo se transferido várias vezes para diversas faculdades, acabou por se formar bacharel em História Inglesa e Psicologia. Largou a escola de Arquitetura em 1956 para ser *beatnik* e viver em North Beach. Por algum tempo, ajudou a publicar uma revista de 20 páginas chamada *Beatitude*, vendida na Bay Area. Levava uma vida de artista, pedindo pouco e dando o que tinha, sempre com um sorriso em seu rosto amigável. Às 3 da manhã ele percorria os bares e levava todo o mundo para sua casa. As pessoas levavam comida e alguém sempre ia à padaria na esquina da Union com a Grant para comprar pão fresco. Por vezes, os eventos eram festins, quando algum amigo doava 30 quilos de camarão ou lagosta de seu trabalho na Fisherman's Wharf. Em outras ocasiões havia muito pouco, mas todos sempre dividiam o que quer que houvesse.

Ninguém abria mão de nada, exceto do convencionalismo. As pessoas queriam sentir tudo, simplesmente pelo valor da experiência. O primeiro anticoncepcional oral fora aprovado pela FDA em maio de 1960. Essa pílula abriu o caminho para a revolução sexual que Janis encontrava. Allen Ginsberg irrompeu novamente na cidade em agosto de 1963. Estivera na Índia e trazia um novo ângulo de sua mensagem de amor livre para salvar o mundo: participava de orgias sexuais, um mundo unido em uma grande família pelo vínculo físico. A experimentação era a máxima, fosse por atos hétero ou homossexuais.

A excitação de criar e ser parte de uma corrente artística vibrante era aumentada pelo uso de diversas drogas que rolavam pela cena *beat*, especialmente as anfetaminas. Elas aumentavam imensamente a intensidade de uma manhã, quando o café era a droga favorita. A mistura poderosa cheia de cafeína horrorizara os cidadãos na virada do século, naquilo que ficou conhecido como o culto boêmio ao café. Os usuários eram advertidos de que a bebida poderia custar-lhes o autocontrole, que estariam sujeitos a acessos de nervosismo e depressão. As anfetaminas eram um passo infinitamente maior no mesmo caminho.

Jack Kerouac escreveu uma versão de *On the Road* em 1951, em 20 dias regados a café e benzedrina, registrados por seu biógrafo Tom Clark. Kerouac seguia uma fórmula discutida na comunidade de North Beach: trabalhava e tinha uma existência regular por algum tempo, depois jogava tudo para o alto, entocava-se com sua máquina de escrever, engolia anfetaminas e escrevia memórias vagas de sua vida. *Big Sur*, publicado em 1962, fora escrito mais ou menos do mesmo modo.

O álcool era uma droga comum em North Beach. A tolerância de Janis pelo álcool atingira um nível tal que ela podia beber muito com pouco efeito visível. Na verdade, com apenas 20 anos, ela começava a se tornar compulsiva com seu líquido amigo.

A Coffee Gallery tornou-se um dos pontos favoritos de Janis. Ela cantava ali com frequência, embora nunca tenha sido uma fonte real de renda. Kenai às vezes passava o chapéu durante a apresentação, mas nunca conseguiu mais do que 8 dólares. James Gurley, que mais tarde faria dueto com Janis no Big Brother and the Holding Company, sempre estava ali. Apresentava lúgubres melodias originais e se distinguia com sua cabeça raspada. Sam Andrew – também um futuro membro do Big Brother – tocava jazz ali com Steve Mann.

Na Coffee Gallery, Janis conheceu sua futura colega de quarto e amiga de anos, Linda Gottfried, uma moça de Los Angeles, que acabara de completar 19 anos e se concentrava nas frustrações da vida. Um amante lhe dissera: “Vá a São Francisco. Você não é a única a se sentir assim. Vá à Coffee Gallery e procure por minha amiga Janis Joplin”. Seguindo essas instruções, Linda apareceu e Janis estava se apresentando naquela noite.

Janis vivia em um porão na rua Sacramento. Não era um apartamento de porão, disse Linda, mas o porão de uma casa que fora alugada por pessoas que eram fãs de Janis. Deixavam que Janis morasse ali de graça porque gostavam de ouvi-la cantar pela casa. Linda se mudou para lá e as duas viveram juntas intermitentemente.

Juntas, planejavam seus dias em torno da ideia de alimentar sua criatividade. Tentaram diversos modos de expressão além da devoção de Janis à pintura – fotografia, poesia e canção, entre outros. Havia lugares para ver, coisas para fazer e pessoas para conhecer. À noite, elas desabavam em casa e dividiam SpaghettiOs [macarrão em lata] e picolés.

Ser artista era interpretar experiências para os outros. Quanto mais alguém se sintonizasse às forças carismáticas da vida ou a uma obra de arte, mais ele vivia no êxtase de energia a que chamamos vida.

Em 1963, Janis apareceu em um programa local de rádio com Peter Albin, um dos membros fundadores do grupo a que ela se juntaria em 1966, Big Brother and the Holding Company. Janis estava um pouco acima do peso e seu rosto estava cheio de espinhas naquele dia. Usava uma camisa masculina à qual faltavam diversos botões, deixando vislumbrar seus seios. Cantou de maneira áspera, o que acentuava a insubmissão e a rebeldia de sua aparência física.

Janis cantava com Roger Perkins, Larry Hanks e Billy Roberts. Eles se apresentavam pela cidade, no Folk Theater e outros lugares. Estavam inscritos no Festival Estadual de Música de São Francisco, organizado pelo irmão de Peter Albin. Não compareceram ao festival, talvez porque Janis tenha machucado a perna ao tentar montar bêbada em sua motocicleta Vespa.

Ou talvez tenha sido o chamado da estrada que a impeliu a perder o festival. Dizem os rumores que Janis foi de carona a Nova York em algum momento de 1963 para uma olhadela nas raízes mestras do movimento *beat*, Greenwich Village. Chet Helms conta que Janis tremia toda quando chegaram a São Francisco, vindos de Austin, em janeiro de 1963. Confidenciou-lhe: "Nunca peguei carona para tão longe". Ela se agarrou a ele com suavidade feminina, pedindo proteção masculina. Uma viagem ao longo do país em um período posterior de 1963 seria um grande avanço a partir do medo que demonstrou a Chet.

Uma viagem, sozinha ou com outra pessoa, deve ter parecido mais possível, considerando a rede de músicos folk que se desenvolvera de costa a costa. O movimento *beat* tinha idade suficiente para ter criado uma série de cafeterias em todo o país. Muitas eram mais ou menos ligadas a universidades. Como viajar de carona era "a experiência" para os jovens *beats*, o grupo se matizava bastante. Cada enclave sabia quem eram os grandes talentos dos outros locais. Janis pode ter se aproveitado dessa ferrovia *underground*.

Em 22 de novembro de 1963, John F. Kennedy foi baleado e morto em Dallas, dando origem a uma era de sentimento anti-Texas – pois o Texas seria onde viviam os malucos. Isso deve ter ajudado a alimentar a crença de Janis de que o Texas era irrecuperável – se JFK pôde ser alvejado em plena luz do dia, nada era seguro por lá. Deve ter sido fácil sentar-se em um bar em São Francisco e falar mal de seu estado natal.

A música folk também ocupava as manchetes. A edição de 27 de agosto da revista *Look* dizia: "Ontem, era a emoção esotérica de entusiastas por história e estudiosos de música. Hoje, é o *show biz*. Com uma buzina e um grito, a música folk dominou da cafeteria ao campus e ao horário nobre da televisão". *Hootenanny* era um programa regular de sábado à noite. Peter, Paul e Mary ganhavam 7,5 mil dólares por noite de concerto. Os grupos folk populares davam menos shows no campus e ganhavam dinheiro grosso em comerciais de cigarro e boates.

A aceitação nacional da cena folk provavelmente ajudou Janis a decidir dirigir-se a Nova York e dar uma olhada em Greenwich Village com seus próprios olhos. Ela passou por Port Arthur em dezembro, tendo aparecido inesperadamente na reunião de Natal de seus amigos na casa de Jim Langdon, em Lafayette. Ele deixara a escola e trabalhava no jornal local para sustentar sua família. A maioria dos amigos de Janis estava no terceiro ano da faculdade e frequentava a Universidade do Texas, a Lamar Tech ou outras boas escolas do sul. Vários deles eram casados e tinham filhos.

Devia ser óbvio, na época, que a vida dela era bem diferente da de seus amigos. Enquanto Janis buscava uma graduação na experiência *beat*, eles estavam correndo atrás de carreiras e pensando em criar uma família. Suas crenças sociais e interesses artísticos ainda se assemelhavam, mas os compromissos individuais estavam mudando.

Janis era aceita como igual, mas igual aos homens. As mulheres do grupo eram principalmente esposas, muitas vezes com filhos. Trabalhavam para que seus maridos terminassem a escola. Preparavam a comida e faziam faxina depois das sessões noturnas de bebida, conversa e música.

Janis partia para Venice, São Francisco e Nova York. Tinha amantes homens e mulheres e levava uma vida ostensivamente concentrada no desenvolvimento de sua expressão artística. Pergunto-me como se sentia quando vinha para casa. A maioria das mulheres que conhecia em Port Arthur não era modelo de comportamento para ela. Sequer eram companheiras ou confidentes. Quase sempre eram apenas apêndices ao verdadeiro cerne do grupo, os homens e seus discursos joviais e intelectuais. Rae Logan e Gloria Haston explicam que as questões sobre o papel de cada sexo ainda não haviam surgido para ninguém. Apareceriam, mas não em 1963.

Logo ela partiu para Nova York. Linda Gottfried explica que Janis foi para lá com o fito de ganhar e poupar dinheiro para não confundir sua imagem de artista de São Francisco trabalhando na Califórnia. Tinha a intenção de voltar a São Francisco e continuar a explorar sua criatividade. Em Nova York, conseguiu um serviço de taquígrafa em uma grande empresa. Mudou-se para um hotel-residência cheio de músicos e usuários de drogas. Estava por cima, sustentando a si mesma e perseguindo a vida artística no Village. Ela encontrou seus amigos de Austin Gilbert Shelton e Joe E. Brown. Não mudara nada desde Austin, comentou Gilbert, apenas estava um pouco mais magra, tendo perdido a aparência atarracada que a caracterizava no Gueto.

Nova York estava cheia de metanfetaminas naquele ano. Era a mais nova droga e podia ser encontrada em qualquer lugar. Em fevereiro de 1963, Allen Ginsberg escrevera a Timothy Leary, como registrado em *Ginsberg*, de Barry Miles: "Todos os jovens estão injetando uma droga chamada metedrina. Uma anfetamina semialucinógena – ainda não experimentei. É a maior moda". Havia também enormes círculos de amor e maconha, com exploração sexual livre enriquecida pelas propriedades estimulantes da marijuana.

Em *Enterrada Viva*, a escritora Myra Friedman cita histórias de Linda Knoll, que conheceu Janis em Nova York durante esse período. De acordo com Linda, Janis injetou anfetaminas durante o verão de 1964 em um apartamento no Lower East Side. Minhas fontes refutaram a intimidade de Knoll com Janis, dizendo que seria apenas uma conhecida. Janis provavelmente chegou a usar anfetaminas, mas Linda Gottfried acredita que ela não foi uma usuária pesada até um período bem posterior.

Janis também se apresentou em Nova York. Ela convidou Gilbert Shelton e Joe E. Brown para vir ouvi-la em um clube. Eles chegaram, ouviram a música e daí perceberam que se tratava de um bar gay. Desconfortáveis, bateram apressadamente em retirada. A exploração sexual era parte da vida dela; ela mais tarde se gabou aos amigos sobre sua amante negra.

Em agosto, Janis saiu de Nova York dirigindo um Morris Minor conversível amarelo, parecido com um fusca. Desviou de seu caminho por várias centenas de quilômetros para nos visitar novamente. Eu estava no nono ano e tocava na banda de verão. Ao lado dos muitos sedãs Chrysler e caminhonetes Chevrolet que vinham buscar meus colegas da banda, estava um conversível com a capota abaixada. Uma mão acenou e uma voz exclamou meu nome em tom empolgado e alegre.

"Como está você?", Janis perguntou, e imediatamente disparou a descrever sua vida. "Nova York é ótima!", festejava ela. "Eu precisava vir até aqui e contar tudo pra vocês. Meu carro não é maravilhoso? Eu adoro! É tão legal atravessar o país de carro com o cabelo ao vento!"

Gostávamos de ter Janis conosco. A casa ficava sempre animada quando ela estava por ali. As bagatelas da vida cotidiana eram mais estimulantes. As conversas à mesa, sempre interessantes, assumiam uma nota mais grandiosa, com mais risos e trocadilhos pontuando o papo.

"Tenho uma surpresa para você", disse Janis, rindo. "Arranjei um violão de 12 cordas para mim em Nova York, por isso o antigo de seis cordas é seu." Fiquei boquiaberta. Ela estava ampliando meus horizontes para além da música de banda para saxofone! O braço estava empenado e as cordas ficavam tão longe dos trastos que eu precisava de um capotraste para conseguir tocar, mas era minha primeira guitarra e fora presente da minha irmã.

Praticávamos no quarto em frente à cozinha. Janis cantou alguns blues mais graves e mostrou-me como fazer acordes de pestana e deslizar pelos trastos. Ela disse: "Tome, toque um pouco", e foi até o quarto ao lado. Eu tinha 14 anos e invejava suas mãos maiores e mais fortes, mas estava disposta a tentar. Atirei a cabeça para trás e anunciei: "Highway 51", e fiz os *slides* no violão, "*done turned its back on me*". Depois de três linhas da estrofe, Janis apareceu gargalhando no canto da porta. "Eu ouvi isso!". Certo, minha voz parecia mais um soprano de igreja na época, sem a força gutural necessária para aquela canção. Mas foi divertido. Janis era minha única via de exposição àquela música e eu me deleitava com aquilo quando ela estava em casa.

Papai sacudiu a cabeça enquanto Janis fazia a manobra e acenou para ela, que tomava o caminho de volta para São Francisco. Tinha os dedos cruzados, esperando que ela tivesse sucesso, mas se preocupava como pai. Era um carro maluco, caindo aos pedaços, que vazava tanto óleo que ele pensou que ela ficaria sem dinheiro para conseguir mantê-lo cheio.

Janis passou por Austin no caminho para a Califórnia. Impressionou a turma de lá contando que cantara por dinheiro nos clubes nova-iorquinos. Estavam orgulhosos porque algum deles saíra da mesmice de tocar de graça das reuniões da faculdade e começara a ganhar dinheiro em apresentações. Pat Brown a cumprimentou por sua nova aparência. Janis usava um vestido simples e tinha o cabelo preso. Estava radiante e otimista, além de obviamente orgulhosa de si mesma.

Chegou inteira a São Francisco e mandou dois cartões-postais para casa durante a viagem.

Janis rapidamente voltou à cena da Costa Oeste. Quanto mais tempo ficava na Califórnia, mais se entregava à ideologia *beat* de viver no presente. Consumia álcool de forma exagerada. Comparava a bebedeira à espontaneidade pessoal porque o álcool liberava as pessoas temporariamente dos freios sociais. Com a comunidade artística, experimentou outras drogas por seu potencial de aumentar a liberdade desenfreada que ela buscava.

Janis perseguia a verdade, mas não ignorava a diversão. Linda Gottfried conta que ela era "sardônica, sarcástica e divertida". Janis a fazia rir. Era um humor baseado no comentário social – piadas particulares que tinham uma verdade além da vida factual. "*Sabíamos* que J. Edgar Hoover era gay" – esse era seu tipo de humor. O grupo de Janis sabia que

Setembro de 1964

*Passei a noite em Reno – infelizmente
Reno estava lotado, por isso dormi no
banco de trás do meu carro estacionado
em um posto de gasolina Royal – mas
ainda assim – uma noite em Reno!
Perdi 60 centavos nos caça-níqueis –
bah. São Francisco à noitinha. Uma
carta deve chegar logo, logo.*
XXX *[beijos]*

Setembro de 1964

Qui-10:30
SUSPIRO!!!
XXX

o resto da sociedade escondia seus desejos, compulsões e prazeres no sexo extraconjugal, em atos homossexuais e substâncias que afetavam a mente, como o álcool ou drogas. O humor reforçava sua crença de que eles só eram diferentes do resto da América porque admitiam o que faziam.

Em 1964, o Congresso aprovou o Ato de Direitos Civis e a integração racial finalmente se tornou lei. Linda Gottfried se lembrava da intensidade da opinião de Janis sobre o assunto: "Janis dizia ser a primeira pessoa negra-branca". Não bastava cantar música negra ou viver a ideia de Kerouac sobre a nobre existência do negro. Janis buscava a autointegração *interna*, deixar de ser apenas branca. Ela queria tornar-se todas as boas coisas de todos os legados. Em fevereiro de 1964, Bob Dylan lançou seu álbum *The Times They Are A-Changin'*, uma descrição adequada dos acontecimentos.

A música era parte integrante da experiência de Janis em North Beach. Nick Gravenites, que tocava nos clubes locais, conhecia a música como forma de explicar as coisas que não seriam comunicáveis de outra maneira. "É um modo de extrair sentido de sua vida", afirmava, com sua voz profunda e poderosa e aparência imponente, que contradiziam a simplicidade de suas palavras. Janis, Nick e muitos outros se apresentavam uns para os outros nos clubes locais. Não existia a profissão de músico. Tudo era feito por amor, 3 dólares e um cheeseburger, conta Nick.

A livraria City Lights publicava um periódico literário chamado *Journal for the Protection of All Beings*, uma "revista revolucionária". Era um fórum aberto para discursos sem censura sobre qualquer assunto. A segunda edição saiu em 1964 e a capa foi agraciada com uma foto de Ezra Pound. "Os artistas são as antenas da raça", escreveu Pound em "The Teacher's Mission". As antenas de Janis estavam alertas e recebiam em todos os canais.

Em meio à busca *beat* pela discussão aberta, papai chegou para uma visita. Saiu de Port Arthur dizendo que se tratava de uma viagem de negócios, mas seu único objetivo era ver como estava a filha. Vinha ajudar Janis a se encontrar e ter certeza de que estava tudo certo. Olhou Janis nos olhos e não fez nenhum julgamento sobre seu estilo de vida. Escolheu seus comentários cuidadosamente, tentando ajudar. Papai elogiou suas obras de arte e as belas canções que ela escrevia. Afirmou que ela era uma pessoa bonita. Papai disse a Janis: "Você vai conseguir".

Ele também se agarrou à sua vida ao entrar no mundo da jovem filha desenfreada. Ela o levou para passear pela cidade em seu Morris Minor, correndo nas subidas e nas descidas. “Diminua a marcha”, implorava ele. “Nunca”, ela gargalhava.

Papai levou Janis e Linda para jantar e as aconselhou a não se afastar completamente da corrente principal da sociedade – o público que compraria as pinturas e as canções de Janis. Fez uma sugestão para ajudá-las a manter contato com a sociedade: “Você devia comprar todas as semanas a revista *Time* e ler inteira. A *Time* traz tudo do que precisa saber sobre o mundo sem impedi-la de tomar decisões independentes”.

Mesmo depois da partida de papai, sua sugestão era seguida rigorosamente toda quinta-feira à tarde. Depois do filme da tarde e de conferir se haviam ganho no programa *Dialing for Dollars*, Janis e Linda iam até a banca. Compravam um exemplar da *Time* e a liam de cabo a rabo.

Longe da influência equilibrada de papai, as buscas artísticas de Janis começaram a consumi-la. “Janis dizia que era uma vela acesa dos dois lados”, conta Linda Gottfried. Janis perguntava: “Quando vou acabar de queimar?”. Linda achava que Janis sabia que ia morrer jovem, porque ela dizia isso com frequência.

Frequentemente bebia em excesso. Estaria imitando suas inspirações, Billie Holiday e Bessie Smith? Billie Holiday fora uma cantora espontânea e emocional que transformara sua vida trágica em música que comovia os ouvintes. Lutou contra um vício em heroína por toda a vida e esteve na prisão por causa disso. Na época em que morreu, aos 45, sua voz mostrava os sinais do abuso de álcool e drogas. Certamente Janis absorvera os detalhes da vida de uma cantora de blues com a leitura da autobiografia de Billie Holiday escrita em 1956, *Lady Sings the Blues*.

Linda Gottfried acredita que Janis fosse uma reencarnação de Bessie Smith. Bessie era chamada “A Imperatriz do Blues”. Usava o drama e o poder inato para projetar sua personalidade na música. Usava roupas de cetim brilhante e plumas no cabelo. Era desbocada e bissexual. Seu breve período de aclamação pública ocorreu entre 1923 e 1928. Quando o gosto do público mudou, a vida de Bessie entrou em um período de bebida excessiva, brigas inflamadas com homens e mulheres e outros comportamentos temerários. Morreu em um acidente de automóvel aos 43 anos. Tenho certeza de que Janis acorreu emocionalmente em defesa dela ao saber que ela morrera de hemorragia supostamente porque recusara tratamento em um hospital só para brancos. Pergunto-me se Janis era capaz de glorificar Bessie e Billie apenas copiando-as em suas fraquezas.

Janis vagava pelo apartamento que dividia com Linda Gottfried cantando "Fama, fortuna e humildade". Tornou-se seu lema e objetivo. Ser bem-sucedido e arrogante era demasiadamente branco, demasiadamente elitista. Os pontos de vista intelectuais de Janis exigiam que ela permanecesse humilde, ao passo que seus impulsos internos e sua cultura anglo-saxã imprimiam nela a necessidade de realização.

Janis dizia: "Muitos artistas têm um modo de arte e outro modo de vida. Ambos são a mesma coisa para mim". Teria sido a arte que levou Janis a experimentar anfetaminas ou foram as anfetaminas que consumiram sua arte? Linda diz que ela e Janis começaram a usar de vez em quando em 1964 e, na segunda metade do ano, as drogas as dominavam. "Lembro-me de quando descobrimos", conta Linda. "Havíamos planejado ir até o De Young Museum e depois à lavanderia. No caminho, olhamos uma para a outra e dissemos: 'Vamos para casa e chapar'." Linda continua: "Ninguém sabia sobre as drogas na época. Era uma experiência. Pensávamos estar crescendo aos saltos. Trabalhávamos dia e noite. Fazíamos mais pinturas, mais poemas e mais canções". As metanfetaminas as faziam pensar que estavam sendo mais criativas.

Em 1964, Janis aumentara o consumo dessas drogas. Como muitos usuários, começou a vender também. "Ouvi uma batida na porta da frente do prédio", relembra Pat Nichols. Pat era uma mulher de ossos largos, uma presença marcante e beleza sensual. Fora criada em Los Angeles, onde se sentira uma estranha da mesma forma que Janis. Logo se tornaram amigas. Janis mal conhecia Pat na época, mas batia com insistência mesmo assim. Quando Pat berrou: "Quem está aí?", Janis berrou de volta com uma ousadia direta, sem se preocupar com quem pudesse ouvir: "É Janis Joplin. Queria te vender umas bolinhas!".

Pat Nichols, Kenai e outros amigos contam que as pessoas que tomavam anfetaminas não raro passavam à heroína. As bolinhas eram tão simples de conseguir na época que se ficava chapado demais muito fácil. Como voltar ao chão? Ahhh, é só tomar um pouquinho de heroína. Como uma máquina de emoção autorregulada, as pessoas usavam um pouco de aditivo para subir e um pouco de outra coisa para descer. A crença americana na ciência levava as pessoas a confiar no uso de substâncias químicas. As drogas inicialmente davam a Janis a sensação de estar chegando a algum lugar, simplesmente porque as coisas pareciam diferentes. A vida era mais brilhante, os sons pareciam mais altos e ela se sentia mais criativa. É bastante possível que Janis tenha provado heroína pela primeira vez como parte de sua experiência de "retirar os freios" com as anfetaminas.

A América anglo-saxã tratava dos aspectos emocionais da vida escondendo-os, ignorando-os ou definindo-os como problemáticos. Janis se revoltou contra esses hábitos, mas não havia nenhuma orientação além das divagações dos romances de Kerouac. Libertar seus sentimentos após anos de prisão era uma experiência justa e perigosa.

Parte do desejo de Janis de explorar os aspectos emocionais da vida deve ter vindo como reação à nossa família analítica. Nossos pais ficavam mais confortáveis em pensar sobre suas paixões do que em senti-las. Mamãe dizia: "Pense antes de falar, Janis", como se isso fosse mudar o que ela diria. Mamãe e papai tentavam validar o que Janis sentia, mas muitas vezes resumiam tudo dizendo que ela deveria ignorar seus sentimentos porque o mundo não concordava. Aquilo funcionara para eles, mas não bastava para Janis. Ela precisava de mais. Janis encontrara a fraqueza estrutural em nosso legado cultural. A busca de orientação, sentido e um modo de liberar toda a ampla gama de emoções atraiu Janis a outras pessoas tão confusas quanto ela.

No início de 1965, Janis conheceu outro entusiasta de bolinhas, Peter de Blanc. Ele era especial. Usava terno, tinha dinheiro, estudava notícias internacionais e dirigia um carro caro. Tinha maneiras distintas. Também era carismático e inteligente, embora seu comportamento muitas vezes fosse maníaco, tendência aumentada pelo uso de anfetaminas. Ele apreciava a etiqueta social apropriada e romanceou Janis de tal forma que ela se sentia adorável, delicada, gentil e feminina. Ele não era perfeito, mas tinha um pouco de tudo do que Janis precisava em um parceiro.

Era criativo, suave e falava de grandes sonhos de vida. Linda diz: "Era uma grande história de amor! Foi a primeira vez que vi Janis com o coração aberto. Peter era um cavalheiro... Eles se amavam".

Janis o acompanhava em seu uso intenso de anfetaminas. Ambos ultrapassaram as fronteiras do uso razoável e adquiriram uma compulsão por estar chapados. Uma dose dura até sete horas e dá ao usuário a sensação de energia e agudeza mental. Ele perde o desejo de comer. Corre pela vida, consumido pela profunda importância de tarefas triviais e dos pensamentos que atravessam sua mente. Inevitavelmente se chega a um mundo insosso e entediante. O uso prolongado ou pesado quase sempre causa depressão e fadiga.

The Consumers Union Report – Licit & Illicit Drugs explica que alguns médicos da região de São Francisco acreditavam sinceramente que a droga era um novo caminho para o tratamento do vício em heroína – embora tenham sido presos por praticar essa crença. Outros médicos não eram tão sinceros. O livro traz o relato de um viciado que diz "que por 6 ou 7 dólares ele conseguia uma receita de um médico para comprar cem ampolas de metedrina, além de agulhas hipodérmicas e sedativos". Era um modo fácil de ganhar dinheiro, vendendo as drogas na rua por 1,50 dólar cada ampola. Algumas farmácias da região vendiam anfetamina injetável sem receita, enquanto outras aceitavam prescrições vagamente autênticas feitas ao telefone por supostos médicos.

Janis e Peter viviam em São Francisco em meio a essa infortunada lassidão. Injetavam anfetamina, facilmente obtível nos muitos laboratórios que operavam na Bay Area em 1962. Um padrão típico de abuso é que, ao longo de um período de muitos meses, o usuário desenvolve uma diminuição gradual do período entre as injeções, até que precisa aplicá-las várias vezes por dia. A desnutrição e a privação de sono complicam os efeitos da droga. O resultado, para muitos, é o delírio paranoico-psicótico, pânico e alucinações. A droga pode causar psicopatias em pessoas sem problemas psicológicos preexistentes e também pode piorar problemas emocionais. O dr. John C. Kramer, psiquiatra e pesquisador da Califórnia, é de opinião de que "quem quer que receba uma dose grande o bastante por tempo suficiente se torna psicótico".

Janis era dedicada a Peter. Ele era um grande avanço em relação a seu último romance com um homem que vendia drogas e raramente lhe fazia algum carinho. Peter, que as meninas apelidaram de sr. Fala Mansa, estava no caminho inevitável para a psicose. Janis e Linda o observaram ficar louco. Pensava estar recebendo mensagens de povos da Lua. Equipou seu carro com armas, embora nunca as tenha usado. Acabou por parar na ala de tratamento mental de um hospital, incapaz de lidar com a realidade. Linda Gottfried lembra: "Naquele tempo ninguém dizia que as drogas eram ruins e ninguém tinha informação nenhuma".

Janis e Linda visitavam Peter no hospital enquanto estava recobrando a sanidade. Janis disse aos amigos: "Certo dia, acordei e percebi que ia morrer". As meninas decidiram parar. Tentaram tirar Peter do hospital, mas ao andar a seu lado na rua ela percebeu que ele devia voltar. Semanas depois, ele estava saudável novamente. Depois disso, os três jovens planejaram seu futuro. Linda queria ir para o Havaí para ficar com seu namorado, Malcolm Wauldron. Janis iria a Port Arthur preparar seu casamento com Peter.

Peter deu uma festa de bota-fora para Janis. Todos os conhecidos foram convidados. O ingresso era uma contribuição para ajudar a mandar Janis para casa de ônibus. As pessoas que compareceram sabiam que Janis precisava ir embora dali. As armadilhas daquele ambiente eram óbvias para todos.

A resolução de Janis de sair daquela vida sombria era um fracasso estranhamente triunfante. Ela atingira o fundo do poço. Com apenas 39 quilos, estava aterrorizada com o que fizera a si mesma. As anfetaminas haviam dominado qualquer busca pela verdade e a criatividade. Janis estava no limite; mais alguns passos no mesmo caminho, seria a morte certa. Seu momento de lucidez e graça foi a vontade de agir diante do horror que via. Estava provando a si mesma que ainda não perdera toda a sanidade.

Nos romances que consumia, as mocinhas morriam ou se casavam. Será que isso estava em seu subconsciente? Será que a única solução que podia ver para seu envolvimento boêmio com drogas era um retorno ao convencional, aos sinos nupciais e ao felizes para sempre?

Janis saiu de São Francisco no início de maio de 1965.

Nós a recebemos de braços abertos.

CAPÍTULO 8
DE NOVO EM CASA

I guess I'm just like a turtle
Hiding underneath its horny shell
But you know I'm very well protected
I know this goddamned life too well

[Acho que sou como uma tartaruga
escondida em sua casca dura
Mas você sabe que estou bem protegida
Conheço essa vida desgraçada bem demais]
– JANIS JOPLIN, "Turtle Blues"

Quando Janis chegou em casa em maio de 1965, ficou por algum tempo no meu quarto, que eu decorara em branco, ameixa e verde, de acordo com um artigo da revista *Seventeen*. Durante aqueles primeiros dias de adaptação, eu a levei ao centro comercial de Jefferson City para comprar algumas roupas novas. Não entendia por que ela insistia em que todos os vestidos deviam ter mangas longas. Em Port Arthur? Em maio? Ela certamente tinha se esquecido do clima. "Com mangas", insistia ela. Eu não sabia que ela estava tentando esconder as marcas de agulha do seu período de vício em anfetaminas. Ela nunca falou disso e eu não teria entendido de qualquer modo.

Ela se sentia desconfortável no conforto classe média da loja. Eu estava praticamente supervisionando. Quando fomos experimentar as roupas e vi que Janis não usava roupa de baixo, fui à Woolworth e comprei-lhe alguns conjuntos enquanto ela esperava no provador. Escolhi o tamanho

8, sem saber quanto ela usava e lembrando apenas que era maior que eu. Ela riu. "De que tamanho você acha que eu sou?". A calcinha ficava solta em sua figura esquálida, indício de seu recente abuso de drogas.

Janis voltou para casa convencida de que seus costumes pregressos eram errados. Pela primeira vez, ela pedia o conselho de nossos pais e ouvia as respostas. Não estava mais vagando pela cidade, contente com seu modo de vida. Teve de vir para casa para recuperar-se e se corrigir. Sua atitude trouxe uma paz maravilhosa e agradável à família. Todos estavam empurrando na mesma direção.

Janis começou a levar seus estudos a sério, tendo mudado de curso para Sociologia. Matriculou-se na segunda sessão da escola de verão em Lamar Tech. Fazia natação para entrar em forma, estudava história mundial e iniciou uma pesquisa sobre literatura inglesa, uma de suas paixões. Estudava com diligência e foi recompensada com Bs em todos os cursos.

Com sua profundidade normal de intensidade e sinceridade, Janis buscava as recompensas da vida em família, do sucesso escolar e dos preparativos para o casamento com Peter. Em uma de suas primeiras cartas para ele, ela vibrava: "*Espero que você consiga sair de São Francisco. Uau, todos deviam ir embora – é tão bom estar aqui no mundo real, no qual as pessoas são felizes e satisfeitas consigo mesmas e boas! Cara, estou contente de ter saído de lá...*" Outra carta explicava: "*Não é diversão que quero atualmente. Estranho, nunca pensei que diria isso. Sou uma daquelas crianças à moda antiga, loucas por emoções, você sabe, ou pelo menos eu era. Nunca conseguira ver nenhum valor ou qualquer coisa desejável em nada a não ser a diversão – e – agora veja só, tenho coisa melhor a fazer do que Me Divertir. A diversão é uma draga! Estranho...*" "*Fico em casa c/a família e muitas vezes jogamos* bridge. *Estranho, é uma existência tão tranquila e pacífica, e estou curtindo tão completamente.*"

Janis apresentou a família a Peter por carta:

Minha mãe – Dorothy – se preocupa muito e ama seus filhos ternamente. Republicana e metodista, muito sincera, repete clichês a sério e é muito boa para as pessoas (ela acha que você tem uma voz linda e está terrivelmente preparada para gostar de você).

Meu pai – mais rico do que quando o conheci e meio envergonhado por causa disso – muito culto – história é sua paixão – tranquilo e muito animado por eu estar em casa porque sou brilhante e podemos conversar (sobre a antimatéria inclusive – isso o impressionou! Eu fico lhe dizendo o quanto você é inteligente e como me orgulho de você...)

Minha irmã – de 15 anos – uma garota adorável (eu lhe trouxe mui magnanimamente um conjunto de maquiagem – pra ensinar alguns truques, heh heh. Você devia vê-la! duas gavetas de bobes – uma mesa de maquiagem c/ dois espelhos e três prateleiras de maquiagem – uma mocinha e tanto! Estou tendo aulas com ela!). Ela aprendeu a tocar violão bastante bem em um violão que dei a ela no ano passado e ela canta as baladas de Joan Baez com uma voz muito doce. Na verdade, esta noite ela vai cantar no MYF e vou assistir. Ela pensa muito em mim – mais do que eu achava. Meu pai e eu estávamos conversando e ele comentou que Laura dissera que ela não achava que eu estava errada em nada do que eu já tivesse feito e isso me fez sentir muito bem. Eu sempre me engano e a chamo de "Linda", que ela reconhece como um cumprimento – ou seja, ela é como uma amiga para mim. Conversamos sobre música folk e eu falo sobre você e ela fica toda empolgada por mim.

Meu irmão – Michael – agora está com 1,5 metro! Absolutamente enorme e quase crescido – um sorrisinho de menino e cabelo despenteado – Levi's e bicicleta. Ele me ama de coração – quer que eu more em casa e gosta de se exibir para me impressionar – orgulhoso, envergonhado, quer minha afeição – Cara, é um menininho bacana! Eu o amo mesmo. Sempre quis um menino igualzinho a Mike – gosto dele.

No início de agosto, Peter de Blanc visitou Janis em Port Arthur. Era alto e magro, com um ar digno. Tinha cabelo loiro liso, repartido de lado, que caía sempre em seu rosto. Havia um certo ritmo nervoso em seu esforço para afastá-lo dos olhos. Usava um terno amarfanhado, mas emanava uma postura de força tranquila. Ficava polidamente na sala, um pouco desconfortável, mas se abrindo a nós conforme o tempo passava. Era terrivelmente educado e parecia sinceramente devotado a Janis.

O fato de Peter chegar deve ter envolvido algumas conversas sinceras e desanuviantes com Janis. Ele já era casado e sua esposa estava grávida! Janis já sabia, pois Linda Gottfried lhe escrevera pouco depois de conhecer a mulher. Mesmo assim, Janis aceitou a história que Peter deve ter contado. Sua confiança no homem ou sua necessidade de acreditar eram tão fortes que nenhuma palavra sobre a situação jamais chegou à família.

Peter representava muito bem o papel do respeitável futuro genro. Pediu para falar a sós com nosso pai, assim o resto de nós foi para os fundos da casa. Logo papai nos chamou de volta e anunciou: “Peter pediu a mão de minha filha em casamento e eu consenti”. Janis pulou para lá e para cá, abraçando Peter e agarrando-se a seu braço como se ele fosse um esteio da realidade. O momento empolgou a todos. Parecia tão correto! Gostávamos muito de Peter.

Peter ficou conosco vários dias, preparando-se para entrar na família. Mamãe se desculpava por não ter um quarto de hóspedes melhor e por servir o café direto do bule. Papai passava bastante tempo com Peter, socializando-se e discretamente julgando seu discernimento e senso moral. Janis ficava irritada porque Peter queria ficar muito com a família. Levava Michael para nadar por três horas e foi fazer um longo passeio na fábrica em que nosso pai trabalhava, ouvindo o agradável discurso de papai sobre a mecanização no local de trabalho. Janis reclamava porque ele não jogava golfe com mamãe nem tinha tempo para ir ao cinema com ela.

Rápido demais, Peter explicou que precisava voltar para casa para cuidar de negócios de família relacionados à morte de um parente. Falou que tinha de resolver tudo para poder anunciar o casamento apropriadamente, pedindo também que os Joplin não espalhassem a notícia.

Sem deixar seu comportamento educado, escreveu uma longa nota de agradecimento, dizendo que nós o havíamos feito sentir que a casa era tão dele quanto de Janis. Estava surpreso e profundamente grato por receber uma recepção tão calorosa. Um pacote chegou alguns dias depois com um serviço de café/chá de prata para mamãe.

Ele trocava cartas com nosso pai, descrevendo seus planos para o casamento. Escreveu que ele e Janis se amavam muito e haviam mostrado que, apesar das discussões ocasionais, havia um laço forte entre eles. Queria que Janis terminasse os estudos. Tudo o que ela não fizesse antes que eles se casassem, dizia ele, seria terminado depois.

Ele escrevia, Janis escrevia e eles conversavam por telefone. *"Querido"*, escreveu ela, *"puxa, espero que você não se importe por eu te ligar, mas sempre quis abrir uma carta assim e é assim que estou me sentindo esta noite, por isso joguei a precaução aos quatro ventos. Querido."* Ela estava apaixonada por Peter, mas também – e talvez até demais – apaixonada por ser amada. Seu sonho romântico a levava a toda parte, como amigo, guia e muito prezado acompanhante. Ela se agarrava a essa visão na qual a vida era segura, na qual um parceiro adorado poderia protegê-la de seu hábito de más escolhas. A visão só era rompida pelos frequentes ataques de medo. Sempre que Peter tardava em mandar uma carta ou telefonar – o que era frequente –, ela entrava em estado de ansiedade. Com cada pensamento transitório ela ficava cada vez mais *"aborrecida e nervosa e assustada"*. Janis escreveu: *"Desculpe-me por ser tão insegura, meu bem, mas eu nunca sequer* posei *como uma pessoa bem-ajustada. Quero dizer, puxa, acho que nós dois sabemos como somos – ao menos sabemos que temos tendência para o medo. Se você tiver objeções a meu nome no plural, eu o retiro). E aqui estou eu me queixando – muito ridiculamente, nem quis sair de casa no domingo para o caso de o telefone tocar"*.

Mamãe, sempre fiel às tradições, queria ajudar Janis a preparar o enxoval. Janis começou a fazer uma colcha. Aquilo não apenas fazia sua visão parecer mais real como era uma válvula de escape para sua energia nervosa. Ela escolheu uma grande estrela de muitos braços formada por losangos alongados, o molde da Estrela Solitária. Passava de azul--claro no centro para azul-escuro nas pontas. Ela viajou a Houston, onde viviam Dave e Patti McQueen. Janis e Patti foram comprar porcelana, lençóis e talheres na Pier 1. Sua esperança continuava a crescer.

Nas caronas para a faculdade com o velho amigo Adrian Haston, ela sempre falava de Peter e sua nova vida. Pensava que ela se encaixaria melhor na turma, formada por casais. Assegurar a aceitação social parecia tão importante para ela quanto os próprios sentimentos da relação. Ela lhes dizia que *"algum dia, serei um número par – e terei meu próprio parceiro de* bridge *e tudo"*. Com uma lógica simplista, Janis disse a Karleen que, se ele a amava, aquilo devia estar certo. Karleen sacudia a cabeça, pensando que a questão importante era se Janis amava Peter e queria o mesmo tipo de vida. Mas para Janis a única questão era se ele a amava. Era uma questão monstruosa.

Conforme passava o tempo, Janis soube do envolvimento de Peter com outras mulheres. Ela escreveu suplicante e irritada a Peter depois de uma experiência afrontosa: *"Não consegui dormir bem e quando acordei esta manhã meu primeiro pensamento foi Peter. Assim, ainda um pouco grogue e tragando meu primeiro cigarro da manhã, fui nas pontas dos pés ligar para você enquanto mamãe e papai estavam fora. E quando aquela mulher atendeu, eu me senti muito enganada. Simplesmente enganada; eu só queria que você dissesse:* Oh, puxa, *meu bem, eu te amo e fiz isso, isso e aquilo, e bom, claro que ela não é só minha prima, bobona, e puxa, eu ia te ligar e por que você está tão brava, pelo amor de Deus! Mas não foi assim. Você nem tentou me contar nada. Só ficou sentado aí e agiu como se não* ligasse *para o que eu pensava ou se eu estava magoada"*.

Apesar das falhas óbvias em sua fantasia, Janis se agarrava firme a Peter e à ideia do casamento como maneira de moldar uma nova vida. Fosse seu homem sólido ou não, Janis perseguia as responsabilidades de seu papel marital previsto. Ela se matriculou em uma aula de *etiqueta* para explorar o comportamento feminino socialmente desejável. Aprendeu a jogar golfe, ia nadar com a família no clube de campo e comprou um gravador para reunir nossa família na execução de madrigais ingleses.

Encontrou ajuda médica para se livrar de sua acne persistente, por muito tempo um entrave social. Também foi a um médico para determinar se ainda era fisicamente saudável depois de anos de abuso de drogas. Escreveu "*...foi como pôr em pratos limpos minha idioimbecilidade – para ver se eu tinha* *me livrado daquilo ou se ainda me fazia mal. E eu me livrei mesmo! Puxa vida, estou bem mesmo, e não vou permitir que ninguém me deixe feia de novo! Não estou anêmica, não tem nada de errado com meu fígado e meu corpo e nenhum problema ginecológico que ele tenha encontrado, embora caso eu venha a ter qualquer problema ele disse que provavelmente vai me dar algum hormônio (ele suspeita de desequilíbrio hormonal por causa do fato de eu nunca ter ficado grávida). Mas falar desse tipo de coisa me deixa com vergonha – como se eu não fosse uma mulher de verdade, ou suficiente, ou algo assim. Mas suponho que, se precisar, certamente é melhor tomar. Aposto, se eu acabar precisando, que se eu tivesse sabido a respeito há 10 anos, minha vida não teria sido tão indefinida. Sabe, pode ser que algo tão simples quanto uma pílula pudesse ter me ajudado ou mesmo transformado aquela parte de mim a que chamo EU e que sempre foi tão confusa. Apenas talvez*".

Em um ânimo reflexivo, Janis escreveu: "*A coisa mais divertida, porém – eu achava que, como eu não era mais REI-BEATNIK e SEDENTA-POR-ATENÇÃO, e eu usava vestidos e sapatos e maquiagem e agia discretamente e tudo, que eu agora era tipo igual a todo mundo. Mas ainda sou meio diferente de algum modo. Quero dizer, todas aquelas colegiais alegrinhas, c/vestidos de algodão estampado e cabelo loiro fofo e sotaque texano arrastado e Oh vamo lá! – simplesmente sei que não sou uma delas. Mas acho que está certo – também sei que elas não são meu tipo de pessoa*".

Janis começou a frequentar um conselheiro em Beaumont, um psiquiatra com trabalho social chamado Bernard Giarratano, que trabalhava para uma agência financiada pela United Way, a Children and Family Services. Ela foi até ele dizendo que queria ser como as pessoas normais, mas não era. Havia coisas em seu passado que queria mudar. Ela achava que a resposta seria imitar outro modelo. Naquela época, ela pensava que nossos pais e eu seríamos esse modelo, mas também achava que éramos demasiadamente restritivos. Também procurava por modelos na vida de seus amigos, mas rejeitava claramente os hábitos prejudiciais do mundo da música. Queria ser feliz sendo aquilo a que chamava de careta.

Sua única luz de orientação era a criatividade. Sentia-se livre quando se permitia entregar-se a qualquer tipo de esforço criativo, desde cantar até escrever cartas aos amigos. Giarratano aconselhou-a a aceitar a si mesma e as suas forças criativas, dizendo: "As pessoas criativas são bacanas, mesmo se forem excêntricas". Ele a encorajou a experimentar, a descobrir aquilo a que ela chamava de equilíbrio entre a vida certinha e a criativa. Ela rabiscou uma canção folk sobre esse indefinível Caminho do Meio:

Got no reason for livin',
Got no cause to die
I got the blues,
I got to find that middle road
[Não tenho razão para viver
Não vejo causa para morrer
Estou melancólica
Tenho de encontrar um caminho do meio]

Ela lhe contou enfaticamente sobre sua identificação com Bessie Smith, Odetta e outras cantoras desse gênero. Levou o violão à sessão de aconselhamento e cantou algumas melodias para que ele compreendesse a intensidade de seus sentimentos sobre uma vida dedicada à arte. Ela tinha medo de não ter o que era preciso para chegar ao nível delas, mas isso não impedia que extraísse satisfação da música.

Ela falava sobre questões filosóficas e culturais. Janis disse a Giarratano que, quando esteve na Califórnia, tentara viver em um estilo que achava que a ajudaria a irromper no mundo em que queria ter sucesso. Buscara as drogas como um componente dessa cultura. Por algum tempo ela fizera uso pesado de pílulas, tranquilizantes, heroína, Demerol (um derivado do ópio) e outras coisas que faziam as pessoas se sentir bem, especialmente as agitadas, que acreditavam que podiam perder o controle de seus sentimentos. Depois desse período, disse ela a Giarratano, passou a usar anfetaminas. Seu abuso dessa droga a trouxera de volta ao Texas. Enquanto ela estava em aconselhamento naquele ano, um médico lhe receitou Librium, um dos primeiros ansiolíticos. Ela continuou a tomar esse tranquilizante (ou algum outro) até algum tempo depois de voltar à Califórnia. Escreveu que gostava de seus efeitos calmantes.

Ela contava a Peter histórias como as que narrava a Giarratano, escrevendo cartas que rotulava como TRISTE, com a nota *Não leia se estiver deprimido...*

14 de outubro

Querido Peter...

Recebi sua carta por entrega especial hoje, foi bem bacana...

Meu teste de sociologia foi bom – quatro questões de texto e fui perfeita em três delas, mas não tão bem na quarta. Eu devo ter tirado “B” fácil.

A coisa mais engraçada aconteceu esta noite – um cara que eu conheci em Venice Beach em 61 me ligou. Ele e eu andávamos por aí juntos – na época eu era maconheira e costumava estar sempre com os olhos vermelhos. Ele também. Seu nome era Big Richard porque ele não era. Eu tinha 18 anos e era toda errada (você acredita que eu já tive 18 anos? Caramba...). Bem, não o via desde o começo de 62, mas ele tinha meu telefone e estava em Houston, por isso ligou para me convidar para sair. Eu disse NÃO, é claro. Perguntei como ele estava – parece que ficou na cadeia três anos por fumar maconha. O que indiretamente me leva àquilo em que tenho pensado ultimamente. Por favor, entenda desde já que isso não tem nenhuma relação c/ aquilo que está acontecendo agora – só estou tentando olhar minha vida objetivamente a partir de meu novo ponto de vista favorecido.

Ao tentar encontrar algo parecido com um padrão em minha vida desde, digamos, a formatura *do colegial, descobri isto: saí para o mundo por três, quatro vezes específicas c/grande vigor e necessidade e todas as vezes me ferrei de verdade. Primeiro, quando eu tinha 17 anos, fui a Houston, tomei um monte de pílulas, bebi enormes quantidades de vinho e endoidei. Mandaram-me para casa, fui pro hospital e me safei. Em seguida, depois da faculdade de Administração, fui a Los Angeles e consegui um trabalho na companhia telefônica. Mas logo depois descobri Venice Beach e me mudei alegremente pra lá (note – é isso que está me incomodando, minha facilidade e instabilidade para as coisas "ruins"). Logo eu estava andando c/todo tipo de viciados profissionais, embora não entendesse isso na época. As pessoas ficavam me ferindo e me roubando o tempo todo e finalmente fiquei muito infeliz com tudo aquilo e vim pra casa. Voltei à escola – fui muito bem por um semestre e daí fui a Austin estudar porque tinha feito amizade c/alguns cantores folk de lá. Só o que fiz ali foi endoidar – bebia constantemente, transava com as pessoas, cantava e de forma geral construí um renome no campus. Finalmente decidi que o Texas não bastava para mim, queria voltar à Califórnia. Deus. Daí Chet Helms, que agora é patrão do Dog em São Francisco, e eu fomos de carona até lá. Fui muito bem com meu canto logo que cheguei – as pessoas me tratavam como se eu fosse ficar famosa, mas demorou só uns meses até eu estar bêbada o tempo todo e vagar pela Green St. no Anxious Asp. É mesmo uma história sórdida, não é? Daí veio meu período gay, primeiro Jae, depois Linda Poole e eu fui a NY onde andava com viados e comecei a tomar deximil direto. Daí finalmente escapei daquela atmosfera sufocante e voltei a São Francisco pela primeira vez meio que querendo encontrar um velho e ser feliz. Mas não, só encontrei Linda e me tornei viciada em bolinha. Puta merda!*

Agora veja, é aqui que quero chegar – parece realmente que estou tentando me encaixar. Não quero dizer que acho que isso seja um padrão e que eu não mudei porque isso tem me preocupado bastante, mas decidi que não há chance. Nenhuma chance! Acho que, por mais que eu me odiasse antes, não me odeio mais. Ou talvez tenha apenas crescido. Não sei, mas aquilo não está mais aqui. Antigamente, depois de cada experiência horrível durante meu período de recuperação, sempre nutria a crença de que o que eu tinha feito ou acabara de largar era muito legal mesmo – isso explica tudo, sabe? Mas, puxa, nunca me senti tão positiva sobre alguma coisa não ser desejável. Acho que mudei mesmo minha cabeça dessa vez.

Não acho que seja uma ideia tão boa te contar isso tudo porque tenho certeza de que você vai ler mais do que tem aqui. Não estou preocupada (Bem, caramba, estar aqui feliz pela primeira vez na minha vida inteira e ser constantemente assediada por toda essa merda horrível que aconteceu antes não é exatamente divertido...) nem de fato deprimida, por isso não se preocupe. Cara, queria tanto que você estivesse por perto, porque minha cabeça está o tempo todo cheia dessa MERDA e eu só – cacilda, ei, só queria poder te beijar! Puxa, eu sei lá!

Olha... não estou aborrecida de verdade, juro. Só estive pensando sobre os "velhos tempos" e isso é muito deprimente. De noite, sempre que tento dormir, minha cabeça começa a se encher com as infelicidades do passado – será que estou obcecada, e por quê? Por que eu penso sobre toda essa merda? Eu não quero, Deus sabe que não. Bem, puxa vida, em minha carta desta manhã eu disse que ia tentar te explicar os meus pensamentos – será que eu não devia? – e tentei fazer isso.

Mas não acho que isso esteja me derrubando, nem poderia. Se pensar bem, é como na sua carta. Acho que nós dois conseguimos sair ilesos de um monte de merda. Bem, ouça, já foi o bastante para me tornar quase fanaticamente determinada a fazer tudo certo por uma vez e é isso que estamos fazendo, certo?

Eu te amo, Peter, e queria que pudéssemos estar juntos. Quero tanto, tanto ser feliz. Eu te amo. XXXJ

O sexo surgia em suas conversas com Giarratano, mas ele explica que esse nunca foi um problema primordial para Janis. Seus problemas eram filosóficos e culturais. O casamento era importante apenas como parte de uma ideia segundo a qual ela lutava para moldar sua vida. Ela queria mais vida do que já encontrara e não sabia onde conseguir isso.

Janis tornou-se estudiosa e responsável. "Sua vida como freira", caçoou Jack Smith. Gloria diz que ela estava com boa aparência. A compleição de Janis se desanuviara. Arrumava-se com mais apuro e usava maquiagem. Usava bobes e se vestia tão adequadamente quanto conseguia. Nas reuniões sociais, dizia a seus amigos: "Não beba demais" e "Veja lá como fala".

Um Sansão dos tempos modernos, Janis pegou o sinal mais visível de sua liberdade, seu cabelão despenteado, e o prendeu bem apertado à cabeça. Quando estava em casa, ela e eu passávamos horas experimentando novos modos de trançar nossas longas madeixas em diferentes estilos de cachos e nós. Ela resolveu o problema com um prendedor, pelo qual passava seus finos cabelos castanhos e os prendia em um coque. Algumas vezes ela o deixava solto, com ondas macias emoldurando o rosto.

O novo visual de Janis não era apenas um sinal de que deixara para trás a extravagância do passado. Ela evocava a beleza feminina clássica, que dependia das linhas de seu rosto e de seu olhar. À noite, ela desfazia o coque e escovava o cabelo. Diante do espelho, admirava a imagem de sua vida futura. Janis teria cabelo mais comprido e nunca, jamais o cortaria. Papai sempre dizia que os homens gostavam das mulheres de cabelo comprido porque era bom vê-las se pentear. Quando fosse velha, Janis planejava usar o cabelo em uma linda trança presa em torno da cabeça. Todas as noites, depois da hora social, ela e seu marido se retirariam aos aposentos. Sentada em sua penteadeira em um longo robe de seda, ela removeria vagarosa e metodicamente os grampos do cabelo e o deixaria cair pelas costas. Apenas o marido poderia ver isso. Todas as noites, para ele, ela o escovaria cem vezes. Quando Janis me contou essa história, eu sabia que ela não estava escovando o cabelo, mas brincando com as pérolas de seu baú de sonhos.

Tínhamos o mesmo tamanho, por isso nos emprestávamos roupas. Falávamos muito sobre moda e nossos corpos, e o que ficava bem em nossa estrutura. Ambas gostávamos de saias ou vestidos retos com cintos simples ou suéteres da mesma cor. Falávamos sobre meias-calças e sapatos para combinar. Os sapatos *weejun* de pala estavam na moda, mas Janis preferia sapatilhas simples, com um saltinho baixo. Ambas gostávamos do colar de contas de vidro veneziano que mamãe nos comprara e tínhamos grandes discussões sobre a vez de usá-lo.

Janis e Patti falavam muito sobre a vida e a morte: "Existe ou não um Deus?". Passaram dessa questão definitiva a seu equivalente cotidiano: "Então o que é um humano?". As pessoas não eram apenas egos com pais humanos e personalidade idiossincrática. As pessoas eram almas encarnadas em buscas desconhecidas.

Um anseio tomava conta de Janis de quando em vez. Ela escreveu e me ensinou uma canção, "Come Away with Me". Mais tarde riu. "Cante sempre que quiser, Laura, mas não diga a ninguém que fui em quem escrevi isso". Era demasiadamente idealista para a imagem cínica de Janis.

Come away with me
And we'll build a dream
Things will seem
Like they never seemed
They could be

ESTROFE I:
The grass will be green
The trees will be tall
(forgotten stanzas)

ESTROFE 2:
(forgotten stanzas)
There'll be no hunger no sorrow at all
No one will cry alone in their sleep
There'll be no loneliness hidden down deep, inside

ESTROFE 3:
Just like the Pied Piper
I'll walk through the streets
Gathering all the happy people I meet
We'll all join hands and
Fly through the sky
Leaving our troubles
Here to die, all alone

[Venha comigo
E vamos fazer um sonho
As coisas serão
Como nunca foram
Mas poderiam ser

ESTROFE I:
A grama será verde
As árvores serão altas
(versos esquecidos)
ESTROFE II:
(versos esquecidos)
Não haverá fome nem tristeza
Ninguém vai chorar sozinho durante o sono
Não haverá solidão escondida lá no fundo

ESTROFE 3
Como o Flautista de Hamelin
Vou andar pelas ruas
Chamando todas as pessoas felizes que encontrar
Vamos todos dar as mãos e
Voar pelo céu
Deixando nossos problemas
Para que morram sozinhos]

Janis continuava suas longas discussões sobre a vida e as possibilidades com os amigos. "Janis e eu estávamos conversando com Jim Langdon", relatou Jack Smith. "Jim via a vida como uma caixa, com aspirações limitadas. Janis e eu a víamos mais como um triângulo aberto, cujos lados continuam para sempre. Havia certas coisas que não se podia fazer, como nascer e ser criado na China. Senão, as aspirações eram ilimitadas." Por vezes, especialmente com Jack, Janis se permitia ecoar os sentimentos daquela menina do nono ano que lia *Ivanhoé* e falava sobre princesas e cavaleiros de armadura.

Em meio a sonhos de romance e à revisão terapêutica de sua vida, Janis voltou a cantar em público. As apresentações pareciam agradá-la de maneira peculiar. Ela visitou diversos clubes locais de música folk, fez contato com músicos, reuniu-se para tocar e inevitavelmente recebia ofertas para se apresentar. Ela rejeitou uma oferta de se mudar para Houston, dando preferência às oportunidades de uma apresentação de fim de semana, beneficente ou coisas do tipo. Suas cartas descreviam: "*Fui lá e cantei ontem naquele lugar em Beaumont. Foi muito bacana – tinha um velho cego chamado Patty Green que tocava piano. Eu queria trabalhar lá neste fim de semana, mas duvido. Mas a boa notícia, se eu for, é que posso cantar algumas baladas e acompanhar a mim mesma. Estou bem melhor no violão e já consigo tocar adequadamente. Andei aprendendo algumas novas baladas com Laura e os livros dela. Você gostou desse tipo de canto, por isso vou conseguir fazê-lo. E agora eu consigo. Tenho tocado o dia inteiro e é muito bom. Mas me assusta muito mais do que o blues*". Sobre a mesma situação, ela disse: "*Pode ser que rolem uns bailes de fim de semana, também. Mas é engraçado, não sou mais tão ambiciosa. Mesmo assim, gostaria disso. Veremos".*

No feriado de Ação de Graças ela se apresentou na Half Way House, em Beaumont. Jim Langdon, na época, escrevia uma coluna de crítica musical na *Austin American-Statesman*, "Jim Langdon's Nightbeat". Sua coluna tratou da apresentação de Janis.

> Mas enquanto está fresco em minha mente, eu preferiria falar de uma experiência rara que tive neste fim de semana.
>
> Essa experiência ocorreu em Beaumont, onde tive a oportunidade de ouvir uma jovem que considero a melhor cantora de blues do país.
>
> Seu nome é JANIS JOPLIN e ela é uma antiga residente de Austin. Seu lar é em Port Arthur, mas ela fez um giro de Austin a São Francisco e Nova York, e vice-versa, antes de voltar para casa, ainda relativamente desconhecida como cantora.
>
> Essa é uma condição que espero que mude logo, pois seu talento é tão grande, em minha opinião, quanto o de qualquer um da turma folk de hoje em dia.
>
> Eu a ouvi cantar neste fim de semana em um clube tipo cafeteria em Beaumont chamado Half Way House. Foi a primeira vez que ela se apresentou ao público em um bom tempo, mas sua apresentação foi boa o bastante para lhe valer um contrato futuro em uma cafeteria de Houston em dezembro.
>
> Quando entrei no clube, ela estava cantando sua própria letra de um "Cocaine Blues" com um conhecimento nascido da dor, do sofrimento e das cicatrizes da experiência...
>
> Então ela voltou para casa e decidiu começar de novo.
>
> Começar de novo nesse momento significava não cantar, por isso ela não cantou. Mas agora ela está trazendo o canto novamente à tona.
>
> De sua odisseia de costa a costa muitas marcas permanecem, algumas das quais não podem ser apagadas. Mas essas mesmas marcas se incorporaram em sua interpretação do blues e, nesse contexto, espero que durem para sempre.

> O Texas costuma ser um lugar difícil para muitos cantores de blues, desde Leadbelly, mas graças a isso produziu alguns dos melhores. Em minha opinião, Janis Joplin é um desses melhores.

Até a vida social de Janis estava se tornando tradicional. Naquele inverno ela decidiu dar uma festa em casa. Queria desesperadamente que Peter viesse para a ocasião, mas ele disse que os acontecimentos o forçavam a postergar sua visita. Mamãe até mesmo comprou um pouco de camarão para fazer canapés, além de outros petiscos que Janis arrumou artisticamente na sala. Na noite de sábado, Janis recebeu seu grupo local de amigos casados, recém-chegados interessantes e alguns de seus professores. Foi uma reunião bem-sucedida de pessoas que gostavam de conversar. Foi uma reunião adulta. Eram pessoas que estavam juntas sem consumir drogas. Janis ficou muito contente. Os velhos também, porque gostavam dos seus amigos. Gloria ficou impressionada em ver que alguém de fato fizera uma festa na casa dos pais!

O Natal se aproximava. Peter prometera aparecer para as festas e trazer a aliança de noivado. Não se sabe se ele de fato pretendia fazê-lo, mas o plano foi desfeito muito antes da data. Janis passou parte do feriado de Natal em Austin com Jim e Rae Langdon em sua casa nas montanhas cheia de crianças. O grupo decorou tudo para as festas, enfeitou a árvore e acendeu luzinhas pela casa. Daí todos se sentaram em torno da árvore, Janis tocou violão e cantou canções de Natal.

Por seu lado, Janis parecia enxergar seu relacionamento com um olhar mais equilibrado. Estava perdendo a fé na capacidade de Peter de cumprir o prometido e realizar os sonhos que decoravam suas conversas. No início de setembro, Peter contou a Janis que estava no hospital com problemas indeterminados, possivelmente ligados ao baço. Saiu do hospital em duas semanas e voltou em meados de outubro. Falou que tinha possíveis problemas hepáticos e que faria uma biópsia. Falou que herdaria um dinheiro que pertencia a um tio e depois disse que não podia pagar as contas dos médicos. Reclamou com Janis de ter de enfrentar uma grande responsabilidade familiar, algo sobre ter de cuidar de sua mãe e de seus irmãozinhos. Peter disse a Janis que estava tomando tranquilizantes e tendo consultas com um psiquiatra que achava melhor que ele não se casasse naquele momento. Peter também reclamou de sua decisão de investir 10 mil dólares em uma empresa que fabricava skates. Janis escreveu: "*Fica cada vez mais difícil para mim acreditar e compreender você! Sinto muito... Eu te amo, você sabe*".

Durante esse período, Peter vivera com Debbie, uma mulher que apresentara inicialmente como sua prima. Alice Echols cita Debbie em seu livro *Scars from Sweet Paradise*. Debbie explicava que vivia em Nova York com Peter, que trabalhava como engenheiro da IBM. Quando Janis telefonava, era Debbie quem atendia; e fora ela quem inventara a história de que era apenas a prima e colega de quarto de Peter. As cartas que Janis postava fielmente todos os dias, junto com pacotes de biscoitos, eram apanhadas na caixa de correios por Debbie. Ao escrever a Peter sobre sua correspondência insuficiente, Janis falava que Debbie "disse vagamente que você não possuía uma papelaria". Durante meses Peter telefonou e escreveu a Janis, com ardor e pontualidade suficientes para manter viva a sua crença nele. Porém, com o tempo, Janis sabia.

Em novembro, Janis lhe escreveu agradecendo por enviar uma dúzia de rosas de cabo longo. Ela lhe falava de sua nova estrutura mental, baseada na autoconsciência de seu grau de ansiedade: "*Você sabe que tenho sido muito rígida em minha determinação de não me ferrar de novo. Bem, agora parece que isso adquiriu um teor um tanto neurótico. Eu não consigo mais relaxar... Na verdade, pareço ter um medo mortal de que as coisas não deem certo de alguma maneira e que acabarei novamente naquela selva infernal que me obceca... A razão pela qual busquei um conselheiro é que repentinamente percebi que estava construindo minha estabilidade e progresso em cima de um terror puro e simples, e que isso nunca funcionaria! É demasiadamente precário. Vou às aulas e nunca faço nada de errado, mas é apenas porque tenho um medo tão horrível. Fico falando sobre como 'um passo para trás' pode acabar comigo e tudo. E, a partir de meu novo ponto de observação ligeiramente objetivo, induzido por Librium e alguns dias de respiração desanuviada, acho que talvez eu estivesse um pouco desproporcionalmente com medo de você também. Veja, eu tinha a certeza de que você se achava incapaz de lidar c/as coisas e que eu não podia confiar em você, ou seja,* depositar *minha* confiança *em você. Percebe?... De qualquer modo, é isso – estou muito mais calma agora. Não fico mais aterrorizada quando falo com as pessoas e vou tentar controlar esse medo irracional".*

Essa carta de 11 de novembro era a última de um maço com 70. Provavelmente houve mais cartas, já que correspondências posteriores de Peter, de 1966, mostram que os dois se mantiveram em contato. É possível que novembro tenha sido a época em que Peter e Janis conversaram mais honesta e realisticamente sobre a possibilidade de seu casamento. Como quer que seja, o ardor do relacionamento esfriou. Janis parou de fazer sua colcha de enxoval e enviar pacotes de biscoitos caseiros. Ela continuou a viver com a família. Mais importante que isso, manteve seu compromisso com o sonho de uma vida saudável no "mundo real", buscando uma base mais genuína para a felicidade do que um noivo de pouca confiança.

Parece tentador atribuir a Peter uma imagem sombria e desfavorável, censurando severamente as mentiras e elaboradas traições que impingiu a Janis e nossa família. Também é tentador culpar Janis por sua disposição – e facilidade – de se deixar levar por situações que, como mostram suas cartas, punham dúvidas em seu coração. Mas estava apaixonada, e o amor nem sempre tem sentido. Quando olhavam um para o outro, não viam apenas um viciado doentio, mas sim um ser humano completo. Trocaram dádivas importantes. Janis pusera Peter no programa de desintoxicação em São Francisco e ficara a seu lado por todo o tempo. De certo modo, ele lhe devia sua atual sanidade. Em troca, Peter deu a Janis a proteção de que ela precisava para querer voltar para casa. A fantasia do romance ajudou Janis a desejar ficar com a família, trabalhar sua vida com um conselheiro e sonhar com um futuro saudável. Talvez Peter tenha se redimido apenas por isso. Era real o bastante para encorajar Janis a ter o trabalho de salvar a si mesma.

Mesmo assim, Janis lamentava o fim de seu noivado com Peter. Ela abrira seu coração ao máximo e agora se sentia sozinha e exausta. Admitia abertamente que Peter era o único homem que ela já tentara obter.

Fora o primeiro a honrá-la publicamente e a traíra. Peter lhe dera a alegria de sentir-se incrivelmente amada. Também a deixou com um medo contínuo de ser traída. Os dois sentimentos lutariam para controlar seu comportamento futuro, fantasmas assombrariam sua capacidade de confiar em um homem. Nesse momento, ela estava sozinha, sem nada em que basear sua vida. A escola e a sobriedade eram coisas que ela fazia *para poder*. Não eram finalidades em si mesmas. Ela precisava encontrar algo que fosse para ela. Estava à deriva sem um leme emocional, seguindo o curso da escola, esperando que surgisse um porto seguro.

Naquele Natal, Janis apanhou um pincel novamente como um favor para mamãe e produziu um mural da natividade para a varanda da frente. Agrupados em um retrato de família, José, Maria e Jesus em uma chapa de compensado agraciaram nossa casa naquele ano. Janis impressionou Michael, dez anos mais jovem, com sua facilidade em pintar algo tão belo, elegante e adorável. Ela desenhava com pinceladas deliberadas e fluidas, e escolheu cores quentes e realistas para as figuras.

No semestre seguinte, Janis estudou Matemática, Sociologia Industrial, Física, História dos Estados Unidos e Sociologia do Casamento. Livre do noivado, Janis iniciou uma vida sexual ativa. Saía com um estudante de Sociologia de Lamar. Ela nos contava histórias sobre como o encontrava de manhãzinha e o descobria adormecido na cama, um rapaz tão magro que seu corpo parecia apenas um vinco na colcha. Também voltou suas atenções para as mulheres e teve uma amante que lhe escrevia depois que ela saiu do Texas, dizendo que era uma *larápia* por ter partido. Ela confidenciou que era capaz de esquecer Janis durante o dia, mas que suas fantasias sexuais surgiam à noite e a lembravam do que acontecera.

Janis ia ocasionalmente a Houston e Austin. Visitava Patti e Dave McQueen em Houston. Teve uma sessão com o compositor texano Guy Clark, cantando *Bring it on down to my house, daddy, there ain't nobody home but me.* Tocou algumas vezes em um clube de R&B no oeste do Alabama chamado Sand Mountain. Ela pode ter tocado no Jester, embora Patti acredite que tenha sido rejeitada pelo gerente. Suas aparições em Houston atraíram pouca atenção local, embora ela tenha gostado imensamente delas.

Janis escreveu a Jim Langdon em Austin e pediu ajuda para conseguir alguns contratos. Jim ainda se relacionava com ela como um mentor. Mostrou a Janis os novos cantores que ela devia ouvir e a apresentou às pessoas que precisava conhecer. Sua amizade permitiu a Janis manter algum envolvimento com o mundo da música sem arriscar sua séria resolução de terminar os estudos.

No fim de semana de 5-6 de março, Janis tocou no 11th Door, em Austin. Metade do público ficou louco por ela e a outra metade não sabia o que pensar. Estavam desnorteados, já que Janis não era nada do clone de Joan Baez que estavam esperando.

Em 13 de março de 1966, Janis fez uma apresentação em benefício de Teodar Jackson, um violinista cego e paupérrimo que estava muito doente. Jim Langdon foi o mestre de cerimônias do evento e escreveu sobre ele em sua coluna no *Austin American-Statesman*.

> O concerto apresentado no Centro Estudantil Metodista diante de uma multidão em pé de mais de 400 pessoas apresentou talvez o melhor pacote de talentos do blues já reunido sob um único telhado em Austin. Seria praticamente impossível falar de qualquer dos músicos acima dos outros – estavam todos em rara forma.

No programa estavam Allan Dameron, Kenneth Threadgill, Mike Allen, Tary Owens com Powell St. John, Mance Lipscomb, Robert Shaw, Roky and the 13th Floor Elevators e Janis. Jim escreveu:

> Mas a parte mais interessante do programa muito provavelmente foi criada no final da segunda parte do show pela cantora de blues de Port Arthur JANIS JOPLIN – a única mulher do grupo –, que literalmente eletrizou a audiência com sua poderosa e comovente apresentação.
>
> Depois de abrir com a áspera e robusta "Codine", a srta. Joplin passou à sua "voz suave" e um tratamento delicado de "I Ain't Got a Worry", que produziu um efeito enfeitiçador.
>
> Em seguida veio uma interpretação rouquenha de "Going Down to Brownsville" e, no bis, uma de suas composições, chamada "Turtle Blues", que segundo ela é "semiautobiográfica".

Em 5 de maio, Janis participou de um festival de blues no auditório da Texas Union, intitilado "An Evening of Barrelhouse and Blues". Ela dividia a maior parte do programa com Robert Shaw. Era sua primeira apresentação profissional diante de uma audiência mista, e era a turma dela, explicava Jim em sua coluna. Eles a adoraram.

As críticas de Jim Langdon ajudaram-na a conseguir outros serviços em Houston e Beaumont. Ela nunca gostara de ir sozinha às apresentações e queria que eu fosse com ela. Eu tinha vontade de ir, mas sabia que os velhos não aprovariam. Pedimos assim mesmo. Apesar de nossos argumentos de que não haveria nenhum álcool e que Janis cuidaria de mim, eles deixaram a coisa bem clara. Disseram que não achavam que a vida musical de Janis a ajudara de qualquer maneira e não queriam que isso me influenciasse.

Janis escrevera "Turtle Blues" naquele ano. Ela a registrou no gravador de fita de papai e enviou a fita à sua antiga colega de quarto, Linda Gottfried, que agora estava casada, se chamava Wauldron e vivia no Havaí. A canção falava de esconder-se, e imagino que Janis se sentisse isolada em Port Arthur. Não encontrara um modo de sair da casca e viver, por isso lamentava:

I'm a mean, mean woman
I don't need no one man, no good
I just treats 'em like I wants to
I never treats 'em, honey, like I should
I guess I'm just like a turtle
Hiding underneath its horny shell
But you know I'm very well protected
I know this goddamned life to well

[Sou uma mulher muito má
Não preciso de um homem para nada
Apenas os trato como quero
Nunca os trato como deveria

Acho que sou como uma tartaruga
escondida em sua casca dura
Mas você sabe que estou bem protegida
Conheço essa vida desgraçada bem demais]

Janis começou a planejar um futuro como solteira. Queria todas as opções disponíveis aos homens, aquelas que a maioria das pessoas não permitia às mulheres. Apesar de toda a bondade de Jim Langdon com Janis e sua carreira, ele ainda queria uma esposa que fosse dona de casa e mãe, não uma mulher liberada que exigisse tempo igual.

As férias de verão chegaram e Janis precisava sair do ritmo de seu regime de estudos. Escreveu a Jim e ele lhe conseguiu uma apresentação no 11th Door, em que ela já se apresentara antes. Ela disse aos velhos: "Só vou até Austin por uma semana, até o início dos cursos de verão". Eles não gostaram, mas aceitavam que Janis era adulta e podia tomar suas próprias decisões. Ela se mostrara tão estudiosa o ano inteiro que acreditavam que estava levando a faculdade a sério.

Em Austin, outras oportunidades se apresentaram. A 13th Floor Elevators precisava de uma cantora e Janis considerou a possibilidade. Ela queria uma pausa; precisava de mudanças. O precioso núcleo criativo de seu ser, que ela salvara das drogas, estava batendo a cabeça em busca de um escape. Travis Rivers, velho amigo e cantor folk do Texas, acabara de voltar de São Francisco com o pedido de Chet para que trouxesse Janis de volta aos palcos. Quando Travis se encontrou com Janis, decidiu não lhe falar da oportunidade porque ela estava com ótima aparência. Ele a vira quando estava viciada em anfetaminas e preferia a alegre energia daquela mulher revitalizada. Achou que, o que quer que estivesse fazendo no Texas, estava lhe fazendo bem. Porém, Chet foi persistente e conseguiu falar com Janis ao telefone, fazendo-lhe ver a cena e o potencial de cantar com o Big Brother and the Holding Company. Ao ser interpelado, Travis confirmou a história de Chet. Janis pesou as possibilidades de seu futuro cuidadosamente. Junto com Travis, Jim aconselhou-a a não ir à Califórnia. Jim achava que sua carreira ainda estava muito verde. Achava que Janis deveria desenvolver aos poucos seu talento. Ela precisava de tempo para permitir à sua voz todo o seu potencial. Além disso, necessitava de força para lidar com a loucura dessa profissão. A carreira seria mais fácil se seu talento fosse afiado antes que a profissão começasse a pressioná-la.

E também havia a importuna questão das drogas. A experiência de Janis com a cena musical sempre envolvera drogas. Ela tinha pavor delas. Jim Langdon disse: "As duas não estão casadas, você sabe". Como assim? Fazer música sem usar drogas? Como se ela conseguisse. Ela provara que podia permanecer sóbria nos últimos 12 meses.

Ela passou uma semana na casa de Langdon antes de se hospedar com outras pessoas na cidade. O velho amigo Dave Moriaty estava de volta a Austin, caçando diversão antes de embarcar na Marinha. Estava na casa de um amigo quando "ouviu alguém correndo pelas escadas e fazendo um barulhão. Era Janis, com Travis Rivers, dizendo que estava indo à Costa entrar para uma banda". Depois que ela partiu, o pessoal da turma suspirou. Ela já mostrara que não conseguia lidar com a Califórnia. Por que voltar para lá?

Quando viu que Janis não voltara, mamãe ligou para Jim em Austin. Ele teve de contar para onde Janis tinha ido. Ela entrou em pânico. Seu coração se acelerou e sua mente aterrorizada gritava: "Perigo! Perigo! Filha em perigo!". Ela se sentia indefesa, querendo desesperadamente mudar o que já acontecera. Mamãe dirigiu seu terror irado a Jim, jogando-lhe na cara que ele encorajara Janis com seus artigos e sua ajuda para conseguir contratos. "Sem sua influência, minha filha ainda estaria em casa!", gritou ela. Jim ficou chocado e furioso com essas acusações. Tentou dizer que aconselhara Janis a não ir, mas foi em vão. Janis partira e mamãe temia por ela. Ela temia por sua filha, que já experimentara algumas das coisas ruins que andam ao lado da cultura musical *underground*.

Guardamos as coisas de Janis no galpão, esperando que ela voltasse no outono. Surrupiei seus livros e tive minha primeira introdução ao outro modo de vida, com *Trópico de Câncer*, de Henry Miller. Não podíamos fazer nada a não ser esperar e estar prontos para ajudar se a oportunidade se apresentasse.

O calor pegajoso do verão sulista aumentou e a vida se acomodou em sua rotina modorrenta. Janis nos deixara mais uma vez. Longe da família e dos amigos que a conheciam e amavam, ninguém estava ali para lhe chamar a atenção se ela fosse longe demais. Janis viera para casa e pedira ajuda. Ela recebera tudo o que cada um de nós tinha para dar. Mesmo assim, suas questões continuavam sem resposta.

CAPÍTULO 9

O MOVIMENTO HIPPIE DE SÃO FRANCISCO

Work me, Lord
Please don't you leave me
I feel so useless down here
With no one to love

[Cuide de mim, Senhor
Por favor, não me deixe
Me sinto tão inútil aqui
Sem ninguém para amar]
– NICK GRAVENITES, "Work Me, Lord"

Quando Janis chegou a São Francisco em junho de 1966, deve ter tido um momento de pânico diante das mudanças que a rodeavam. O importante enclave folk que ela deixara havia apenas um ano desaparecera. Chet a levou a uma nova cena, longe de North Beach, de onde os aluguéis cada vez mais altos, confusões com a polícia e o fluxo constante de turistas basbaques expulsaram os artistas. Muitos haviam se dirigido para o oeste, em uma área que recebera o nome do cruzamento de duas ruas, Haight-Ashbury. Enquanto Janis se recolhia no Texas, aqueles que ela deixara para trás haviam mergulhado desordenadamente no futuro. Novas drogas e música transformaram a temática negra em uma cacofonia alegre e rodopiante de cor e som. Roqueiros intensos e alucinados cruzavam as ruas de São Francisco. Desafiavam o futuro a engoli-los.

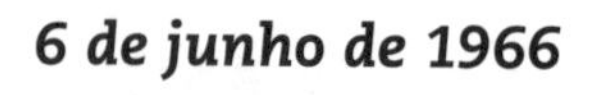

6 de junho de 1966

Mamãe e Papai...

Com enorme grau de trepidação, venho dar as notícias. Estou em São Francisco. Agora, deixem-me explicar – quando fui a Austin, falei com Travis Rivers, que me falou sobre cantar com uma banda daqui. Parece que Chet Helms, um velho amigo, agora é o Sr. Big de S.F. Ele tem três enormes bandas de rock'n'roll ativas com nomes bizarros como Captain Beefheart & his Magic Band, Big Brother & the Holding Co. etc. Bem, Big Brother et al. precisa de um vocalista. Por isso liguei para Chet para lhe falar a respeito. Ele me encorajou a vir – parece que a cidade inteira virara rock'n'roll (e virou mesmo!) e me garantiu fama e fortuna. Eu lhe disse que me preocupava em ficar presa aqui sem ter como voltar e ele concordou em me dar um bilhete de ônibus para voltar para casa se eu lhe desse uma chance. Por isso eu vim.

Fiz uma boa viagem – acampei à noite na beira do Rio Grande, catei pedrinhas, etc. Agora estou na casa de alguns velhos amigos de Austin, Kit e Margo Teele – ele trabalha na Dunn e Bradstreet e ela na cia. telefônica.

Ainda não sei bem o que está acontecendo. Devo ensaiar com a banda esta tarde, e depois acho que vou saber se quero ficar e fazer isso por algum tempo. Nesse momento minha posição é ambivalente – estou feliz por ter vindo, é bom ver a cidade, alguns amigos, mas ainda não comprei a ideia de me tornar uma Cher de pobre. Então acho que tenho de esperar pra ver.

Só quero lhes dizer que estou tentando manter a cabeça equilibrada em tudo e não me deixar levar pelo entusiasmo. Tenho certeza de que vocês dois estão convencidos de que minha veia autodestrutiva venceu novamente, mas estou me esforçando de verdade. Planejo voltar à escola – a menos, devo admitir, que isso acabe sendo uma coisa boa. Chet é um homem muito importante aqui agora e ele me queria especificamente para cantar com essa banda. Ainda não tentei, por isso não posso dizer o que vou fazer – até agora estou segura, bem alimentada e nada foi roubado.

Suponho que vocês possam me escrever neste endereço, embora ainda não saiba por quanto tempo vou ficar aqui. Estou esperando uma carta de Linda – ou de John – se chegou, mandem também. O endereço é c/o C.L. Teele, 23rd St., S.F.

Lamento terrivelmente ter desapontado tanto vocês. Compreendo seu medo por eu ter vindo para cá e devo admitir que compartilho dele, mas penso realmente que haja uma chance assustadoramente grande de que eu

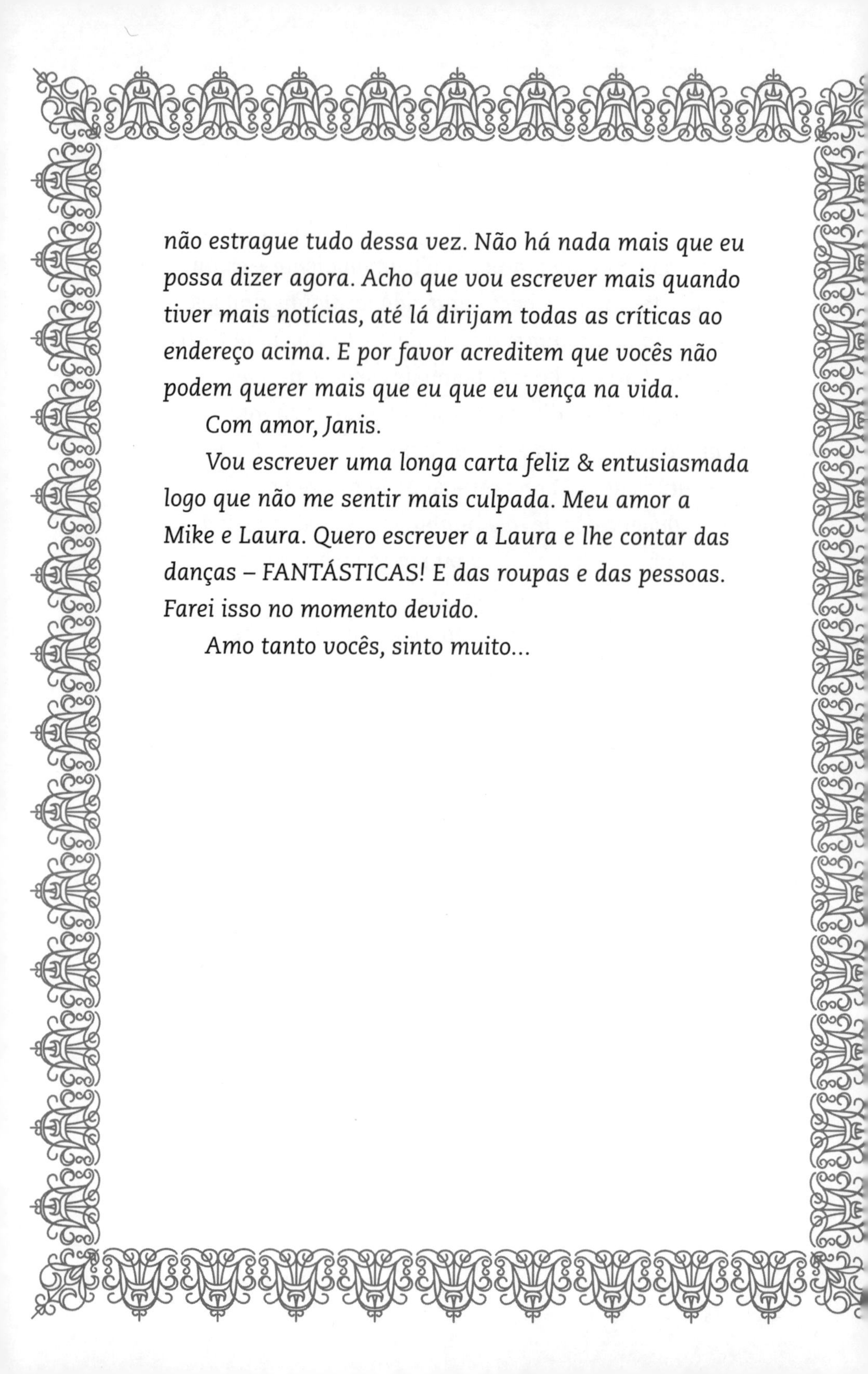

não estrague tudo dessa vez. Não há nada mais que eu possa dizer agora. Acho que vou escrever mais quando tiver mais notícias, até lá dirijam todas as críticas ao endereço acima. E por favor acreditem que vocês não podem querer mais que eu que eu vença na vida.

Com amor, Janis.

Vou escrever uma longa carta feliz & entusiasmada logo que não me sentir mais culpada. Meu amor a Mike e Laura. Quero escrever a Laura e lhe contar das danças – FANTÁSTICAS! *E das roupas e das pessoas. Farei isso no momento devido.*

Amo tanto vocês, sinto muito...

Peter de Blanc escreveu a Janis ao menos duas cartas em junho e julho. Ela as guardava na escrivaninha em que foram encontradas após sua morte. As cartas aludem a outras. Ele inicia em 22 de junho de 1966 dizendo: "*Bem, como você tem reagido a meu derramamento errático e discordante de cartas sobre o calmo poço de sua tranquilidade?*"

"*É verdade que você é uma go-go-girl? Você resolveu regredir ao papel de* diddley-bop? *Sinto muito, meu bem. Acho que se pelo menos você tivesse saído por cima, terminado a escola, etc., todo e qualquer investimento teria valido a pena.*" Mais adiante ele acrescenta: "*Talvez você nem queira ter notícias minhas, não sei. Estou apenas supondo que seus instintos humanitários ainda controlam a 'verdadeira Janis', e você vai ao menos me mandar um cartão-postal*". Já nessa carta de junho, Peter pergunta a Janis se ela terminaria a escola mesmo se tivesse a chance de ser uma artista de sucesso. Ele acrescenta: "*... se uma linha de comunicação existe entre nós, seria (poderia?) bacana transformá-la em uma corda para disparo*".

Não há registros de qualquer resposta que Janis possa ter enviado. Estava completamente concentrada na banda e na audição que a esperava em São Francisco.

Big Brother and the Holding Company, a banda para a qual Chet Helms convencera Janis a entrar, atraíra seguidores por seu "rock esdrúxulo". As pessoas deliravam com a guitarra frenética de James Gurley, mas a banda sentia que precisava de um cantor mais incisivo para equilibrar seu som selvagem. Dois de seus quatro membros, Peter Albin e James Gurley, conheciam Janis da cena de North Beach. Falaram sobre ela aos outros membros, Dave Getz e Sam Andrew. Achavam que ela seria perfeita para o grupo.

Peter Albin, o baixista, era nativo de São Francisco. Tinha 1,80 metro de altura, cabelos castanhos finos e delicadamente ondulados. Sua estrutura elegante e sorriso fácil acompanhavam um estilo decididamente distinto, apesar de seus trajes e da loucura da cena que o rodeava. A música folk e o blues local sempre foram sua paixão, embora trabalhasse como carteiro para sustentar mulher e filha.

James Gurley, guitarrista, era de Detroit. Adorava blues, a música de Lightnin' Hopkins e a música em estilo livre como Ornette e Coltrane.

Era franzinho, com 1,90 metro, cabelos cor de areia e olhos azuis. Emanava *sex appeal* para as mulheres que se apaixonam pelos artistas sofredores. Ele e sua mulher, Nancy, tinham um filhinho, Hongo.

Dave Getz era o baterista, um nova-iorquino atraído para a Bay Area para dar aulas no Instituto de Arte de São Francisco. Era um sujeito talentoso e criativo que fora bolsista do Fulbright. Tinha altura média – 1,75 metro – e atléticos 68 quilos. Tinha cabelo loiro-escuro bem enroladinho e uma intensidade risonha.

Sam Andrew tinha a beleza clássica do grupo, 1,90 metro com cabelo loiro comprido e provocante. Tinha olhos azuis penetrantes e maneiras delicadas que demonstravam sua experiência como um filho de militar que andara pelo mundo inteiro. Vivera em Okinawa, mas muitos de seus parentes eram do Texas. Era formado em Linguística e orgulhava-se de ler os clássicos em língua original. Sam estudara teoria musical. Tinha ouvido absoluto e era capaz de reconhecer os acordes assim que os ouvia. Sua paixão era o rock'n'roll antigo.

Chet Helms não era um membro musical da banda, mas o líder espiritual, que dava inspiração e apoio para a música. Longos cachos ruivo-alourados destacavam seu casaco favorito, com uma longa fileira de botões de bronze na parte da frente. Os outros rapazes conheciam Janis do tempo em que ela cantava em North Beach. Ficaram entusiasmados com a ideia de tê-la na banda. Apenas Chet, com seus contatos de Austin, conseguira encontrar Janis e convencê-la a voltar a São Francisco.

Janis encontrou os rapazes no local dos ensaios, no piso inferior de um antigo posto de bombeiros na Henry Street. No andar de cima havia um saguão e um estúdio de artista em que vivia Mouse, ou Stanley Miller, um extraordinário desenhista de cartazes que fazia os anúncios para os bailes promovidos por um grupo de pessoas que se autointitulava Family Dog. Janis atravessou duas enormes portas que permitiam a passagem do caminhão que transportava o equipamento de som do grupo.

Dave Getz tivera um sonho premonitório no qual Janis chegava em meio a um clarão, bela como uma deusa. Quando ela surgiu em carne e osso, vestia as roupas leves de algodão que levara para sua estada de uma semana em Austin, mas elas pareciam deslocadas na posuda São

Francisco. Sua inocência tímida brilhava no rosto marcado pela acne. Daí ela cantou e suas notas puras capturaram a atenção da banda. Com sua voz incisiva, eles sabiam que, tirando todo o resto, Janis tinha o som que queriam. A banda estava completa.

Em 10 de junho, seis dias depois da chegada, ela os acompanhou no palco. O Big Brother tocava o novo rock. Janis, Peter e James conheciam alguns clichês do tempo do folk, por isso começaram com melodias como "Blindman" e "I Know You Rider". Janis acrescentou algumas favoritas do Texas, como seu "Turtle Blues" e "Bye Bye Baby", de Powell St. John. Esses blues entraram para um repertório que incluía canções satíricas de humor como a "Caterpillar", escrita por Peter Albin para seus filhos, que dizia "Sou uma lagarta/que se arrasta pelo seu amor".

Haight-Ashbury era uma região de casas vitorianas ornadas, mas velhas, que haviam sobrevivido ao terremoto de 1906 em São Francisco ou sido construídas depois. Era originalmente uma região prestigiosa ocupada por pessoas com influência política, mas estava em decadência havia muitos anos. Na época em que os artistas começaram a se mudar para lá nos anos de 1960, as casas haviam sido divididas em dois ou três apartamentos que abrigavam negros vindos de uma área próxima, derrubada para uma renovação urbana, além de uma mistura de outros grupos étnicos que buscavam casas econômicas.

A nova cena do Haight era descendente direta dos *beats* em North Beach. As mesmas ideias dominavam: criatividade e autoexploração, sexo livre como comunhão, integração racial, uma atitude contra as instituições estabelecidas e a música como forma de êxtase. Mas a cena fora evidentemente transformada pela introdução de uma nova droga – o LSD, ou ácido lisérgico.

Os efeitos do LSD foram descobertos acidentalmente em 1943 pelo dr. Albert Hofmann, um pesquisador da Sandoz Pharmaceuticals da Suíça. Ele estava atrás de uma cura para a enxaqueca quando formulou a 25ª droga em uma série de compostos derivados de um fungo que cresce em diversos tipos de grãos. O dr. Hofmann percebeu os efeitos psicodélicos do LSD quando absorveu acidentalmente o produto durante a manipulação.

Junho de 1966

Queridos mamãe e papai...

Ainda não recebi nenhuma carta de vocês, mas acho que ainda estamos nos falando, por isso escrevo novamente. Esta é para lhes dar meu endereço – encontrei um quarto em uma pensão. Um lugar muito bacana com uma cozinha e uma sala, e até mesmo um ferro e uma tábua de passar. Quatro outras pessoas vivem aqui – uma professora, um artista, não conheço os outros. De qualquer modo, o endereço é Pine St., S.F.

Ainda trabalho com o Big Brother & the Holding Co. e é muito divertido! Quatro rapazes no grupo – Sam, Peter, Dave & James. Ensaiamos todas as tardes em uma garagem que faz parte do apartamento de um artista amigo deles e as pessoas costumam entrar para ouvir – todos parecem ficar enlevados c/o meu canto, embora eu esteja um pouco datada. O tipo de música é um pouco diferente do que estou acostumada. Ah, e juntei mais nomes bizarros de grupos para enviar – (vocês acreditam nestes?) The Grateful Dead [Mortos Gratos], The Love [O Amor], Jefferson Airplane [Avião de Jefferson], Quicksilver Messenger Service [Serviço de Mensageiros Azougue], The Leaves [As Folhas], The Grass Roots [As Raízes de Grama].

Chet Helms dirige uma corporação de rock'n'roll chamada Family Dog – com emblema e secretária eletrônica e tudo. Como é meu empresário (e principalmente porque me trouxe até aqui sem dinheiro – ainda tenho 30 dólares no banco, que estou guardando) Chet alugou esse lugar para mim por um mês. Ele diz que se a banda e eu não dermos certo, devemos esquecer tudo, e se dermos, ganharemos um monte de dinheiro. Chet é um velho amigo – agora casado com uma atriz chamada Lori. Amanhã à noite, em seu baile, algumas pessoas de Mercury estarão ali para ouvir o Grateful Dead (com um nome assim, eles têm de ser bons...) e o Big Brother e outros e eu vou cantar! Cara, estou tão animada! Ensaiamos uns cinco ou seis números esta semana – um deles que eu gosto muito chamado "Down On Me" – um antigo spiritual *– revitalizado e ligeiramente degenerado com um novo tratamento.*

Ainda estou bem – não se preocupem. Um pouco reclusa. Não perdi nem ganhei peso e minha cabeça continua boa. E ainda estou pensando a sério em voltar para a escola, por isso não desistam de mim ainda. Amo vocês todos

XXXX
Janis

Muitos psiquiatras ficaram radiantes com essa droga capaz de lhes oferecer uma percepção dos problemas enfrentados por seus pacientes. Postulavam que o LSD atravessava as inibições com as quais as pessoas estruturam sua vida cotidiana, permitindo que as verdades ocultas do subconsciente se tornassem conscientes. Os terapeutas começaram a receitá-la a alguns pacientes para trazer à tona lembranças reprimidas e analisá-las. Daí os pacientes podiam se libertar do controle de seu subconsciente.

Não demorou até que o LSD fosse parar nas mãos dos artistas. Aldous Huxley, que se interessou pelos psicodélicos com a mescalina, fez sua primeira viagem de LSD em 1955 e foi profundamente afetado por sua potência. O dr. Timothy Leary, de Harvard, que realizava pesquisas sobre LSD, descobriu que poetas e músicos eram cobaias bem-dispostas. Ofereceu-o a Allen Ginsberg em 1960 e, juntos, fizeram uma lista de pessoas que deveriam experimentar. Ken Kesey, autor de *Um estranho no ninho*, tomou LSD durante as experiências do dr. Leo Hollister em Menlo Park, na Califórnia. Uma vez apresentados ao LSD, Leary, Ginsberg e Kesey continuaram suas experiências fora do laboratório. A experiência com o LSD dava aos usuários novas convicções firmes sobre a espiritualidade e o mundo. Suas experiências eram tão poderosas que resistiam aos desafios e insultos dos não iniciados bem depois que a droga deixava de fazer efeito. Eles ficaram tão contentes com isso que queriam compartilhar com os outros.

Importantes diferenças surgiram entre os três a respeito do compartilhamento do LSD. Huxley aconselhava que o LSD fosse dado apenas a um grupo de elite que pudesse controlar sua potência. Leary achava que o LSD era bom para todos, se as circunstâncias fossem controladas e houvesse um guia experiente. Kesey pulou todos os empecilhos e achava que não era necessário nenhum controle.

Kesey compartilhava o LSD com amigos em casa e um grupo se formou com essa experiência. Ao passo que os outros usuários haviam tentado analisar e descrever o LSD e seus efeitos, o grupo de Kesey brincava com suas novas visões. Deram a si mesmos o nome de Merry Pranksters [Alegres Traquinas]. Em um humor digno de quadrinhos, imaginaram um lugar chamado Edge City, uma cidade reminiscente da descrição de Robert Heinlein em *Um Estranho Numa Terra Estranha*, que tratava de um marciano que vivia na Terra. Redefiniram seu modo de vestir de forma a refletir a absorção de desenho e detalhes pelos usuários. Gostavam especialmente de laranja e verde-fluorescente. Batizaram seus novos *eus* com nomes como Gretchin Fetchin, Mal-Function e Cool Breeze. Saíram da Califórnia em julho de 1964 para visitar o grupo de Leary em Nova York, em um ônibus escolar de 1939 reformado que tinha o aviso MANTENHA DISTÂNCIA na frente e CUIDADO: CARGA ESQUISITA atrás.

Os Pranksters voltaram à Califórnia no final de 1964. A fama do LSD começava a se espalhar. Aldous Huxley escrevera *As Portas da Percepção* em 1954 sobre suas experiências com a mescalina; foi publicado junto com seu *Céu e Inferno* em 1963. Em 1962, a *Ilha*, de Huxley, foi lançado, uma saga sobre como seria uma comunidade iluminada pelo psicodelismo. Outros livros sobre a exploração do *eu* interior começaram a surgir: *Exploring Inner Space,* de Adelle Davis, e *The Joyous Cosmology,* de Alan Watts. A imprensa popular começava a publicar artigos sobre o LSD. As pessoas começavam a perceber que alguma coisa estava acontecendo.

Os Pranksters assumiram a missão de iniciar um pequeno número de cidadãos na nova cultura. Começaram a fazer aquilo a que chamavam "teste do ácido". As primeiras reuniões eram feitas na casa das pessoas e anunciadas apenas por um pôster em que se lia: "Você Passaria no Teste do Ácido?". No início, apenas os Pranksters e seus amigos participavam. Mais tarde, outras pessoas começaram a ouvir falar da experiência e a participação aumentou.

O organizador Stewart Brand, que posteriormente desenvolveu *The Essential Whole Earth Catalog*, assumiu a administração de um grande teste do ácido em São Francisco. Alugou o Longshoreman's Hall, um popular centro de convenções, e contratou um publicitário que, entre outras coisas, soltou três balões meteorológicos que soletravam a palavra NOW [Agora]. Marcado para a terceira semana de janeiro de 1966, 10 mil pessoas pagaram para ouvir o Grateful Dead e o Big Brother and the Holding Company, assistir a diversos grupos de teatro e caminhar entre barracas que vendiam camisetas, incenso e literatura psicodélica.

A experiência de Kesey não apenas atraía inconformistas, como os criava. O momento de ação social chegara e os poderes que resistiam à mudança já começavam a reagir. Kesey foi preso três dias antes do teste de janeiro por posse de maconha. Depois do evento divisor de águas, ele pagou a fiança e se dirigiu ao México.

Janis chegara à cena de Haight em junho de 1966. Na época, o ritual do ácido se transformara em uma experiência multimídia, com fundo musical de rock e outros estímulos visuais e de movimento. Reunidas em enormes salões para dançar rock'n'roll, as pessoas se enfeitavam de veludo e brocado, madras da Índia e qualquer coisa colorida. Tinham tipicamente de 18 a 20 anos e encontravam o profundo mediante a ingestão de tabletes de LSD.

O *spiritual* modernizado "Blindman" do Big Brother ecoava as ânsias dos ouvintes, entoando "Blindman stood by the way and cried, cryin', 'Show me the way, the way to go home'." [O cego ficou no caminho chorando, 'mostre-me o caminho, o caminho para casa']. O público do Big Brother sabia que "casa" significava retornar à verdade, viver em amor e harmonia e descartar os ornamentos irrelevantes da burguesia. Sua audiência estava constantemente em viagem lisérgica. O ácido era legalizado e essencialmente livre no distrito de Haight-Ashbury.

Os habitantes do Haight haviam saído dos ambientes controlados e limpos da classe média americana e, com a ajuda do ácido, começaram a brincar com as imagens de sua vida retidas na memória. Transformaram-se em réplicas elaboradas das visões que tinham. Fuçavam nos descartes dos armários da sociedade, facilmente encontráveis nos bazares beneficentes locais, criando o novo a partir do velho. Maravilhavam-se diante de padrões reminiscentes da pomposa era vitoriana. Interessavam-se pelo intricado, da mesma forma que seus pais se deleitavam nas linhas simples e diretas do movimento modernista e da Bauhaus. Os jovens desejavam decorações em cada canto possível de sua vida, desde miçangas nos sapatos até tranças, penas e contas no cabelo, muitos anéis, quilômetros de braceletes adornando braços e pernas e camadas de roupas que se misturavam, mas nunca combinavam.

Com ou sem a droga por trás disso tudo, a música feita em São Francisco mudara. Embora fosse chamada de rock'n'roll e não mais de música folk, ela descartara a frivolidade dos primeiros rocks, tão evidente em melodias como "Earth Angel", de 1955. As músicas folk traziam um *retrato* verdadeiro do drama humano, mas apenas o novo rock, com sua influência psicodélica, prometia um modo de confrontar a audiência com uma *experiência* sensorial da realidade.

O novo rock era mais do que música. Apenas ouvi-lo não poderia comunicar a experiência completa – todos os sentidos estavam envolvidos. Carl Belz, em *The Story of Rock*, escreveu que os concertos do novo rock eram muito semelhantes aos *happenings* criados pelos artistas nova-iorquinos Claes Oldenburg e Alan Kaprow na década de 1950, combinando música, arte, drama e vida. Os músicos levavam a pulsação elétrica a um volume tal que parecia inflamar as moléculas do ar, que rodeavam o público como vibrações espinhentas, forçando-o a dançar.

Janis trouxe suas raízes de blues. Ela conhecia o blues e queria que sua plateia o conhecesse por seu intermédio. Se o público buscava ter todos os sentidos despertados em um concerto, Janis, como indutora do transe, se entregava totalmente à sua música. Sua música não nascia simplesmente das cordas vocais, mas era um conjunto contido inteiro em sua presença física. Ela conduzia a música agitando os braços e batendo os pés. Sondava profundamente dentro de si mesma, de modo que pedaços de sua alma pareciam dançar com as harmonias e cavalgar as ondas de som que definiam sua voz.

O Big Brother and the Holding Company pouco a pouco começou a podar sua lista de canções. Seu rock desvairado esmagava até mesmo uma cantora forte como Janis. O máximo que ela podia fazer era ficar no fundo e tocar pandeiro durante esses números. Começaram a mudar o repertório para incluir mais blues, de modo que a vocalista pudesse comandar a música. O canto era feito por todo o grupo. Janis aparecia em apenas um terço das canções em uma noite.

Sua primeira apresentação fora da cidade foi um baile em um pavilhão de exposições no Condado de Monterey. O pôster dizia: "Karma Productions & Brotherhood of the Spirit Apresenta: Big Brother and the

Holding Company, Quicksilver Messenger Service, The Gladstones, Bill Ham's Lightshow, Famous Underground Movies. Não perca o grande evento, 2 e 3 de julho". Os bilhetes eram vendidos na Psychedelic Shop no Haight, na livraria City Lights em North Beach e em Berkeley, San Carlos e Menlo Park.

Os novos artistas do rock convidavam o público a ser parte da música. Ouvinte e músico construíam um laço de resposta que evocava novas reações em cada parte. Os artistas dependiam das reações espontâneas do público. Eles viviam as palavras de Baba Ram Dass, "esteja aqui agora". Aqui, ao menos, estava a verdadeira iniciação para outra vida, longe de uma cultura ordenada, planejada e lógica. Sair do controle mental dessa vida ao menos uma vez era conhecer uma verdade que permearia o resto de seus dias. Espontaneidade era mais que uma característica. Era uma religião por si só.

A imprensa cunhou o termo *hippie* como corruptela de *hipster* ["boêmios modernos", jovens que se identificam com as correntes da contracultura]. Poucos no Haight apreciavam a palavra, mas ela pegou. Em junho de 1966 havia cerca de 1,5 mil hippies na região de Haight-Ashbury. Eles criaram uma cultura local. Em setembro de 1966 tinham seu próprio jornal, *The Oracle*, que contava a verdadeira história por trás das notícias. Baseava-se no modelo do *The Village Voice*, de Greenwich Village. O *Voice* abrira a trilha, mostrando que a virtude e os amadores inspirados podiam produzir um jornal comunitário de importância, segundo escreve Abe Peck em *Uncovering the Sixties: The Life and Times of the Underground Press*. *The Oracle* também extraía energia do *Los Angeles Free Press* de Art Kunkin, que encontrava seu poder e viabilidade financeira concentrando-se nas revoltas raciais em Watts. *The Oracle* estava destinado a ser o arauto da nova ordem social do Haight e era diferente dos outros jornais porque tinha raízes na nascente cultura hippie. Abe Peck cita Allen Cohen, o editor administrativo: "*The Oracle* foi feito para ajudar as pessoas em suas viagens [de LSD]". Continuava descrevendo a ideia do jornal como "um mundo mais consciente, amoroso, íntimo, não alienado..." Um dos sinais da diferença era o uso de tintas coloridas de forma não

3 de julho de 1966

Olá!
Em Monterey neste fim de semana para um "Baile da Independência". Bela região – estou mandando uma foto do jornal de domingo para ilustrar. O trabalho vai bem, exceto por um monte de confrontos com o sindicato (acho que estou virando republicana). Uma carta transbordando de novidades logo que eu tenha tempo para escrever. Gosto de saber de vocês. Com amor,

XXXX
Janis

tradicional, por vezes apenas esguichando-as no papel e acrescentando fragrâncias aromáticas.

A nova cultura produziu uma alteração nas lojas especializadas locais dirigidas aos hippies. A Psychedelic Shop abriu as portas em janeiro de 1966 e vendia jornais *underground*, papéis e cachimbos de todo tipo para fumar maconha e haxixe e outros pequenos produtos básicos da existência cotidiana. A primeira butique hippie, Mnasidika, pertencia a Peggy Caserta e seu companheiro, que se tornaram amigos de Janis – todos da região eram membros de uma extensa tribo familiar.

Janis deve ter sentido que a resposta da audiência era tanto por ela quanto pela música. Essa era a comunhão definitiva que buscava encontrar ou criar desde seu rompimento com a convenção aos 14 anos. Que deleite abençoado! Eles a aceitavam por seu verdadeiro *eu*, sua alma. Eles se relacionavam com a pessoa real que era.

Janis encontrou também aceitação individual, tendo se apaixonado por James Gurley. Ele era alto e anguloso, com um olhar distante. Passara meses no México consumindo cogumelos psicodélicos com os índios nas montanhas. Não usava LSD, mas seus dias com o povo que havia aprendido com os psicodélicos por séculos aumentavam seu fator de espanto. Algumas vezes ele vestia um conjunto completo de trajes montanheses de couro de gamo e usava penas em seu longo cabelo encaracolado. Janis achava que James tinha tudo de que ela precisava em um homem para fazê-la sentir-se como se se encaixasse totalmente. James chegou a deixar a esposa, Nancy, para viver com Janis por algum tempo. Por semanas eles se acariciaram e tocaram juntos. Com ele, ela podia revelar a Janis terna e delicada, que não precisava da proteção do mulherão duro e corajoso. Ahhh, mas que sonho ela vivia. Janis saíra de Austin em um impulso e entrara na terra do nunca-nunca para unir-se romanticamente com um de seus principais cidadãos.

A música dentro do Big Brother and the Holding Company estava evoluindo. Críticos bem-intencionados diziam aos rapazes: “Vocês precisam se livrar da garota!”. Mas nunca houve dúvida entre os cinco membros de que eles haviam sido feitos uns para os outros.

São Francisco era o lugar certo para desenvolver sua música. Chet Helms, por intermédio da comunidade Family Dog, organizara os primeiros bailes no Fillmore com a ajuda de Bill Graham. Como diretor da trupe de mímica de São Francisco, Graham tinha um aluguel de longo prazo do edifício. Mais tarde preferiu organizar ele mesmo os bailes e Chet e sua turma se mudaram para o salão de baile Avalon. Juntos, eles criavam uma atmosfera rica, resplandecente de oportunidades musicais. Em pequenos concertos frequentes, a música se desenvolvia de acordo com a resposta do público.

O Big Brother tornou-se a banda não oficial da casa no salão de baile Avalon. Era um grande salão aberto no segundo andar de uma típica loja no n° 1268 da rua Sutter, perto da avenida Van Ness. Construído em 1911, o Avalon comportava cerca de 1,2 mil pessoas. Era originalmente um estúdio de dança, parte de uma cadeia de salões de baile dos anos de 1930. Balcões ornados com douraduras coroavam a parte de cima do salão. Era muito *déco*, com colunas douradas, espelhos e papel de parede pintalgado de vermelho. Tinha um bar completo no andar de cima, mas não serviam álcool. Havia uma pista de dança e um saguão no primeiro piso. Aqui e ali, outras atividades para divertir os clientes: shows de luzes, luz estroboscópica, giz para pintar o rosto, etc. A acústica era excelente, já que o teto tinha uma proteção especial.

O Avalon forneceu a base para dar o polimento final, mas a verdadeira criação de uma unidade ocorreu quando o Big Brother and the Holding Company alugou uma grande casa de veraneio na cidade de Lagunitas, em um cânion. Outras bandas de rock já haviam ido para aquele local. A casa do Big Brother, apelidada "Argentina", era ao lado da do Grateful Dead. Rodeados por acres de florestas, eles praticavam diariamente na sala de sua cabana de caça, que se dizia já ter abrigado Teddy Roosevelt e John Muir. A casa parecia evocar grandes coisas de uma era mais grandiosa. Ali, a coesão musical do grupo era reforçada por viverem juntos e conversar, respirar, tocar e festejar em torno da música.

13 de agosto de 1966

Querida família...

Enfim um dia tranquilo e tempo para escrever todas as boas novas. Agora já me transferi em segurança para meu novo quarto em nossa bela casa no interior. Por enquanto sou o único membro da banda aqui. Nossa senhoria e uma de suas filhas ainda estão aqui, mas saíram para jantar, por isso estou sozinha, sentada em uma poltrona confortável ao lado da lareira, as portas escancaradas e uma visão de 180° das árvores, sequoias e freixos. Bem--aventurança! Nunca me senti tão relaxada na vida. Essa casa e essa paisagem são fantásticas. Gostaria muito que vocês pudessem ver. Claro que parte de meu conforto se deve ao fato de que esse é o primeiro dia em 10 ou 11 que já tive para relaxar um pouquinho. Estivemos trabalhando toda noite há 11 dias. S.F., Vancouver e S.F. novamente – e trabalhamos duro! Na noite passada, por exemplo, tocamos em uma festa beneficente. Tinha uma quantidade enorme de talentos – cinco bandas de rock, dois poetas, dois humoristas, um show de fantoches, etc. Foi das 3 da tarde à 1 da manhã. Nos apresentamos às 5 e depois à meia-noite. Foi muito empolgante, embora... Duas das bandas já lançaram discos de sucesso – os Grass Roots (que incidentalmente são grandes fãs nossos e até usam nossos buttons quando tocam) e o Jefferson Airplane – e foram muito bem recebidas, mas eu/nós recebemos uma ovação, maior do que a dos outros grupos, por um blues lento em tom menor. Uau, não consigo evitar – adoro! As pessoas me tratam com muita deferência. Sou importante. SUSPIRO!!

Temos uma caixa postal aqui em Lagunitas, mas não sei o número – vou acrescentar um PS com ele. Fiquei com o melhor quarto da casa (cheguei aqui primeiro) c/ sol o dia inteiro. O tempo aqui é muito mais quente que na cidade. Em S.F., você precisa usar um casaco grosso até a tarde, mas aqui é perfeito. Planejo conseguir um bronzeado maravilhoso. E não é quente demais como o Texas. É bem agradável – 24-18°, vocês não estão com inveja? Se tiverem um mapa, procurem Stinson Beach no litoral – fica a cerca de 15 quilômetros daqui.

Os meninos da banda vão aparecer em um filme – um curta, sobre duas meninas que se apaixonam por um grupo de rock'n'roll. Não posso aparecer porque sou menina e consequentemente não sou uma figura romântica pra duas garotas. No filme, a banda vai se chamar The Weasels. Não vai dar muito dinheiro, mas será divertido. Além disso tudo, estamos conversando com a gravadora ESP – eles querem que façamos um álbum. Vocês leram a TIME sobre a nova onda de jornais underground – o East Village Other, Berkeley Barb, etc.? Bem, a ESP pertence a eles ou é sua proprietária e é um tipo de gravadora underground. *Nada grande e famoso, só produz álbuns e apenas de grupos ligeiramente singulares, coisa que devo admitir que nós somos. Não teríamos um grande grupo natural de fãs como o Lovin' Spoonful, mas temos um séquito fiel entre os hippies.*

E para que vocês não tenham ideias ruins – os beatniks *estão ganhando dinheiro atualmente. E, sendo* beatniks, *isso é de fato espantoso. Há uma excitação entre adolescentes tentando/querendo estar na moda. Muitos de meus amigos têm lojas de roupas e fazem criações muito incomuns para eles, outros fazem miçangas e as vendem, outros fazem coisas de couro, mas a maioria está no negócio de rock'n'roll. É mesmo fantástico – um verdadeiro fenômeno social. A sociedade parece estar se afastando de si mesma, contorcendo-se em direção à periferia do inferno, as extremidades, vocês sabem. Ao menos na Califórnia. Eis aí uma afirmação classificativa.*

– Mais tarde, desculpem. O endereço é Caixa Postal 94, Lagunitas, Calif.

Como mencionei antes, tocamos em Vancouver há dois fins de semana, estou mandando uma coisa que trouxe para Mike e Laura. Para o porta-joias/coleção de dinheiro de Laura, um dólar canadense; para a coleção de moedas de Mike, um níquel canadense. Reparem nas bordas.

Uma nota sobre a moda – acho que vocês gostariam de saber como é a aparência do pessoal daqui. As meninas, obviamente, são jovens e bonitas, com cabelo liso comprido. A aparência beatnik, como a chamo, está definitivamente em voga. Calças, sandálias, capas de todos os tipos, muitas bijuterias diferentes feitas à mão, ou vestidos largos e sandálias. As meninas mais jovens usam calças boca de sino bem apertadas de cintura bem baixa e blusinhas curtas – barriga de fora. Mas os meninos parecem uns verdadeiros pavões. Todos têm o cabelo pelo menos do còmprimento Beatle – [desenho indicando o cabelo na altura do queixo], a maioria do pessoal do rock'n'roll o usa nesse comprimento [no ombro] e alguns, como nosso empresário Chet, longo assim [abaixo dos ombros], muito mais comprido que o meu. E roupas super ultra Mod – botas, sempre botas, calças apertadas e baixas de xadrezinho, listas, até de bolinhas! Camisas muito extravagantes – estampas muito berrantes, gola alta, mangas compridas à Tom Jones. Gravatas de estampas fantasiosas, gorros como o de Bob Dylan. Realmente exagerado – como nas revistas, pessoal.

De acordo com o estilo segundo permitia meu orçamento, eu tenho um novo par de calças de veludo cotelê de padrão bem aberto, apertadas nos quadris, que uso c/botas emprestadas. Fico parecendo na moda.

No palco, ainda uso minha blusa de lantejoulas preta e dourada com uma saia preta e botas de cano alto ou com Levis preto e sandálias. Mas logo que eu ganhe dinheiro... diz ela, brandindo o punho para o céu. O rock'n'roll tornou-se tão casual – todos se vestem bem, mas as roupas normais e tudo são diferentes. E todas as meninas usam bocas de sino e botas, por isso queria ter algo que saísse do velho lamê. Muito simples, mas com uma cara de show biz. *Quero que o público me veja como uma artista de verdade, porque agora a cara é de "só-uma-de-nós-que-subiu-no-palco". Bem, veremos – uma amiga minha tem uma loja de roupas – ela faz as roupas conforme seu desenho. Assim ou ela ou eu faremos algo para mim. Se eu chegar até lá.*

Oh, e neste fim de semana o Bell Telephone Hour *vai filmar a "Cena de São Francisco" (porque há de fato algo acontecendo ali que não está acontecendo em mais lugar nenhum) no Fillmore Aud. Infelizmente, estaremos tocando no Avalon. Desgraça!! Mas alguns bons amigos, os Grateful Dead, vão tocar lá – também são vizinhos, um dos dois outros grupos que vivem por aqui. Logo aqui do lado.*

Oh, Laura, posso sugerir uma leitura? J.R.R. Tolkien escreveu O Hobbit, *seguido pela trilogia* O Senhor dos Anéis *– uma leitura muito encantadora. Estou lendo isso agora.*

Tive um punhado de visitantes do Texas na semana passada – Jim, Tary Owens e a esposa e mais alguns amigos da faculdade. Jim estava pretensamente procurando trabalho, mas fugiu depois de uma semana para a santidade e o conforto do Texas e de sua esposa.

Não tenho mais notícias – acho que vou caminhar até o correio e postar minha carta. Todo o meu amor, vou mandar fotos de nosso refúgio logo que puder.

XXX
Janis

O grupo se mudara para Lagunitas na esperança de que, ao dividir o aluguel, eles poderiam economizar algum dinheiro e encontrar um bom lugar para os ensaios. Uma banda de rock explosivamente barulhenta não pode praticar em qualquer lugar. Encontrar um bom espaço para ensaiar sempre era um problema.

Os cinco membros da banda com suas respectivas esposas, amantes, filhos, cães e gatos viveram sob o mesmo teto. James voltara para Nancy e, com seu filho, Hongo, vivia no andar de cima. No outro lado do corredor ficavam Peter e Cindy Albin com a filha Lisa. Janis vivia no quarto ensolarado no final do corredor. Dave Getz morava em um quarto ao lado da cozinha no primeiro andar. Sam Andrew e sua namorada Rita viviam em um chalezinho nos fundos. Juntos, eles enfrentaram a realidade da "família estendida".

Diversão era a divisa do tempo. "Inverno, outono, primavera ou verão, não há nada pior que um farinhento doidão", foi a bobagem que Janis rabiscou com Dave Getz depois de morder uma maçã estragada. Ele explica: "Essa frase se tornou sinônimo de uma porção de coisas, por isso era bastante repetida". Piadas internas, referências e alegria. É disso que se precisa para transformar um grupo em uma banda sincronizada.

A identidade de Janis com o grupo crescia. Em seu carro, ela pintou o símbolo do "Olho de Deus" da banda, criado pelo artista Mouse. Os cartazes feitos para anunciar os bailes da cidade estavam obtendo respeito artístico por si mesmos. Museus de todo o mundo compravam os desenhos originais dos cartazes para sua coleção. Os profissionais do mundo artístico que Janis aprendera a respeitar na infância estavam chegando à sua cena e dizendo que aquilo era a coisa mais empolgante que já tinha acontecido. Isso aumentava suas convicções sobre a correção daquilo tudo.

"Janis era de fácil convivência", conta Peter Albin. No quarto ensolarado, no qual todas as janelas se abriam para a floresta e o sol se infiltrava através das folhas abundantes de suas plantas bem-cuidadas, Janis estava feliz. Relaxada em seu solário, ela escrevia músicas para a banda. Sua voz pairava pela casa enquanto ela dedilhava novas melodias e experimentava novas letras.

Tinha na esposa de James Gurley, Nancy, uma amiga especial, apesar da óbvia tensão entre elas por causa do antigo caso de Janis e James. Nancy, mestre em Literatura Inglesa, era uma companheira que se engajava em discussões inteligentes sobre livros, que faziam parte da vida de Janis tanto quanto a música. Nancy era uma figura de Deusa-Mãe, casada com um filho. Como as mulheres do grupo texano de Janis, Nancy representava o outro papel feminino, mas ela, mais do que as esposas texanas, misturava o papel de nutriz com a força que Janis desejava ver em sua visão da mãe moderna.

Nancy também tomava anfetaminas, a antiga arqui-inimiga de Janis. Ela tremeu de medo ao chegar em São Francisco e ver alguém injetando alguma coisa. Dave achava que a atração de Janis por aquilo era tão forte que sua mera presença era uma tentação demasiadamente grande. Por um certo tempo, Janis manteve a linha com as drogas, apenas bebendo álcool ocasionalmente, mas a vida em Lagunitas mudou isso. Naquele tempo e naquele local, a exploração desenfreada das drogas e o espírito livre estavam intrínsecos. Havia grandes festas e muitas substâncias químicas que expandiam a mente e a embriagavam. Assim, ela experimentou algumas drogas. Não era o ponto central de sua vida; ela estava apenas se inserindo na cena. Por vezes, Nancy, Rita e Janis ficavam acordadas a noite inteira tomando anfetaminas e enfiando miçangas freneticamente em colares e elaborados arranjos de parede.

A experiência de Nancy Gurley, a Mãe-Terra de espírito livre, com as anfetaminas, batia de frente com a vida regrada, limpa e sem tóxicos dos Albins. Peter e Cindy queriam a casa quieta às 10 da noite para que a filha conseguisse dormir. Muitos dos outros desejavam praticar o rock'n'roll até tarde da noite, emulando as horas que passavam no palco, desde as 9 da noite até a 1 da manhã.

Nancy fora uma das primeiras professoras da Escola Summerhill de Los Angeles. Criara Hongo de maneira muito relaxada em comparação com o que Cindy queria para Lisa. Todos tinham cães, mas a cadela de James e Nancy teve filhotes que contraíram cinomose. Por algum tempo, parecia que sempre havia crianças nuas e sujas correndo por todo lado, cãezinhos mortos e um amontoado de trecos, pouquíssimas pessoas limpando e constantes festas regadas a rock'n'roll. A intensidade geral de oito adultos, duas crianças pequenas e um número incontável de animais criava um caos desconcertante para quem quisesse olhar de perto.

Apesar da união da banda e de seu papel dentro dela, sempre havia a Janis independente que não sabia bem se lhe bastava simplesmente ser parte do Big Brother. Os antigos dias de Janis na Coffee Gallery haviam lhe valido a atenção de outros membros do mundo musical. De volta à Califórnia, ela foi abordada com outras propostas de carreira. Paul Rothchild, diretor de gravação da Electra Records, tinha verba para montar uma banda de blues de raiz. Ele reuniu Taj Mahal, Stefan Grossman e Al Wilson (Wilson mais tarde formou a Canned Heat). Janis ensaiou com eles em São Francisco sem contar aos rapazes do Big Brother. Paul lhes disse: "A música é ótima!".

Quando os companheiros descobriram que Janis estava em conversação com Paul Rothchild, inicialmente pensaram que Paul estava interessado neles como banda. A descoberta de que ele queria apenas Janis foi devastadora para seu recém-desenvolvido senso de família. Em discussões acaloradas, eles a acusavam de traição. Janis gritava de volta: "Não briguem comigo!". Ela queria saber o que seria melhor para ela. O Big Brother estava progredindo; deixá-los seria roubar à banda a capacidade de testar seus méritos recém-descobertos. Eles discutiram e imploraram. Afinal de contas, a ESP, uma pequena gravadora, já se aproximara deles. Finalmente, convenceram Janis a postergar a decisão até depois do grande serviço em Chicago.

O Mother Blues era um antigo clube de folk que passara ao rock'n' roll porque havia competição demais com o blues propriamente dito. O Big Brother chegou, trazendo a cena de Haight, e entrou no mundo do "antes do ácido". Os rapazes de cabelo comprido ouviram as piadinhas típicas: "É menino ou menina?". Veludo, botas, miçangas, penas e cabelo solto simplesmente não eram a norma na Cidade Ventosa. A cabeça de Nick Gravenites virou para olhar os cinco andando pela rua. Ao atravessar para cumprimentar seus velhos amigos, eles se encolheram sem saber se era um habitante local que agredia hippies ou apenas um curioso. Mas era Nick, um vagabundo como eles, de volta a Chicago depois de seus dias na cena boêmia de North Beach.

22 de agosto de 1966

Mãe...

Ainda não soube de vocês, mas estou estourando de novidades, por isso vamos lá.

Em primeiro lugar, começamos um contrato de quatro semanas em Chicago na terça-feira que vem – a mil dólares por semana!! Por isso, não escrevam até saberem de mim. Estou mesmo querendo me sair bem... Chicago é o Paraíso do Blues e posso ouvir e ser ouvida por algumas pessoas importantes. Eles (o clube em que estamos tocando – Mother Blues) pagam nosso transporte, por isso vamos zarpar na terça de manhã. Não vejo a hora de andar de avião – e ser uma banda de R & R e voar para uma apresentação é ainda mais empolgante. SUSPIRO!! E uma amiga minha me deu um vestido e uma capa para usar na ocasião – um veludo antigo cor de vinho, de um bazar de caridade, mas lindo! Mangas tipo Queen Anne e um decote bem baixo e amplo. Realmente fabuloso.

Mas eu tenho um problema. Espero que o trabalho de Chicago possa resolvê-lo, mas nesse momento está acabando comigo. Semana passada tocamos na cidade e um homem da Elektra, um bom selo, falou comigo em seguida. Gostou muito de mim/nós. Durante a semana, alguém me ligou... parece que Rothchild (o cara da Elektra, que descobriu Paul Butterfield, que é muito famoso agora – ele toca blues à moda antiga) está interessado em formar uma banda de blues e quer que eu participe. Os dois guitarristas e eu temos uma reunião hoje. Muito envolvida, mas, para resumir – Rothchild acha que a música popular não pode continuar indo mais e mais longe e ser mais barulhenta e mais caótica como é agora. Ele acha que vai haver uma reação e o blues, as baladas e coisas mais melódicas vão voltar. Bem, a Elektra quer formar o grupo para SER assim – e querem que eu participe. Querem nos alugar uma casa – em LA – e nos sustentar até termos material suficiente, daí, primeiro querem que façamos um single e um álbum. Eles são uma boa empresa – e como seríamos o grupo deles, eles iam nos espremer ao máximo... E, diz ele, não podemos evitar fazê-lo. Mas eu não sei o que fazer! Tenho de adivinhar se o R & R vai funcionar, até que ponto vai minha lealdade ao Big Brother (a banda está muito irritada comigo simplesmente por eu ir à reunião, o que é compreensível) e apenas, de modo geral, o que fazer. O blues é meu amor todo especial por uma coisa e por outra, eu estaria contratada por uma gravadora desde o início – já começaria quase por cima e não tenho certeza se o resto da banda (Big Brother) estará, na verdade se quer, trabalhar duro o bastante para serem bons o bastante para chegar lá. Não fazemos isso agora, eu acho. Oh, Deus, estou carregada de indecisão! E, vamos encarar, estou lisonjeada. Rothchild disse que eu era uma das duas, talvez três melhores cantoras do país e eles me querem. Bem, o que espero é que o serviço de Chicago me mostre exatamente o quanto o Big Brother é bom... e daí eu posso tomar uma decisão. Uau, é mesmo demais. Espero que vocês não se importem com esse meu desabafo, mas eu precisava muito falar com alguém. Queria poder pedir conselho a alguém que soubesse e que não tivesse opinião formada por qualquer razão. Ah, continue sonhando, Janis.

Vou escrever, talvez até ligar, de Chicago.

Meu amor a todos,
XXX
Socorro!
Janis

Nick levou um amigo produtor, George McGowsky, para ouvir a apresentação do grupo. Como grande parte de Chicago, ficou confuso com o som. "É pena que eles nunca vão chegar lá", George confidenciou a Nick. "São disparatados demais para o gosto do mercado." Mesmo assim, o dinheiro era bom e a viagem foi divertida. Fora de Lagunitas, Janis e James reataram o romance.

Em meio à correspondência havia uma carta com questionamentos de meus pais para Janis.

> *Já que você evitou tão cuidadosamente o tópico, estamos supondo que acha que sua atual aventura promete sucesso e que não vai voltar para ir à faculdade mês que vem. Se essa suposição for incorreta nos informe imediatamente, pois precisamos saber. Por outro lado, se a suposição estiver correta tudo o que podemos fazer, acho, é desejar-lhe toda a sorte e todo o sucesso que você espera. Com amor, papai.*

Que maravilha! Janis não achava mais que estava mentindo. Encontrara seu lar emocional. Não importa o quão tênue aquela vida pudesse ser, naquele momento parecia que duraria para sempre.

Janis usou um modo curioso de contar que não estava tomando tranquilizantes. Implicava que ela preferia ter a mente limpa. Ela deixava de mencionar as outras drogas – as drogas sociais que agora eram parte integrante da cena hippie. Os tranquilizantes não eram o tipo de droga hippie, já que embotavam os sentidos. Os hippies preferiam expandir a mente. Mas Janis rejeitava os psicodélicos, preferindo os depressivos, principalmente álcool.

Setembro de 1966

Querida mamãe...

Estamos tocando em Chicago agora – cinco entradas por noite, seis noites por semana. COF! É de fato um trabalho pesado. Estamos no Mother Blues, na cidade velha. Nossa música também não está indo muito bem. Há tantas boas bandas de blues em Chicago que sumimos ao lado delas e tocar fica ainda mais difícil.

Tivemos sorte em um aspecto – Peter tem uma tia e um tio que moram em Chicago e estamos na casa deles. São pessoas muito simpáticas – c/ três filhos supercriativos e brilhantes. Têm uma grande casa com ar-cond. no subúrbio, nos emprestaram um carro. Realmente fantástico. Estamos meio tristes por ter saído de nossa casa no interior, porém.

A coisa da gravadora de que escrevi causou um certo trauma emocional dentro do grupo. Todos os tipos de questionamentos de lealdade surgiram. Decidi ficar c/o grupo, mas ainda gostaria de pensar sobre a outra coisa. Tentando perceber o que é musicalmente mais vendável porque eu ser boa não basta, tenho de estar em um bom veículo. Mas não sei nada sobre a indústria musical, por isso estou apenas me arrastando por aí.

Papai tocou na questão da faculdade, o que foi bom porque eu provavelmente continuaria a evitá--la, em meu próprio modo adulto inimitável, até que ela desaparecesse. Acho que não posso voltar agora. Não conheço todas as razões, mas acho que isso tudo tem uma sensação mais real. Mais real para mim. Uma porção dos conflitos que eu tinha e de que falei com o sr. Giarratano foi resolvida. Não tomo mais tranquilizantes. Acho que não estou mentindo agora. Isso é tudo muito bacana e bom e muito sincero, mas o problema é – eu gostaria de voltar à escola. Gostaria mesmo, mas de alguma forma acho que tenho de passar por isso primeiro e, quando puder, eu volto. Se não fizer isso, sempre vou pensar sobre cantar e ser boa e saber e me sentirei como se tivesse traído a mim mesma – sabem? Assim, embora deseje muitos dos aspectos de ser estudante e morar em casa, acho que tenho de continuar tentando ser cantora. Por mais fraco que pareça, peço desculpas por ser tão ruim para a família. Percebo que meus valores volúveis não me tornam muito confiável e que sou um desapontamento e, bem, simplesmente sinto muito.

Temos um endereço aqui para o qual vocês podem escrever – gostaria que o fizessem. Tentei ligar no domingo passado, mas não tinha ninguém em casa – já que vocês provavelmente estavam em Bandera,

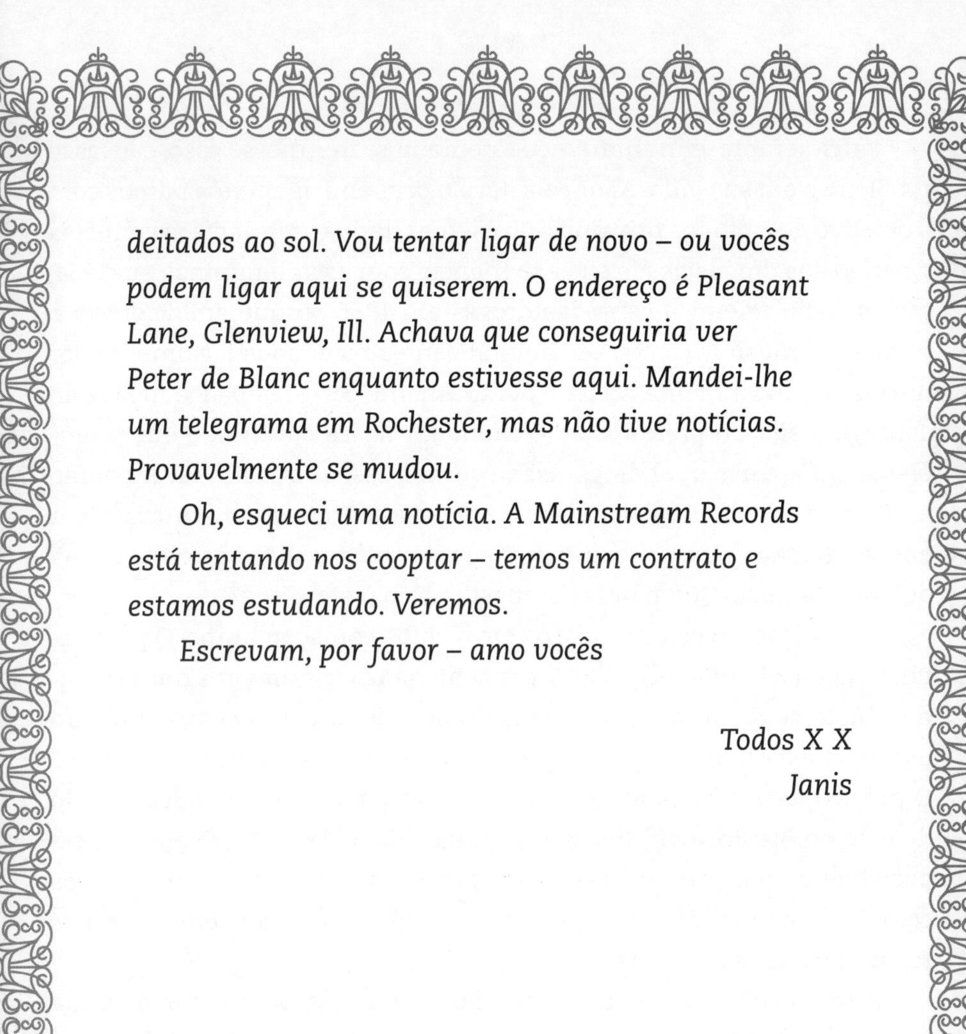

deitados ao sol. Vou tentar ligar de novo – ou vocês podem ligar aqui se quiserem. O endereço é Pleasant Lane, Glenview, Ill. Achava que conseguiria ver Peter de Blanc enquanto estivesse aqui. Mandei-lhe um telegrama em Rochester, mas não tive notícias. Provavelmente se mudou.

Oh, esqueci uma notícia. A Mainstream Records está tentando nos cooptar – temos um contrato e estamos estudando. Veremos.

Escrevam, por favor – amo vocês

Todos X X

Janis

Janis sempre enfrentara seus demônios, mesmo se isso causasse problemas em sua vida. Agora ela dava o primeiro de muitos passos com o objetivo de evitar os principais problemas de sua vida. Janis já conhecia o perigo das drogas desde sua experiência com as anfetaminas em 1964, mas decidiu tolerar a cena das drogas em 1966 porque ambicionava o mundo da música. Trocou os tranquilizantes receitados legalmente por uma droga socialmente aceita e politicamente correta – o álcool! Ela não conseguia sair do pressuposto comum em nossa cultura de que o problema era apenas qual droga usar. Poucas pessoas questionavam então a dependência de drogas em nossa sociedade. Poucos perguntavam por que as drogas eram necessárias. Naquele tempo, as drogas eram uma descoberta nova. Quem ousaria questionar o novo xamã?

Em Chicago, o compromisso com o clube começou limpo. O proprietário pagou à banda mil dólares por semana pelas primeiras duas semanas. Na terceira das quatro semanas, o proprietário estava sem dinheiro porque a experiência com o Big Brother não atraíra clientes o bastante. O público local não estava cheio de drogas e não compreendia o estilo de rock do Big Brother. Chicago era uma cidade de blues. O público, especialmente em pequenos clubes comuns, esperava ouvir blues típicos com o fundo musical tradicional. Não sabiam o que fazer com os *hipsters* renascidos de São Francisco.

Peter correu atrás dos direitos financeiros da banda por meio da União dos Músicos, mas a assistência legal não podia dar dinheiro ao proprietário quando ele não tinha nenhum. Presa em Chicago, sem modo de voltar para casa, a banda foi forçada a trabalhar para reunir fundos. "Tivemos de começar a desenvolver um show de palco", explicou Peter Albin, "e eu fazia uma porção de observações sagazes. Mas não saía nada. E finalmente, na última semana, nós... arranjamos uma *go-go girl*. Nós a batizamos de Miss Proton, a Garota Psicodélica". Ela usava collants nos quais Peter espirrava tinta e purpurina. Eles lhe fizeram uma maquiagem extravagante e tentaram fabricar um chapéu de Magipack.

Janis explicou a um entrevistador do *Mojo Navigator Rock and Roll News*: "Você nem pode imaginar como é tentar cantar. Sabe, um palquinho minúsculo, muito pequeno e muito longo e não dava para se mexer nada, e eu ficava ali cantando e a pista de dança logo ali na minha frente desse jeito, e tinha uma guria seminua dançando logo ali na minha frente, e eu não conseguia parar de rir. Era difícil, muito difícil cantar".

Janis se vingou. "Janis e eu tínhamos algumas diferenças", lembra Peter, e "sua reação em Chicago era uma delas." Era seu velho sentido de uma autoridade mais elevada. Se o proprietário do clube não pagava seu salário, ela se vingaria apropriando-se de um suéter de cashmere que pertencia a um amigo dele. Como o amigo permitira que a banda ficasse em seu apartamento, devia estar envolvido na fraude. Janis estava cuidando de Janis, equilibrando a balança do modo mais direto possível.

Ela não levara em conta as sensibilidades dos rapazes da banda. O caso do suéter criou problemas para ela dentro da família. "Simplesmente não era um bom negócio", Peter me explicou. "Tudo acaba voltando para você." Anos mais tarde, Peter encontrou o antigo proprietário do suéter. O cara disse: "Pois é, tenho uma história ótima. Janis Joplin roubou meu suéter de cashmere".

A pressão da oferta de Paul Rothchild a Janis intensificou o sentido de urgência da banda em conseguir um contrato de gravação. Anteriormente, em São Francisco, junto com outras bandas, o Big Brother fizera uma audição para algumas pequenas gravadoras, incluindo Bob Shad da Mainstream. Chet Helms, o empresário, rejeitara todas as ofertas apresentadas. Conforme a visão empresarial de São Francisco, ele estava esperando por uma boa oferta que lhes permitisse controle artístico e mais.

Bob Shad estava no ramo havia muito tempo e não era mau sujeito. Ofereceu-lhes um contrato que era padrão na época. A banda receberia 5% dos *royalties* e a gravadora seria proprietária de todas as canções que escrevessem. Eles pensavam ter tomado todas as precauções necessárias ao pedir que um advogado lesse o contrato, mas ele podia apenas vê-lo do ponto de vista legal. Eles precisavam, na verdade, da opinião de um empresário, mas não tinham.

Bob Shad cortejou o grupo com promessas de que a Mainstream era um selo que compreendia seu tipo de blues. Ele podia capitalizar sobre seu nicho. Assim, Janis tomou a decisão fundamental. Ela disse a Paul

Rothchild: "Estou apaixonada por um dos rapazes do Big Brother e por isso vou ficar com aquela banda, não com a sua".

O plano de Bob Shad era lançar alguns *singles* da música da banda. Oito horas em um estúdio de oito canais renderam quatro ou cinco canções. Elas podiam ser consideradas verdadeiras traduções de sua forma de arte na época, já que fizeram só duas ou três passadas de cada música e apenas escolheram a melhor do grupo. Porém, os engenheiros de som ainda não sabiam que era necessária certa distorção para duplicar o impacto da música. O nível do áudio foi mantido baixo demais, sacrificando grande parte da intensidade de suas apresentações ao vivo.

Terminada a apresentação, assinado o contrato, a banda dirigiu-se à Costa Oeste com a intenção de gravar novamente em Los Angeles com a Mainstream. Peter poupara seu dinheiro, por isso ele foi de avião, em grande estilo. O resto do grupo se amontoou no Pontiac que Janis mencionara na carta.

Até 2 de outubro de 1966, o LSD não estivera sujeito a nenhuma lei, mas nessa data a posse passou a ser ilegal. Cerca de 700 hippies celebraram reunindo-se para um Cortejo pelo Amor no Panhandle Park. O folheto os encorajava a vir "para afirmar nossa identidade, comunhão e inocência contra a influência do temido vício do público em geral simbolizado por essa lei". O Big Brother, o Dead e o Wild Flower tocaram. Repórteres do rádio, da televisão e dos jornais estavam em toda parte. A maioria dos celebrantes consumia ácido em um ato de provocação em grupo.

Janis e Pat "Raio de Sol" Nichols ficaram meio de fora do evento. Dividiram uma garrafa de vinho Ripple, longe dos psicodélicos. Observaram os que estavam em volta viajar nos padrões geométricos das folhas nas árvores e na impressionante aparência das veias nas folhas de grama. Janis e Pat eram velhas amigas desde a Coffee Gallery. Não precisavam justificar sua preferência pelo álcool em vez do ácido. Eram parte do movimento, mas rejeitavam a substância química que ditou àquela época o seu estilo.

20 de setembro de 1966

Querida mamãe e família,

Terminei o serviço de Chicago no domingo e parti na noite passada para a Califórnia. Casa! Casa! Agora estamos em Nebraska. Na verdade, acabei de passar pelo retorno do Clay Center – quase entrei para encontrar meus parentes, mas não consegui lembrar o nome deles, por isso ainda estamos na estrada. Estamos viajando em um Pontiac Grand Prix'65 – cheio de classe. É um serviço de transporte de veículos – paga-se uma certa quantia que é devolvida quando você entrega o carro e você só paga a gasolina (o carro está em movimento, desculpem a minha letra...)

Como as coisas vão indo profissionalmente:

1. Completamos uma sessão de gravação – que experiência. Levou nove horas para conseguir um corte de menos de 12 minutos. E não mexemos muito também. Primeiro, a gente grava só a parte instrumental. Daí, quando tudo está a seu gosto (e do engenheiro), grava-se o vocal em outra faixa sobre a parte instrumental. Daí, para obter um efeito dinâmico, se grava outra faixa vocal, as mesmas vozes, as mesmas palavras, sobre a primeira para dar à voz um som mais profundo. Muito envolvente. Assim, de qualquer modo, cortamos quatro lados. Ele vai lançar dois deles – um single *de 45 – em um mês, mais ou menos. Agora ele está nos enchendo para que gravemos mais alguma coisa. Ele diz que me saí muito bem nas primeiras e acha que sou o aspecto mais vendável do grupo e quer gravar algumas canções minhas. Queria fazer isso antes de sairmos de Chicago, mas temos uma apresentação neste fim de semana e por isso vou ter de fazer isso depois em Los Angeles. Ufa.*

2. Nosso serviço de Chicago, embora tenha sido bom para nós do ponto de vista profissional, foi uma verdadeira sacanagem. (Sacanagem – gíria para desequilíbrio desfavorável em uma troca – por exemplo: Fomos roubados). As primeiras duas semanas foram bem – fomos pagos. No final da terceira semana, o gerente do clube nos disse que não tinha dinheiro para nos pagar nem para pagar nossas passagens de volta – por isso fomos forçados a trabalhar na quarta semana pelo valor do couvert e simplesmente esperar que seria o bastante para nos trazer de volta. E sobre os 1,4 mil dólares que ele nos deve – bem, ele vai mandá-los quando o clube se reerguer e cara, eu sinto tanto e bla-bla-blá. Assim, aqui estamos nós em nosso carro emprestado, suando e praguejando enquanto atravessamos o país. Mas temos uma confissão de dívida dele e ainda achamos (esperamos?) que ele vai nos pagar. Eu consegui juntar uns 200 dólares na apresentação, porém. Vou ganhar 120 dólares neste fim de semana e mais 80-100 dólares pela sessão de gravação. Acho que vou comprar um carro. Também por meio do trabalho de Chicago, conseguimos uma proposta muito boa para duas semanas em Toronto e mais duas em Montreal – a 1,5 mil dólares por semana, quatro dias por semana. Em dezembro. Parece bom agora, mas teoricamente nossa gravação pode se tornar um sucesso até lá e seríamos estrelas. Bem, veremos.

NOTÍCIAS DE MODA: *Antes que soubéssemos que não receberíamos mais nenhum salário, achei que estava rica – Tenho 200 dólares e mais 200 por vir – líquido, as contas estão pagas – assim, saí e comprei um par de botas por 35 dólares. Oh, elas são tão bacanas!! Têm um estilo antiquado – apertadas, com botões na frente.* Pretas. FANTÁSTICAS! *Quando voltar, vou alugar uma máquina de costura e fazer algum tipo de vestido lindo/diferente para combinar.*

SEÇÃO QUE TAL VOCÊS ME FAZEREM UM FAVOR: *Sabe aquela caixa que vocês iam me mandar? Então, pensei em mais algumas coisas de que gostaria se ainda estiverem por aí. Vou fazer uma lista para maior eficiência:*

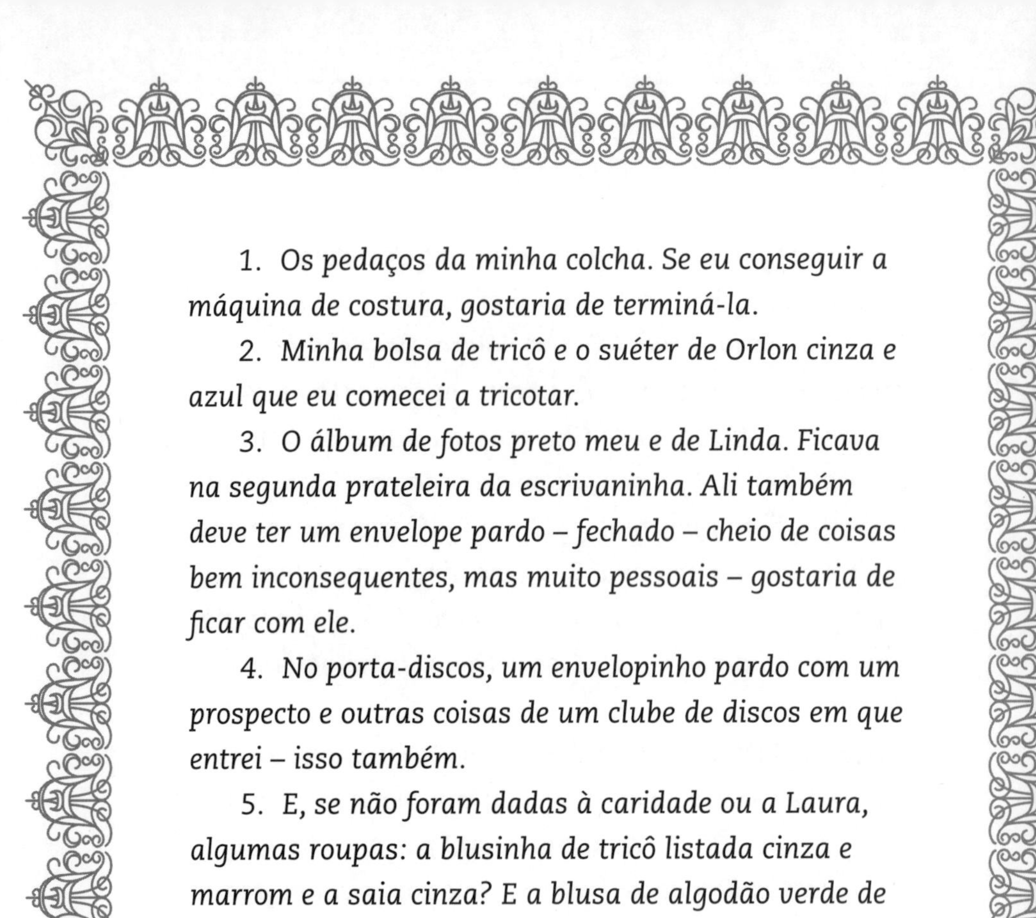

1. Os pedaços da minha colcha. Se eu conseguir a máquina de costura, gostaria de terminá-la.

2. Minha bolsa de tricô e o suéter de Orlon cinza e azul que eu comecei a tricotar.

3. O álbum de fotos preto meu e de Linda. Ficava na segunda prateleira da escrivaninha. Ali também deve ter um envelope pardo – fechado – cheio de coisas bem inconsequentes, mas muito pessoais – gostaria de ficar com ele.

4. No porta-discos, um envelopinho pardo com um prospecto e outras coisas de um clube de discos em que entrei – isso também.

5. E, se não foram dadas à caridade ou a Laura, algumas roupas: a blusinha de tricô listada cinza e marrom e a saia cinza? E a blusa de algodão verde de que eu gostava muito.

6. Meu chapéu de tricô preto está em casa? Se estiver, podem mandá-lo?

7. Caixa e livro de receitas. Espero que não seja muito trabalho – eu ficaria muito grata. Enviem pela Greyhound, não tem problema – meu endereço é Caixa Postal 94, Lagunitas, Calif.

O que quero fazer, se conseguirmos equilibrar nosso serviço, é tirar alguns dias de folga e ir para casa – tentar me explicar a vocês, ver todo mundo e

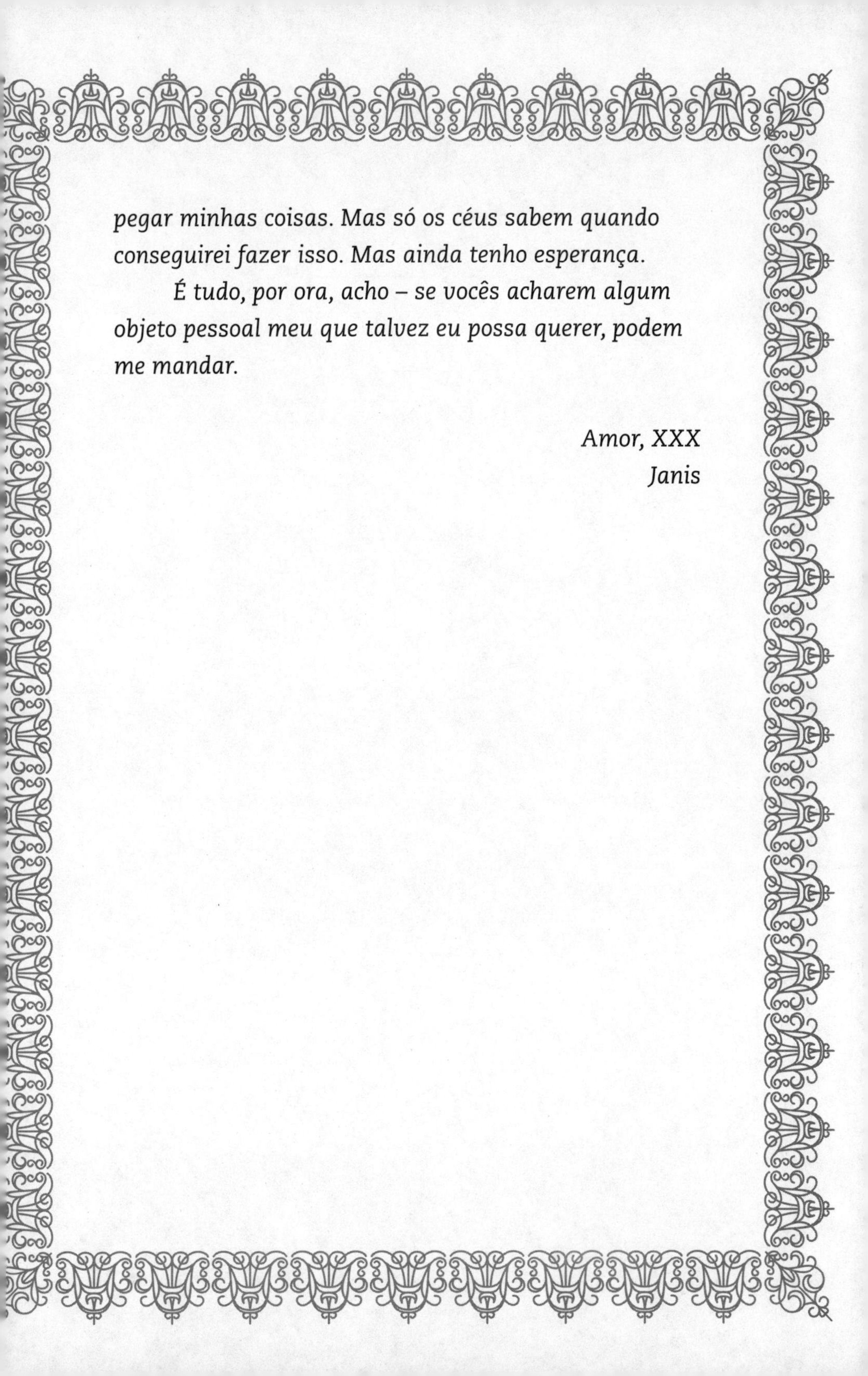

pegar minhas coisas. Mas só os céus sabem quando conseguirei fazer isso. Mas ainda tenho esperança.

É tudo, por ora, acho – se vocês acharem algum objeto pessoal meu que talvez eu possa querer, podem me mandar.

Amor, XXX
Janis

CAPÍTULO 10

SUCESSO COM O BIG BROTHER

Come away with me
And we'll build a dream
Things will be like they
Never seemed they could be

[Venha comigo
E vamos construir um sonho
As coisas vão ser como
Nunca pareceram que seriam]
– JANIS JOPLIN, "Come Away with Me"

O Big Brother and the Holding Company voltou ao estúdio no final do outono de 1966. Bob Shad veio de Chicago com a intenção de conseguir alguns bons *singles* para lançar. Das duas sessões no estúdio, em Chicago e em Los Angeles, a Mainstream lançou o primeiro *single*, "Blindman" e "All Is Loneliness". Embora Janis, entusiasmada, tenha enviado os *singles* de 45 rotações à família e aos amigos e quase tenha furado uma cópia na vitrola de Lagunitas, o esforço não rendeu grande coisa.

O Big Brother recebia boas críticas locais pela gravação e as apresentações. A *Mojo Navigator Rock and Roll News* disse que o disco "é excelente, tanto em termos de potencial comercial quanto em recriação de seu som ao vivo". No *The Berkeley Barb*, Ed Denson escreveu em sua coluna "A Cena Folk": "A garota canta muito bem, porém. É uma verdadeira cantora de blues na tradição de Shirley & Lee ou de Ma Rainey e Bessie Smith, com a capacidade de chorar e jogar o corpo na música". Continua: "Mas são os instrumentistas que fazem o grupo ser o que é... fiquei fascinado pelos guitarristas... Havia o sentimento geral de que o grupo estava fazendo sua música, não apenas ganhando a vida, e que eles estavam fazendo algumas coisas inventivas".

O Big Brother mergulhou em uma busca tumultuada para encontrar elementos do soul, desenterrados com uma determinação musical visceral. O soul era o guia musical de Janis. Levou-a à música negra e à experiência negra na América branca. "O soul de olhos azuis" foi sua entrada na cena do rock'n'roll branco de classe média. As raízes vinham do folk e do *rhythm and blues*, mas era unicamente branco. Sua música era a tentativa de mesclar os estilos de maneira significativa e ecoar a vida da América branca. As pessoas trabalhavam para criar o novo som e encontrar sua definição. Mas havia limites. Quando Sam Andrew arriscou alguns acordes pouco usuais em um blues, Janis o rejeitou imediatamente, muito purista, dizendo: "Blues para TV!".

O jargão de jazz acompanhava sua absorção na música negra. Todas as frases começavam com "Ei, cara", lembra Paul Rothchild. No meio sempre entrava a palavra *tipo*. "Ei, por que nós não vamos, tipo, no centro?". As drogas redefiniram sua linguagem; um usuário frequente era um "psyco", uma única dose era um "tapa" ou um "tiro", e a maconha era "erva", "capim seco", "chibaba" ou "erva do sonho". A vida era arte e o diálogo era teatro de improviso. Achavam que era o início de uma nova sociedade.

O *Mojo Navigator* de 5 de outubro de 1966 parafraseava a Declaração de Independência:

> Quando na corrente dos acontecimentos humanos torna-se necessário para o povo deixar de reconhecer os padrões sociais obsoletos que isolaram o homem de sua consciência e criar com as vigorosas energias das comunidades de relações harmoniosas do mundo às quais o processo de 2 bilhões de anos da vida lhe dá direito... acreditamos que essas experiências dispensem explicações, que tudo é análogo e que a criação nos concede certos direitos inalienáveis, que entre os quais estão: a liberdade do corpo, a busca pela alegria e a expansão da consciência e que, para assegurar esses direitos, nós, os cidadãos da Terra, declaramos nosso amor e compaixão por todos os homens e mulheres cheios de ódio e conflitos em todo o mundo.
>
> Declaramos a identidade da carne e da consciência; toda razão e lei devem respeitar e proteger essa sagrada identidade.

Outubro de 1966

Querida mamãe,

Deus, sinto-me tão delinquente por não ter escrito por tanto tempo – e você acabando de passar por uma operação séria. Sinto muito, mesmo. Estou tão grata por você estar bem – suas cartas parecem alegres – e por eles acharem que detectaram aquilo a tempo. Estou muito aliviada e também orgulhosa de você pelo modo estoico como lidou com tudo. Sei que já é meio tarde para dizer isso tudo, mas como tenho meu carro estou altamente móvel, por isso se você precisar de mimo ou me quiser por perto, por favor, me ligue.

As coisas estão confusas como sempre por aqui. Apenas tropeçamos de um dia para o outro, sem fazer grande coisa. Descobri que não consigo fazer nada a menos que haja um mínimo de sossego e c/oito pessoas em uma casa – conversando e cuidando de bebês – não posso fazer coisas pequenas, como escrever cartas, cerzir, costurar, nada. Por exemplo, todos saíram agora (Alá seja louvado!), então posso fazer isso.

Consegui uma linda máquina de costura antiga em um brechó. Uma velha Singer c/filigranas douradas em todo o corpo. Também comprei veludo azul para fazer um vestido de palco – se conseguir, provavelmente não até que termine nosso aluguel e voltemos a morar em lugares próprios.

Nosso disco foi lançado – Blindman/All is Loneliness, da Mainstream Records. Vamos ganhar 50 discos e eu vou mandar-lhes um. Ainda não recebemos nenhum – deviam ter chegado há duas semanas. Você acha que nosso produtor vive com outras oito pessoas e não consegue... oh, é claro que não. Temos uma única cópia que já tocamos tantas vezes que não suporto mais. Não sei nem dizer se é bom ou não.

Estou mandando algumas coisas. Primeiro, uma foto minha em que pareço bonita – de uma folha de provas feitas por um fotógrafo. Segundo, uma revista I.D. com algumas das bandas locais. Todas as pessoas cujos nomes aparecem são amigos. Mando isso pra você poder ver como as pessoas da Califórnia são chiquérrimas. As bandas nossas amigas são o Grateful Dead (o Pig-Pen não é uma graça? Estão fazendo camisetas do Pig-Pen com a foto dele – para os fãs. Eu tenho uma – vermelha), o Quicksilver Messenger Service, os Charlatans (lembra do pôster azul que eu tinha deles? Será que ainda está por aí? Gostaria que me mandasse), o Outfit e o P.H. Phactor Jug Band. Dê uma olhada nelas, depois na Calliope Co. E daí, se estiver empolgada, na foto da Family Dog. O "cão familiar" é Sancho, em cima do caminhão – o símbolo de todas as pessoas que formam uma corporação de rock'n'roll e organizam bailes em todos os fins de semana. Essas pessoas são todas amigas minhas! Elas não são impressionantes? As pessoas com estrelas depois do nome são membros da banda.

Estou atrás, à direita. Uma foto muito bacana mesmo. Eles não estão fantasiados – vestem-se desse jeito o tempo todo. Agora, visto de minha perspectiva, não estou assim tão de fora, não é?

Meu pobre carrinho. Perdi as chaves, por isso fiz uma ligação direta. Perdi uma calota. E o motor de partida queimou, por isso preciso empurrar para fazer pegar. Era um carrinho limpo e saudável e agora é um calhambeque beatnik *– e sabe disso. Está lá fora, estacionado em uma colina.*

Linda e eu ainda nos escrevemos – ela, Malcolm e Sabina agora vivem no barco que Malcolm construiu. Ela me mandou uma foto – ela é tão linda! Segurando Sabina com um biquíni – toda marrom. Ela está ótima! Suspiro.

Acho que vamos a LA em novembro para gravar. Espero ficar com Barbara ou Donna [prima de Janis] enquanto estiver lá. Quero muito ver Donna.

Isso não é ridículo – não escrevi por dois meses e não consigo lembrar de nenhuma novidade. Absurdo. Bem, amo vocês todos, penso muito em vocês, mandarei um disco e tentarei escrever logo.

Com amor, XXXXX
Janis

20 de novembro de 1966

Querida mamãe...

Como estão todos? Bem, espero. E felizes.

Estivemos trabalhando muito ultimamente – e felizes com isso. Este negócio não é nada divertido a menos que você possa se apresentar. Os aspectos monetários de não trabalhar são importantes também, é claro, mas o valor real está apenas em ser apreciado. Valem a pena todas as discussões e ensaios ruins só para ter 1,5 mil garotos adorando você de verdade. E para mim, quando um músico de outra banda disse que eu sou a melhor cantora de blues, sem exceção – nem mesmo Bessie Smith. Aconteceu este fim de semana. SUSPIRO!!

No último fim de semana, estávamos muito ocupados – sex. à noite das 7h-9h15 gravamos um programa de TV – um show local de arte pop chamado POW! Fizemos a gravação e tivemos de dublar tudo, o que é bem estranho. Daí partimos para Sacramento em um carro alugado para um serviço naquela noite. Estávamos muito atrasados – 23h15, então para cumprir o contrato tivemos de tocar por duas horas direto, o que não é nada fácil. Na noite seguinte fomos à cidade para aquilo que se classificaria como nossa maior realização até agora – uma Festa dos Hell's Angels. Um hospício completo! Daí no domingo à noite tocamos em uma zeneficência – uma festa beneficente para o templo zen da cidade. Neste fim de semana tocamos em um local em Santa Cruz chamado celeiro. Fica a quase 100 quilômetros, por isso ficamos na casa de alguém e dormimos no chão na sex. à noite – o que quase não chega a ser um repouso. Gemido. Estaremos no Avalon Ballroom no fim de semana que vem e na primeira metade de dezembro devemos ir a Los Angeles para gravar. Nosso disco não parece estar fazendo muito sucesso, apesar do estímulo dos fãs por aqui. A gravadora quer me apresentar em destaque nas próximas gravações, por isso estamos trabalhando nas minhas coisas e assim por diante, negócios, negócios.

Outra novidade – tenho um cachorro. Tão fofo! Tem apenas oito semanas e é peludo como um dente-de-leão. Metade pastor alemão e metade pastor inglês. Ele vai ficar bem grande. Tem cores de pastor alemão, mas pelo comprido enrolado e recebeu, obviamente, o nome de George. Na verdade, ele já se chamava George quando ganhei, por isso deixei esse nome. Além disso, quando estava em Santa Cruz este fim de semana, apanhei um camundongo. Ele tem só esse tamanhinho ______________ (sem contar o rabo) e é muito lindinho. Ainda não lhe dei um nome.

Pintamos Big Brother and the Holding Co. no meu carro, e nosso símbolo, o Olho de Deus, muito bom, feito pelo Mouse, um dos artistas especializados em cartazes daqui. Muito bonito. O carro, que ainda não tem nome também, está rodando bem, mas não dá a partida porque o motor de partida não funciona. Por isso eu o faço pegar no tranco nas ladeiras. Felizmente vivemos no alto de uma. Vamos mandar consertar logo que tenhamos dinheiro.

Também tenho uma conta de 35 dólares do dermatologista. Ainda não parece muito melhor. Ele está fazendo uma coisa nova – ao menos para mim. Estou tomando um medicamento interno chamado Tetraciclina que diz que revolucionou a profissão. Veremos. Mas as vantagens, se funcionasse, seriam tremendas.

Últimas notícias – temos um novo empresário, Jim Killarney, que apenas retirou toda a responsabilidade e informações e dinheiro e tudo de nossos ombros e jogou nos seus e semana passada quebrou as costas – literalmente (minha analogia e o rumo da história se misturam aqui...). Ele sofreu um acidente de carro e por isso está no hospital agora e estamos todos desorganizados.

E quanto aos assuntos de casa:

Mamãe, será que eu li em sua última carta que você voltou a trabalhar? Bons Deuses! Por favor, não se sobrecarregue demais. Tome conta de si, pelo amor dos céus. Mas, se isso significa que você está se sentindo muito bem, estou feliz. Mike, a mamãe me falou de suas notas em inglês e quero que você saiba o quanto estou contente. Muito orgulhosa de você – e aposto que você está também. Você não acha que é uma matéria muito interessante depois que você toma impulso? Continue assim! Continue assim! Você vai ter aulas de arte nessas nove semanas ou já terminou? Sabe, você podia escrever... Amo você.

Laura, não tive nenhuma notícia sua. Como vai a escola? Como vai o naipe dos metais? Como está você, os gatos, o carro? Você gostou do nosso disco? E gosta de minha nova ocupação ou acha secretamente que estou sendo meio cretina? Mande todas as respostas para a Caixa Postal 94, Lagunitas, Calif.

Papai, não tenho notícias suas, por isso presumo que esteja na mesma – entrincheirado em um tomo da História da Eslobóvia Superior, da Primeira Grande Invasão à Guerra Civil até o Fim de Todas as Guerras Civis, Vol. 1. Se não estiver assim tão ocupado, mande--me conselho...

É tudo por enquanto, vou pensar em vocês no Dia de Ação de Graças – e nos outros dias também, é claro.

Com amor, XX
Janis
PS: Mãe, veja os selos. Não são lindos?

Quando o Big Brother foi a Los Angeles para uma gravação profissional, Janis foi elogiada por Bob Shad como o aspecto mais vendável do grupo. Daí ela jogou nove buracos de golfe com a tia Barbara! Sei que ela tagarelou alegremente com Barbara, erigindo um grande futuro e as espantosas promessas da cultura hippie.

A *Time* declarou "A Nova Geração" como o homem do ano de 1966. A cena musical de São Francisco estava recebendo reconhecimento nacional. A *Time* publicou um artigo em 16 de dezembro de 1966 intitulado "O que terá acontecido às Andrews Sisters?". O artigo falava sobre os diversos novos grupos de rock que só podiam ser diferenciados por seus "nomes excêntricos". Listavam 26 grupos com apelidos como Dirty Shames [Vergonhas Imundas], Swinging Saints [Santos do Barulho], Sigmund and the Freudian Slips [Sigmund e os Deslizes Freudianos], Virginia Woolves e o Big Brother and the Holding Company. Janis colou o artigo em seu álbum.

Na edição de 19 de dezembro de 1966 da *Newsweek*, a cena recebeu cobertura em um artigo intitulado "O Âmago do Som". Peter Albin era citado. "As pessoas estão entrando mais no âmago da vida emocional e pessoal", diz o guitarrista Peter Albin, de 22 anos. "Elas estão se expressando por meio do movimento físico, o que cria um verdadeiro vínculo entre os músicos e o público".

A cena de Janis fora validada pela fonte em que nossa família depositava confiança semanalmente: a *Time*. Mesmo o tom sendo de troça, ao menos eles estavam sendo notados. Não eram alienígenas insignificantes; estavam se tornando importantes.

Sua consciência de si estava mudando. Janis pouco a pouco aumentara o guarda-roupa que levara do Texas. Imitava o visual de Nancy Gurley com vestidos fechados – roupas usadas, reformadas em estilo Mãe-Terra. Adotou a paixão de Pat Nichols por braceletes baratos com brilho e encheu os braços de metal reluzente. Estava livre do visual desgrenhado dos tempos de *beat*. Agora cultivava uma aparência suave e feminina que se encaixava à moda local. As fotos de Janis a mostravam de calças apertadas e uma camiseta, com o cabelo suavemente ondulado. Usava chapéus com vestidos e botas. Era indistinguível do hippie médio das ruas.

Dezembro de 1966

Querida mamãe...

Apenas uma nota para mantê-la informada. Participamos de um "happening" em Stanford neste fim de semana. Foi realizado em Wilbur Hall e se chamava – Um Happening na Wilburneza. Bonitinho. Tinham uma sala que mostrava a consciência sensorial, uma sala do útero, uma banda de jazz, um carro velho em que era possível desabafar com uma marreta e um baile de rock. Muito divertido.

Agora, quanto ao Natal. A única coisa em que posso pensar que queria é um bom livro de culinária geral, Betty Crocker ou Better Homes ou qualquer um que seja bom. Também gostaria de alguns pares de meias-calças – se é que ainda são vendidas. Coloridas! Não pensei em mais nada. Alguma pista sobre vocês? O que desejam? Mandem com urgência o tamanho das camisetas de Mike, aliás. E para que era aquele cheque de 20 dólares? Acho que posso pagar pelos presentes de todos. Planejo passar o Natal em Los Angeles, por isso Barbara sugeriu que vocês mandem meus presentes para lá.

Meu carro sofreu uma trágica avaria nas ruas de Berkeley e atualmente está estacionado na rua de trás da oficina esperando até que eu junte 75 dólares (!!). Devo consegui-los logo que formos pagos pelo trabalho de Stanford. Mas, como minhas finanças estão parcas, acho que vou guardar o cheque de papai para ter a certeza de conseguir chegar a Los Angeles. Depois disso, vou destruí-lo! Depois de memorizar o conteúdo, é claro. Na verdade, acho que não vou precisar, mas obrigada mesmo assim.

É tudo por enquanto, acho eu...

Com amor,

Janis

Vou tentar fazer alguma coisa sobre o equilíbrio do banco.

O Big Brother gravou seu primeiro programa de TV em novembro de 1966. POW era um tributo à nova música, mas eles foram forçados a usar playback. Eles reclamaram por ter de apresentar algo que consideravam uma imagem falsa ao espectador ao fingir que cantavam. A música era o meio de "ser" e de comungar diretamente, alma-a-alma, com os outros.

O Budismo fora por muito tempo uma influência do movimento *beat*. Os hippies procuravam novos modos de compreender a vida espiritual fora de seu próprio legado. Os novos crentes desertavam do princípio orientador das religiões ocidentais que afirmavam que Deus só poderia ser encontrado em um relacionamento com Jesus ou seu representante, o papa. Os hippies buscavam o ideal oriental, em que as pessoas podiam compreender sua identidade *com* o Criador. "Somos todos um só espírito", sua vida parecia sussurrar à comunidade. Os hippies viviam o choque das culturas oriental e ocidental, e o direito americano de liberdade religiosa era carregado como um grito de batalha por mais uma geração de pioneiros alienados.

Em vez de evitar suas emoções, os hippies faziam música e forçavam suas necessidades a emergir por meio da expansão sensorial. Eles desenvolveram novos símbolos em bailes de rock, unindo-se em um só organismo espiritual. Os americanos haviam retornado a suas raízes tribais. Os xamãs chegaram, espalhando eletronicamente sua mensagem.

"Descobri o que querem de mim", disse Janis em 1967. "É minha liberdade de sentimento. O Big Brother não sabe ler partituras. Não somos profissionais indiferentes, somos apaixonados e piegas!". A nova realidade não podia ser expressa em palavras, e Janis, especialmente, tinha o dom de usar outras maneiras.

Mediante tudo isso, a conclusão é que o amor era o princípio ordenador da vida humana. Amor era estar verdadeiramente vivo! Por que algo tão essencial deveria estar escondido e ser liberado em pequenas quantidades? A ideologia hippie tornou-se uma escola de etiqueta emocional. Se o amor não era suficiente em casa, eles criariam uma nova sociedade baseada no amor. Essa geração não via razão para não dividir o amor com todos. Amor livre!

"Cantar com o Big Brother foi a primeira chance que tive de fazer minhas emoções trabalharem para mim", explicou Janis. "Ponho tudo o que tenho nas canções. Acho que se não tivesse tido uma chance de cantar desse jeito, teria destruído a mim mesma."

"Estou em uma viagem de audiência. Falo com o público e olho em seus olhos. Preciso deles e eles de mim", explicava Janis aos entrevistadores. "Há uma porção de bons cristãos falando mal dos hippies, mas os hippies estão atualizando a ética cristã. Eles acreditam em ser bons para as pessoas."

Eles equiparavam amor livre a sexo livre. "Acho que Janis queria ser considerada completamente livre", conta Pat Nichols, "por isso as orientações sexuais não importavam. Ela tinha de viver de acordo com seu ideal livre". John Cooke acrescenta: "Sexo no final da década de 1960? Achávamos que estávamos nos livrando de grilhões sociais inválidos. O sexo era um desejo de fazer contato". Bobby Neuwirth explicou o ponto de vista dos 12 passos: "O sexo era usado como uma droga, um alterador de humor".

Janis estava se tornando uma célebre princesa no Haight. Ela e algumas amigas costumavam andar pela vizinhança para reunir homens atraentes no apartamento de Janis para uma festa. Elas se relacionavam com os homens como objetos sexuais, assim como haviam visto os homens se relacionar com as mulheres.

Janis não queria mais "fraudes de sábado à noite", segundo a frase de nosso pai para descrever a grande expectativa de romance após um encontro promissor e que logo se revelava uma desilusão. Ela invocava o poder das queixas românticas femininas em "Piece of My Heart": *"Eu não lhe dei quase tudo o que uma mulher pode dar?... Mas eu vou te mostrar, meu bem... Pegue outro pedacinho de meu coração... Se isso o faz sentir-se bem"*.

As canções se misturaram com sua vida quando Peter de Blanc lhe enviou algumas cartas, tentando restabelecer contato. Mas dessa vez Janis não lhe ofereceu outro pedaço de seu coração. Ela e as amigas apenas falaram sobre ele como outro daqueles "charmosos e maravilhosos ratos".

Janis adaptou o *spiritual* tradicional "Down On me". "*When you see a hand that's held out toward you/Give it some love, someday it may be you.../Believe in your brother, have faith in man/Help each other, honey, if you can/'Cause it looks like everybody in this whole round world/Is down on me.*" [*Quando você vir uma mão que se estende em sua direção/Dê a ela algum amor, um dia pode ser você.../Acredite em seu irmão, tenha fé no homem/Ajude os outros, meu bem, se puder/Porque parece que todos em todo este mundo redondo/estão bravos comigo*]. Não mais. Agora era um grupo coletivo que parecia dizer: "Não estamos mais zangados. Agora estamos nos erguendo para exigir nosso merecido papel na sociedade como filhos legítimos. Estamos banindo os filhos adotados que cospem verdades parciais e levam a uma vida hipócrita".

Sim, a cena estava crescendo. Um sentido de triunfo inevitável estava no ar. Mais pessoas pegavam a estrada por todo o país para ir à Costa, onde tudo estava acontecendo. Os hippies convictos estavam começando a ganhar dinheiro por ser hippies! Os primeiros residentes montaram lojas para a garotada suburbana que chegava ao Haight para mergulhar na cultura. Abriram lojas de artigos para usuários de drogas e lojas de roupas. Os lucros davam aos proprietários o bastante para viver e para o couvert de 2,50 dólares no Avalon Ballroom.

A música era a força unificadora dessa revolução. Alegremente, o Big Brother promovia seu disco para o público. "Ligue para a estação local de rádio no dia 10 de outubro e peça 'All Is Loneliness' e 'Blindman.'" A banda esperava "que o som de São Francisco chegue à cena nacional e que São Francisco se torne a Liverpool dos Estados Unidos", dizia um jornal da região.

O repórter da *Mojo* perguntou: o que acontece se o disco não vingar e a cena de São Francisco continuar a ser local? Janis respondeu: "Alguma coisa vai acontecer. Não vai simplesmente ficar assim. Ou todos nós vamos falir e nos separar ou ficar ricos e famosos". Dave Getz acrescentou: "O público está ficando cada vez maior e, se o público continuar crescendo, não há limites para o tamanho que a coisa pode ficar, neste país".

(A carta seguinte foi escrita para a tia de Janis, Barbara Irwin, que morava em Los Angeles.)

Dezembro de 1966

Querida Barbara...

Como você vai?!! Bem, pelo que soube. Também soube de mamãe que Jean e Chuck estão bem, Mimi está bem e Donna tem um namorado. Tudo parece estar sob controle. Tenho certeza de que você ouviu falar que eu sou uma pessoa da moda agora, o ídolo de minha geração, uma cantora de rock'n'roll. Sim, fãs, sim, é verdade. Canto com o Big Brother and the Holding Co. (!) e adoro.

Vamos tocar em um baile no dia 18 de dezembro no Auditório Cívico de Santa Monica. Devemos ficar por mais alguns dias para gravações – ainda não sabemos, depende do cara da gravadora e de quando ele vai querer fazer isso – está em Nova York agora. E estou tentando arranjar as coisas para estar com vocês no Natal. Depende de quando e onde forem nossos serviços e também de como estarão minhas finanças (nesse momento, as coisas parecem um tanto desoladoras – tenho os presentes de Natal para comprar e um carro quebrado que vai custar 75 dólares para consertar, contas do médico – 35 dólares e apenas 65 disponíveis. Resmungo!). De qualquer maneira, se conseguir arranjar tudo, pensei em ficar com vocês – se não tiver problema – no domingo à noite (dia 18) com certeza e

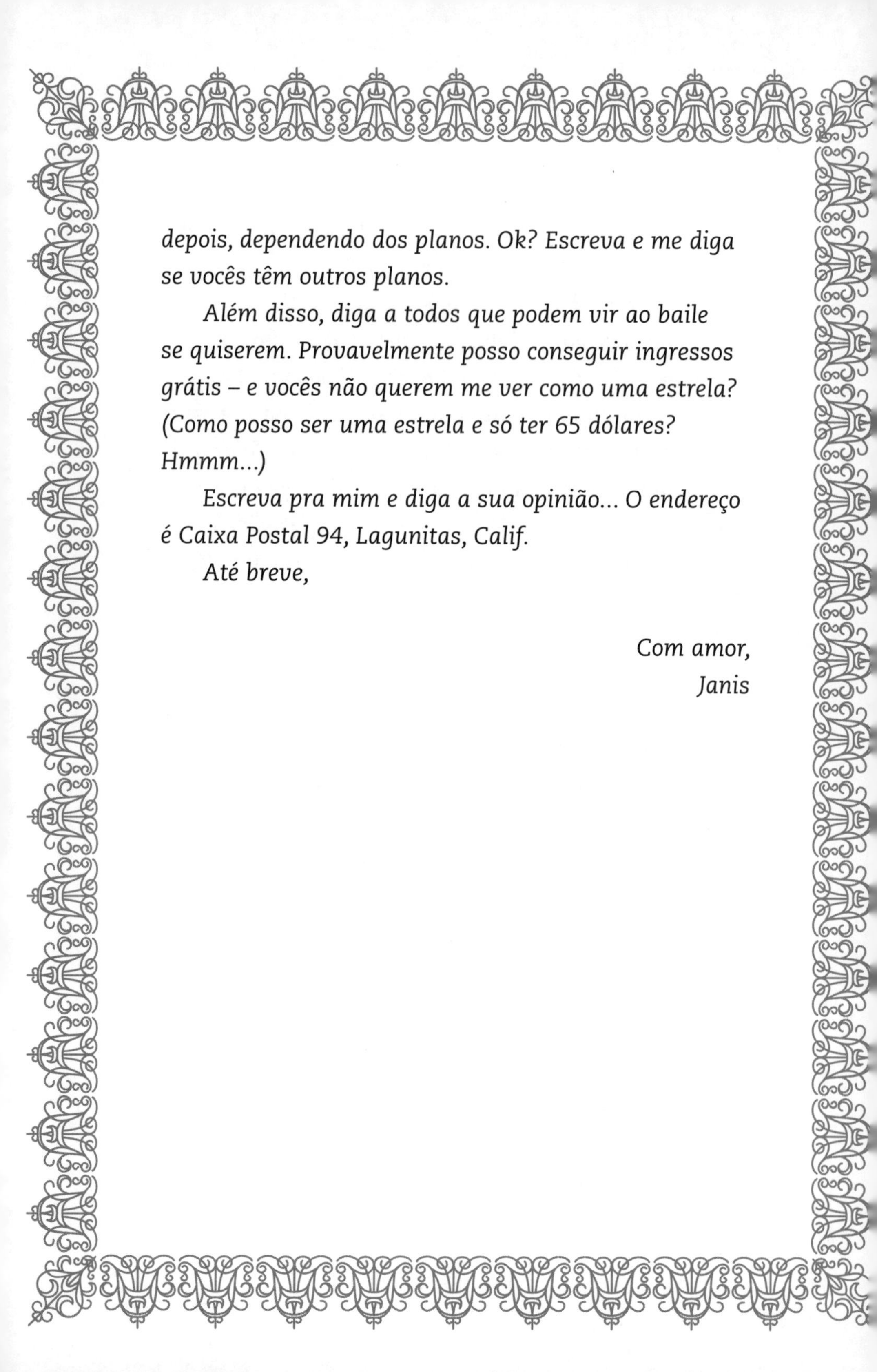

depois, dependendo dos planos. Ok? Escreva e me diga se vocês têm outros planos.

Além disso, diga a todos que podem vir ao baile se quiserem. Provavelmente posso conseguir ingressos grátis – e vocês não querem me ver como uma estrela? (Como posso ser uma estrela e só ter 65 dólares? Hmmm...)

Escreva pra mim e diga a sua opinião... O endereço é Caixa Postal 94, Lagunitas, Calif.

Até breve,

Com amor,
Janis

Janis adorava a companhia de Barbara, mas reclamava de sua insistência em que ela usasse um sutiã durante as visitas. Porém, algumas coisas valem seu preço, e Janis usava o sutiã para obter o prazer da companhia de Barbara. Mas ela se vingava arrancando-o espalhafatosamente logo que saía do jardim de Barbara e chegava à rua. Barbara era uma amiga especial para Janis, que merecia o incômodo de usar roupas de baixo. Mas Janis cedia apenas no mínimo e deixava bem claros os seus limites.

Os limites estavam sendo traçados e não usar sutiã era apenas uma das distinções importantes. Em 17 de novembro, a polícia invadiu a Psychedelic Shop e a Livraria City Lights de Ferlinghetti e fez prisões baseadas em vendas de um livro supostamente pornográfico, *The Love Book*, uma coleção de poemas de Lenore Kandel. Os hippies adotaram uma frase do livro *O Apanhador no Campo de Centeio*, de J.D. Salinger: "Nunca confie em alguém com mais de 30 anos".

Quanto mais divididas ficavam a sociedade tradicional e a não tradicional, melhor iam a vida e a carreira de Janis. A banda tinha muito trabalho e Janis tinha uma porção de amigos que adoravam diversão. Um convite dizia: "O Big Brother vai dar uma Festa de Natal no domingo, 25 de dezembro de 1966. Vá ao empório de Lagunitas. Um ônibus do Big Brother virá apanhá-lo". Tocaram em "uma experiência multidimensional de diversão e boa vontade, na noite de Ano-Novo", no Pavilhão Kezar, no Golden Gate Park. Logo depois de seu 24° aniversário, em 29 de janeiro de 1967, Janis tocou em uma festa chamada "A Consciência de Krishna vem ao Ocidente". "Tragam almofadas, tambores, sinos, címbalos. Em seguida, a abertura do Templo Krishna de São Francisco", dizia o folheto. O Big Brother tocava no Avalon regularmente. Disseram a um entrevistador da *Mojo Navigator* que preferiam o Avalon ao Fillmore. O público era de apenas 800, comparados aos 1,5 do Fillmore, e os marinheiros que chegavam à cidade preferiam o Fillmore.

Janeiro de 1967

Querida família...

Aposto que pensaram que eu tinha esquecido de vocês, não é mesmo? Desculpem, mas vocês não têm ideia de como ando ocupada. Na verdade, já tem quase um mês. Primeiro fomos a Los Angeles para gravar (fizemos seis lados – todos comigo em destaque. O próximo disco será lançado em janeiro, apesar do sucesso pouco auspicioso do último. SUSPIRO...) e daí voltamos para uma apresentação aqui, novamente a Los Angeles para outra apresentação, fiquei c/Barbara, voltei aqui no momento exato para começar a cozinhar para nossa festa do mamute – daí a festa, mais duas apresentações, três dias de intoxicação alimentar e o Ano-Novo. AAAAGHH!! Assim, como eu disse – temos andado ocupados. Mas é por isso que é divertido, sabem. Quando não estamos trabalhando, ser cantora não é muito gratificante.

Anexo – o melhor artigo, até agora, sobre a "cena de São Francisco" da Newsweek. *Muito bom – fizeram notas sobre os quatro melhores – o Airplane, o Dead, o Quicksilver e o Big Brother. Muito bom. Também mando o cartão de pontuação do jogo de golfe entre mim e Barbara. Que tal isso? Em uma daquelas pistas pequenas. Você usa só um* iron *e um* putter. *Mas fui bastante bem para a primeira vez. E foi divertido. Tive uma bela estada em LA. Não consegui ver Mimi, mas fui até lá e vi Donna, que lembra muito Mimi – pra mim, é igualzinha. Os mesmos maneirismos, tudo.*

Obrigada por tudo no Natal. E desculpem não ter ligado, mas as pessoas começaram a chegar para a festa às 2 da tarde e não consegui. Os livros de cozinha e anticozinha são perfeitos, mas meu favorito é o castiçal – uma graça. Muito obrigada. Além disso, obrigada, papai, pelos 20 dólares – ainda não descontei o cheque mas vou descontar. Tenho uma dívida de 150 dólares agora (médico, carro e sindicato). Por isso, aprecio muito o gesto.

Diga a Laura que ela fica uma gracinha de cabelo curto. Gostei muito dele assim – ela ficou com um ar travesso. E é claro que Mike parece jovial como de costume. E, mamãe, você também está ótima – não parece que esteve sofrendo tanto. E papai estava tão bonito ao lado daquela velha pilha mofada de folhas queimadas – uma foto muito boa mesmo.

Por falar em fotos, uma amiga minha é fotógrafa e fez uma porção de coisas comigo e acho que vão usar uma delas em um pôster da Family Dog! Jesus, estou tão animada! Além disso (que é uma página de fotos 3 x 4), Mouse, que tem uma máquina de buttons, fez buttons de Janis Joplin. Oh, emoção das emoções – muito raros, apenas as pessoas IN têm um deles, minha cara. Não tem nome, só a foto, assim você é obrigado

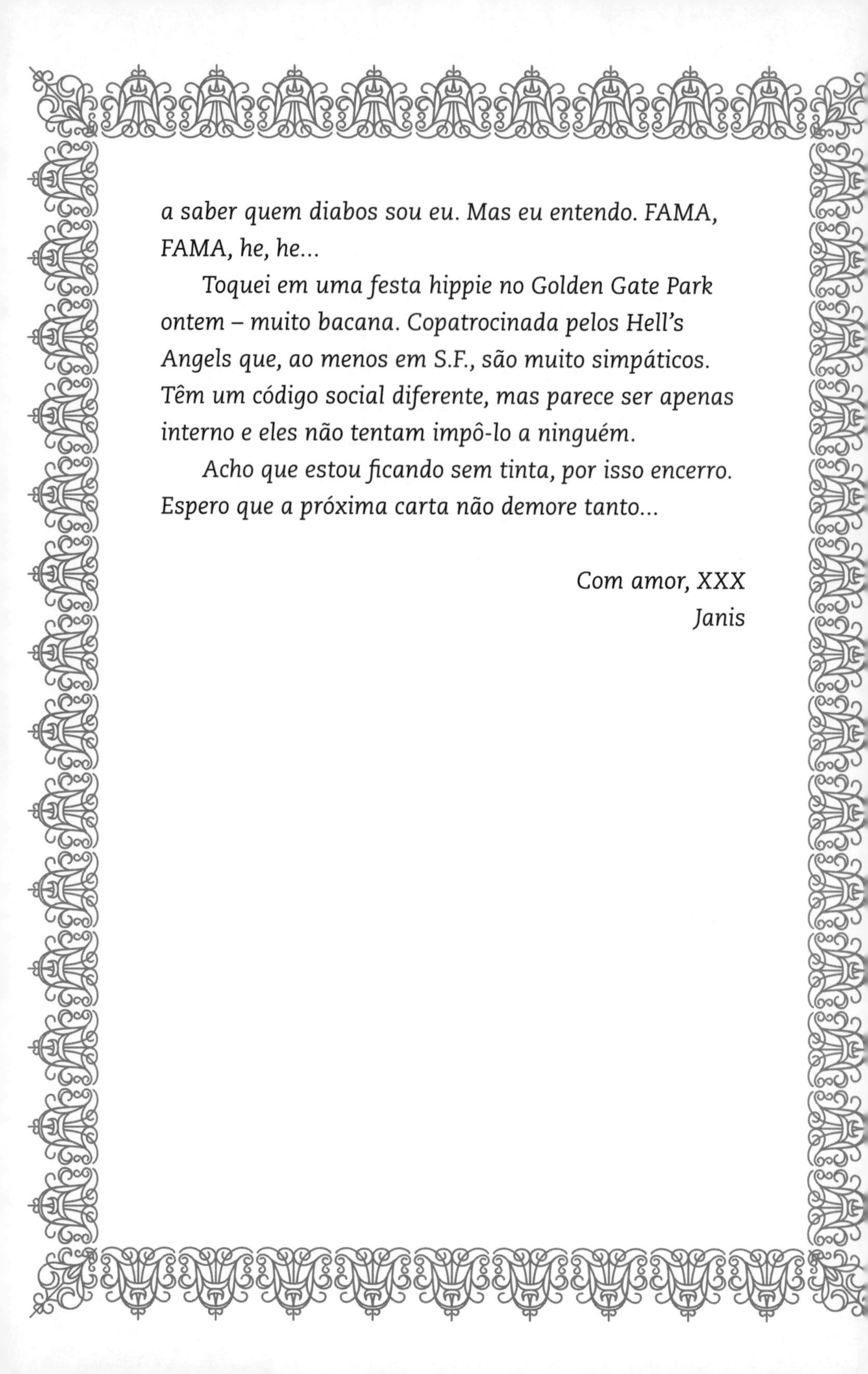

a saber quem diabos sou eu. Mas eu entendo. FAMA, FAMA, he, he...

Toquei em uma festa hippie no Golden Gate Park ontem – muito bacana. Copatrocinada pelos Hell's Angels que, ao menos em S.F., são muito simpáticos. Têm um código social diferente, mas parece ser apenas interno e eles não tentam impô-lo a ninguém.

Acho que estou ficando sem tinta, por isso encerro. Espero que a próxima carta não demore tanto...

Com amor, XXX
Janis

A 4 de janeiro de 1967, 20 mil pessoas compareceram ao "Human Be--In, uma reunião das tribos", realizado no campo de polo do Golden Gate Park. A música foi oferecida pelo Grateful Dead, Quicksilver Messenger Service, Jefferson Airplane e Dizzy Gillespie (um dos primeiros a fazer experiências com LSD com Leary e Ginsberg). Era o início de um novo ritual cultural, uma resposta à questão de Kesey ao voltar do exílio no México: "O que vem a seguir?". Não era apenas um baile ou um concerto; era uma reunião e uma celebração em comunidade. Meditações guiadas, cânticos, leituras de poesia e discursos faziam parte do programa.

Timothy Leary falou ao grupo, expandindo o tema de seu slogan "se ligue, se entregue, caia fora": "Se ligue à cena, se entregue ao que está acontecendo, e caia fora – do colegial, faculdade, especialização, executivo júnior, executivo sênior – e siga-me". Leary estava tentando fundar uma religião psicodélica. Kesey queria fazer um "Teste de Graduação", o passo seguinte após o teste do ácido. Os hippies se recusaram a prosseguir. Não viam razão para ir além de difundir o rock'n'roll, danças, drogas e amor livre. O caminho óctuplo de Buda para a iluminação total podia motivar Ginsberg e outros anciãos do movimento, mas o hippie das ruas não tinha vontade de ir mais longe.

Começaram a aperfeiçoar a forma de arte conhecida como bailes rock'n'roll psicodélicos, que se tornariam o principal produto de exportação de São Francisco, e as bandas prepararam o caminho com concertos e bailes por toda a costa da Califórnia.

Peter dirigia uma caminhonete Ford Galaxy 56 para as apresentações. Era grande o bastante para que todos se espremessem junto com o equipamento. Com uma bandeira americana no lado do carro, atraíam a atenção das famílias na estrada. Enquanto aceleravam pelas autoestradas costeiras, a garotada sub-repticiamente lhes fazia o sinal da paz, arriscando-se a levar bronca dos pais para fazer essa comunicação.

O amor e a paz estavam no ar, mas a banda decidiu que viver juntos era demais. Em fevereiro todos voltaram à cidade, em bairros separados. A convivência atendera aos objetivos. O Big Brother and the Holding Company agora era uma entidade orgânica.

Fevereiro de 1967

FELIZ ANIVERSÁRIO, MAMÃE, DA JANIS

Novamente, peço desculpas por não ter escrito, mas estivemos ocupados. Ganhando rios de dinheiro (600 dólares por quatro noites em San Jose, por exemplo) (SUSPIRO!), adquirindo uma ótima reputação (um dos Monkees veio nos ver no Matrix e supostamente saiu totalmente alucinado!), arranjamos um empresário bacana – faz tudo e realmente conhece seu ramo –, ajudou muito, comprou um rabecão Cadillac 52 para transportar a banda e o equipamento, e está procurando lugares para morar na cidade – saímos daqui no dia 15. Assim, como eu disse, ocupados. Nosso novo disco será lançado logo e o melhor de tudo, estamos ficando bem melhores. Novo material e nova habilidade – estamos todos acesos. Temos muita confiança em nossa capacidade agora e somos irrepreensíveis! Bem, estamos terrivelmente empolgados de qualquer modo.

Não escrevam mais para Lagunitas. Escrevam para Ashbury, S.F., até que eu mande meu novo endereço.

A foto é de um grupo de fotos promocionais que fizemos. Espero que gostem. Todo meu amor e melhores votos, mamãe...

XXXX
Janis

Em março de 1967, Janis voltou à cidade. Tinha um novo apartamento e uma amiga de Sam, Linda Gravenites, ex-esposa de Nick, ficou com ela enquanto terminava um serviço de costura. Linda era uma mulher alta, bonita, de ossos grandes, cabelo escuro e olhos atraentes. Era uma nativa da Califórnia criada no deserto, mas abandonara a vida tradicional que seus pais adotivos planejaram e largou a faculdade no segundo ano para se tornar uma artista. Na época em que conheceu Janis, Linda já se casara e divorciara duas vezes. Ela se estabelecera como estilista de butiques e criadora de figurinos teatrais. Embora fosse habilidosa, não conseguia ganhar o bastante para sustentar seus dois filhos, que na época viviam com parentes.

A vida de Linda estava em contínua alteração, e Janis e ela construíram um relacionamento que lhes dava a força equilibrada e a amizade de que precisavam. Ela tinha um ótimo senso de humor e era uma deliciosa companhia. Tinha dom para trabalhos manuais, criava moda hippie com precisão e senso artístico. Certo dia, olhando para uma pia cheia de louça suja, Janis lamentou-se: "Eu preciso de uma mãe". Linda disse: "Posso fazer isso", e assim sua convivência temporária tornou-se permanente.

Linda era estilista e começou a vestir Janis para sua carreira. Saindo da influência de Mãe-Terra de Nancy Gurley, Janis começou a buscar os holofotes com calças brilhantes, blusas decotadas e flores no cabelo. Linda via uma Janis resplandecente e suntuosa, mas excêntrica ao mesmo tempo. Janis adorava os planos de Linda e vestia suas criações com estilo. Nick Gravenites viu que Janis gostava das opiniões positivas que recebia por seu novo visual. Também reconhecia que parte dela se magoava com a facilidade das pessoas em mudar de atitude. Ela não era a mesma Janis, com a mesma voz? Era quase um truque barato demais receber elogios apenas por mudar algumas decorações externas.

Apesar disso, Janis trabalhava em sua imagem. O Big Brother conseguiu um serviço no filme *Petulia* em março de 1967, estrelando Richard Chamberlain e Julie Christie. Janis grudou em Sharrie Gomez, uma modelo *socialite* que trabalhava com os fotógrafos no estúdio. Sharrie a apresentou a Stanley Ciccone, um fotógrafo de moda da Macy's, que tirou fotos promocionais do Big Brother. Janis queria que ele a ajudasse a se tornar glamorosa. Ela queria aprender a usar maquiagem artisticamente. Ciccone aconselhou: "Nada de maquiagem. Adoro você do jeito que é". Apesar desse conselho, Janis acreditava no papo das revistas de *glamour* sobre como as técnicas de maquiagem eram toda a diferença entre um rosto comum e um rosto glamoroso. Ela finalmente encontrara pessoas que sabiam e queria aproveitar seu conhecimento. Fazia perguntas como: "Quanto delineador?", "Como e onde aplicá-lo?", "Como posso melhorar a pele?". Ela começou a usar maquiagem.

Janis também trabalhava para melhorar sua vida amorosa. Country Joe McDonald tornou-se seu amante. Era um homem da época, um músico de rock'n'roll politizado de Berkeley que comandava a banda Country Joe and the Fish. Ele queria unir as cenas do Haight e de Berkeley. Muitas vezes levava flores a eventos beneficentes políticos e buttons de protesto em bailes hippie. Joe tinha cerca de 1,80 metro de altura, uma estrutura musculosa e cabelo castanho-claro encaracolado na altura dos ombros. Tinha aparência máscula, com uma barba e sorriso atraente. Era um homem estimado, sem medo de mergulhar em questões emocionais.

Janis e Joe andavam pela rua de braços dados, abraçando-se e sorrindo. Algumas pessoas dizem que durou poucas semanas, outras que permaneceu mais tempo. Joe diz que eles viveram juntos por vários meses, um período de seis meses de risos e carinhos. Deitados na cama do apartamento de Janis e ouvindo rádio, aumentavam alegremente o volume sempre que os DJs tocavam uma melodia do Big Brother ou do Country Joe and the Fish. Janis escreveu em seu álbum de recortes: "Por algum tempo foi Country Brother and the Holding Fish". Eles romperam de maneira muito comovente, apaixonados, mas relutantes em comprometer suas carreiras individuais.

O sucesso da carreira de Janis começava a dominar sua vida. Ela perguntava à companheira de quarto: "Linda, como você pode ser tão feliz? Você não tem nada". Janis estava tão consumida com a vontade de ter sucesso que não conseguia compreender quem não tinha uma inclinação semelhante. Ela não queria apenas dinheiro e posses; também desejava a aprovação.

Janis estava cada vez mais decidida a cuidar de sua carreira. Discutiu mais uma vez com Peter Albin porque ambos queriam tratar do aspecto comercial das apresentações. Também visavam ao papel do líder da banda que conversava com o público. "O que está fazendo?", Janis desafiou Peter, desaprovando sua maneira *a la* Lenny Bruce de tratar a audiência. Quando cantavam "Amazing Grace", Peter gostava de contar a história de um sujeito que estava tentando ver Deus e por isso foi a uma igreja psicodélica tomar LSD. Ele também gostava de guiar o público em exercícios de respiração. Janis preferia um estilo mais tradicional de apresentação, contando a história da canção que seria apresentada a seguir. Também gostava de usar o método do blues e distanciar-se do público para deixá-lo descobrir a "verdade" que ela aprendera com sua "experiência" dos duros golpes do mundo.

Novamente sem um empresário, o Big Brother procurou o conselho de alguém que respeitavam, o empresário do Quicksilver, Ron Polte. Ele recomendou Julius Karpen. Julius tinha um poderoso nervosismo que se mostrava não em inquietação, mas na tranquilidade imóvel de seu corpo. "Senti que eles estavam em uma missão de Deus", Julius explicou mais tarde, "ajudando a liderar a revolução de São Francisco. Eram como sacerdotes das massas. Meu lema era guiá-los e não deixar que o mundo exterior mudasse isso, deixar que a banda permanecesse fiel a si mesma. Desde o primeiro dia em que os encontrei, sabia que o Big Brother era a maior coisa que estava acontecendo no rock'n'roll. Era preciso apenas mostrar isso ao mundo."

A cena de Haight-Ashbury estava de fato no mapa em março de 1967. Passeios turísticos da Gray Line promoviam uma viagem de ônibus pela região, "o único passeio estrangeiro dentro dos Estados Unidos continentais". Os travessos Diggers, antigamente a Trupe de Mímicos de São Francisco, que eram mestres do teatro de rua político, toparam com uma lata de lixo cheia de espelhos quebrados. O próximo ônibus turístico que passou pelo distrito foi recebido por hippies que corriam atrás do veículo, erguendo os espelhos para que os turistas pudessem ver com que cara ficavam quando estavam boquiabertos.

Março de 1967

Querida mamãe...

Sua linda carta chegou hoje e disparou novamente meus sentimentos de culpa, por isso aqui estou. Vocês estavam na minha lista, porém tenho tentado escrever, juro.

Escrevi sobre uma amiga minha, Bobbi, que tinha um lugar em Haight Ashbury para onde eu poderia me mudar. Bem, já me mudei. Tenho um quarto mais o uso da cozinha e da sala, com TV e tudo. Por isso vou viver aqui (Ashbury St., S.F.) por algum tempo.

Até agora, a mudança para a cidade nos atrasou – não temos onde ensaiar. Muito difícil achar um lugar em que se possa fazer bastante barulho, não se tenha de pagar um aluguel muito alto e o equipamento fique seguro durante a noite. Assim, estamos todos em nossas respectivas casas tentando achar alguma coisa para fazer e esperando. E isso acontece em um momento muito inoportuno – estávamos de fato chegando a alguma coisa muito boa juntos – estamos ficando muito melhores e todos temos novas canções que queremos experimentar e não conseguimos nos reunir para isso, e é tão frustrante! Por isso, fico vagando pela nova casa e toco canções folk no violão e assisto à TV e faço miçangas e levo George para passear. George! Agora ele é minha salvação. Ele me faz sair de casa quando normalmente eu teria ficado sentada reclamando. E é tão bom chegar em casa também. Depois de um serviço, quando me sinto especialmente sozinha. Chego em casa e ele fica tão feliz em me ver! Não consegue se segurar – ele é tão doce. Está ficando cada vez maior, mas é um bom cãozinho. Quando o faço entrar no carro, ele não sai até que eu mande, nunca foge e foi treinado para não sujar a casa. E tão doce – tudo o que quer é ser afagado e amado (mas isso é o que todo o mundo quer, não é?...).

Ainda tenho o problema do que vestir no palco. Acho que vou mandar alguém fazer minhas roupas. Uma porção de garotas hippies costura segundo nosso desenho. Agora é só eu fazer o desenho. Estou bastante cheinha de novo – por isso quero coisas que me favoreçam, mas não podem ser quentes demais e preciso poder usá-las por bastante tempo. Tenho uma ideia – uma velha cortina de renda – muito bonita, que gostaria de usar para fazer mangas e algum tipo de vestido simples para combinar.

Nosso novo disco foi lançado e estamos muito pouco satisfeitos com ele. Acho que vamos tentar desfazer o contrato com a gravadora, se for possível. Não achamos que eles (a Mainstream) saibam como promover ou tratar uma gravação e sempre que gravamos, eles ficam com todas as nossas canções, o que significa que não podemos gravá-las em outra empresa. Mas se nosso novo disco fizer algum sucesso vamos mudar de ideia. Mas, de alguma forma, não acho que vá fazer sucesso. Mas veremos... O mais importante, acho eu, é que estamos tocando melhor do que nunca. Parece haver mais a ideia de trabalhar juntos, e não de nos enfrentar com nossos instrumentos.

Para responder às perguntas em sua obra-prima de carta:

A coisa na foto é uma velha toalha de mesa transformada em casaquinho ou xale.

Diga a Michel que seus enigmas eram muito enigmáticos – é isso o que ele tem feito na escola?! Deus do Céu!

Sobre sua vinda à Califórnia – isso é ótimo!! Segundo entendi, vocês vão a Los Angeles e depois vêm para cá. Oh, acho isso maravilhoso! Vocês vão adorar São Francisco, sei que vão. Na verdade, sempre esperei que Laura tentasse entrar na faculdade aqui, por isso talvez ela possa visitar alguns campi durante a estada. E é claro que vou levar vocês a algum dos grandes bailes. Eles vão deixá-los atordoados! No começo é de fato surpreendente. São baseados em pura sensorialidade – ou ao menos em bombardear os sentidos e embaralhá-los. Lembro que o primeiro que vi me deixou completamente atônita. Ufa! E vocês podem nos ver tocar! Oh, eu adoraria isso.

Quanto aos quadrinhos sobre cortes de cabelo, mando anexo um folheto de nosso último baile no Avalon, chamado Tribal Stomp. A foto é de nosso guitarrista principal, James Gurley, que diz que dá risada sempre que passa por um barbeiro. James é uma figura bastante romântica da cena hip *de S.F. (que tem de 5 a 10 mil pessoas, de acordo com o* S.F. Chronicle*) e conta-se que logo haverá pôsteres de 0,90 x 1,5 metro com o rosto dele à venda. Fantástico, hein?*

Bem, é tudo por enquanto, eu acho. Desculpem-me por não escrever mais vezes, mas penso em vocês o tempo todo. Todo o meu amor. Estou ansiosa para revê-los.

Janis

PS: Sei que já pedi antes, mas vocês estão com o álbum preto com fotos de Linda e eu? – Gostaria realmente de recebê-lo. Procurem, por favor.

O Big Brother surgira dentro do contexto da democrática cena musical de São Francisco. Os problemas eram discutidos em reuniões e resolvidos amigavelmente. O grupo conseguiu um armazém em Van Ness para ensaiar e voltou a se concentrar na música, com ensaios diários. “Todos davam suas opiniões sobre a música”, relembra o advogado da banda, Bob Gordon. “Havia uma genuína cooperação de todos...”

Julius mandou Janis ter lições de canto com Judy Davis, que orientava as estrelas. Janis compareceu de má vontade. Julius sempre tinha de telefonar antes de cada aula para certificar-se de que ela iria. Por seis meses, Janis praticou passar do registro superior ao inferior e pronunciar as vogais, mantendo-as até que o fôlego acabasse.

A banda estava ganhando dinheiro, o bastante para começar a economizar e comprar novos instrumentos para substituir os antigos. “Não é justo”, queixou-se Janis quando Julius explicou esse novo acordo. “Sou só a cantora, não tenho um instrumento.” Ela acalmou-se quando Julius lhe explicou que um bom sistema de PA e bons instrumentos significavam um som melhor vindo de trás dela.

As pessoas diziam a Janis que ela era melhor que o resto da banda. Apesar da atitude de família da banda, Janis ainda estava à procura de Janis. Em Los Angeles, ela convocou uma reunião. “Olhem, eu acho que estou fazendo mais por este grupo, e gostaria de estar no comando, assinar os contratos do sindicato como Peter e receber o dinheiro adicional.” “Como?”, exclamou Peter. “Você acha que estou ganhando mais?”. Ops. As regras do sindicato permitiam que o líder da banda ganhasse 20% a mais, mas nas bandas hippie igualitárias os quinhões eram iguais para todos. “Não”, Peter disse, “dividimos tudo”.

Os cinco começaram a falar das peculiaridades uns dos outros. “Não vou lhes dar dinheiro nenhum”, Janis berrou para Julius quando ele a interpelou sobre suas intimações a respeito de multas de trânsito. “Precisamos pagar as multas, Janis. A banda vai perder lucros se você for para a cadeia”, implorou ele. “Eu vou para a cadeia”, ela retrucou. “Janis, você é difícil”, suspirou ele. E ela foi mesmo para a cadeia – por um dia, até que Julius pagou as multas.

Philip Elwood, no *São Francisco Examiner* de 22 de março, escreveu: "A mais dinâmica dentre os músicos é Janice [*sic*] Joplin, vestida de vovó, do Big Brother... E a banda Big Brother também está em boa forma. A mistura guitarra-baixo tornou-se uma fascinação harmônica e o ritmo outrora enfadonho agora flui em um ótimo padrão para dançar".

O público hippie adorava Janis. "Janice", alguém escreveu em um cartão que acompanhava um ramalhete, "sua voz desafia o uso de palavras estúpidas. Você é simplesmente demais". A banda estava ganhando dinheiro e angariando o amor e o aplauso de sua audiência.

"Karleen, não desligue o telefone, quero que você ouça uma coisa", disse a colega do colegial Arlene Elster, ligando de São Francisco para Port Arthur. Em 1967, vivia bem e[illegible] frente do Avalon Ballroom. Abriu a janela do apartamento e [illegible] do telefone. "Você está ouvindo, Karleen? É a Janis cant[illegible]

Os amigos texanos d[illegible]avam em sua vida. "Ela me mandou um pôster dela, com u[illegible]a", diz Tary Owens, "junto com uma nota: 'Sou a primeira p[illegible]e animador!'". Os pôsteres de Berkeley Bonaparte oferecia[illegible] 1 dólar cada, exceto Janis e Yab Yum, que custavam 1,50 d[illegible]oncentrado era vendido ao lado de fotos de Oscar Wilde, A[illegible]o Chi Minh.

Quando Janis cantava, punh[illegible]performance. "Era uma grande cantora, mas basicamente [illegible] de palco", conta Linda Gravenites. "No palco, Janis er[illegible] uma lâmpada de 200 watts acesa... sua insegurança fazia dela uma grande artista porque ela precisava do retorno que obtinha." Janis, junto com o resto do Big Brother, levava um copo de bebida para o palco nas apresentações. Alguns levavam uísque; outros, conhaque; mas, qualquer que fosse o sabor, o álcool era um lubrificante comprovado para todos os membros do grupo. Janis às vezes bebia um pouco antes de subir ao palco, apenas para se soltar. Ela se alongava como se se preparasse para o exercício aeróbico de suas apresentações.

Abril de 1967

Querida mamãe, família

As coisas estão indo tão bem para nós e para mim pessoalmente que quase não acredito! Nunca achei que as coisas pudessem ser tão maravilhosas! Deixem que eu explique. Em primeiro lugar, o grupo – estamos melhores que nunca (vejam a crítica do S.F. Examiner *anexa) e trabalhando o tempo todo. Acabamos de terminar três semanas de compromissos sem pausa e temos fins de semana agendados por mais de um mês. E ganhamos* 1.000 *ou mais por fim de semana. Para noites simples, ganhamos de* 500-900 *dólares. Nada mau para um punhado de* beatniks, *hein? E nossa reputação continua a melhorar. É divertido de observar – é possível dizer onde você está conforme as pessoas que estão a seu lado. Sabe, os seguidores da cena, as pessoas "com o dedo na pulsação do público". Uma das comerciantes da* Haight St. *nos deu roupas grátis (ganhei uma linda saia azul de couro) simplesmente porque* 1) *ela realmente nos adora e* 2) *ela acha que faremos sucesso e isso será uma boa publicidade. Nosso disco teve uma boa recepção – muito melhor do que o primeiro, que era muito, muito melhor. Chegamos em* #29 *em* Detroit, *mas não sabemos de fato o que está acontecendo porque a* Mainstream *nunca dá notícias. É uma história longa e complicada, mas achamos mesmo que estamos sendo usados e abusados pela gravadora e gostaríamos de desfazer o contrato, mas não sabemos se é possível. Falamos com um advogado a respeito e ele pareceu bastante negativo e não conseguimos nem entrar em contato com nossa gravadora para conversar. Por isso, até que tenhamos novas notícias, estamos amarrados. Há uma ligeira possibilidade de que possamos ir tocar na Europa este verão. Há um barco hippie que faz viagens de ida e volta e as bandas de rock ganham passagens grátis se tocarem no caminho. E Chet, diretor da Family Dog, está tentando organizar bailes por lá e, se conseguir, teremos um lugar para trabalhar. Provavelmente não vai dar certo, mas certamente seria bacanérrimo. Por falar em Inglaterra, adivinhem quem esteve na cidade semana passada – Paul McCartney!!! (é um Beatle). E ele veio nos assistir!!! SUSPIRO. Juro por Deus! Ele veio ao Matrix e nos viu e disse a algumas pessoas que adorou. Não é o máximo!!! Jesus, fiquei tão arrepiada – ainda estou! Imaginem – Paul!!! Se apenas tivesse sido George... Oh, bem. Não consegui vê-lo de qualquer modo – só nos disseram depois. Cara, se eu soubesse que ele estava ali, teria pulado do palco e feito papel de boba.*

Antes, eu tinha falado de como as coisas vão indo bem para mim pessoalmente – é verdade mesmo. Estou me tornando uma espécie de celebridade entre os hippies e todos que vão aos bailes. Vejam, domingo passado tocamos em uma Mobilização de Primavera pela Paz e aconteceu uma coisa simplesmente espantosa. Quando os rapazes estavam afinando os instrumentos, fui até a frente do palco ajeitar os microfones e, quando ergui o microfone do meio até a boca, o público inteiro aplaudiu! Demais! E quando estávamos nos preparando para tocar, uma menina berrou "Viva Janis Joplin!". Não é possível discutir com esses argumentos, e eles aplaudiram novamente. Além disso, uma publicação de rock chamada World Countdown trouxe uma colagem na capa com fotografias de personagens importantes na cena e eu estou lá. Também estão lançando um pôster meu! Vocês devem ter lido na revista Time sobre os pôsteres com personalidades. São fotografias bem grandes, Jean Harlow, Einstein, Belmondo, Dylan e Joplin. Sim, senhores, estou usando uma capa de lantejoulas, milhares de cordões de miçangas e sem blusa. Mas quase não aparece por causa das miçangas. Uma foto muito dramática e eu fiquei linda!! Se isso não os constranger, mando um. Estou palpitante!! Posso ser a primeira pin-up de Haight-Ashbury.

Por falar em Haight-Ashbury, leiam o artigo anexo da revista LOOK. Têm saído muitos artigos sobre a cena daqui. A Newsweek já publicou dois e mais esse novo. E até o Chronicle – escreveram artigos mais entendidos do que o da Time. Na verdade, eu simplesmente parei de ler a revista por causa daquele artigo – não porque tenha ficado brava. Foi porque sabia o quanto estavam *distorcendo e percebi que provavelmente cometiam o mesmo erro a respeito de tudo. Não sou socialmente crítica o suficiente para conhecer/discutir o que está acontecendo, mas, para responder à sua pergunta – sim, eles são nosso público e esperamos poder atingir o resto do país porque daí teríamos alcance nacional. Seríamos os Monkees! Bem, de qualquer maneira, um bom artigo.*

Ok, agora as novidades: primeiro, recebemos um aumento – os rapazes casados estavam apertados, por isso agora recebemos 100 dólares por semana! Pelos céus.

Em segundo lugar em importância, tenho um novo apartamento. Muito bacana!! Dois quartos grandes, cozinha, banheiro e varanda. E bem em frente do parque! Vocês não entenderiam porque vivem em uma casa com quintal, mas aqui é possível andar 10-20 quarteirões sem ver uma planta viva e eu só preciso olhar pela janela ou sair na varanda e tenho ar fresco e árvores e grama!! Tão maravilhoso, suspiro. Meu novo endereço é 123 Cole St., S.F. ainda em Haight-Ashbury. Tenho um monte de planos para o local – dois quartos precisam ser pintados, mas acho que vou acabar só pendurando coisas nas paredes. Acabei mais ou menos o quarto da frente agora e é muito bom viver ali. SUSPIRO! Veem o que quero dizer sobre as coisas estarem dando certo? Além disso, tenho um namorado. Muito bacana. Ele é o líder do Country Joe and the Fish, uma banda de

Berkeley. Chama-se Joe McDonald, é de Capricórnio como eu, tem 25 anos e até agora temos nos dado muito bem. Todos na cena do rock acham que ele é a coisa mais linda que já viram. Ele é bem lindinho, na verdade. Por falar de namorados, recebi notícias de Peter novamente. Ele escreveu várias cartas. Por alguma razão, tenho a sensação de que ele planeja aparecer aqui e está sondando o terreno.

A seguir, adivinhem o que (especial para papai) eu fiz – parei de fumar!!! Ainda tenho vontade de vez em quando, mas já faz quase um mês. Achei que castigava demais a minha voz. Já fumava havia dez anos! Tive uma gripe muito forte e bronquite e não pude fumar por mais ou menos uma semana, e quando fiquei boa me recusei a começar de novo. Pode ser que tenha uma recaída, mas espero que não. Isso é de fato melhor para mim.

Mais novidades, George está se tornando um ótimo cão. Aprende coisas todos os dias. Hoje ele aprendeu do jeito difícil a não atravessar para o parque sozinho – foi atropelado por um carro. Mas o veterinário disse que ele não se machucou muito – apenas ferimentos leves e o susto. Coitadinho, fica andando por aí com uma cara toda paranoica.

Mandei fazer algumas roupas para mim – recebi um lindo vestido feito de uma colcha de madras e agora ela está trabalhando em um de crepe verde com um decote em V bem fundo. Tenho feito coisas em couro ultimamente. Fiz um lindo chapéu Garbo azul e verde e um par de sapatos verdes.

Também estou mandando nossa nova foto promocional. Não é muito lisonjeira, mas a imagem é bem forte. Um grupo bem bonito, hein?

Gostei muito das fotografias de todos vocês. Está linda, mamãe. E Laura está uma gracinha! Seu vestido é branco ou prateado? E nunca vi Mike tão charmoso. Deve ser a camiseta do Big Brother.

Bem, deixem-me saber quando vocês virão. Oh, tem tantos lugares para levá-los e mostrar! Mas estaremos trabalhando, por isso me avisem de seus planos logo que possível. Bem, acho que é tudo por enquanto. Escrevam pra mim...

Amor, XXX
Janis

Em 2 de junho de 1967, os Beatles lançaram seu novo álbum, *Sgt. Pepper's Lonely Hearts Club Band*. Desde a capa bizarra até os uniformes cósmicos usados pelos Beatles e a música ostensivamente psicodélica, o álbum forçava o gênero do rock para o futuro.

Ralph Gleason predisse no *São Francisco Chronicle*: "A capital da música do futuro, a partir de sexta-feira, será a Feira do Condado de Monterey, não Nashville, nem Tin Pan Allen e nem Londres ou Hollywood. O primeiro Festival Pop Internacional de Monterey vai trazer à Feira a maior agregação de estrelas populares já reunida em um único local para um evento de fim de semana..." Os ingressos estavam esgotados antes da publicação da matéria. Gleason era um dos mais importantes críticos de rock que ajudaram a estabelecer o som de São Francisco.

O evento foi organizado por John Phillips, membro do Mamas and the Papas, e Lou Adler, um produtor musical de Los Angeles. Eles imaginaram uma reunião sem fins lucrativos na qual o dinheiro angariado seria distribuído para "a melhoria da música pop" por uma junta composta de músicos, incluindo Paul McCartney, Paul Simon e Smokey Robinson. Por dois dias e meio e mais de 25 horas de música, a arena de 7 mil lugares esteve cheia de paz e amor. Mais de 40 mil pessoas compareceram, mas no sábado e no domingo Frank Marinello, chefe de polícia, enviou 40 policiais uniformizados para casa. Não eram necessários. "Estou começando a gostar desses hippies", disse a Philip Elwood, do *São Francisco Examiner*.

"Monterey foi muito limpo. Todos os que dormiram por ali tinham barraca. Os guardas foram simpáticos e todas as bandas ficaram em hotéis. Não havia grandes multidões nem era preciso lutar para conseguir passar", conta Dave Getz.

Muito mais do que música foi apresentado; era drama do mais puro. Filmes psicodélicos eram exibidos perto de barraquinhas que vendiam comida e bugigangas. O The Who quebrou uma guitarra e Jimi Hendrix – de camisa dourada e calças vermelhas, com penas fúcsia no pescoço – levou sua participação ao auge ao pôr fogo em sua guitarra. Em suas memórias inéditas, Sam Andrew escreve: "Uma das melhores coisas de Monterey era o público. Você não pode imaginar como é mais fácil tocar para uma grande plateia que está com você do que para um público pequeno e indiferente. Tocar para um público que não dança nem curte é como correr montanha acima. Mas, quando todos estão juntos e especialmente quando dançam e gritam e uivam, há uma grande comunhão de esforços e tudo fica bem lubrificado. Estávamos tocando para nossos colegas em Monterey sem nenhum tipo de competição ou estresse".

Os organizadores puseram o Big Brother no sábado à tarde. "O Big Brother apresentou uma seleção que foi um milagre", disse Julius Karpen. "Não dava para acreditar. O público estava frenético, desvairado." Julius foi até o meio do público durante a apresentação da banda e tinha lágrimas nos olhos, como um pai orgulhoso. "Abri o caminho para um milagre!". O Big Brother tocou "Down On Me", "Road Block" e "Ball and Chain". Essa apresentação foi a que disparou a reação esmagadora de Mama Cass ao som deles e à voz de Janis. Boquiaberta, tinha os ouvidos no paraíso dos amantes da música. A reação de Cass foi claramente capturada pela equipe de filmagem do filme *Monterey Pop*. A apresentação da banda, porém, não foi filmada.

"Quer dizer que não filmaram aquilo?", a banda berrou para Julius depois do show. O empresário quisera manter o controle. Julius estava cheio dos organizadores que se aproveitavam dos músicos. Os organizadores de Monterey não haviam oferecido nada à banda em troca dos direitos de filmagem, por isso ele recusara. Fizera tudo para que durante a apresentação do Big Brother as câmeras estivessem apontadas para o chão.

Os organizadores ficaram furiosos com a recusa de Julius e foram ter diretamente com a banda. Albert Grossman, um dos mais poderosos empresários pessoais da época, pode ter influenciado o Big Brother a passar por cima de Julius. Todos sabiam que a apresentação do Big Brother *tinha* de ser filmada porque era o pináculo do show. Finalmente, os cinco membros da banda pressionaram Julius a permitir que uma segunda entrada fosse filmada. Os repórteres falaram sobre as qualidades da música, assim como o caráter único do bis do Big Brother, como uma prova de seu triunfo artístico. A imprensa não percebeu que a razão principal do bis era permitir a filmagem. Acharam que era apenas porque a banda era ótima. Mesmo assim, o bis acidental ajudou a aumentar sua glória.

Até mamãe ouviu falar da apresentação. Telegrafou imediatamente: "Parabéns por estar na primeira página do *Los Angeles Times Monterey Festival Report*. Barbara nos mandou uma cópia". O telegrama vinha assinado: "Seu fã-clube de Port Arthur".

Não apenas a família ovacionava Janis, como a maioria dos jornais e revistas publicou a notícia. A *Newsweek* e a *Time* trouxeram descrições como a publicada na *The Berkeley Barb*, dizendo: "Janis Joplin, do Big Brother, trouxe o público abaixo ao entoar blues com sua voz magnífica". Scott Holtzman, do *Houston Post*, escreveu duas colunas que mencionavam Janis, ambas dizendo que ela fora descoberta na Califórnia, mas ignorada quando tocou em Houston. Ela colou os dois em seu álbum de recortes. A banda fora o ponto alto do festival, mas Janis estava sendo destacada como *a* estrela do show. Ela triunfara como artista e também como líder de um movimento social. A "conspiração da realidade" que Jim Langdon descrevera no Texas se tornara um acontecimento nacional.

A Mainstream lançou quatro novos compactos do Big Brother entre maio de 1967 e fevereiro de 1968. "Down on Me"/"Call on Me" foi o primeiro, seguido por "Bye Bye Baby"/"Intruder" em agosto de 1967, "Women Is Losers"/"Light is Faster than Sound" em novembro de 1967 e o último, "Coo Coo"/"Last Time". Montaram um álbum com essas peças em agosto de 1967, chamado *Big Brother and the Holding Company*. A banda ficou furiosa. O material era antigo e os arranjos estavam ultrapassados. Em vez de apresentar o grupo ao público, sentiam que a Mainstream estava simplesmente capitalizando sobre o reconhecimento obtido em Monterey.

O Big Brother conheceu Clive Davis, da Columbia Records, que assinou todos os contratos que conseguiu no Festival Pop de Monterey. Clive convidou o empresário do Big Brother, Julius Karpen, e seu advogado, Bob Gordon, à futura convenção da CBS em Hollywood, Flórida. O pessoal lá de cima estava cortejando o grupo e dessa vez eles estavam preparados.

Bob Gordon trouxe à banda uma ampla experiência no mercado do entretenimento. Em Janis, encontrou uma amiga dedicada que o transformou de um homem muito conservador e ansioso em uma pessoa ansiosa mais relaxada. A vida de Janis também estava mudando. Julius assumiu a banda em janeiro de 1967, quando eles ganhavam 25 dólares por um fim de semana com duas noites. No final de 1967, recebiam 250 dólares por noite sem ter lançado nenhum álbum significativo. O mercado normalmente não funciona desse modo! Isso só pode ter acontecido como parte de uma revolução geral no próprio mercado da música, causada por um impulso por mudança vindo de uma nova geração de ouvintes.

CAPÍTULO 11

DEPOIS DO FESTIVAL POP DE MONTEREY

Oh, Lord, won't you buy me a Mercedes Benz?
My friends all drive Porsches
I must make amends
Worked hard all my lifetime
No help from my friends
So, Lord, won't you buy me a Mercedes Benz?

[Oh, Senhor, você não vai me comprar uma Mercedes Benz?
Todos os meus amigos têm Porsches
Eu preciso fazer remendos
Trabalhei duro a vida toda
Sem ajuda dos amigos
Por isso, Senhor, você não vai me comprar uma Mercedes Benz?]
– JANIS JOPLIN, BOBBY NEUWIRTH E MICHAEL McCLURE,
"Mercedes Benz"

Monterey ferveu durante aquilo que ficou conhecido como Verão do Amor. Cerca de 50 mil jovens passaram por São Francisco, atraídos pelos brados de amor e aceitação divulgados pela imprensa cada vez com mais frequência. Vinham de cidades, subúrbios e fazendas de todo o país, deixando lares e rotinas atrás do desconhecido e da promessa de Haight-Ashbury.

O Conselho para o Verão do Amor estava preparado para as hordas. Novos encontros foram marcados e os Diggers administravam a alimentação e a hospedagem. Distribuíam sopa grátis no Panhandle Park todos os dias às 4 da tarde, servida em enormes latas de lixo de alumínio. Tinham uma Loja Livre, com roupas e artigos domésticos. Conseguiram o usufruto de uma fazenda livre e estavam procurando obter um hotel de 500 quartos. Eram a epítome da diligência americana, os novos pioneiros fazendo tudo acontecer com os recursos do deserto urbano.

O Haight também era a fonte de uma epidemia de LSD que varreu o país a tal ponto que a *Time* reconheceu o problema em março de 1966. Discursos inflamados de medo eram enviados pelos fios da imprensa: "Proteja seus filhos contra o LSD!". Algumas pessoas tinham mesmo *bad trips*. Em 1966, o dr. William Frosch, psiquiatra do Hospital Psiquiátrico de Bellevue, em Nova York, testemunhou diante de um subcomitê do Senado que estudava o LSD. Frosch trouxe estatísticas desenvolvidas por ele que indicavam que apenas sete de cada mil pessoas que tomavam LSD sofriam um colapso emocional, mais provavelmente as que já tinham histórico de problemas psiquiátricos. Relatos incompletos das descobertas de Frosch, junto com questionáveis provas pouco científicas, convenceram o público de que o consumo de LSD tinha grandes probabilidades de causar uma psicose irreversível. O verdadeiro estopim foi uma história que dizia que o LSD causou rompimento de cromossomos quando ambos foram misturados em tubos de ensaio, um corolário ilógico com o uso real da droga. Mesmo assim, os que buscavam provas deitaram e rolaram.

Os artigos da imprensa falavam de estupro e assassinato sob a influência do LSD, o que era completamente diferente do efeito comumente relatado na maior parte das pesquisas com a droga – uma contemplação benigna. O problema era que, embora existisse um vasto corpo de pesquisas sobre a droga, havia poucas conclusões definitivas a seu respeito. Em vez de conclusões racionais, muitos artigos pressionavam os extremos um contra o outro: insanidade psicótica *versus* despertar espiritual.

O furor a respeito do LSD foi ampliado pela alteração das características dos membros do movimento. A garotada que vagava pelo Haight não eram mais pessoas reunidas após anos de luta artística. Agora eram párias jovens e infelizes que precisavam de alguém para levá-los pela mão. O tráfico de drogas deixou de se limitar ao compartilhamento de LSD; transformou-se em uma sinistra atividade subterrânea para vender qualquer coisa que pudesse ser comprada. O objetivo não era mais a iluminação, mas apenas diversão e brincadeiras sensoriais.

As bolinhas eram facilmente encontradas, embora os mais antigos da comunidade prevenissem os jovens contra a droga. O STP, um novo psicodélico de longa duração, oferecia aos usuários viagens aterradoras de três dias ao Inferno. O Hospital Geral de São Francisco tratava 750 *bad trips* por mês. Cafetões assediavam as jovens viajantes, usando as drogas para transformá-las em prostitutas. No final de 1967, o crime no Haight interrompeu sua queda inicial, com os hippies, e mostrava 17 assassinatos, 100 estupros e quase 3 mil roubos.

O consumo da heroína cresceu repentinamente no Haight. Os residentes eram psicologicamente indefesos contra ela porque sua subcultura repousava em uma suposição tácita de que ser legal era estar alto. Janis, James e Sam utilizavam a droga sempre que por acaso a encontravam. Nenhum deles tinha dinheiro suficiente para usar a heroína mais do que isso.

É difícil aceitar a heroína como modo de melhorar a mente, dados os amplos indícios dos efeitos negativos de seu uso. Mesmo assim, com uma certa perspectiva, podemos ver que o uso de algum tipo de pílula se tornara uma prática cultural aceita. As pessoas deixaram de tentar resolver problemas porque não sabiam como. Em vez disso, queriam uma solução rápida, e a indústria médica sempre esteve disposta a oferecer ajuda em forma de drogas.

Mulheres com histerectomia e sintomas de menopausa tomavam tranquilizantes para anular os sintomas. Nos anos de 1950 e 1960, os médicos prescreviam prontamente tranquilizantes e anfetaminas para alterar as sensações de seus pacientes. Queriam ter algo para dar aos pacientes que lhes ofereciam dinheiro e pediam ajuda. Nossa sociedade estava em busca da droga certa, da droga melhor. A droga não era o sintoma de um problema na Camelot hippie. Era algo profundamente enraizado em nossa sociedade, que permeou os anos de 1960 e que, lamentavelmente, foi levado adiante pelos novos inocentes.

Em 1967, a heroína era a droga que Janis experimentava, mas a sua preferida ainda era o álcool. Estava desenvolvendo uma afinidade particular por Southern Comfort, tanto pelo nome quanto pelo sabor. Quando Linda Gravenites lhe fez uma bolsa, Janis disse: "Faça grande o bastante para um livro e uma garrafa". O álcool era parte da cultura fora da lei texana. Trazer sua bebida era um ponto de orgulho e Janis aprendeu a mantê-lo.

Janis se perguntou sobre as desvantagens e os benefícios da bebida durante anos. Ela resumiu esses questionamentos em uma canção escrita durante o período em Austin: "What Good Can Drink Do?". Janis cantava: "Bebo a noite inteira/mas no dia seguinte ainda estou triste".

Apesar da onipresença das drogas na comunidade hippie, algumas pessoas as recusavam. Peter Albin, membro da banda, não cedia. No espírito de "qualquer coisa que te deixe ligado", sua preferência era respeitada pelos companheiros. Mas Janis zombava dele com um certo tom de vingança. Ela nunca gostou que ninguém questionasse suas ações, nem que fosse se comportando de maneira diferente. Talvez sua abstinência apenas a fizesse sentir-se culpada por seu abuso.

Verão de 1967

Querida mamãe,

Espero que você ainda se lembre de mim depois de todo esse tempo – o que posso dizer?... Queria te mandar esses recortes – são do Examiner *e do* Chronicle *e marcam uma verdadeira mudança. Desde* Monterey, *tudo isso passou a aparecer.* Gleason *tem falado de nós e me usou como descrição de um estilo (o inimitável estilo* Joplin*) e nunca escrevera sobre nós antes. Agora temos três grandes gravadoras, a* Atlantic, *a* Mercury *e a* Columbia *atrás de nós e preparadas para pagar* 50-75 mil *dólares mais quaisquer privilégios que queiramos para assinar com eles* SE *pudermos desfazer nosso contrato com a* Mainstream. E *estamos tentando! Advogados e todo tipo de coisa do* show-biz. *Veremos. Claro que espero que isso não comprometa seriamente nossa carreira. E assim, agora estamos sendo entrevistados e minha foto vai sair na* Esquire *e na* Playboy *(não no pôster central, mas em alguma coisa sobre o festival) e* Julius *(nosso empresário) disse que uma mulher da* McCalls *ligou e deve falar de mim em um artigo sobre "Jovens mulheres rompendo barreiras" ou algo assim. Oh, vocês viram a coisa na* TIME *mas não viram a* Newsweek *– tinha uma foto minha! Espero que isso tudo e minha empolgação não pareçam rasos para vocês, isso de fato me empolga. Uau, conheci dois dos* Rolling Stones, *a maior parte dos* Animals *e todos eles (e esses são grandes grupos – muito respeitados e ricos, meu* *bem) e eles dizem que sou a melhor que já ouviram! E nossa!! Ahhh... Bem, de qualquer modo estou em êxtase!! Além disso, assistam o especial da ABC sobre o festival de Monterey – estaremos lá. Nossa, não consigo achar nada para dizer. Essa banda é toda a minha vida agora. Para todos nós. Acho que estou totalmente comprometida e gosto disso. Estou bastante orgulhosa de mim mesma porque estou realmente tentando. Antes, quando eu saía, só queria ficar por aí e ser doida e me divertir, mas agora isso tudo é secundário (ainda quero me divertir, você entende), mas o canto me dá muita satisfação. Bem, o reconhecimento também traz muita satisfação, devo admitir. Bem, para resumir, o Big Brother está indo muito bem e devo ser uma "estrela" algum dia. Sabe, é engraçado – conforme vai ficando mais perto e mais provável, ser uma estrela está perdendo o significado. Mas, o que quer que signifique, estou pronta!*

Agora outro tópico, ainda tenho George e arranjei uma gatinha, ainda sem nome, cinza com um pouco de marrom e branco e muito agressiva – quando está com fome me segue por toda parte e bufa para mim. George cuida muito bem dela – lambe, carrega-a na boca e ela só se alimenta de comida de cachorro e rói os ossos dele. É uma família estranha, mas é minha.

Chuck e Jean estavam por aqui semana passada e fizeram uma visita. Chuck agora tem um cavanhaque e Barbara fica insistindo para que ele o raspe (ela parece ser uma sogra bem ruim). Eles vieram nos assistir no Circle Star Theater (crítica nº 5) e depois foram a uma festa. A cunhada de James Gurley estava dando uma festa "venha-como-um-hippie" e éramos os convidados de honra. Fomos como pessoas caretas. De qualquer modo, Jean e Chuck foram vestidos de hippies e se divertiram muito. Foi bem bacana.

OLÁ a Mike e Laura e bom trabalho na escola! Olá, olá, como vão as coisas? Trabalhem duro! Amo vocês! Oh, digam por que vocês dois não insistem para a mamãe alterar ligeiramente seus planos de viagem para que vocês possam ficar aqui na sexta à noite e nos ver tocar em algum lugar. Vejam, nós trabalhamos todo fim de semana e estaremos nos apresentando em algum lugar e vocês todos podem vir a um baile e usar colares e nos ver em um show de luzes e se orgulhar de mim, e sei que vocês vão se divertir, por isso insistam – ok?

E mamãe, gostaria muito de saber de você, por favor me escreva mesmo eu não sendo assim tão boa.

Bem, todos vocês, acabo de chegar de um ensaio e estou cansada e só quero me sentar e tomar uma cerveja. Por isso vou encerrar. Oh!! Sobre sua pergunta – vocês vão precisar de casacos, casacos de verdade, não pesados, mas bem substanciais e acho que, se tiverem espaço, podem trazer meus lençóis e será que dei meu casaco de couro a Laura? Se não, acho que talvez precise dele.

Bem, tchau, XXX
Janis

As drogas estavam por toda parte no Haight, mas quando nossa família visitou Janis em agosto de 1967 não sabíamos disso. Ela estava saltitando de empolgação, orgulhosamente exibindo a cena de Haight-Ashbury e sua posição de destaque dentro dela. Vagamos pelas ruas e Janis mostrava suas lojas favoritas de artigos relacionados a drogas, lojas de roupas, salões de baile e o traje das pessoas interessantes na rua. Ela não podia deixar de compartilhar sua empolgação com a recente visita de Paul McCartney ao bairro, dizendo que ele andara por aquelas mesmas ruas por onde estávamos passando.

Mas a nova realidade bateu em nossa cara quando entramos no apartamento dela. O cantinho hippie alegremente decorado estava completo, com uma colcha de madras sobre uma cama que servia de sofá. Meus olhos pousaram na parede em frente, coberta com cópias incontáveis do pôster de Janis, com os seios nus e tudo. "Quase não aparece, mãe", ela reclamou, apesar da ausência de comentários de qualquer um dos pais. "Vou dar um a Mike se vocês o deixarem ficar com ele", ofereceu. Sim, as coisas eram mesmo diferentes.

Janis olhou para o meu vestido curto de tricô azul-marinho e perguntou: "Laura, você tem alguma calça comprida?". Estávamos nos aprontando para ir ao concerto especial no Avalon. O Big Brother não estava no programa daquela noite, mas eles arranjaram para que a banda tocasse e pudéssemos ouvir Janis. "Não, você pode me emprestar?", respondi. "Não tem importância", decidiu ela. E partiu para o salão. Nós a encontramos lá.

Subimos as escadas. O alto e anguloso Chet Helms recebia o dinheiro no alto, e Janis dançou de alegria, dizendo a ele que éramos sua família. Tivemos uma sensação de importância quando Chet renunciou ao preço do ingresso e acrescentou um galante "Bem-vindos". Ao entrar na sala de dança, os sons poderosos e os corpos que passavam me atordoaram. Embora as pessoas estivessem dançando, sentadas ou andando, lembro de tudo estar calmo e parado.

Senti-me uma estranha, como de fato era, separada por minhas roupas e por não estar drogada. A sala era escura, mas a falta de luz regular era ofuscada pelo show de luzes de cores e imagens cambiantes na parede. As pessoas ficavam imóveis e olhavam, não necessariamente para alguma coisa, apenas para a frente. Suas cabeças se moviam vagarosamente. Sua atenção era consumida pelo bombardeamento dos sentidos naquele espaço. O Big Brother apresentou algumas melodias, sincronizando-as com as luzes girantes para forçar a atenção do espectador a voltar ao presente. Fiquei espantada com a experiência como um todo, embora a música fosse apenas parte disso.

Michael foi aos bastidores com Janis e imediatamente tentou convencer alguém a deixá-lo fumar um baseado. Infelizmente, mesmo nesse porto de liberdade, ninguém atenderia às suas súplicas sob o olhar atento de Janis. Não ficamos muito depois da apresentação de Janis, pois não encontramos modo de nos relacionar à cena. Ela deve ter perguntado: "Vocês gostaram?". Devemos ter dito que sim, porque nunca teríamos dito que não. Mas tenho certeza de que, depois dessa experiência, nossos pais deixaram de acreditar que poderiam influenciá-la ou que ela voltaria ao Texas e à faculdade. Eles precisavam ter certeza de que ela estava bem. Quando descobriram que aquelas coisas eram tão diferentes e que Janis fazia tanto sucesso ali, não podiam mais ter nenhum efeito.

Fora do Avalon, Janis continuava dizendo: "Não é maravilhoso?", ela perguntava. "Oh, vocês não veem?". Ela parou, olhando para nós enquanto andávamos pela rua, com o ruído da música atravessando a entrada do salão de baile. Apanhada entre duas palavras, ela ficou ali, perplexa, acreditando que devíamos gostar daquilo. Acho que Janis percebeu naquele momento que não gostávamos e que provavelmente não íamos ver. Como foi que nos abraçamos e beijamos e nos despedimos, sabendo que a amávamos, mas que não éramos mais parte do mundo que a rodeava? Não sei, mas lembro que o fizemos.

O Big Brother tocou no Festival de Jazz de Monterey em 16 de setembro. Esperavam uma repetição do triunfo do festival pop do verão. Os sinais eram bons; artigos locais sobre a programação traziam fotos de Janis. O Big Brother era o ato final do sábado à tarde, depois de B.B. King e T-Bone Walker. Ela estava sendo notada, mas não conseguiam escrever seu nome certo; sempre saía "Janice" em vez de "Janis".

A imprensa, após o festival, deu a Janis fotos de capa no suplemento de domingo do *São Francisco Chronicle*. A coluna de Ralph Gleason publicou uma foto de 8 centímetros com a legenda "Cantora freneticamente empolgante". O *Los Angeles Free Press* publicou quatro fotos de Janis em sua cobertura do festival. Era claro que ela estava marcando presença.

No outono de 1967, o sucesso da banda transformara sua atitude. Assim que começaram a fazer mais sucesso, começaram a fazer perguntas a Julius sobre dinheiro. "Ainda não estamos ricos, Julius? Como estão os livros?". "Não se preocupem, os livros estão sob controle, vocês não precisam vê-los", respondia ele.

"Vocês merecem ser roubados pelas costas e desprovidos de cada centavo se mantiverem um empresário que não mostra os livros-caixa", exclamou Henry, tio de Peter. Ele riscou o fósforo que acendeu a fogueira sob sua ação coletiva. "Vou deixar os livros-caixa, mas vou cair fora", retrucou Julius, encerrando um relacionamento que se tornara insustentável com as novas necessidades administrativas da banda.

Era uma situação em que todos os lados estavam com a razão. Julius dera satisfação por todo o dinheiro, mas rastreá-lo seria o caso de chafurdar em cestos cheios de recibos não analisados. "Não queríamos nos preocupar com aquilo, mas não havia livros e não havia nada sob controle", riu Dave Getz. Depois de algum tempo, explica Julius, ele trabalhou com um contador do empresário subsequente do Big Brother e desenvolveu cuidadosos relatórios contábeis.

Julius sabia que não havia problemas de contabilidade porque não fizera nada inapropriado com o dinheiro. Ficou magoado quando a banda o questionou. Era a ética dos anos de 1960, e Julius pertencia a essa mesma estrutura de pensamento.

Mesmo sem as questões levantadas pela confusão financeira, o Big Brother tinha problemas com a necessidade de Julius de proteger a banda das garras dos patrocinadores esfaimados. Segundo a perspectiva da banda, suas exigências prejudicavam a capacidade do grupo de conseguir serviços e exposição.

Em 1967, após a diferença de opiniões sobre a filmagem da apresentação do Festival de Monterey, outro problema surgiu. Julius estava negociando com Bill Graham a controversa e dominadora influência da cena musical de São Francisco. Julius conta que Graham voltou atrás em um acordo verbal que oferecia à banda uma apresentação de 45 minutos para um programa que seria gravado em São Francisco. Graham mandou um contrato que falava de entradas de 20 minutos e Julius recusou de cara. Quarenta e cinco minutos ou nada, disse ele. O dinheiro não fazia nenhuma diferença para Julius. A banda precisava de tempo para empolgar o público. As entradas curtas não permitiriam isso. Julius queria proteger a capacidade do Big Brother de causar o tipo certo de impressão.

Julius e Bill parlamentaram até o momento em que Graham planejara mandar um avião para levar a banda do Festival de Jazz de Monterey até o show de São Francisco. O Big Brother perdeu o show. Era superproteção, reclamou a banda. Julius os deixou, mas depois voltou atrás enquanto dirigia de volta à cidade. Seu desacordo sobre dinheiro veio algumas semanas depois. Daquela vez não havia mais como consertar o relacionamento. No final de 1967, Julius Karpen não estava mais com a banda.

A banda foi atrás de um empresário. No Festival Pop de Monterey, haviam conhecido Albert Grossman. Queriam reaquecer seu interesse pela banda. Julius, em um último ato de amor pela banda, ligou para Grossman e pediu que ele pensasse em empresariá-los. Outras pessoas também se lembram de ter entrado em contato com ele para falar da banda. Quem quer que tenha ligado, funcionou. Albert foi a São Francisco discutir a possibilidade.

Albert Grossman era um homem forte e imponente, com 1,80 metro, conhecido como “o Urso”. Era rechonchudo, mas mais troncudo e largo do que gordo. Seu cabelo ficara grisalho prematuramente e ele o usava puxado para trás.

Era um nativo de Chicago, de uma família que valorizava a educação e a segurança. Frequentara a Universidade de Chicago e se formara mestre em teoria econômica. Música, política e arte dramática estavam também entre seus interesses. Ele abriu um clube folk chamado Gate of Horn, que fazia muito sucesso. Por seu intermédio, Albert passou a conhecer o mercado e os artistas e desenvolveu um bom ouvido para o talento. Tinha afinidade com o blues porque Chicago era uma cidade de blues.

Grossman construiu sua reputação de empresário com Odetta. Chegou a cuidar de artistas do blues como Michael Bloomfield, Paul Butterfield, Richie Havens e Buddy Miles. Escolheu e empresariou o grupo Peter, Paul e Mary, tendo caçado por dois anos a combinação certa de pessoas para formar sua resposta ao Kingston Trio. Em Chicago, conheceu Bob Dylan e passou meses cultivando sua confiança antes de começar a cuidar também de sua carreira. Estava interessado em empresariar apenas músicos que tivessem o potencial de ser artistas de palco e estúdio com os melhores ganhos.

Grossman se mudou para Nova York e frequentava o Village. Cantava com uma voz de trovão logo que entrou em cena. Tornou-se coproprietário de um clube chamado Bitter End. Em 1966, preferia sentar-se em silêncio nos fundos do Gaslight e manter conversas em voz baixa em sua mesa de costume. Era um jogador de pôquer que blefava muito bem. O silêncio e seu físico imponente complementavam o poder que ele obviamente emanava graças à lista de artistas de primeira que controlava. Nunca buscou a atenção para si, apenas as pompas do sucesso que nascia com a boa administração dos negócios.

Quando concordou em empresariar o Big Brother, Albert Grossman vivia em uma casa em Gramercy Park, uma área exclusiva encravada entre Midtown e Greenwich Village, no East Side. O coração da região é um pequeno parque bem-cuidado que data de 1831. A vizinhança do Gramercy Park era especialmente prezada por sua privacidade, um bem que Grossman apreciava. Albert vivia sozinho na cidade e uma pensão entregava suas refeições em domicílio.

Também tinha uma casa em Bearsville, Nova York, perto de Woodstock, ao norte da cidade. Era uma antiga casa de pedra conhecida como Streibel Place, à qual ele acrescentou uma estufa e uma sauna. Era pitoresca, calma e pastoral, com a atmosfera de uma fazenda de cavalheiro. Dentro, tudo era bonito. A casa era cheia de balangandãs, cada um com uma etiqueta como as dos museus, mostrando que eram itens de coleção classificados para fins de pagamento de imposto.

O escritório de Grossman na cidade era um conjunto chique em um novo edifício que abrigava muitos negócios ligados à música. Ficava a pequena distância da RCA e da CBS. Havia ao menos 15 salas, todas decoradas em estilo contemporâneo. Seu escritório pessoal tinha enormes janelas e uma escrivaninha gigantesca com várias cadeiras confortáveis para os convidados. Executivas laboriosas alegravam a cena. Uma porção de gente entrava e saía do escritório. Sam Gordon chefiava o braço de publicação de músicas de Grossman. Peter, Paul e Mary tinham seu próprio escritório particular para seu empresário solo. Grossman formou diferentes parcerias durante a carreira. Alguns dos empresários de turnê trabalhavam em escritórios, planejando as próximas viagens.

Ele parecia pessoalmente esquivo, por isso mesmo quem o conhecia havia muito tempo nem sempre o conhecia bem. Usava o silêncio para sugerir que sabia de alguma coisa que não estava dizendo. Por vezes, era deliberadamente vago; em outras, era apenas uma manobra pra ver o que aconteceria. Desenvolveu maneirismos excêntricos como parte de seu papel, como segurar o cigarro em um estranho berço formado pelo polegar curvado e o indicador.

Grossman podia ser arrogante e insolente de maneira a fazer com que os outros o considerassem sinistro ou dominador. Alguns achavam que ele claramente era inchado com sua própria presunção. Para muitos, era apenas um bom homem de negócios que lidava com os desafios do mercado sem recorrer às vulgaridades usadas pelos outros. Fazia o necessário para que o negócio funcionasse para todos, protegendo seus clientes dos monstros corporativos esmagadores que dominavam o mercado. Estava interessado em dinheiro, mas tinha a natureza de um *connoisseur*, selecionando apenas os melhores para sua agência.

Grossman era um excelente juiz de talento, com uma habilidade real de separar o joio do trigo. Desenvolvera seu ouvido desde o tempo em que fora proprietário de um clube. Envolvia-se criativamente e seu conselho era ouvido porque ele provara que sabia do que estava falando.

Em 1959, Grossman envolveu-se com George Wein, o organizador que iniciara os Festivais de Jazz de Newport na década de 1950. Juntos, planejaram o primeiro Festival Folk de Newport. Em 1963, Bob Dylan chegou ao festival folk como um interessante artista *underground*. Saiu de lá como uma estrela. Talvez Albert tenha visto o mesmo acontecer novamente com Janis e o Big Brother em Monterey.

Albert demonstrou seu estilo único de negociação quando conheceu o Big Brother. Os membros da banda perguntaram: "Você vai nos garantir uma renda anual?". "Digam um número", respondeu ele. "Setenta e cinco mil dólares", alguém falou. "Digamos 100 mil e vou deixar isso por escrito. Se não conseguir dar isso a vocês, estou no ramo errado."

Certo! O grupo encontrara alguém que falava da terra dos sonhos como se tomasse chá das cinco lá todo dia. Houve outras discussões, mas, com aquela isca financeira, a banda começou a arrumar mentalmente as bagagens empresariais, com destino à Albert Grossman Management, NYC.

Albert definiu algumas condições para trabalhar com o Big Brother também. "Não vou tratar com ninguém que use heroína", ele afirmou enfaticamente. "Já tive experiência com essas pessoas no passado." Os membros da banda sacudiram a cabeça da esquerda para a direita, três dos cinco membros mentindo ao declarar firmemente que nunca tinham tocado naquele negócio. Como eles haviam apenas experimentado a droga ocasionalmente, creio que achavam que estavam sendo honestos.

Albert não era contra as drogas, apenas algumas. Quando se apresentava em Bearsville, mantinha um vaso de tabaco cheio de uma mistura especial de tabaco com haxixe e vinho. Sempre tinha maconha e cocaína de boa qualidade. Foi visto usando drogas apenas em ocasiões sociais, nunca no trabalho, embora fosse frequentemente ao banheiro durante reuniões de negócios. Ao menos algumas pessoas achavam que esvaziar a bexiga não era o objetivo.

O Big Brother assinou o contrato com Albert em 11 de novembro de 1967. "Janis e eu o chamávamos de tio Albert", relembra Linda Gravenites. "Ele era sólido, como se pudesse cuidar de tudo." Usava óculos que lhe davam a aparência confiável de Ben Franklin. Com genuína afeição, Janis recortou o retrato do homem na caixa de Aveia Quaker e pendurou na parede da cozinha. Era igualzinho ao tio Albert.

Ele nunca tentou administrar a vida de Janis, apenas sua carreira. Tenho certeza de que ela adorava seu método de administração. Ele era um incentivador, que lhe permitia seguir seus interesses artísticos. Linda conta que Janis o via como uma figura paterna. Pergunto-me se Janis estava criando um novo núcleo familiar para si, com mãe, pai e irmãos membros da banda.

Com a organização de Albert em sua carreira, toda a cena tornou-se mais profissional. Por exemplo, o Big Brother ganhou um empresário para turnês. Era uma ideia um tanto nova para as turnês musicais, mas que fora adotada pelo escritório de Albert. John Cooke estudara em Harvard e fora músico folk em Boston. Estava pronto para uma mudança. Enquanto entrevistava John para o serviço de empresário de turnês, Albert deixou-o optar entre várias bandas que precisavam desse auxílio. John escolheu imediatamente o Big Brother porque almejava a excitação que rodeava o grupo. Em 1º de dezembro, ele foi atirado do aeroporto de São Francisco para o ensaio da banda.

O relacionamento entre o tímido e aristocrático John e o comunitário Big Brother foi conturbado até se estabelecer plenamente. "É questão de diferença de estilo de vida", a banda queixou-se a Albert. John apanhou o problema pelos chifres, convocando uma reunião com a banda. "Olhe, cara, se vocês quiserem alguém de cabelo comprido, que só anda por aí e fuma ópio o tempo todo e carrega as caixas das guitarras, podemos contratar uma pessoa para isso. Mas, se quiserem alguém que se encarrega do serviço que faço, vamos nos esforçar um pouco mais."

Alguns meses depois, enquanto dirigia entre duas apresentações em San Diego, John disse aos membros da banda: "Quando comecei no serviço, pensava em ficar por seis meses. Mas gosto dele e adoro trabalhar com vocês." Dave sorriu. "Também amamos você, John", disse Janis. "Você quer um aumento, certo?". John riu. "Bem, já que você tocou no assunto." John Cooke era uma engrenagem importante na nova maquinaria da banda, alguém com quem Janis sempre podia contar para fazer seu trabalho e ser um amigo inalterado com o desenvolvimento da carreira.

John tratava das viagens, cuidava para que todos obedecessem aos horários, organizava o equipamento e monitorava as receitas das bilheterias nos concertos de rock, de organização bastante relaxada naquele tempo. O Big Brother tocou principalmente na Califórnia no final de 1967 – Fresno, Turlock, Merced e Huntington Beach, com a maior apresentação no Whiskey-a-Go-Go em Los Angeles.

Janis tinha muito o que comemorar. Aparecera em um pôster sobre moda na seção de estilo de vida de 8 de outubro de 1967 do *São Francisco Examiner*. "Usando um poncho de tecido clássico marroquino sobre calças de veludo peônia" e uma flor vermelha no cabelo, Janis aparecia informal em uma colina do Buena Vista Park para um retrato em grupo de mulheres estilosas e suas roupas assinadas por Jeanne Colon.

Em seu álbum de recortes, Janis escreveu: "Enfim, reconhecimento", ao lado de uma coluna do *São Francisco Chronicle* de Herb Caen sobre a transformação da natureza do movimento hippie, afastando-se da paz e do LSD. Escrevia: "Lembro-me de uma festa em Hillsborough em que o Big Brother and the Holding Company se apresentou e a cantora Janis Joplin ficava entornando champanhe, uma taça atrás da outra. Fiquei chocada. Logo eles estarão usando estolas de arminho e fazendo amor furtivamente, não mais abertamente".

Ela recebia cartas de homens dizendo que sempre procuraram uma mulher como ela, pedindo-lhe para compartilhar a energia do amor e para "ver Deus nos olhos um do outro". Ela podia se gabar da crítica sobre sua apresentação de dezembro no Golden Bear de Huntington Beach, que trazia como manchete JANIS JOPLIN TEM SOUL DEMAIS PARA OS PARCEIROS DA HOLDING COMPANY. Sim, Janis tinha muito a conversar com seus velhos e amados amigos.

O outono de 1967 foi um bom período para rever os compromissos pessoais. Embora a revolução social estivesse ganhando velocidade, a cena em Haight-Ashbury estava ficando velha e entrevada. A taxa de doenças venéreas sextuplicara em um ano. A polícia fazia batidas diárias nas ruas, recolhendo fugitivos menores de idade e qualquer pessoa que portasse maconha ou LSD. Em 2 de outubro, a polícia prendeu músicos, empresários e amigos na casa do Grateful Dead em Ashbury Street por posse de maconha, na época um delito grave. A banda protestou por meio de uma entrevista coletiva posterior, afirmando que, por terem sido acusados de delito grave, a sociedade equiparava o uso de maconha aos crimes de estupro e assassinato. Desafiaram o país a olhar para o delito sem castigo de uma fábrica de automóveis que fazia carros sabidamente inseguros e compará-lo com a benigna experiência de fumar erva.

O Big Brother quase foi preso em outubro por causa de uma reclamação pelo barulho durante seu contrato de três dias no Matrix, um clube concorrido em São Francisco. Localizava-se em uma área residencial e os vizinhos finalmente se encheram do rock estrondoso que regularmente acompanhava suas noites nos fins de semana. Nessas ocasiões, a polícia normalmente ameaçava prender os gerentes dos clubes. Nessa situação, ameaçaram deter também a banda. Sob coação, a banda cancelou a última noite do contrato.

Os mais velhos do movimento estavam saindo da cidade e buscando as comunidades do interior ou o saudável estilo de vida de Marin County, do outro lado da baía. Os Beatles, líderes culturais do movimento após a prisão de Kesey e Leary, anunciaram que estavam abandonando o LSD e adotando a meditação transcendental, ou MT.

A breve visão de uma comunidade do novo estilo dentro da cidade desaparecera. Caçado pela polícia, superanunciado pela imprensa, abarrotado de indesejáveis e carentes novos conversos, agredido por criminosos e trivializado pelos turistas que namoravam a cena, o núcleo do movimento estava seguindo seu caminho. No espírito de renascimento, organizaram uma vigília e uma parada em prol de "Hippie, devotado filho da Mídia". Em 6 de outubro de 1967, no Buena Vista Park, dez carregadores levaram um caixão ao redor de Haight-Ashbury, terminando em Panhandle Park, onde cremaram a pobre alma. Antes que o Hippie recebesse seu último adeus, a água em alta pressão do corpo de bombeiros acabou com todo o evento, um final adequadamente simbólico.

Janis estava pronta para um descanso e para tagarelar quando chegou a Port Arthur no Natal de 1967. Trouxe presentes para a família – um alfinete de ouro com uma pérola para mamãe, um colete com franjas de couro azul para Michael e uma bolsa de veludo com penas de faisão para mim. Também trouxe cópias do compacto de 45 RPM da banda, "Down On Me". Ela as distribuiu liberalmente entre a família e os amigos.

Michael correu até a casa do vizinho para exibir a Jimmy Pryor o sucesso de sua irmã. Sentaram-se em torno da vitrola do quarto de Jimmy e a agulha começou a percorrer os sulcos. Relaxados nas cadeiras, tentavam compreender o novo e áspero estilo musical. Até Michael estava um pouco desapontado. Queria gritar de alegria porque sua irmã tinha um disco, mas seus amigos próximos tinham dificuldades para encontrar um adjetivo polido e honesto para balbuciar em agradecimento pela música.

Janis tinha um carinho especial por Michael, o único da família que parecia estar tentando entrar para o movimento. Era um artista, como ela no início. Ela lhe confidenciou: "Você parece bastante na moda, mas devia deixar crescer o cabelo". Michael respondeu: "Não posso porque a escola não permite, mas eu mantenho a franja tão comprida quanto possível".

A velha turma de Janis deu uma festa na casa de Adrian e Gloria. Janis distribuiu cópias de seu compacto de 45 RPM, dizendo que não tinha gostado, mas era tudo o que havia sido lançado até o momento. Estavam gravando um novo.

"Era muito empolgante e divertido ouvir suas histórias", conta Adrian. "Na época, Janis se vestia diferente, eu diria ultrajosamente", riu. "Ela foi à Seven-Eleven comprar cigarros e, quando voltou, estava toda aborrecida porque algum sujeito tinha comentado 'Nossa mãe, uma festa a fantasia!' Ela voou no pescoço dele, mas acho que também se divertiu com isso."

Em nossa sala, Janis posava, se esticava, sorria e inclinava a cabeça para o fotógrafo e repórter do *Port Arthur News* Leonard Duckett. "Janis Joplin Recebe Aplausos...", dizia o *lead*. "Janis Joplin é outra porto-arthurense que leva seu nome por todo o país com seu talento." Duckett e Janis tiveram uma discussão amigável sobre cantores de blues e sua história, o significado de alma e o desenvolvimento da carreira dela. "A banda está ganhando dinheiro", ela disse. "É isso o que é importante, não é?", gargalhou. Pus a cabeça pela porta da cozinha, curiosa a respeito da natureza das entrevistas e refletindo sobre o novo papel que minha irmã exercia. Antes de sair, Duckett tirou uma foto de toda a família, nós quatro em trajes normais do Texas e Janis vestida de São Francisco – cabelo desgrenhado, com calças boca de sino inacreditavelmente largas sob uma blusa branca de babados.

De volta à Califórnia, Janis teve de enfrentar mais do que as apresentações do Big Brother na Costa Oeste. Ela estava grávida. O pai era um rapazinho e seu relacionamento não era algo que fosse durar. Janis namorou a ideia de ter o bebê e carregá-lo carinhosamente de camarim a camarim, mas logo se deparou com a impossibilidade de ter um filho e continuar com sua carreira. Quando tocaram no sul da Califórnia, ela foi ao México e fez um aborto. Sabia que a decisão fora a melhor, mas lamentou-a terrivelmente. Queria muito ter filhos. Foi ainda mais difícil para ela porque o procedimento não fora feito apropriadamente e ela sofreu fisicamente com hemorragias e dores por um bom tempo.

31 de janeiro de 1968

Queridos mamãe, papai, Mike e Laura

Que surpresa, né?! Bem, recebi sua carta esta manhã e parou de chover e tenho uma hora até o ensaio, por isso George e eu estamos no parque, respectivamente – caçando pombas e escrevendo para mamãe. Obrigada pelo artigo sobre Aretha, ela é de longe o melhor da música nesse momento (embora uma crítica da Rolling Stone, *um jornal nacional sobre rock'n'roll, tenha dito que sou "possivelmente a melhor voz feminina de sua geração". Mas suponho que ela e eu sejamos de gerações diferentes. Bem, sei lá... 25, vocês sabem).*

Vinte e cinco. 25. XXV. Um quarto de século! Oh, é tudo tão incrível. Obrigada pelos presentes de Natal e aniversário. Adorei a camisola, mas a tingi de roxo e a envelheci dez anos. Ficou linda. E o relógio, eu precisava mesmo – mas 25?! Nunca achei que fosse sobreviver por tanto tempo.

Estive doente na última semana e meia e fiquei presa na cama, por isso finalmente pude ter um ótimo descanso. Tivemos de cancelar três dias no Fillmore e perdemos uns 8 mil dólares, mas me sinto tão bem e calma agora. A primeira folga que tivemos em meses! Muito engraçado, essa foi a primeira vez que já me senti caseira, de preferência na cama, desde que saí de casa. Não tinha percebido isso até que certa tarde estava deitada, tomando uma cerveja. Repentinamente percebi que o fato de estar deitada na cama tomando cerveja é o melhor jeito de estar doente! Foi um período muito bacana – as pessoas mandavam flores (três vasos cheios) e homens muito encantadores telefonavam. Linda e eu tivemos um período ótimo.

No meu aniversário estávamos tocando em um clube de LA e todos foram tão simpáticos! Os proprietários do clube me mandaram três dúzias de rosas vermelhas – e quando entrei no palco a banda me deu duas dúz., alguns amigos de S.F. enviaram uma dúz. e (está preparado, Mike?) Peter Tork me mandou uma dúz. de rosas vermelhas. E depois do show tomamos muita champanhe e teve um bolo de aniversário. Muito bacana.

Bem, agora as notícias da carreira. Antes de tudo, Albert jura que faltam só algumas semanas para finalmente voltarmos a gravar. Confidencialmente (se isso aparecer no Houston Post eu mato vocês), a Columbia concordou em pagar todos os custos acima de 100 mil dólares. A Mainstream queria 250 mil. Nós pagamos os 100 mil. Um monte de dinheiro, mas uma boa gravação nesse momento ajudaria muito a nos lançar. A imprensa tem falado muito sobre nós agora, e *vai aumentar. Acabei de fazer uma matéria na revista* Eye*, uma publicação para jovens adultos da* Harper's Bazaar *que vai sair em março ou abril. Um artigo sobre Grace Slick (do Jefferson Airplane) e eu com fotos coloridas de página inteira de nós duas, por isso tudo vai bem. Muito bem.*

E em fevereiro, partimos por sete semanas para o Leste. Tocamos em Filadélfia, Boston, N.Y., Buffalo, algumas faculdades, Toledo, Detroit. Vai ser um bom teste para nosso vigor. Vou partir de 15 de fevereiro até a segunda semana de abril, por isso, se meus presentes de aniversário não chegarem a tempo, por favor compreendam.

Mike, seu pôster estava DEMAIS e muito boa sorte com seu show de luzes. Parece uma ótima ideia. Se precisar de algum conselho escreva, porque conheço um monte de gente que faz isso. Alguns deles são os pioneiros disso tudo. Você planeja começar com projeções líquidas? Elas são melhores porque podem refletir o clima da música e manter o ritmo. Se puder fazer isso e incorporar slides, vai ter um belo resultado. Você e seu amigo devem conseguir o equipamento e ensaiar com discos. Novamente, boa sorte, a ideia é bem boa. E espero que o resfriado não interfira muito em sua nota.

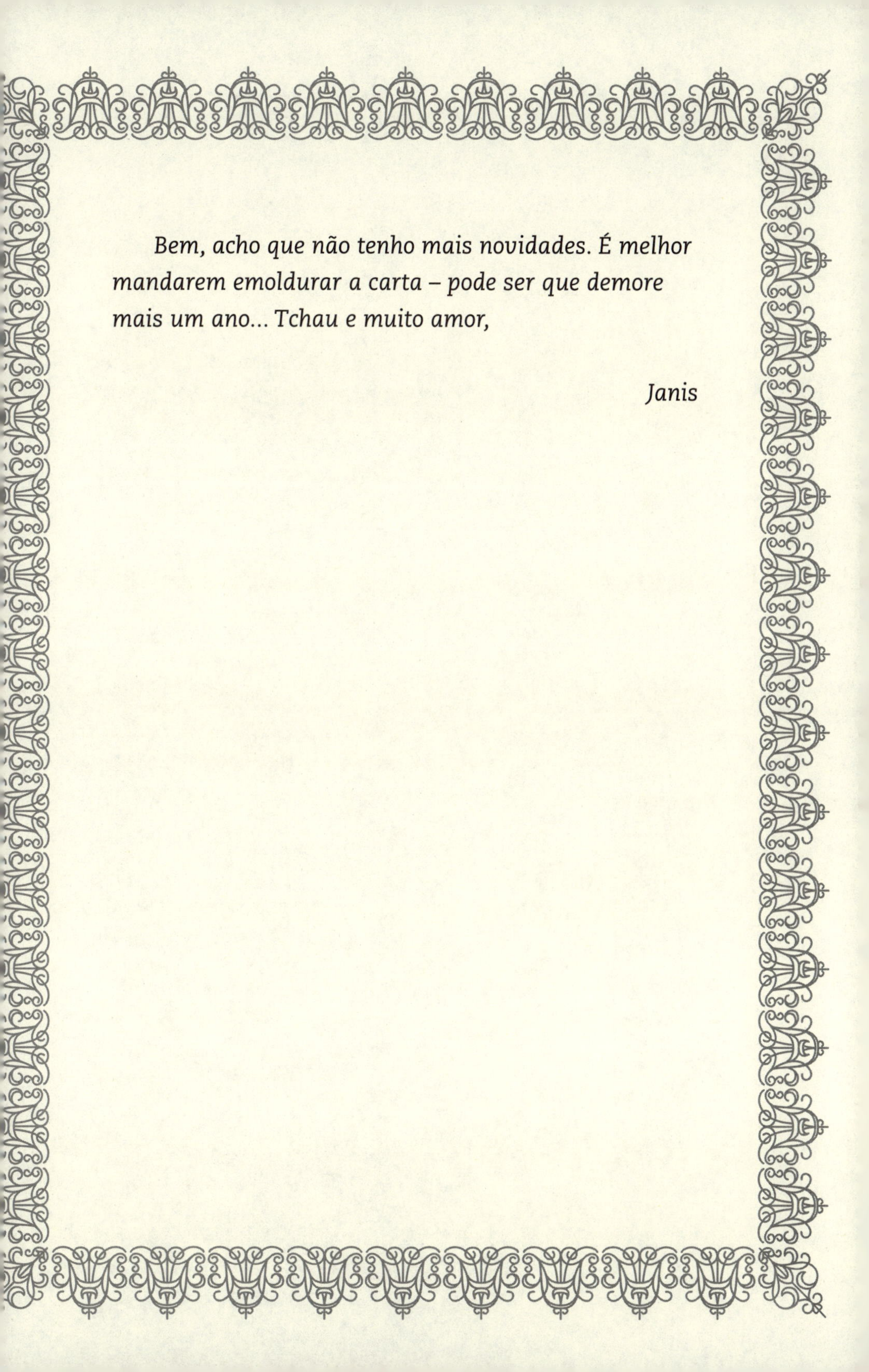

Bem, acho que não tenho mais novidades. É melhor mandarem emoldurar a carta – pode ser que demore mais um ano... Tchau e muito amor,

Janis

CAPÍTULO 12

ROMPIMENTO COM O BIG BROTHER

Well, you told me that you loved me
I believed you darling, but you lied, you know it's true
I hold you to my heart, I believe until you leave
And then I cry...
Oh darling...
Make it the last time...

[Bem, você me disse que me amava
Eu acreditei, meu bem, mas era mentira, você sabe que era
Eu me agarro em você, acredito até que você se vá
E daí choro...
Oh querida...
Que seja a última vez...]
– JANIS JOPLIN, "Last Time"

Em 17 de fevereiro de 1968, o Big Brother and the Holding Company tocou na Costa Leste, no Teatro Anderson de Nova York. Faziam o show de abertura de um programa que incluía B.B. King e um novo grupo de rock, o Aluminum Dream. Nova York era uma experiência totalmente nova para o grupo, e estavam prontos para aproveitá-la. Myra Friedman, em seu livro *Enterrada viva*, escreveu sobre o evento no Anderson, a primeira vez em que ela vira a banda. "Ela [Janis] agachou-se por um segundo e eu pulei espantada enquanto o teatro inteiro resplandecia. Eu nunca ouvira um som como aquele! Ela era um salto de ponta-cabeça, uma descarga histérica, um ato de extermínio total. Era como se alguma garra invisível houvesse saído de sua garganta, de unhas prontas para estraçalhar até os confins do auditório." Myra relaciona as melodias, abrindo com "Catch Me, Daddy", seguida por "Summertime" e "Piece of My Heart". O último dos quatro bises foi "Ball and Chain", de Big Mama Thornton. Friedman escreveu a respeito desse final: "Seguiu-se uma pausa atônita. Daí a multidão se inclinou para trás como um imenso estábulo de cavalos recém-marcados e ergueu-se, em uma investida ruidosa, em direção ao palco".

Robert Shelton, do *New York Times*, assediou Myra, que era assessora de imprensa da banda na época, em busca de fotos e detalhes a respeito do grupo, os quais ela estava despreparada para fornecer. Ninguém esperava a extensão da reação da imprensa a Janis e ao Big Brother. Em 9 de março de 1968, Shelton escreveu: "Estrela do Rock nasce na Segunda Avenida: o sucesso esmagador da estreia de Janis Joplin por aqui... Por melhor que a noite tenha sido, isso se deveu à faiscante e impetuosa srta. Joplin. Ela soou, no início, como uma atlética aclamadora do soul, uma irmã estilística branca de Aretha e Erma Franklin. Mas as comparações logo morrem, pois poucas vozes há com tal poder, flexibilidade e virtuosidade na música pop de qualquer lugar". O Big Brother chegara no Leste e Janis o tomara de assalto.

Os membros da banda estavam todos intimidados por seu novo sucesso. Acostumados a sobreviver mês a mês, eram econômicos com sua renda dilatada. Nenhum deles tinha certeza de que aquilo que viera tão de surpresa não se evaporaria de repente. John Cooke esforçou-se para convencê-los a pagar um pouco mais e viajar de primeira classe. Naquele tempo, a diferença muitas vezes era de menos de 20 dólares por bilhete. Eles finalmente se acostumaram a uma rotina de viajar de primeira classe quando fossem de costa a costa. As viagens mais curtas seriam de trem.

As oito semanas que Janis passou no Leste foram marcadas por muitas pedras angulares em sua carreira. 30 de janeiro foi a data final do infeliz contrato de gravação do Big Brother com a Mainstream Records. Eles rescindiram o contrato com Bob Shad e a Mainstream. Como Janis mencionava na carta, ele lhes custara 250 mil dólares, dos quais 100 mil se deviam a conversas inocentes em sua visita ao Texas no Natal. Janis mencionara a possibilidade de assinar com a Columbia, um selo da CBS Records. Mamãe contou a uma amiga da família, que comentou com sua filha, que dividiu a informação com um amigo, que era repórter do *Houston Post*. Logo que aquilo foi publicado como uma fofoca, Bob Shad aumentou o preço. ARRGGHHH! Lembro-me do telefonema angustiado e do rosto contristado da família ao falar a respeito. Nenhum de nós podia sequer imaginar 100 mil dólares.

A CBS pagou todos os valores acima de 100 mil dólares como as custas normais de negócios. 1° de fevereiro foi a data em que entrou em vigor o contato com Clive Davis e a CBS. Com 20 páginas, ele delineava os detalhes de seu relacionamento legal.

A edição de 2 de março da *Billboard* publicou uma foto de Clive Davis, o onipresente presidente da CBS Records, recebendo o Big Brother and the Holding Company. Clive era impetuoso e visionário. Foi um dos primeiros na indústria musical a reconhecer o poder duradouro do rock'n'roll, e assim assinou muitos contratos excelentes. Pouco impressionada com o séquito que a rodeava, Janis reagiu com honestidade operária ao número ilimitado de discos grátis oferecido pela Columbia. "Sentei-me no chão, no meio do escritório de Clive Davis, e vasculhei o catálogo", contou Janis a Linda Gravenites. Voltou com caixas cheias de discos, incluindo *The Baroque Oboe* para Linda e dois álbuns para mim, do Krainis Consort, tocando minhas melodias favoritas para madrigal.

A Columbia organizou uma entrevista coletiva com o Big Brother em um refinado restaurante de Manhattan. Mike Jahn escreveu um artigo que foi transmitido pelo telégrafo do Bell-Mclure Syndicate:

> Janis é linda. Em um mercado no qual a popularidade normalmente vem acompanhada de estudado desinteresse, ela é uma lufada de ar fresco... Sua aparência é de uma bonequinha sexy, quase um brinquedo que quica alegremente em torno do microfone enquanto ataca os tímpanos com a intensidade penetrante de sua voz. Seu desprezo por sutiãs e afinidade por blusas leves acrescenta um certo apelo universal à obscenidade básica de sua voz. Ela pode se tornar, já que essas distinções são inevitáveis, a primeira *sex symbol* do rock. Para muitas pessoas, ela já é... "Digo a todos os artistas que conheço para beberem Southern Comfort porque preserva a voz", diz ela. "É só uma desculpa para eu poder beber."

20 de fevereiro de 1968

Querida mamãe,

Bem, aqui está – a primeira crítica novaiorquina sobre nossa primeira apresentação em Nova York. Demais? Eh! Então agora estamos no processo de tomar a Costa Leste de assalto. Além disso, desde ontem à tarde estamos com a Columbia, oficialmente. Assinamos o contrato no 26º andar do edifício da CBS, conversamos com o presidente, tivemos uma festa com a imprensa e ficamos bêbados. Agora estou no escritório de Albert, acabei de terminar uma entrevista. Segundo todas as indicações, vou me tornar rica e famosa. Incrível! Todos os tipos de revistas estão pedindo para fazer artigos e fotos comigo. Vou fazer tudo. Uau, tenho tanta sorte – bati tanto a cabeça enquanto era uma garota (e jovem adulta) problemática e daí fui cair nisso. E, finalmente, parece que alguma coisa vai dar certo para mim. Incrível.

Bem, pendure a crítica na parede para todo o mundo poder ver – estou tão orgulhosa.

Todo o meu amor,
Janis

Estou no Chelsea Hotel, 23rd St. N.Y., um hotel tipo intelectual e literário muito famoso. Dylan Thomas viveu e morreu aqui, Brendan Behan também.

O *East Village Other* de 23-29 de fevereiro chamava a música de Janis de "blues vocal feminino". Peter Albin explicou as raízes da banda: "Não somos um grupo de soul branco. Apenas velhos *beatniks* brancos, de classe média, oprimidos e reprimidos". O *New York Free Press* exaltava Janis como a "Voz de uma Senhora Leadbelly". *The Village Voice* de 22 de fevereiro dizia que "a brecha da garota foi fechada. A brecha da garota é um termo fácil para um problema difícil que tem sido enfrentado pelo mercado da música pop. A plumagem e o vigor do rock dos últimos anos permaneceram nos domínios masculinos... agora, com Janis, isso acabou".

A *Newsweek* publicou matéria sobre "As Abelhas-Rainha" do rock, falando de Janis, Grace Slick, Mama Cass, Spanky e Mama Cowsill. "Os rapazes estão começando a cantar e há algo em torno de que trabalhar: eu", Janis teria dito. Peter concordava: "Sem ela, não somos nada". O *bizness*, como Janis gostava de chamá-lo, já estava definindo a imagem que fazia de si mesma.

Albert acrescentou algo de novo ao séquito de auxiliares de Janis, um assessor de imprensa. Myra Friedman era uma mulher teimosa e persistente que cuidava de Janis de modo exagerado. Seu envolvimento na divulgação de Janis alterou totalmente a publicidade. Myra acabou com as entrevistas imprevistas após uma apresentação e agendou entrevistas detalhadas, muitas vezes várias em seguida, por tardes a fio.

Desde a primeira manifestação da imprensa em Nova York, os artigos se concentraram em Janis, não na banda como um todo. Escreviam como se Janis fosse uma cantora com uma banda tocando para ela e não sobre a unidade familiar da banda de São Francisco. John Cooke relembra: "Os rapazes da banda murmuravam: 'Ei, por que os repórteres só querem falar com ela?'. Eles deviam ser mais espertos", acrescentou ele. Os créditos, que Julius Karpen tanto insistira em manter como "Big Brother and the Holding Company" foram mudados pelo escritório de Grossman para "Big Brother and the Holding Company, estrelando Janis Joplin".

5 de março de 1968

Querida mamãe,

Tão ocupada e N.Y. é muito estranha – competitiva e feia e está nos revirando. Em minha noite de folga, fui assistir a Hello, Dolly! *c/Pearl Bailey. Ela é maravilhosa.*

Com amor, Janis

4 de abril de 1968

Querida mamãe,

Não saberia dizer o quanto as suas cartas significaram para mim aqui – é tão bom.

Sua primogênita está se saindo muito bem no negócio musical. Eu já te falei sobre as críticas? Posso falar de novo? É tudo tão empolgante para mim. Desde que cheguei a Nova York, aconteceu o seguinte:

1. Vogue *– sessão de fotos c/Avedon, que é o nº 1 da seção "As pessoas falam de", daqui a uns três meses.*

2. Glamour *– entrevista e foto para a coluna sobre pessoas que "acontecem" – ótima foto, ganhei uma cópia, edição de junho talvez.*

3. New York Times *– o artigo que vocês viram, mais uma entrevista na semana passada com Nat*

Hentoff (talvez vocês já tenham ouvido falar?) que vai escrever um artigo a meu respeito para o Sunday Times *– vai sair em umas duas semanas.*

4. Jazz e Pop *– fui avisada pelo editor na noite passada que eu ganhei!! a eleição feita entre os leitores, de uma vocalista feminina – vai sair em abril!!!!*

5. Revista Eye *– foto e artigo na seção "Elevator", pessoas que estão subindo. Nas bancas.*

6. Life *– foto e artigo sobre sete grupos de rock agendados, embora eu duvide que vá sair.*

8. New York Magazine *– uma revista nova, filha do suplemento dominical do* N.Y. Herald Tribune, *cobriu uma apresentação em Detroit para um artigo.*

9. Cashbox, Billboard, Record World *e* Variety *criticaram nossa abertura no Fillmore East em N.Y. no mês passado.*

10. Village Voice *– uma entrevista e foto para a seção de moda*

11. *artigos da imprensa* underground *por três jornais de N.Y.* – Rat, East Village Olther *(EVO) e* N.Y. Free Press

NOTA: *Na* Vogue *que está nas bancas, fui mencionada na seção As pessoas falam de, e também minha predileção por Southern Comfort, e também minha assessora de imprensa acha que devo aparecer em alguma coisa maior na edição "Mulher Americana" (!?!).*

NÃO É DEMAIS?!

Tenho necessidade de tagarelar.

Nossa gravação vai saindo aos poucos e nesse momento não sabemos se vamos conseguir terminar em Los Angeles (voltamos à Calif. semana que vem), porque nosso produtor quer que gravemos em Nova York, o que significa voltar para cá e também cancelar algumas apresentações (perdendo assim um monte de dinheiro), por isso não sabemos como vai ser. Mas as três faixas que temos estão muito boas. Na verdade, alguns de nossos amigos – uma banda – acabam de voltar da Inglaterra (editaram seu álbum lá c/o produtor dos Rolling Stones) e ouvimos suas fitas e as nossas estão melhores. Pelo menos achamos que sim.

Acabei de comprar 115 dólares em peles – uma pele de gamo para a parede, cinco casacos usados para cortar e costurar novamente para fazer um tapete bem grande e um lindíssimo tapete de alpaca branca com uns 7 centímetros de espessura e enorme! Fabuloso, adoro pele e coisas macias.

Não comprei nenhuma roupa aqui – só uns sapatos. Na verdade, não fiz nada além do bizness da música. Gravações, apresentações, entrevistas e sessões de fotos tomam todo o nosso tempo. Oh, novas entrevistas a mencionar – um artigo para a página Feminina do Washington Post.

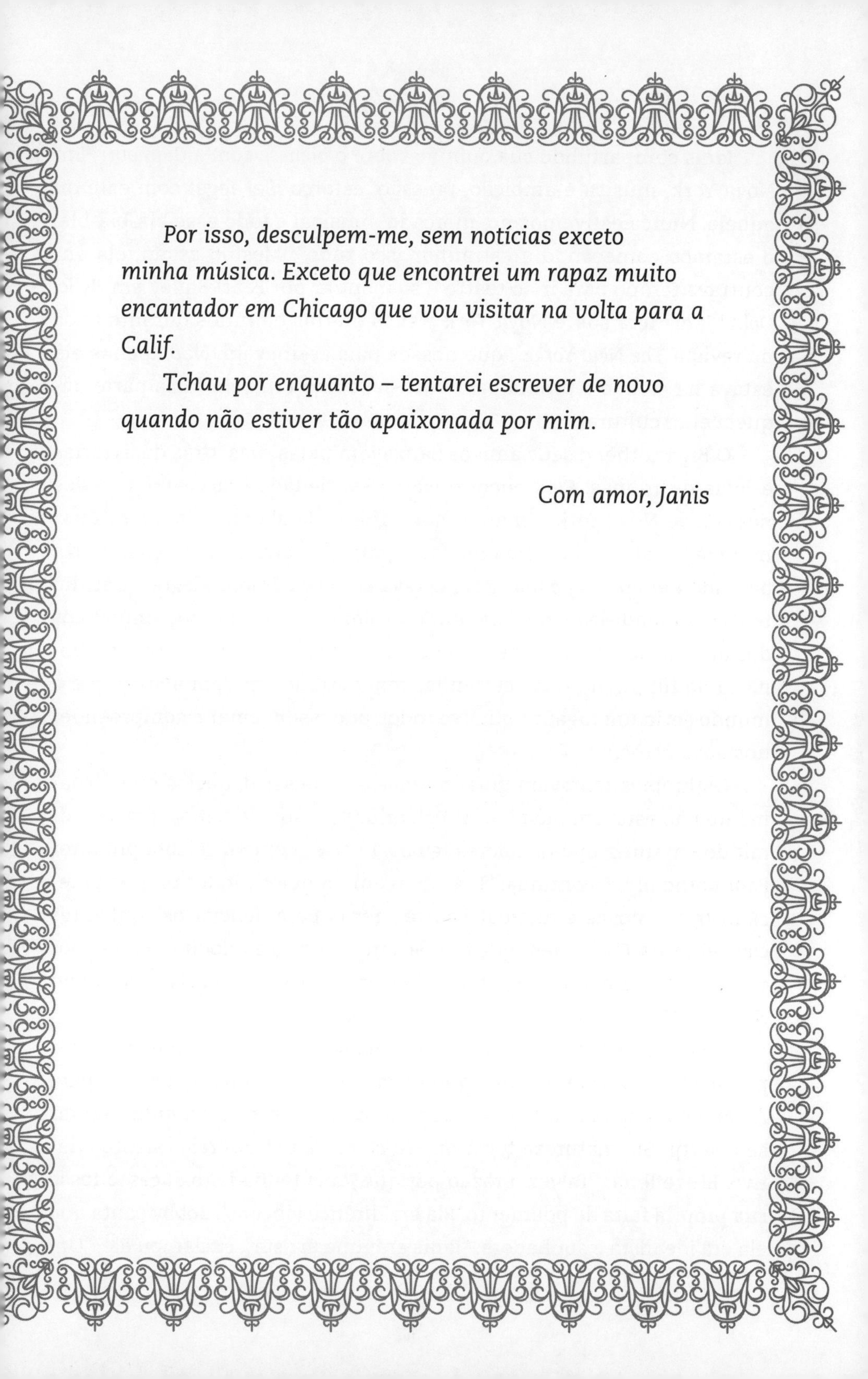

Por isso, desculpem-me, sem notícias exceto minha música. Exceto que encontrei um rapaz muito encantador em Chicago que vou visitar na volta para a Calif.

Tchau por enquanto – tentarei escrever de novo quando não estiver tão apaixonada por mim.

Com amor, Janis

Janis compartilhou sua opinião sobre o *bizness* com a *Glamour*: "Em Nova York, música é ambição, pressão, esforço. Ser legal com este ou aquele. Nunca estivemos no 'mercado' musical e todo esse blá-blá-blá, e estamos começando a estranhar isso tudo". Mesmo assim, ela encontrava tempo para ir ao teatro e se inspirar por Pearl Bailey em *Hello, Dolly!* Janis lera sobre Nova York e suas ofertas culturais durante anos na revista *The New Yorker*, que nossos pais assinavam. Não apenas ela estava na cidade e pronta para curti-la, como também fazia parte daquela elite cultural!

O Big Brother e seus amigos zanzavam pelas ruas atrás de livrarias e lojas de roupas. Eles encontravam a variedade e a veemência dos nativos de Nova York. Uma mulher enfurecida abordou Sam e sua namorada Carol Cavallon em uma faixa para pedestres, amaldiçoando-o e batendo nele pelas costas. Sam estava com um ânimo alegre e decidiu tentar persuadi-la de que era humano. Em meio aos olhares simpáticos dos apressados homens de terno escuro, Sam assumiu o papel missionário do hippie na terra estranha, concentrado em demonstrar que o mundo seria um lugar melhor se todos pudessem amar e compreender uns aos outros.

Os hippies tentavam guiar as massas, apesar daqueles que obviamente não estavam ouvindo. "A celebridade, naquele tempo, era ser admitido em um grupo de líderes iguais a você", conta o célebre produtor Paul Rothchild. E continua: "Era como em Camelot". Todos os dias pareciam trazer novas e miraculosas surpresas para deliciar os confiantes cavaleiros da Távola Redonda hippie. Janis parecia explodir em rock "por ser tão intensamente, alegremente" ela mesma, escreveu Nat Hentoff no *New York Times* de 21 de abril.

O veterano da cena folk novaiorquina Bobby Neuwirth, amigo e companheiro de viagem de Janis que viera resolver alguns problemas para Albert, era o tipo de cara que se contentava em viver o momento e tentar se divertir. Sua natureza também era colorida por um real talento criativo. Ele refletia: "Talvez a razão por que Janis tenha feito sucesso fosse sua própria falta de polimento. Ela era direta e sincera". Bobby conta que ela era idealista e sonhadora. "Janis era uma artista", exclamou ele. "Um artista não é apenas uma pessoa que tem algo a dizer, mas uma pessoa que não pode *não* dizê-lo."

O tema da heroína surgiu novamente no relacionamento da banda com Albert. Janis escreveu à colega de quarto Linda Gravenites: "*Agora, para explicar essa coisa da gordura, porque creio que você está muito magra agora (!!!). Tantas frustrações aqui – sem homens, obviamente, montes e montes de pressão e mais uma enorme palestra acoplada a uma ameaça velada de Albert a respeito de heroína (se continuar, seremos despedidos...) e eu estava enlouquecendo. Por isso comecei a comer demais, certo? Aí comecei a me preocupar com isso – por duas semanas eu comia e me castigava. Agora me endireitei um pouco – simplesmente não vou me preocupar com isso agora, tenho muito mais com que me preocupar. Por isso, o que temos agora é uma gordinha com uma atitude bem melhor*". A atração de sua nova fama com toda a energia, empolgação e sensação de importância era o elemento que guiava suas vidas. Ele ultrapassava facilmente a cautela racional ou as ameaças profissionais.

Embora Janis lamentasse a falta de homens para sua confidente Linda, ela sempre tinha muitas histórias sobre escapadas sexuais. Em abril de 1968, escreveu sobre como teve uma "*bela coisa c/aquele cara de Chicago, Jeff. Ele é um gato incrível*". Sua intenção era levá-lo à Califórnia, uma oferta que fazia a muitas pessoas. Mais de acordo com a natureza de sua reputação de vale-tudo, ela também escreveu a Linda no verão de 1968 a respeito de uma travessura bêbada com Lester Chambers do Blood Sweat & Tears em Porto Rico, seguida pela conquista de um "rapaz absolutamente maravilhoso" em Newport. Ela conta que, logo que chegou a Nova York, o "*lindo Richard simplesmente sumiu da minha mente. Por isso comecei a ver Emmet e Peter – 1ª noite* [nós] *tivemos uma* incrível *festa da injeção – morfina – em meu quarto de hotel. A morfina era principalmente minha, veja você. Ah, mas eu estava tão apaixonada! Por todos eles! Eles tinham cabeças tão interessantes – eu adoro sentar e ouvir! Deus. Então naquela noite acabei c/Emmett (apenas dois anos de atraso, foi tudo o que ele disse, e foi bacanérrimo), por isso estou passando bastante tempo com ele e* tão feliz. *Uma noite na semana passada liguei para o Emmett e disse que eu estava entediada e, veja, ele mandou Peter e meu bem!! Agora eu sei que nossos gostos são semelhantes. Deus, estou muito apaixonada por ele*".

Em 1 e 2 de março, o Big Brother tocou no Grande Ballroom de Detroit. Trouxeram toneladas de equipamento, engenheiros e produtores para fazer uma gravação ao vivo, planejando usá-la como base de seu primeiro álbum pela Columbia. Todos em Detroit os fizeram sentir-se em casa, mas de algum modo a música simplesmente não agradou. Nada ficou utilizável. Janis disse: "Albert está zangado", uma de suas expressões favoritas.

Em Nova York, a banda conheceu o produtor John Simon e seu assistente, Elliot Mazer, um sujeito que dizia o que via sem um grande exame de consciência. Elliot explicou que Janis se preocupava com a "desunião da banda". Ele lembra que ela era "nervosa, assustada, confiante e muito poderosa, uma pessoa bastante específica sobre o que gostava e desgostava musicalmente". Acrescenta: "Janis era uma das pessoas mais concentradas no estúdio com quem já trabalhei, interessada em tudo e totalmente empenhada".

Os produtores e engenheiros se esforçavam para capturar a música da banda. Os rapazes sabiam que seu som era um artigo esporádico. Quando funcionava, era excelente. No resto do tempo animava o público, mas era de qualidade musical questionável. Eles conversavam, ouviam, experimentavam inovações e se esforçavam para capturar a precisão que vivia em sua mente quando tocavam.

D.A. Pennebaker, o célebre diretor que filmou *Monterey Pop* e retratou Dylan em *Don't Look Back*, encontrou Janis quando a banda gravava em Nova York. Concordaram que ele fizesse um filme sobre Janis semelhante ao de Dylan. Ele começou a aparecer enquanto eles estavam trabalhando ou tocando. No estúdio, ele capturou a banda discutindo a respeito da natureza do arranjo instrumental das canções. Janis dançava um pouco, sorria e piscava. "Podemos fazer de qualquer dos dois jeitos, são ambos válidos", dizia Janis, apresentando sua opinião. "Mas eu acho, são 10 horas, e acho que por volta das 4 podemos ter 'Summertime'. Vai ser difícil. Mas, se vocês quiserem tratá-la fazendo um pouco de 'Summertime' e depois um pouquinho de 'Brownsville', podemos fazer. Vocês todos votaram por fazer um punhado delas esta noite, mas pessoalmente não concordo... O que você ouve é o que está na frente, e esse é o vocal.

A menos que o instrumental cometa algum erro muito grande, ninguém vai ouvi-lo."

Todos ficaram "superagressivos, separados, amargos". Fred Catero, o engenheiro de gravação, disse que os vocais estavam bons, mas as partes instrumentais sempre tinham erros. Em uma das canções, "depois de quatro passadas, Janis se afastou, berrando 'Não vou cantar com esses filhos da puta!'". Pouco a pouco eles aprenderam como lidar com Nova York e as pressões que os rodeavam. Janis disse ao repórter Nat Hentoff, do *New York Times*: "São Francisco é diferente. Não digo que seja perfeito, mas as bandas de rock de lá não começaram porque quisessem fazer sucesso. Buscavam ficar embriagados e tocar para as pessoas dançarem. Aqui elas querem *fazer sucesso*".

Depois de uma apresentação na Filadélfia em 16 de março, tudo voltou ao normal. A banda trabalhava e tocava junta. Eram amigos, mais do que tudo. Ao discutir a bagunça da noite anterior em tom jovial e saudosista com James, Janis disse: "Você fica tão bonitinho quando está desmaiado, parece até o Hongo". Eles o haviam carregado do lobby do Chelsea Hotel, no qual se hospedavam, até seu quarto. Abriram a porta e anunciaram: "Entrega de um James Gurley", como os camareiros no café da manhã.

Janis era uma amiga leal. Certa vez declarou aos rapazes: "Cara, querem ouvir como algumas pessoas são baixas?", e começou uma história sobre um amigo comum que havia sido enganado no Canadá. Ele tocava em outra banda que estava em Nova York na época e fora aconselhado por seus empresários a não pagar a fiança por ter sido apanhado com drogas para poder ficar para uma apresentação na cidade. No dia seguinte, eles o despediram porque não poderia conseguir um visto. Janis continuou a discursar a respeito, dizendo: "Ele não ficou nem sequer bravo e eu estou furiosa". Eles o trataram "miseravelmente", exclamava ela.

Em 4 de abril de 1968, Martin Luther King Jr. foi assassinado em Mênfis. A banda ficou espantada, mas se mostrou à altura da situação. Em 17 de abril, junto com muitos outros músicos, tocaram em um concerto beneficente no Generation Club de Nova York. "As emoções estavam elevadas e uma porção de cidades por todo o país estava em chamas", escreve Sam Andrew em suas memórias ainda inéditas. "B.B. King sentou-se nos bastidores e falou sobre a tragédia de maneira muito emocional, bela e calma. Ele nos fez sentir a dignidade e a pungência do momento. Era como estar na igreja e ouvi-lo falar da necessidade de compreensão e amor entre os irmãos e irmãs, oh, sim, por todo este mundo." O Big Brother subiu ao palco para o que Sam chama de momento consagrado, tocando "Brownsville", "Piece of My Heart" e "Down On Me".

Uma entrevista publicada quatro dias depois no *Village Voice* citava Janis. "A maquiagem, para Janis, é 'um monte de porcaria insignificante. Algumas vezes eu queria ser negra ou de alguma raça exótica, na qual, querida, é só o seu rosto que trabalha por você, sem camuflagem.'"

A dicotomia de "nós e eles" nunca ficou tão clara quanto no assassinato de King. Janis sabia em que campo vivia e disse a Nat Hentoff, do *New York Times*: "No Texas, eu era uma *beatnik*, uma esquisita, e como não estava fazendo sucesso como faço agora, meus pais achavam que eu era um caso perdido. Agora minha mãe escreve e pergunta que tipo de roupa usa uma cantora de blues de 1968. É meio bacana, porque estivemos em lados opostos desde os meus 14 anos. O Texas é leal quando você quer se acomodar e cuidar de seu nariz discretamente, mas não é para pessoas ultrajantes, e eu sempre fui ultrajante. Tratavam-me muito mal no Texas".

Ela respondeu à questão de Hentoff sobre abusar de sua voz, dizendo que já tentara se conter e não forçar o canto, mas não gostara da sensação. Disse ela: "Talvez eu não dure tanto quanto outras cantoras, mas acho que você pode destruir o seu agora preocupando-se com o amanhã... Olhamos para nossos pais e vemos o quanto eles desistiram e concederam e acabaram com muito pouco. Por isso, a garotada quer muito de alguma coisa agora em vez de um pouco de qualquer coisinha ao longo de 70 anos".

1968

Querida mamãe e família,

Enfim alguns momentos de paz! Temos algumas semanas de férias depois de um mês de gravações em Los Angeles e apresentações de fim de semana. Mamãe, até você, com seu ritmo incrível, ficaria espantada com tudo o que temos feito. Trabalho, trabalho, trabalho, todo o tempo livre dedicado a dormir e comer, e se preparar para a viagem seguinte. Positivamente incrível. Assim, estou no meio de minha única semana de folga. Estou passando alguns dias na cabana de um amigo em Stinson Beach com George. Não faço nada além de dormir, comer e ler romances baratos. Durmo bastante. Amanhã volto à cidade para passar o resto da minha folga me mudando. Fomos despejados por causa de George (coisinha suja). Nosso novo endereço é 892 Noe.

O número do telefone eu mando depois. Mas que férias – só o tempo de levar todas as caixas para cima e volto a Los Angeles para a mixagem. É a etapa final da gravação – significa ajustar o balanço de todos os instrumentos e vozes uns aos outros. Pode ser um procedimento muito simples ou muito complicado – veremos.

Acho que agora vocês já devem ter visto as coisas na Vogue, Glamour *e* Mademoiselle. *(O* Port Arthur News *publicou alguma coisa a respeito? Se sim, mandem-me.) Estou mandando duas que vocês ainda não viram – o artigo de Nat Hentoff na seção de diversão do* New York Times *dominical e* Jazz & Pop, *na qual venci a votação feita pelos leitores. Também havia uma coisa bacana (uma página inteira) no* Washington Post, *mas só tenho uma cópia. Algumas pessoas da* Look *têm nos seguido por aí, então podemos esperar alguma coisa, e a* Life *falou conosco para um artigo sobre rock. Por isso, continuem comparecendo à banca mais próxima, amigos!*

Ganhei um pouco de peso e Linda tem trabalho para me fazer caber nas roupas. Ela está trabalhando em algo agora para resolver isso. Um material indiano, uma espécie de chiffon macio de seda – todo com azuis, verdes e roxos vagamente florais coberto c/um fio dourado tecido em complicados padrões florais – custa 18 dólares o metro (!), mas vai ficar lindo – calças bem abertas embaixo, blusa transparente com mangas bem largas forradas de roxo c/guarnições douradas; simplesmente maravilhoso. E também para melhorar a atual crise de vestimentas – fui fazer compras na Paraphernalia de Beverly Hills usando um par de Levis velhos e uma camiseta e fui reconhecida e bajulada pelo gerente, que se ofereceu para me fazer qualquer coisa que eu queira em qualquer cor sob medida pelo preço das prateleiras ("Bem, fazemos todas as lindas camisas de Tony Curtis"). Demais!! Bem melhor que ser beatnik! Como alguém já disse, "Já fui rico e já fui pobre, e ser rico é melhor".

Espero que Mike tenha recebido e gostado do colete (papai, vou te mandar alguma coisa, prometo!! Logo que eu tenha tempo – seu diabinho ganancioso...). Acho que talvez possa estar um pouco curto, mas não tem problema em um colete, é só usá-lo aberto. Espero que vocês o deixem vesti-lo, pelo amor de Deus. Eu ia mandar uma porção de pôsteres também, mas lembrei que você ficou legislando contra eles na última vez que telefonei. Ahh, talvez papai gostasse...

Todo esse tempo em LA e não vi ninguém da família. Sinto-me meio mal, mas não sei como encontrar nenhum deles. Tentei ligar para Barbara, mas o número dela mudou. Acabei de ter uma ideia. Vou escrever para ela e pedir que me ligue no hotel. Por que não pensei nisso antes? Bem, espero permanecer em contato.

Bom saber que Laura está sobrevivendo aos rigores da sociedade, ou seja, a escola e a irmandade. Espero que Mike esteja se saindo bem também. Uma perguntinha inocente – que tal se Mike viesse para cá por algum tempo no verão?

Bem, de volta aos meus romances – vocês já leram O Bebê de Rosemary *– é uma doideira, como dizem no vernáculo. O álbum deve sair lá por julho. Espero que saia antes de tocarmos na convenção da* Columbia *em* Porto Rico *– 25 de julho. Depois disso, vamos fazer outro negócio no* Leste *para promover o disco. Oh,!! Quase esqueci! Vou aparecer em um filme! Estreando* Michael Pollard, *que era* C.W. Moss *em* Bonnie & Clyde. *Ele é muito famoso agora. Algum tipo de* hip *ocidental* a la "Cat Ballou". *Meu papel seria de uma cantora de bar texana – não vai faltar autenticidade e provavelmente vou ganhar um monte de dinheiro e cantar alguma música. Mas, por enquanto, estamos apenas nas conversações.*

Tchau, meu amor a todos
XXXXX
Janis
Também estou mandando um negócio novinho em folha da revista Eye.

O Big Brother trabalhou para tocar "ao vivo" em um estúdio, gravando todos os instrumentos ao mesmo tempo. De 20 de maio até 12 de junho, trabalharam em Los Angeles com John Simon e Elliot Mazer. Sam Andrew descreveu John assim: "Não era possível encontrar alguém mais antipático ao que estávamos tentando fazer". Era um produtor muito ponderado, preciso e controlador. Sam Andrew queria um êxtase dionisíaco com guitarras. A banda achava que John Simon não os entendia, nem à sua música ou ao modo como precisavam gravar para capturá-la em fita.

Com as gravações em estúdio e ao vivo em mãos, Janis, Sam Andrews e Fred Catero, um engenheiro da Columbia, passaram 36 horas direto terminando a mixagem do álbum. O barulho do público nas canções lançadas não era autêntico. Eram secretárias e outras pessoas gritando e aplaudindo no estúdio. Até o monólogo de abertura de Bill Graham foi acrescentado no estúdio. Mas o produto final captou a poderosa crueza do impacto da banda ao se apresentar.

O álbum recebeu o nome *Cheap Thrills*, embora eles quisessem ter usado um título mais longo, *Sex, Dope and Cheap Thrills*. Era uma frase que vinha dos anos de 1930, explica Sam Andrew, quando filmes como *Reefer Madness* preveniam contra os riscos do vício em maconha. A Columbia limou as primeiras duas palavras, mas todos ficaram felizes com o acordo.

Bob Cato, diretor de arte da Columbia, sugeriu uma capa com a banda inteira na cama em um típico colchão hippie. Sam Andrew e Dave Getz chegaram primeiro ao estúdio e imediatamente começaram a caçoar da interpretação que a Madison Avenue dava aos quartos hippies – rosa, com babados e luz suave. Quando Janis entrou, disse: "Vamos sujar isso, caras", e foi o que fizeram. Rasgaram os babados, pegaram alguns equipamentos do estúdio, penduraram algumas de suas próprias coisas pelo cenário, tiraram a roupa e pularam na cama sorrindo para a câmera. Os cliques foram inocentes o bastante, mas não capturaram nada do que a banda queria dizer sobre si mesma. Não foram usados.

Procuraram outras ideias e tiveram uma inspiração. Talvez Janis tenha recorrido à época em que lia revistas de humor ao escolher R.

Crumb para desenhar a capa. "Você é mesmo grande", disse ele a Janis, e ele adorava mulheres grandes. Crumb desenhou aquilo de que gostava, a voluptuosa mulher Rubenesca em uma caricatura hippie. Foi assisti-los em um show e desenhou impressões deles e de suas canções para as costas do álbum. Em vez disso, eles usaram sua cativante arte em quadrinhos na capa.

O humor divertido da turma aparece em sua melhor forma quando, em uma entrevista para a KOED-TV, foi feita a pergunta-padrão: "Quem é o Big Brother?". Responderam todos ao mesmo tempo: "Ele sempre fica no banheiro. Vá buscá-lo, faz tempo que tentamos tocar com ele. Faça-o sair de lá. Ele nunca aparece nas apresentações".

Janis confidenciou a Sam Andrew ao dirigir pelas ruas cheias de Mercedes de Los Angeles: "Ouça, se eu tiver de sair, vou sair. Adoro isso aqui!". Os comentários de Janis o magoaram. Aquilo não tinha nada a ver com a atitude de retidão que dera origem à carreira do grupo. "Antes, ninguém queria nem saber se eu vivia", explicou Janis à repórter Beatrice Berg no *Philadelphia Inquirer*. "Isso é demais e eu quero continuar até que não exista mais. Eu poderia estar com a cabeça fria, mas não quero saber que é tudo bobagem. Talvez, quando tiver 45 anos, eu caia em mim e descubra que tudo isso estava errado, mas agora é hora de estar empolgada. Estou empolgada!".

Os novos grupos de rock apresentavam dificuldades de administração para os executivos das gravadoras. Eles não aceitavam orientações do pessoal interno. Os diretores artísticos da empresa não podiam ditar planos de gravação, escolha de músicas ou mixagem. Os músicos não aceitavam conselhos de ninguém! Aquilo aterrorizava a estrutura do negócio, porque desse modo as coisas eram menos previsíveis. Os executivos ficaram mais dependentes dos caprichos do novo temperamento artístico. Os grupos de rock de São Francisco forçaram o mercado a aceitar maior liberdade artística.

Essa perda de poder comercial ocorreu no momento em que os negociantes começavam a perceber o enorme poder de compra dos adolescentes. Os jovens representavam mais de 40% dos consumidores de discos. Os *baby boomers* eram um imenso grupo ocioso que tinha dinheiro para gastar e não queria a mesma música de seus pais ou mesmo dos irmãos mais velhos. As vendas de *Cheap Thrills* espantaram os executivos. A Columbia tratava principalmente com material polido e impecável. Poucas pessoas ali compreendiam o rock'n'roll, mas os tempos estavam mudando.

Em 1968, Dave Moriaty apareceu em São Francisco, vindo do Corpo de Fuzileiros Navais, irritado e pronto para se juntar à próspera cena californiana. Em Nam, ele ouvira dizer que Janis estava famosa. "Fui à casa dela", conta ele, "e a encontrei em uma lavanderia da rua. Usava um tipo de casaco de pele e *blue jeans*. Veio correndo e pulou em meus braços, e fiquei fisicamente perplexo. Ela tinha de agir assim para diferenciar entre fãs e amigos. Estava eufórica."

Dave provavelmente disse a Janis que Austin estava mudando. Todos os músicos faziam rock e a polícia se tornava violenta. A cena inteira parecia se encaminhar naturalmente para São Francisco. Dave e seu amigo Gilbert Shelton, extraordinário quadrinista da revista *Ranger*, foram até lá juntos e encontraram o antigo colega de quarto de Dave, Jack Jackson, no comando das operações comerciais da Family Dog, que abriu falência em novembro de 1968. Mesmo vendendo 60 mil dólares em pôsteres todos os meses, não podiam sustentar o prejuízo dado pelo salão de baile Avalon. Dave, Jack, Gilbert Shelton e Fred Todd formaram a Rip Off Press com 35 dólares por cabeça como entrada em uma impressora usada de mil dólares. Seu primeiro trabalho foram pôsteres para o reencarnado Avalon, que fora assumido por outro grupo de texanos. Logo começariam também a imprimir quadrinhos de R. Crumb.

Muitas gráficas *underground* começaram a prosperar. Em 1969, segundo Abe Peck, ao menos 500 publicações *underground* haviam surgido nas cidades e vilas de todo o país. Cerca de outras 500 a mil eram editadas em escolas de nível médio. Peck escreve em *Uncovering the Sixties: The Life and Times of the Underground Press*: "Os jornais poderiam oferecer uma subjetividade honesta em vez de uma objetividade, que ignorava suas próprias pressuposições políticas e culturais subjacentes".

Com o lançamento de *Cheap Thrills* em julho de 1968, Janis e o Big Brother já eram um sucesso musical certificado. O álbum foi disco de ouro em três dias! A banda tocou na convenção da CBS em Porto Rico para uma audiência composta pelas estrelas que Janis ouvia maravilhada somente alguns meses antes. O Big Brother agora tocava para eles, e não apenas como iguais – eram os melhores da nova competição. O que acontecera? Janis pouco mudara o que vinha fazendo há anos. Agora, em vez de olhá-la de cima para baixo, as pessoas aplaudiam.

"O eu e a imagem pública se misturavam mais naquele tempo", explica Bennett Glotzer, antigo parceiro de Albert. Bennett via o mundo principalmente de acordo com lealdades comerciais: "As estrelas costumavam sair em público, encontrar-se em locais designados. Todos usavam na rua a mesma roupa usada no palco". Janis era igual a seu público. Tinha o mesmo gosto para roupas, bebidas e música.

A aceitação popular não teria sido possível se sua pessoa pública não se baseasse em algum aspecto real de sua personalidade. Era parte dela, mas ela parecia estar começando a acreditar que era toda ela. Instantaneamente, ela se tornara a vítima de uma constante observação da imprensa. Janis sempre precisava estar "ligada", porque sempre havia alguém ali observando. "Se praticar bastante para ser uma grande e impudente *mama* do blues", disse Bobby Neuwirth, "você se torna uma. Você começa a esperar isso de si mesma, como os outros esperam." "Para mim", Janis explicou à imprensa, "estilo de vida e cantar são a mesma coisa."

Janis acreditava nos jornais. "Sou a maior *groupie* do mundo", disse a Dave Getz. Janis "encontrava um cara e dava em cima dele e queria sair com ele", ri ele.

Paul Rothchild sorria e gargalhava ao descrever o prazer mútuo que tiveram Janis e Jim Morrison ao se encontrar em uma festa na casa de John Davidson. Conversaram e brincaram, alvejando-se em disputas verbais. Algumas horas de bebida e vários jogos de sinuca depois, Jim passou a demonstrar sua característica agressividade alcoólica. O ato final foi a tentativa de fuga de Janis. Ele não aceitava um não como resposta e enfiou a cabeça no carro quando ela tentou ir embora. Janis teve de quebrar uma garrafa na cabeça dele para fazê-lo entender. Na manhã seguinte, Jim disse a Paul que queria muito vê-la de novo.

Julho de 1968

Querida família...

TINHA de mandar um cartão de Porto Rico. Até agora tudo o que vi, infelizmente, foi o interior de três hotéis e uma curta faixa de praia – mas um monte de ponche de rum grátis na Columbia. Tocamos esta noite e partimos amanhã de manhã para Newport, mas ao menos vou ver a ilha lá de cima... Nota especial para Mike – querido, apenas parabéns e orgulho e todo o amor que tenho por seu trabalho no Agape [um jornal publicado por Michael e seu amigo Jimmy Pryor], particularmente o poema – oh, tão bacana!!! Pendurei em minha parede. Amor para todos,

Janis

P.S. Vou estar no Chelsea, 222 W.23rd, N.Y por mais ou menos um mês.

XXX Janis

Janis tinha alguns momentos difíceis, mas o tempo que passava no palco ainda guiava sua vida. "Acredito em algumas coisas muito amorfas que acontecem quando você está no palco... como se algo se movesse no ar", Janis tentou explicar à entrevistadora da revista *Los Angeles Times West*, Rasa Gustaitis. "Parece uma coisa real que se move no ar. Não existe, mas é tão real que é como o amor ou o desejo. Você sabe muito bem que está ali, sabe que está BEM ALI, cara – algo está acontecendo." Rasa tornou-se uma amiga depois dessa entrevista. Janis adorou suas perguntas. Rasa dizia que Janis era uma xamã, "que uivava como se estivesse possuída".

Rasa citava um fã que, mais tarde, foi ecoado pelas cartas dos fãs enviadas após a morte de Janis. "Ela é a gente. Não é uma estrela, é a gente. Nunca a encontrei, mas a conheço. É como se, ao ouvi-la, você saísse de seu corpo e se movesse, cara. Ela é simplesmente toda energia. Sei lá, ela é toda a gente."

Começava a parecer que o único momento em que Janis era ela mesma era em cima do palco. Fora dele, surgiu uma dualidade pessoal que não fazia muito sentido. Não era tão real quanto as vibrações controladas do transe do público. Ela explicou: "Estou cheia de emoção e quero liberá-la. E se você está no palco e está dando certo e o público está com você, é uma unidade que se sente. Estou dentro de mim, e eles estão dentro de mim, e tudo vem junto".

Os fãs estavam tão dentro de Janis e da banda que começaram a invadir o palco. A primeira vez foi em Cleveland, onde as pessoas pularam sobre a banda no meio de uma canção e começaram a tentar arrancar as pulseiras dos braços de Janis. Ela ficou chocada e exclamou: "O que vocês estão fazendo? Estou tentando cantar".

"Tocar com Janis fazia aumentar a adrenalina", conta James Gurley. "Nunca conseguia dormir até depois de o sol nascer... E assim, sempre era necessário alguma coisa para relaxar." Janis encarava a questão de como voltar ao mundo cotidiano depois de seus êxtases xamânicos no palco.

O álcool sempre foi sua droga preferida, segundo todos os amigos. Janis bebia Rainier Ale quando Linda Gravenites a conheceu e depois passou a Southern Comfort. O álcool era uma droga social. As pessoas saíam juntas para beber. Conforme sua carreira avançava, o conforto de Janis no reino social real parecia diminuir de acordo com a necessidade de ser sua imagem pública. Todo alcoólatra, e é certo que Janis se tornara uma, tem isso, explica Bobby Neuwirth. Ela lhe disse: “Algum dia eles vão descobrir que na verdade não sei o que estou fazendo”. E certa vez cochichou a Linda: “E se descobrirem que sou apenas Janis?”.

Com a heroína, explica James, “era uma coisa casual que começou. Nenhum de nós estava viciado. Era pouco frequente, sabe. A cada dois meses encontrávamos um pouco de heroína. Era sempre depois do show”. Sam Andrew me disse baixinho: “Era um espírito de aventura e Janis gostava de fazer coisas que os outros não faziam”. Havia também aquele sentido de afinidade infantil, uma crença na participação em um clube baseada nas drogas que você usava ou em seu modo de vida. “Ela dizia que era a mística da cantora de blues, como Billie Holiday, estar muito destruída”, relembra Linda Gravenites.

“Em Cincinnati, fomos a uma festa com um fã depois do concerto, em um original colchão hippie. Todos nos sentamos em volta”, passando uma seringa e injetando narcóticos. “Não nos parecia loucura na época!”, ri David Getz.

“Alguém me disse que Albert Grossman mandou-o ir buscar heroína para Janis”, conta Bennett Glotzer. “Eu digo, ‘Besteira!’ Não é o que Albert faria.” Então, ele não deu heroína a Janis nem a apoiou nesse hábito. Será que isso importa? Ele tomava outras drogas. A mensagem era sempre *qual* droga você tomava. Na Califórnia, quando gravavam *Cheap Thrills*, alguém encontrou um pacote de heroína no banco de uma cabine de restaurante. Ligaram para Albert e ele cancelou a apresentação seguinte; em vez dela, levou o grupo para Nova York para um sermão. Heroína era coisa séria para ele. Se os sermões surtissem efeito, ele poderia ter conseguido acabar totalmente com o uso dessa droga.

A situação de Janis era agravada pela necessidade do público de vê-la gabar-se de sua liberdade. Quanto mais ultrajante ela fosse, mais “por dentro” estava. Logo, até mesmo os pais de seus fãs começaram a falar “hippie”. A imprensa promovia a ideia de que romper barreiras era a dádiva da juventude à sociedade. Janis ainda lia a *Time* todas as semanas, de cabo a rabo. Onde estava a força de equilíbrio para ela? Todas as mensagens elogiavam a dissolução de barreiras e a criação de um novo mundo. E sua imagem pública representava uma das forças da mudança.

Em abril de 1968, a cena começou a mudar. As coisas não pareciam certas. Em 27 de abril de 1968, durante os dias de paz e amor, os fãs entraram nos bastidores e roubaram a linda capa feita à mão que um fã oferecera a Janis. Em Ann Arbor, Janis brincou: "Gostavam tanto de mim que roubaram minhas calças pretas antes que eu vestisse as calças roxas".

Janis disse a Rasa: "Não vale a pena", e *parece* que falava de coração. "Todos que ela encontrava", lamenta-se Linda, "tinham uma ideia preconcebida de quem era... e com isso ela se identificava. Era a isso que ela reagia. Por isso perdeu grandes porções de si mesma por falta de uso."

Ela começava a sentir as repercussões de tornar-se um Moisés da cultura jovem. Seu sucesso oprimia sua vida como uma bola de ferro. "A fama é um contrato entre o público e o famoso, no qual o interessado sabe menos sobre ele do que os apreciadores", escreveu Leo Braudy em *The Frenzy of Renown*. Janis não dominava mais sua vida. Sua vida a estava controlando.

Mesmo assim, ela não perdera seu senso de humor. "Ela chamava a si mesma de 'fenomonemônio social'", gargalha Linda, lembrando da paródia que Janis fazia da frase *fenômeno social*. Ao comentar sobre sua nova vida, ela desprezava as grandes ilusões com esta incisiva afirmação: "Para ser músico é preciso muita TV".

A novidade de ser uma cantora de blues branca tornou Janis extremamente famosa. Isso também a manteve em uma prisão cujos limites ela começava a descobrir. Essa delicada situação trazia à tona o pior de Janis – seu narcisismo. Ela não apenas exigia amor, mas reclamava adoração. O mundo se tornara irreal e ela não fazia ideia de seus limites. A maioria das pessoas usa as reações do mundo para definir as aspirações e os limites pessoais de comportamento. O sucesso de Janis destruiu suas concepções anteriores. Queria que sua vida fosse tão gratificante quanto suas apresentações.

Raramente pensava sobre a repercussão de suas ações. Linda Gravenites explica: "Ela fazia as coisas sem refletir e se preocupava depois. Mas isso nunca a impediu de fazer nada. A única vez em que brigamos", continua ela, "foi porque eu estava com um homem que achava lindo e maravilhoso. Em certa noite no Avalon, Janis pegou carona na moto dele. Eu pensei, hmmm, ela não está pensando, não percebe o que está fazendo comigo. No dia seguinte, ela disse: 'Linda, você está aceitando bem'. Eu pensei, ela não está inocente. Sabia o que havia feito comigo! Eu *esmaguei* a xícara de café". Linda não concorda, mas me pergunto se Janis estaria testando a fidelidade de seu relacionamento com Linda. Como uma criança de 3 anos, Janis precisava saber se Linda a amaria mesmo se ela fizesse algo horrível.

Nem todos caíam na nova doutrina de adoração. Janis podia depender de Linda Gravenites e seus outros amigos antigos. Linda Wauldron veio visitá-la com sua filha de 2 anos, Sabina. Não importava o tempo ou a distância, esse relacionamento continuava sincero. Janis podia conversar sobre a vida e fazer confidências a Linda Wauldron, como quando eram colegas de quarto muito tempo antes.

Pat Nichols também era companheira fiel. Depois da exacerbação de ego de uma apresentação, Janis e Pat foram a um bar e beberam Ramos Fizzes. Com Pat, ela podia discorrer sobre como sua vida estava se tornando fantástica. Em outras ocasiões iam a concertos ou jogavam sinuca no bar de Gino e Carlo em North Beach. Pat ri ao lembrar das vezes em que Janis ia a um lugar em que Pat trabalhava como garçonete e lhe dava um descanso, atendendo as mesas em seu lugar. "Eles não sabem quem sou", Janis gritou para ela. "Deram-me 25 centavos de gorjeta!". Havia pequenos lembretes de realidade, mas aparentemente foram muito poucos.

A vida de Janis enredou-se ainda mais à Costa Leste, longe da cena antiburguesa da Costa Oeste. Ao menos, quando ela estava na Califórnia, as crenças de São Francisco apoiavam seu estilo. Elas a ajudavam a se orientar nas novas situações a que seu sucesso a forçava.

Nova York tinha as influências comerciais de Janis – Albert Grossman, seu empresário; Clive Davis, chefe da CBS; e o grosso da imprensa nacional. Juntos, sua influência sobre Janis parecia abalar sua relação com o resto da banda. Elliot Mazer explica: "O objetivo principal de Janis era novo. Ela não queria chegar a Las Vegas ou ao horário nobre da TV; desejava tocar em clubes e arrebatar a moçada". Elliot acreditava que a música popular era mais a comunicação de emoções do que a competência técnica. O Big Brother era incomparável nisso. "Quem quer que visse o quanto aquela banda era boa com um público deveria ter trabalhado naquilo, em vez de mudar tudo", exclama Elliot. "A competência técnica pouco tem a ver com o que público recebe."

As pessoas cochichavam no ouvido de Janis: "Você é melhor que os caras da banda. Devia deixá-los. Eles a estão atrasando. Vão arruinar sua carreira e você vai ficar no buraco de novo". Janis acreditava na imprensa e, apesar de seu lema "seja fiel a si mesma", começou a pensar que os outros sabiam o que era melhor.

De acordo com Elliot Mazer, o escritório de Albert não era um porto seguro contra as dúvidas expressas por Clive e a imprensa. Nick Gravenites teve a mesma sensação a respeito de Albert em outros encontros com ele. Nick relembra: "Albert dizia: 'Você adora esses caras, mas estou mais interessado em você. Vou lhe conseguir um negócio de 2 milhões de dólares, mas só se *você* ficar com ele. Não vou pôr o dinheiro no bolso dos outros caras'". Ele era assim. Janis tinha apenas 25 anos e era forçada a decidir entre a lealdade à banda e um sucesso financeiro mais do que sonhado que parecia depender de sua saída do grupo. Ao mesmo tempo, a imprensa latia que a banda a estava atrasando.

O Big Brother gravou uma participação no programa de variedades *Hollywood Palace* em 29 de setembro. O apresentador era Don Adams, de *Get Smart*. O Big Brother apareceu junto com Barbara Eden, de *Jeannie é um Gênio*. Nada deu certo naquela noite. A banda ficou em pedestais e não havia fios elétricos nos instrumentos, embora eles devessem fingir que estavam tocando. Em vez de música ao vivo, a parte instrumental vinha de uma fita enviada pela Columbia. Apenas Janis cantou ao vivo. Don Adams arriscou algumas observações espirituosas que fizeram a banda sentir que ele estava pedindo desculpas ao público pela música do Big Brother e prometendo algo melhor a seguir.

Durante um ano em que viveu em casa, em 1965-66, Janis puxava para trás seu sinal mais visível de poder, seu cabelo desgrenhado, e o amarrava discretamente em um coque no alto da cabeça. Durante esse período ela usava maquiagem, vestia-se de forma conservadora e advertia seus amigos: “Cuidado com a linguagem” e “Não bebam demais”. (Cortesia da família Joplin)

Na primavera de 1966, Janis começou a se apresentar novamente em público, com o auxílio de seu velho amigo Jim Langdon, que escrevia uma coluna no jornal *Austin American-Statesman*. Ele lhe conseguiu um trabalho em 5 de maio em um festival de blues, sua primeira apresentação diante de uma plateia multirracial. Eles a adoraram. (Cortesia da família Joplin)

ais tocou no 11th Door, um clube folk em Austin. Jim Langdon conhecia o dono, Bill Simonson, e ele a ajudou a conseguir algumas resentações. (Cortesia da família Joplin)

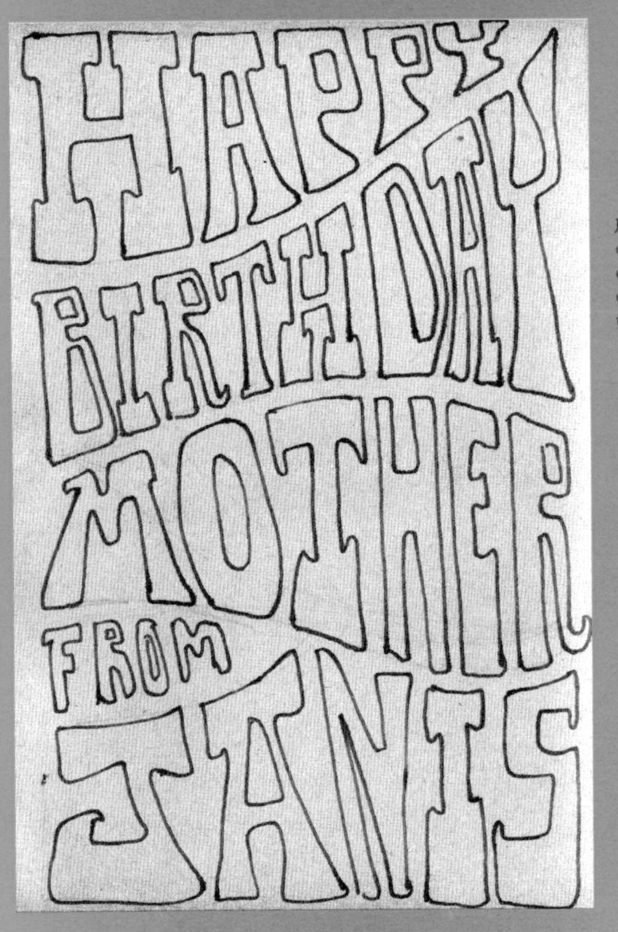

Janis muitas vezes tentou compartilhar suas novas experiências com o pessoal de casa, como essas letras psicodélicas em um cartão de aniversário.

Em 1964, depois de passar por Port Arth a caminho de São Francisco, vinda de No York, Janis nos mandou um postal pa avisar que tinha chegado ber

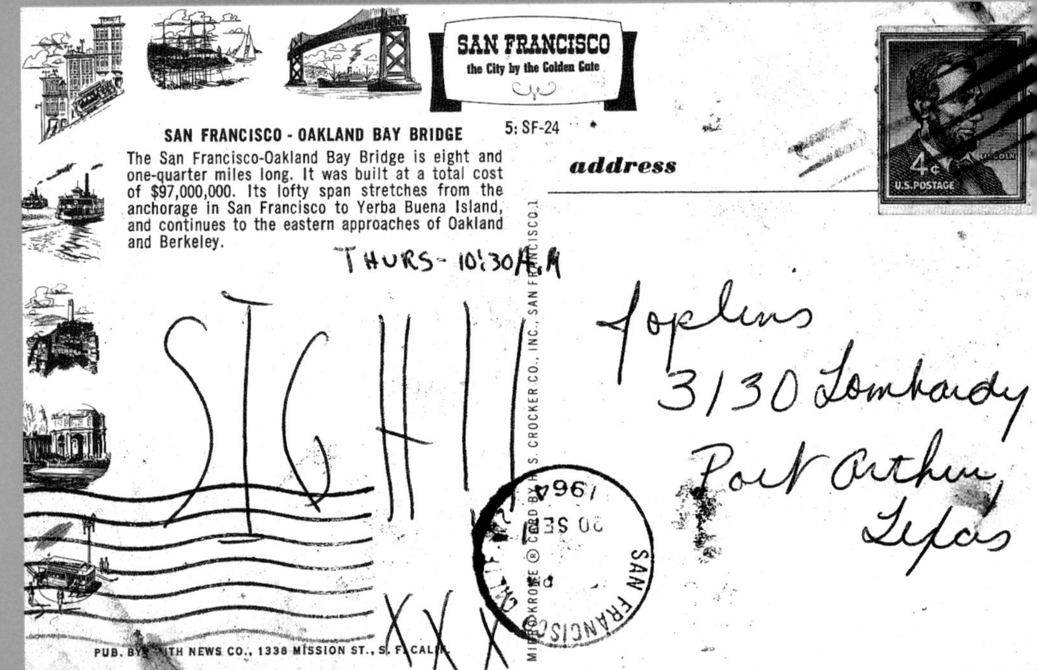

They're old-fashioned in their style - tight, w/ buttons up the front. Black

FANTASTIC!

when I get back, I'm going to rent a machine & make m... of beautif...

SIGH!! AND A FRIEND OF MINE GAVE ME A DRESS & CAPE TO WEAR FOR THE OCCASION - A WINE-COLORED VELVET, OLD, FROM A GOODWILL STORE, BUT BEAUTIFUL!

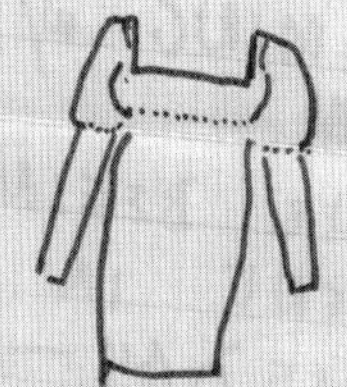

QUEEN ANNE KIND OF SLEEVES & A VERY LOW & BROAD NECKLINE. REALLY FANTASTIC.

NOW, I HAVE A PROBLEM. I'M HOPING THE CHICAGO JOB WILL RESOLVE IT FOR ME, BUT RIGHT NOW IT'S PLAGUING ME. LAST WEEKEND WE PLAYED IN THE CITY & A MAN FROM ELECTRA, A GOOD LABEL, SPOKE TO ME AFTERWARDS. LIKED ME/US A LOT. DURING THE WEEK, SOMEONE CALLED ME.... SEEMS ROTHCHILD (THE GUY FROM ELECTRA, WHO DISCOVERED PAUL BUTTERFIELD WHO IS VERY BIG NOW - HE

As cartas de Janis usavam vários estilos de escrita – letras de forma, cursiva ou algo mais artístico. Quando as palavras não bastavam, Janis acrescentava rápidos esboços para se fazer entender. Assim como seu show de palco, as cartas de Janis expressavam suas emoções.

Jovem, feliz, saudável e otimista, Janis encontrou na cena hippie de Haight-Ashbury em 1966 uma comunidade de almas amáveis. (© Bill Brach)

[O] texano Chet Helms apresentou Janis à banda que ele ajudara a formar, [B]ig Brother and the Holding Company. Aqui, Janis e Chet posam perto do [W]indmill no Golden Gate Park, em São Francisco. (© Herb Green)

Timothy Leary, antigo defensor do uso de LSD, estava em liberdade condicional quando foi preso novamente por posse de drogas em 16 de abril de 1966, em Nova York. Foi apoiado em sua luta pela comunidade hippie de São Francisco. O Big Brother tocou em muitos eventos beneficentes para todos os tipos de causa. (© Dennis Nolan, artista)

Out on several limbs, these far-out fashions by Jeanne Colon are modeled by some of Jeanne's friends. The friends: A. *Jana Miles, professional model, wears a psychedelic hooded silk print;* B. *Michele Sevryn, a "love knot" dress of patterned silk;* C. *Bard Dupont, bell-bottomed peone pants and a pull-over shirt;* D. *Liane Chu, owner-manager of Berkeley's Red Square boutique, a peacock's eye "butterfly" dress;* E. *Jeanne herself, in corduroy hip-hugger pants (with a Spanish influence), hand-crocheted lace top and body necklace;* F. *art and dance student Jacqueline Chris in a San Francisco Fog Suit, ideal for open convertibles;* G. *Maureen Kirby in a man's shirt of Irish linen and hand-crocheted lace copied from a 1780 French model;* H. *Amber Rose, Jeanne's daughter, in a washable cotton tot's dress with widely belled sleeves;* I. *Janis Joplin, lead singer of Big Brother and the Holding Company, in a poncho of antique Moroccan fabric over velvet peone pants. And George, the dog, who immodestly declined an outfit.*

BERKELEY'S JEANNE COLON:

Designer

Janis (extrema direita) faz papel de modelo nessa foto tirada no Buena Vista Park. Jeanne Colon desenhava e fabricava roupas para estrelas do rock. Para Janis, Jeanne fez "um poncho de tecido marroquino vintage com calças de veludo peônia". (© São Francisco Examiner; John Gorman, fotógrafo)

Uma das primeiras fotos promocionais do Big Brother. NA FRENTE: Peter Albin, baixo; Dave Getz, bateria. ATRÁS: James Gurley, violão; Janis; Sam Andrew, guitarra; e Sancho, o cão da comunidade que patrocinava bailes, o Family Dog. (© Bill Brach)

Por vários meses de 1967, Janis teve um romance profundo com Country Joe McDonald, o líder do Country Joe and the Fish. Eles acabaram por se separar por causa dos compromissos de suas carreiras separadas. (© Jim Marshall)

A Columbia Records deu uma festa para a imprensa para anunciar a contratação do Big Brother and the Holding Company. Da esquerda para a direita: o empresário, Albert Grossman; James Gurley; Dave Getz; Peter Albin; Sam Andrew; Janis e Clive Davis, presidente da Columbia. (© Elliott Landy)

Janis assina o contrato da banda com a Columbia Records. Ela escreveu em uma carta para nós: "Assinei o contrato no 26º andar do edifício da CBS, conheci o presidente, fui a uma festa para a imprensa e fiquei bêbada". (© John Cooke.)

Janis voltou para casa no Natal de 1967. Nossa vida iniciou uma nova era quando o repórter Leonard Duckett, do jornal local, *The Port Arthur News*, veio em casa entrevistá-la. Ele tirou esse retrato da família como um favor. (© Leonard Duckett.)

Janis em toda realeza em um concerto ao ar livre em São Francisco. (© Jim Marshall)

m casa, no seu apartamento na Lyon Street, São
ancisco, em 1967. Janis o decorou com a arte da
poca, rendas, plumas e pôsteres de amigos e ídolos.
© Jim Marshall)

Janis adorava capas, como essa mexicana atirada em seus ombros por um fã, certa noite. (© Baron Wolman)

nis e Ron "Pigpen" McKernan, do Grateful Dead, no Festival Folk Rock do Norte da Califórnia em 18 de maio de 1968. (© Jim Marshall)

Janis também se orgulhava dessa capa de veludo que usou para uma sessão de fotos promocionais do Big Brother and the Holding Company, no Palácio de Belas-Artes de São Francisco. (© Baron Wolman)

Em fevereiro de 1968, o Big Brother fez sua primeira turnê pela Costa Leste, iniciando no Anderso Theater de Nova York. Nos bastidores, a banda brincou com os colegas músicos Ed Sanders, dos Fugs, e Barry Melton, do Country Joe and the Fish. (© Elliott Landy)

ɔis se referia carinhosamente a Albert Grossman como tio Albert. Ele ofereceu-lhe o apoio e o conhecimento de que ela necessitava
ɪra impulsionar sua carreira para a frente. (© Elliott Landy)

Um sinal dos tempos, Janis lê uma revista em quadrinhos *underground*. Vários de seus amigos do Texas haviam se mudado para São Francisco e fundado a Rip Off Press, uma grande fornecedora de quadrinhos e pôsteres; Dave Getz folheia um relatório intitulado “O Horror do Crescimento do Abuso de Drogas”. (© Elliott Landy)

O primeiro álbum do Big Brother com a Columbia foi *Cheap Thrills*. Grande parte dele foi gravada ao vivo no Grande Ballroom. Esse era um dos novos pôsteres que anunciavam concertos hippie. O design é de Gary Grimshaw. (© Artrock, 1153 Mission Street, São Francisco, CA)

A imagem de Janis Joplin se tornou decididamente sexy quando Linda Gravenites começou a criar roupas de palco elaboradas, cheias de detalhes. Essa aqui é de veludo preto com flores de miçangas aplicadas no corpete. (© Joe Sia)

Linda Gravenites foi estilista de Janis, sua amiga e colega de quarto por três anos. Ela trazia uma influência segura à turbulência do estilo de vida e à carreira ascendente de Janis (© Jim Marshall)

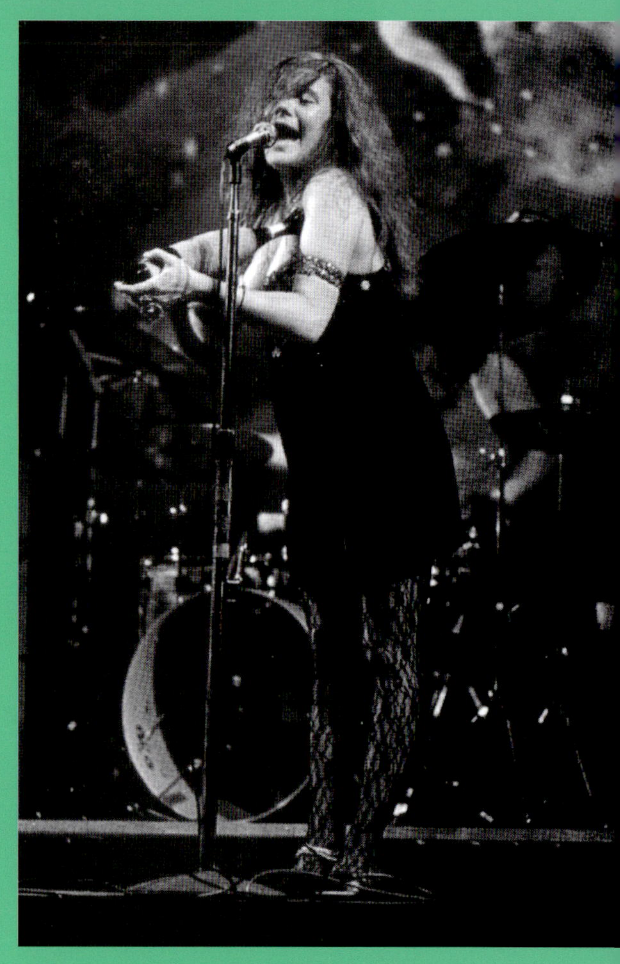

Janis e seu novo grupo tocaram no Fillmore East, em Nova York, em 11 e 12 de fevereiro de 1969. Janis costumava tocar instrumentos de percussão latino--americanos como esse guiro. Ela também tocava maracas e claves – bastões de madeira batidos entre si. (© Elliott Landy)

Janis formou um grupo a qu chamou Squeeze, que mais tarde ficaria conhecido com Kozmic Blues Band. Essa fot é do Dick Cavett Show de 18 de julho de 1969. A partir da esquerda: Luis Gasca, trompete; Terry Clemens, sa tenor; Cornelius "Snooky" Flowers, sax barítono; Maur Baker, bateria; Brad Campbe baixo; e Sam Andrew, guitar (Cortesia da família Joplin)

Em 1969, Janis fez uma turnê pela Europa de 11 a 24 de abril, passando por Amsterdã, Frankfurt, Paris, Estocolmo, Copenhagen e Londres. Aqui ela faz palhaçada para o amigo e gerente de turnê John Cooke. (© John Cooke)

Em Amsterdã, Janis canta ao lado de Sam Andrew, o único membro do Big Brother que ela pediu para se juntar ao novo grupo. Na Europa, a nova banda era aplaudida aonde quer que fosse. Janis percebeu que a resposta do público não fora tão entusiástica desde os velhos tempos de Haight-Ashbury. (© John Cooke)

Este retrato foi tirado em Nova York em dezembro de 1969, em um período no qual a vida de Janis era marcada pela confusão, uso de drogas e excesso de álcool. Mesmo assim, ela consegue brilhar na câmera. (© 1969 Jay Good)

John Cooke era um grande amigo e foi gerente de turnê de Janis nas três principais turnês de sua carreira. (© Jim Marshall)

Ben, Janis e David passearam pelo carnaval de rua do Rio, festejando e dançando até o alvorecer. (© Linda Gravenites; cortesia de Ben Beall)

Diante do hotel no Rio de Janeiro, onde Janis reservou uma luxuosa suíte para si mesma, Linda Gravenites e dois novos amigos, Ben Beall e o namorado de Janis David Niehaus (© Ben Beall)

Por duas semanas, a vida normal é interrompida para o carnaval do Rio. Grande parte da festa ocorre nas ruas, que são cuidadosamente decoradas para as festividades. (© Ben Beall)

Coca-Cola
RUA
PEDRO LESSA

O último show da Kozmic Blues Band foi no Madison Square Garden, em 19 de dezembro de 1969. Para Janis, o sentido de cantar era se comunicar. Ela sempre era boa com o público. (© 1969 Jay Good)

Em maio de 1970, Janis iniciou uma nova banda chamada Full Tilt Boogie Band. Para sua turnê pela Costa Leste, estabeleceram uma base em Nova York e viajaram a partir dali. Aqui ela está na Quinta Avenida encaminhando-se para sua limusine, usando um novo item de distinção, boás de plumas no cabelo. (© Clark Pierson)

A banda teve uma folga inesperada no Meio-Oeste quando um concerto foi cancelado devido a um mau serviço de apoio. Simpática com os fãs que haviam comprado ingressos, Janis tentou fazer um concerto gratuito no dia seguinte em um parque local, mas não conseguiram divulgá-lo o suficiente para que desse certo. Aqui Janis relaxa com Ken Pearson e Brad Campbell, da Full Tilt. (© Clark Pierson)

amigo e amante Kris Kristofferson apareceu para visitar Janis durante a turnê. Uma das canções mais conhecidas de Janis, "Me and obby McGee", foi escrita por Kris. (© Clark Pierson)

produtor de discos Paul Rothchild acompanhou a turnê da Full Tilt por alguns meses para conhecer Janis e seu som e capturá-lo na ravação. Ele produziu o terceiro álbum principal de Janis, *Pearl*. (© Clark Pierson)

Rheingold

Janis brindava à vida com sua Full Tilt Boogie Band, Clark Pierson, John Till, Brad Campbell, Richard Bell e Ken Pearson. (© Jerry Tobias)

Janis e alguns de seus antigos colegas na reunião do colegial. (© Watkins Photo)

Janis voltou a Port Arthur, Texas, para a décima reunião do colegial em meados de agosto de 1970. Nessa foto, ela e eu saímos de uma coletiva feita na celebração, no Goodhue Hotel (© Watkins Photo)

O escultor Doug Clark capturou Janis em muitas poses para uma estátua de bronze financiada por seu colega de colegial John Palmer. Doada à cidade de Port Arthur, a estátua atualmente faz parte da Coleção Histórica de Port Arthur na Biblioteca da Universidade de Lamar, em Port Arthur. (Cortesia da Sociedade Histórica de Port Arthur)

A pressão das acusações da imprensa e a fraqueza real do grupo trouxeram questões sobre mudanças. Dave lembra que Albert pensou em mudar de guitarrista. James estava em um período de uso pesado de álcool e, depois de uma noite em que ele quase caiu do palco, Albert perguntou se a banda pensaria em substituí-lo. "Nunca", todos disseram em uníssono, fiéis a seu sentido de família.

Nick também lembra de Janis instando-o a perguntar a Albert se poderia ser seu empresário separado da banda. Janis falou com Sam de sua intenção de fazer carreira solo, perguntando se ele ficaria com ela, caso formasse uma nova banda. Ele concordou. Ela também chegou a perguntar a Dave se continuaria com ela. James lembra que toda a algazarra da imprensa sobre a necessidade de separação da banda tornou o inevitável rompimento mais um alívio que uma surpresa. Peter, porém, ficou furioso. Quando Janis se encontrou com a banda e fez o anúncio formal, ela disse a Sam que não o levaria junto. Apesar disso, Sam a ajudou a formar uma nova banda. Sugeriu novos guitarristas e até ligou para eles para conversar a respeito. No final, Janis decidiu que queria Sam na nova banda, e ele aceitou.

Janis chegara ao auge. Tomava decisões comerciais duras, como o resto deles. Ela continuou a amar os rapazes, encontrá-los socialmente e tocar com eles ocasionalmente. Porém, as decisões de sua carreira agora eram unicamente sua responsabilidade.

28 de setembro de 1968

Querida família,

Meu Deus, já faz um bom tempo. Oh, e tantas mudanças!

Voltamos à Calif. por mais duas semanas – vamos ao programa Hollywood Palace, *então assistam. Daí partimos para nossa turnê final, pelas faculdades do Leste, e vamos até tocar em Austin – lá por 25 de novembro. Nossa última apresentação juntos será no Havaí, em 6 e 7 de dezembro. Vamos passar cerca de uma semana lá com todas as esposas e amigos e tocar. Depois disso começa minha tarefa mais difícil. Eu disse a vocês, lembram-se, que estava saindo do Big Brother para fazer alguma coisa sozinha. Bem, preciso encontrar os melhores músicos do mundo (já tenho dois) e nos reunir e trabalhar. Haverá um monte de pressão por causa das "vibrações" criadas pela minha saída do Big Brother e também por todo o meu sucesso atual. Assim, teremos de ser simplesmente super quando começarmos a tocar – mas seremos. Um monte de pressão também por causa do modo como vai ser dessa vez – agora sou uma corporação chamada Fantality que vai contratar todos os músicos e pagar todas as contas – muito mais responsabilidade, mas também muito mais chance de ganhar dinheiro conforme meu preço sobe, eu embolso o excedente, ou,* *antes, a Fantality embolsa. Albert me disse – estão prontos? – que devo ganhar * ½ milhão!! * no ano que vem, contando com os direitos pelas gravações.*

Já estou indo muito bem com dinheiro. Tenho a tendência de gastar tudo o que tenho logo que recebo, mas ganho tanto ultimamente que não consigo mais – tenho tudo de que preciso mais muitos milhares no banco. Na semana passada comprei um Porsche conversível 1965 – muito chique e classudo e um ótimo carro. E um novo aparelho de som e uma TV colorida e mais roupas e Linda e eu agora estamos de folga – Lago Tahoe e Reno. Incrível. Quem poderia pensar?!!

Nosso disco é uma história de sucesso por si só. Recebemos um disco de ouro em três dias! Chegaremos ao #4 da Cashbox na semana que vem com uma bolinha – que significa que provavelmente subiremos mais.

Temos feito concertos cada vez maiores ultimamente, embora o de 20 mil de Newport tenha sido o melhor. Tocamos no Hollywood Bowl e no Rose Bowl recentemente. Uma coisa fantástica aconteceu no Rose Bowl. Fechamos o show de um grande Festival Pop – um monte de excelentes apresentações. O palco foi montado no meio de um campo de futebol e os guardas não deixavam a moçada ir para a grama perto de nós – regras. Mas no nosso bis eu fiquei pedindo para deixarem o pessoal dançar, e eles não deixaram e comecei a olhar para o público cantando "Down On Me" e não mais que de repente eles irromperam, igual a uma onda, e se apinharam no campo. Correram até a beirada do palco e começaram a tentar me tocar. Estiquei o braço e apertei algumas mãos, depois me virei para descer as escadas de trás, mas, quando cheguei lá, só havia jovens, milhares deles puxando, puxando. Puxavam minhas roupas, minhas miçangas, gritando, Janis, Janis, nós te amamos. Eu estava completamente rodeada e era jogada para lá e para cá quando os guardas me resgataram e me puseram em um carro – tive de ir de carro até o camarim. O carro ficou o tempo todo rodeado de jovens nas janelas, teto, paralamas, capô. Fiz um tipo de Beatle ao entrar no camarim e eles estavam tentando arrombar a porta de trás. Incrível! Mas não posso dizer que não gostei. Cara, adorei!!

Linda Wauldron esteve por aqui – Malcolm embarcou e ela veio me visitar. Ela e sua filha Sabina, de 2 anos, ficaram comigo por (fiquei sem tinta em Tahoe – acabei em São Francisco...) uma semana. Foi a primeira vez que passei bastante tempo junto com uma criança pequena – quase me deixou doida! Estou muito feliz por saber cantar – eu seria uma droga de esposa e mãe. Não péssima, na verdade. Linda e eu temos dado jantares – um monte de comida e homens encantadores, alguns famosos, todos encantadores. Estou me recuperando do jantar de ontem agora.

Minha nova casa está ficando bem bonita – tirei algumas fotos para a Playboy *(vestida) em meu quarto, e ficaram fantásticas! Parece um quarto de harém (como quer que o chamem), cheio de franjas e peles e madras e almofadas. Deve ficar fantástico na* Playboy.

Agora que já esbanjei um verão, vamos começar a discutir o próximo. Eu adoraria que Mike viesse me visitar e tenho bastante espaço, mas não posso definir datas específicas até descobrir como estaremos. Mas vamos pensar nisso, certo?

Comprei alguns lindos móveis antigos outro dia – todos vitorianos e entalhados. Uma escrivaninha e uma mesinha de centro, que vão ser entregues hoje.

É tudo de que consigo me lembrar – não esqueçam de assistir Hollywood Palace – vamos gravar semana que vem, mas não sei quando vai passar.

Todo meu amor XX escrevam-me em casa por mais uma semana, daí para Nova York, no Chelsea.

XXX Janis

Janis algumas vezes telefonava com as mais recentes notícias, quando estava ocupada demais para escrever. Em seguida às ligações, mamãe escrevia cartas a Janis para desenvolver seus pensamentos e sentimentos sobre os assuntos discutidos.

Boas Novas

Ouvir você contar que cantar é a felicidade e seu sonho tornado realidade! Embora não saibamos qual parte de cada um dos muitos novos artigos é citação, etc., SABEMOS que conseguiu um sucesso tremendo em uma área que você mesma escolheu e cada um dos passos que deu tornou isso possível. Assim, sua família saúda sua felicidade e seu sucesso e sua nova perspicácia para os negócios e mesmo sua consciência da contínua necessidade de crescer na área de sua escolha, como você mencionou, quando telefonou para falar de acrescentar novos instrumentos à sua banda e torná-la tão profissional como um talento natural. Assim, gostaríamos de saber de você regularmente em cada uma das etapas, planos, itinerário, formatos, estilos e continuada felicidade. É bom falar com você.

Mamãe

Parte da turnê do outono de 1968 foi um maravilhoso ponto alto para Janis. Quando o grupo tocou no Festival Folk de Newport, Janis estava elétrica por aparecer no mesmo programa de seu mentor de Austin, Ken Threadgill, e sua velha amiga Juli Paul. Janis também encontrou Kris Kristofferson ali.

Mas a banda se sentia pressionada. A frustração suprimida com a partida de Janis estava afetando o relacionamento dentro e fora do palco. Dave Getz achou que Janis estava tentando eclipsá-lo durante um longo solo de bateria, quando o resto da banda tinha de sair enquanto Dave tocava. No meio de seu solo, Janis reapareceu trazendo mais um tambor para Dave e a plateia ovacionou sua entrada. Dave ficou muito furioso e deu um pontapé no tambor. Ela se virou e berrou: "Vá se foder!". Terminaram a apresentação e iniciaram uma discussão nos bastidores. Janis se queixava: "Por que você chutou o tambor? Você me fez fazer papel de boba. Eu só estava sendo legal ao levar o tambor". Dave caçoou: "Você não levou o tambor para ser legal. Só estava tentando me ofuscar e botar a bunda no palco de novo. Você o botou em um lugar em que eu nem podia batucar nele!".

Em outra ocasião, em Minneapolis, depois de terminar a exaustiva canção "Road Block", Janis ficou no microfone fazendo agradecimentos. Ela estava sem fôlego e respirava rápido e pesado no microfone enquanto falava. Peter falou de lado: "Agora estamos fazendo nossa imitação de Lassie!". Ela o encarou e disse algo para silenciá-lo. Ambos voltaram às suas posições e terminaram a apresentação.

O Big Brother tinha muitos compromissos naquele outono, tendo se apresentado em dez dos 16 primeiros dias de novembro. Era duro e teve seu preço. Janis disse a um público que pedia mais um bis: "Não tenho mais nada pra te dar, meu amor". A pressão a desgastou e a doença a forçou a cancelar as apresentações que mais queria fazer: Austin e San Antonio.

Ela se recuperou rápido o bastante para tocar no Houston Music Hall em 23 de novembro. Mamãe telefonou para reservar bilhetes para a família e a notícia chegou a Janis. Ela ligou e disse: "Mamãe, acho que posso deixá-los entrar. Não precisam comprar ingresso!". Recebemos bilhetes de cortesia na primeira fila e nos sentamos ao lado dos Bowens, Patti e Dave McQueen e outros texanos que conheciam os organizadores.

Chegamos aos bastidores a tempo de ver Janis rebaixar verbalmente um contrarregra por fechar a cortina enquanto ela estava do outro lado.

Ela ficou presa lá, até que, tateando o material, conseguiu encontrar a abertura. Patti se virou para papai. "Acho que vocês deviam levá-la para casa." Papai suspirou e disse: "É tarde demais. É tarde demais para isso". Papai estremeceu, daí tentou ignorar tudo enquanto nos abraçávamos e Janis nos acompanhava ao camarim. Eu nunca vira um camarim oficial de estrela e fiquei um pouco surpresa. Havia um ou dois sofás, espelhos para maquiagem com luzes brilhantes e umas poucas pessoas que ficavam em silêncio olhando para a gente. Parecia desconfortável.

Janis e Patti se abraçaram e conversaram sobre suas vidas enormemente diferentes. Janis disse: "Eu serei a estrela, Patti. Você será a mamãe". Ela não dava abertura a ninguém para questionar sua nova vida. Era algo além da experiência dos outros.

Depois de algum tempo, todos decidiram que a multidão devia ter se dissipado o bastante para nos arriscarmos a sair do salão. Janis cuidadosamente nos disse que se ela gritasse "Corram", devíamos ir tão rápido quanto possível até o carro. Os fãs poderiam estar esperando e não devíamos permitir que nos apanhassem. Quando saímos do salão, um grupo de garotas barulhentas cercou a esquina, berrando: "Ali está Janis!". Ela gritou para nós: "Corram", e mal havíamos chegado ao carro quando as mãos erguidas das adolescentes nos alcançaram. Paramos no hotel de Janis e jantamos com ela e a banda na cafeteria. Era prosaico. Era silencioso. Mas precisávamos da conversa trivial das visitas. Logo partíamos para a viagem de 145 quilômetros até em casa.

A história que Janis forçosamente repetia para a imprensa em 1967 e 1968 era a da pária rejeitada que se deu bem. Ela embelezava a história do "Eles me magoaram", que refletia o ponto de vista hippie de um mundo "nós contra eles" do Haight-Ashbury. Algumas de suas frases eram mais suaves que outras, mas em uma delas ela chegava a dizer que nossa família a expulsara de casa aos 14 anos. Nossos pais ficaram arrasados. Não apenas Janis escarnecia de toda a moral que a geração deles prezava, como mentia sobre seu relacionamento com a família de maneira muito pública. Eles se sentiam impotentes e enganados. Os pequenos ressentimentos se acumulavam.

Janis começou a reconhecer uma alteração na cena e em sua atitude em um artigo da revista *Los Angeles Times West* de 24 de novembro. Ela dizia: "O melhor momento de todos foi em Monterey. Foi um dos pontos mais altos de minha vida. Aqueles eram verdadeiros filhos das flores. Eram de fato bonitos e gentis e completamente abertos, cara. Nada assim poderia acontecer novamente. Mas, por algum tempo, houve jovens que acreditavam que podiam tornar tudo melhor sendo melhores. E eles eram melhores e isso não fez diferença nenhuma". O repórter perguntou: "Você sente amargura a respeito disso?". Janis disse: "De maneira silenciosa. Mas sempre acreditei que as pessoas são miseráveis e sempre vão mentir".

Janis estava virando as costas ao sonho, à fantasia da geração do amor. Mas abraçava plenamente seu sucesso pessoal atingido ao cavalgar na onda hippie. Seu novo Porsche Cabriolet 1965, Super C, era seu orgulho e alegria. O único modo apropriado de distinguir sua posse plebeia era transformá-lo em um automóvel hippie. Dave Richards, um amigo e contrarregra original do Big Brother, pintou o carro à mão com imagens de Janis e da banda. Que viagem não devia ser correr pelas autoestradas da Califórnia, um clarão de turquesas, amarelos e vermelhos, com a capota abaixada e os cabelos ao vento. O painel foi pintado com um rosto vomitando, espalhando as vísceras da vida pelo mundo. Sim, essa era a imagem de Janis, aquela que deixou tudo à mostra.

Lamentavelmente, a viagem prevista da banda para o Havaí nunca aconteceu. Em 1° de dezembro de 1968, o Big Brother and the Holding Company fez sua última apresentação, um evento beneficiente para a Family Dog em São Francisco. Muito adequado que seu início e seu fim tenham sido no mesmo lugar, com as mesmas pessoas. Era o fim de um grande grupo. Embora as coisas houvessem mudado, Janis ainda amava os rapazes. Pat Nichols enfatizou: "Os sentimentos de Janis pelo Big Brother nunca mudaram".

CAPÍTULO 13

A BANDA DO ALÉM

Well, I'm gonna try just a little bit harder
So I won't lose, lose, lose you to nobody else
Well, I don't care how long it's gonna take me
But if it's a dream I don't want nobody to wake me
Yeah, I'm gonna try just a little bit harder

[Bem, vou tentar com um pouco mais de afinco
Para não perder você para mais ninguém
Bem, nem ligo para quanto tempo isso vai levar
mas, se for um sonho, não quero que ninguém me acorde
Sim, vou tentar com um pouco mais de afinco]
– JERRY RAGOVOY E CHIP TAYLOR, "Try"

Em 21 de dezembro de 1968, Janis estreou com seu novo grupo. Foram precisos quase dois anos para desenvolver o som do Big Brother. Ela tinha apenas três semanas para organizar o som da nova banda antes da estreia. Janis nunca formara uma banda. Seu método para escolher um grupo foi pedir ajuda de seus amigos e empresário. Ela usou o conhecimento de Michael Bloomfield e Nick Gravenites para selecionar membros e desenvolver um novo som. Ambos eram músicos de talento. Michael era um estudioso e musicólogo brilhante. Nick sempre trazia uma dimensão profunda à sua música, com a inspiração que encontrava na *Bíblia* e na *Torá*. Mas juntar pessoas não é o bastante para ser uma banda. Elas precisavam se conhecer, e isso exigia tempo.

Janis optou por metais e um som tipo *rhythm and blues*. Aretha Franklin estava estourando aquele ano e Janis queria ser como ela. Suas raízes ainda estavam presas à generosa música dos pântanos da Louisiana, nos bares que conhecera em Vinton, na fronteira estadual. Ela sempre fora apaixonada pela cultura negra. Era sua chance de deixar o coração se elevar e seus sentimentos se casarem com os sons que sempre a haviam encantado.

Não há dúvida de que Clive Davis e Albert Grossman também influenciaram seu novo som. Elliot Mazer achava que Clive estava tentando reduzir seu estilo rústico e acabar com os blues médios e ruins, em busca de um público no meio-termo. Albert só queria que Janis encontrasse seu estilo. Se acrescentar metais a interessava e a ajudaria a encontrar a Janis autêntica, ele estava de acordo.

A estreia na noite de sábado, 21 de dezembro de 1968, consistia de uma apresentação de 15 minutos como o penúltimo ato do show da Stax-Volt em Mênfis, uma cidade cultuada como a entrada para a terra do blues. Seria o único número branco do programa, o único número "forasteiro" convidado para o espetáculo. Ela queria ser aceita pelo pessoal real, mas a metade negra do público não fazia ideia de quem ela fosse. Não estavam familiarizados com ela ou com a maior parte de seu material.

Janis cantou bem, mas a banda não estava entrosada. "Um músico de Mênfis sugeriu", relata a *Rolling Stone* de fevereiro de 1969, "que três meses no Hernando's Hideaway, no Club Paradise ou em qualquer dos clubes noturnos de Mênfis em que eles revistam a pessoa antes de deixá-la entrar poderiam lhes dar uma ideia sobre o que era o blues." Mesmo que estivessem perfeitos no som que estavam buscando, teriam fracassado junto ao público. Uma banda de soul/blues de São Francisco nunca poderia ser uma banda de Mênfis. Houve pouco aplauso e nenhum bis. Ao enfrentar os repórteres que cobriam a estreia de sua banda, Janis fumou um cigarro, palrando sobre o futuro e a importância do blues para ela. "Ao menos não atiraram coisas", troçou.

Janis veio para casa no Natal. Michael a chamou de lado e confidenciou-lhe que queria deixar a escola e pegar a estrada com ela. Janis ficou deliciada com a confiança, mas aconselhou: "Não abandone a escola. Você precisa terminar. Venha me visitar no verão!".

Eu lhe contei de minhas experiências na faculdade. Eu saíra da república porque descobri que meus pais eram mais liberais que meus colegas. Um de meus pontos altos fora assistir a uma apresentação teatral de *A Importância de ser Fiel*, de Oscar Wilde. Exclamei: "Minha palavra favorita é *fiel*".

Janis se mantivera em contato com os amigos do Texas, telefonando com pequenas notícias de seu sucesso. A turma organizou uma festa de Natal na casa de Adrian e Gloria. Janis desfilou orgulhosamente pela festa, protestando em voz alta que nunca cantava sem sua banda. A turma disse: "Tudo bem", para seu grande desapontamento.

Foi a primeira vez em que Janis disse algo negativo sobre Jim Langdon para sua esposa, Rae. Ele estava no andar de cima, transando com outra mulher, e Janis interpelou Rae. "Como você encara essa merda? Numa boa?". Rae começou a se perguntar por que ela aceitava essa situação. Por que ela o aceitava e mimava, enquanto ele ficava livre para ser o não conformista, o artista irreverente e profano?

Sempre que Janis voltava ao Texas, enfrentava a mesma dicotomia feminina. Visitou Karleen, que era casada e tinha filhos. Karleen falou a Janis sobre as alegrias da maternidade, olhando amorosamente para a filhinha. Era uma mulher que ficara em casa, um exemplo do caminho que Janis não escolhera. Janis era incapaz de ouvir suas exclamações de deleite a respeito de sua vida. Ficava pressionando Karleen a fazer uma tatuagem como a dela. Era quase como se Janis tivesse de provar que fizera a escolha certa.

Janis e eu fomos ao mercado no dia de Natal para comprar canela para os biscoitos que estávamos preparando. Chegamos ao único lugar aberto. Janis e eu estávamos arrumadas para as festividades da estação, em longos vestidos fechados. As ruas estavam desertas, o que nos dava a sensação de sermos as únicas pessoas vivas. Felizes, livres e soltas, fazíamos piadas enquanto procurávamos o produto nas prateleiras. No caixa, achei que as decorações das atendentes estavam de acordo. Quantas vezes na vida vemos mulheres cinquentonas com o cabelo em cachos enfeitados com "neve" e bolas de Natal penduradas nas mechas? Pagamos, e elas se entreolharam, caçoando de nossos vestidos longos e cabelo solto! Seguramos a gargalhada até o estacionamento, daí exclamamos: "*Elas* estão gozando de *nós?*".

Havia momentos tranquilos também. Janis e eu fomos à praia certa tarde. Dirigimos pela estrada longa e estreita que contornava as refinarias, a fábrica de enlatados da Menhadden e a vila de Sabine Pass. Olhamos a grande extensão pantanosa que preenchia a planície costeira do Texas até a estreita costa de areia. Estacionamos e ficamos com o rosto ao vento. Aspirávamos aquele aroma eloquente da costa texana e relaxamos com a paisagem aparentemente infinita dos entulhos das marés – a renda pontilhada de mariscos das algas, conchas e corpos de águas-vivas. "Esqueci como é bacana aqui no inverno", disse Janis em um suspiro. "Sim", respondi, feliz por ela ter dito algo de bom sobre nosso lar.

Ao sair do santuário de nossa casa, Janis voltou ao redemoinho de sua vida. A imprensa de São Francisco era abertamente hostil à sua saída do Big Brother. Eles viam sua deserção como uma negação pública dos valores que haviam criado a cena e sua fama. A saída era a prova de que o movimento não estava triunfando, mas se desintegrando. As aspirações de sua carreira foram interpretadas como autoglorificação ególatra. Ela estava sendo presa da cobiça financeira e da aclamação pessoal que a cultura hippie desprezava abertamente. Por essa razão, o escritório de Albert marcou a nova turnê da banda para começar no Leste.

O novo grupo passou as semanas anteriores a 8 de fevereiro de 1969 ensaiando e experimentando com seu novo som. Ainda não haviam escolhido um nome para o grupo. Várias sugestões foram feitas de brincadeira, incluindo Igreja do Blues de Janis Joplin, o Princípio do Prazer de Janis Joplin, O Amasso e Janis Joplin e os Sabores Sórdidos.

Na terça-feira, 11 de fevereiro, seria a abertura oficial da turnê. O Fillmore East esgotou todos os ingressos para quatro apresentações. Os repórteres das revistas *Time, Life, Look* e *Newsweek* dominavam os bilhetes de cortesia. Mike Wallace estava lá, com uma equipe do *60 Minutes*, gravando um segmento intitulado "Carnegie Hall para Crianças".

A banda abriu com Sam Andrew na guitarra principal, Terry Clements no sax tenor, Richard Kermode no órgão, Roy Markowitz na bateria, Terry Hensley no trompete e um baixista temporário, Keith Cherry, que mais tarde foi substituído por Brad Campbell. A única canção que Paul Nelson, da *Rolling Stone*, considerou aceitável foi "Work Me, Lord", de Nick Gravenites. O resto foi tachado de "confuso, duro e predeterminado". A resposta do público foi dita "respeitosa". Nelson descreveu sua entrevista com Janis depois do concerto dizendo: "Janis parece ter aquele raro tipo de personalidade que carece do distanciamento autoprotetor essencial a uma cantora de sua fama e estatura, [e] do grau necessário de cinismo honesto necessário a sobreviver diante de todo o assédio da imprensa..."

Nelson também conta das abundantes desculpas e explicações de Janis sobre a banda. Disse que o som ainda não estava desenvolvido. Ainda procurava um diretor musical para trabalhar nos arranjos. Protestou que o grupo precisava de algum tempo junto para se conhecer melhor, etc. Nelson também se surpreendeu com os pedidos diretos de apoio, como "Você não acha que estou cantando melhor? Bem, cacete, estou muito melhor, acredite!".

O artigo da *Rolling Stone* também dizia que alguns fãs pensavam que Janis estava em sua melhor forma de todos os tempos. Outros fãs, porém, gostavam mais dela com o Big Brother. Um deles disse: "Agora o negócio dela é cantar em teatros de revista". Outro achava que "o sucesso definitivamente estragou Janis Joplin. Aquela coisa nova foi um resplandecente show de burlesco..." O repórter escreve que, embora "a abertura não tenha sido um sucesso, também esteve longe de ser um desastre".

A maior diferença em relação ao Big Brother, obviamente, é que a nova banda era um grupo contratado de músicos profissionais. Não havia entrega aos ideais democráticos da banda com a qual ela convivera antes. Fora do palco, eles também eram diferentes. Terry Clements estava envolvido em ioga e alimentação saudável, em agudo contraste com o alcoolismo cada vez maior de Janis. Além disso, "eles não eram tão interessantes de conviver", lembra Sam Andrew, "porque não tinham amplitude. Eram mais unidimensionais, imersos na música. No Big Brother, Dave era mestre em Belas-Artes, Peter era fotógrafo, James era único e eu era linguista".

"Janis queria amar as pessoas da banda", explica John Cooke. Como ela poderia desenvolver tal grau de afeição e respeito com menos de dois meses de ensaio? Embora a nova banda a reconhecesse como líder, ela era indecisa para guiá-la. O Big Brother tomava decisões pelo voto. Janis não tinha experiência em dizer aos músicos como gostaria que eles soassem por trás dela. Os rapazes da nova banda sabiam mais que ela sobre música e tinham mais experiência em apresentações e turnês. O insucesso em afirmar seu papel como líder da banda seria difícil de superar conforme a banda solidificava suas atitudes.

Liberta dos limites do Big Brother, Janis desenvolvia e melhorava sua imagem. Não falava mais sobre São Francisco e o movimento. Agora falava apenas sobre si mesma. Disse a um repórter da *Newsweek*: "Não comecei como cantora. Comecei como uma pessoa na rua, como todo o mundo. Mas de repente fui meio que arrastada nessa coisa de cantar. E depois que me envolvi, tornou-se muito importante para mim saber se eu era boa ou não... Só gosto de dizer uma coisa no palco, 'Deixe-se levar e você vai ser bem mais do que já pensou em ser'".

Ela começou a exibir sua garrafa de Southern Comfort com destaque no palco. A imprensa sempre mencionava o que ou quando ela estava bebendo. O *Detroit Free Press* a chamava "Janis Joplin 50° GL". A *Newsweek* descreveu seu café da manhã como "uma mistura desagradável aparentemente feita de metanol e xarope de chocolate." As histórias dos bastidores descreviam sua maneira desinibida de fumar e "sempre se permitindo as bebidas fortes das garrafas que mantém em uma mesa". Diz-se que a banda brincava que ela não era psicodélica, era psicalcoólica. Os artigos da imprensa sempre mencionavam alguma história relacionada ao álcool, como uma tarde inteira bebendo vermute suave sobre montes de gelo. Janis dizia que acreditava em "ficar embriagada e permanecer feliz".

Uma delicada cantora de blues, mais experiente, abordou Janis nos bastidores certa noite: "Você vai perder a voz se continuar bebendo assim", disse a Janis. A advertência penetrou em sua mente, mas ela ainda não estava frustrada o bastante com sua vida para tentar lidar com isso.

A *New York Times Magazine* cita esta declaração: "Sim, sei que pode estar indo rápido demais. Foi o que disse um médico. Ele olhou para mim e disse que meu fígado está meio grande, inchado, sabe. Ficou todo melodramático – 'o que uma moça boa e talentosa está fazendo a si mesma' e todo esse blá-blá-blá. Não voltei mais lá. Cara, eu preferiria ter 10 anos de super-hipermáximo do que viver até os 70 sentada em uma maldita cadeira assistindo à TV. O agora é onde você está, como você poderia esperar?".

Ela se divertia com a fascinação da imprensa e do público pelo componente sexual de sua música e personagem de palco. Ela se lamentava sobre a vida aborrecida na estrada, dizendo: "Os rapazes que fazem turnês ao menos têm meninas que podem agarrar, mas quem são os meninos que vêm me ver? – têm 14 anos, cara." Ela descrevia a música em termos sexuais: "Não posso falar sobre meu canto, estou do avesso... como quando você se apaixona pela primeira vez. É mais que sexo, eu sei disso. É aquele ponto em que duas pessoas chegam e chamam de amor, como quando você realmente toca alguém pela primeira vez, mas é gigantesco, multiplicado pelo público inteiro. Sinto arrepios, sentimentos estranhos escorrendo por todo o meu corpo, é uma experiência emocional e física suprema".

"Ser intelectual cria uma porção de questões e nenhuma resposta", disse Janis a um repórter da *Newsweek* em fevereiro. "Você pode preencher sua vida com ideias e ainda voltar solitário para casa. Só o que você tem e que realmente importa são os sentimentos. Isso é a música para mim."

Nesse mesmo mês, ela disse a Paul Nelson da *Rolling Stone* que ainda estava atrás de um nome para a banda, e às gargalhadas brincou com o nome "Janis Joplin e os Joplinários".

Ao menos ela tinha a oportunidade de pesquisar o blues sem entraves. Em fevereiro, Janis foi agraciada com a adição de outro grande músico à sua banda, o sax barítono Cornelius "Snooky" Flowers, que por acaso também era negro. Ele trouxe o conhecimento essencial para tornar a banda o sucesso que seria. "Conosco, ela se abriu musicalmente", lembra Snooky. "Com o Big Brother, eles só usavam dois ou três acordes, mas nós a desenvolvemos." Snooky a chamava "Pequena *Mama*" e sempre a fazia sentir-se confortável. Tinha uma relação especial com Janis porque fora criado próximo à cidade dela, em Lake Charles, Louisiana.

Snooky ajudou a unir a banda, com uma qualidade descrita por Sam Andrew como *"joie de vivre"*, que tornava as horas que passavam trabalhando juntos mais divertidas.

A maioria dos músicos de São Francisco apoiava os esforços de Janis e lhe desejava sucesso, mas o público e a imprensa se enraiveceram com suas novas experiências. Teria ela violado aquele contrato não escrito com a audiência? Estaria ousando tentar algo novo quando o público só queria ouvi-la, com o Big Brother, cantando "Down On Me" mais uma vez? Os primeiros meses tocando com o novo grupo testaram sua convicção de tornar-se uma artista solo, não importa o quão confiante parecesse. Sempre havia as impertinentes questões: "Vou fracassar sozinha?". "Será que devia ter ficado no Big Brother?".

Em meados de março, a banda dirigiu-se à Califórnia para tocar para o público e a audiência hostis da Costa Oeste. A pressão da mídia pode ter sido uma das razões que ela usou para desculpar seu maior uso de heroína. Também pode ter sido seu ponto de vista sobre "a coisa a se fazer", já que toda a cena de Haight-Ashbury estava experimentando uma epidemia de heroína em 1969. Linda Gravenites encontrou Janis toda roxa caída no chão em certo dia de março. Pelo menos ela sabia como reviver Janis daquela overdose de heroína. "Ande", Linda ordenou, forçando-a a subir e descer as colinas da Califórnia em torno da casa, até que às 3 da manhã Janis murmurou: "O que aconteceu, Linda?". Ela respondeu: "Você estava tentando morrer!". "Não", disse Janis, ignorando o aviso de Linda.

Inocentemente, Janis flertava com uma combinação de drogas letal – álcool e heroína. A heroína sozinha raramente mata, mesmo em grandes doses. Em combinação, ocorre um efeito conhecido como polidrogas, e a respiração pode ser interrompida, resultando em morte caracterizada por edema pulmonar – inchamento dos tecidos pulmonares com água. Ao acrescentar a heroína a seu amado álcool, Janis estava jogando a sorte contra si.

Ignorando os problemas que a rodeavam, Janis concentrou-se em continuar com seu sucesso profissional. Durante as cinco apresentações da banda em março na Califórnia, ela ainda estava se esforçando. Seu repertório incluía “Maybe”, uma antiga melodia R&B dos Chantels do final dos anos de 1950; a popular canção de Robin e Barry Gibb “To Love Somebody”; e até uma música do programa de Rodgers e Hart, “Little Girl Blue”.

Janis ligou para casa para me desejar feliz aniversário e se gabar de sua futura participação no *Ed Sullivan Show*. “Mama, Mama, adivinhe quanto estão me pagando só por esse programa.” Mamãe respondeu: “Você vale cada centavo, querida”.

Em 16 de março de 1969, Janis apareceu no *Ed Sullivan*, uma façanha reconhecida como o pináculo da aceitação pelo público e as potências do mercado. Janis usava uma blusa de cetim rosa com calças rosa mais escuras e um colete aberto atravessado por correntes de ouro. Ela cantou uma fulminante “Maybe” para uma plateia extremamente reativa. A cortina de fundo era uma tentativa de psicodelismo com linhas retorcidas pretas e brancas às quais se sobrepunham fotos da banda. No final do show, todos os convidados subiram juntos ao palco, com Ed Sullivan. Janis, entusiasmada, disse à tia Mimi: “Você não acredita! Você não é ninguém a menos que ele te chame para apertar sua mão!”. Quando Sullivan esticou o braço para Janis, ela brilhou como uma estrela no céu. Isso significava tudo para ela. Sullivan disse: “Obrigado”, e o coração de Janis gritava: “Sim, sim, sim!”.

Após o show, todos se reuniram no Max’s Kansas City. Em suas memórias inéditas, Sam Andrew descreve um grande grupo de pessoas díspares – Larry Rivers, Edie Sedgwick, Andy Warhol, Bobby Neuwirth, Rip Torn e Debbie Harry. Tiny Tim andava por ali trazendo seu *ukelele* em um saco de papel. Salvador Dalí surgiu em meio à multidão e conversou um pouco em meio a toda a loucura.

Janis ainda estava desenvolvendo as canções. Trabalhava com um colega de Nova York que escrevia as partituras, fazia os arranjos e as correções nas harmonias vocais. Tudo estava se encaixando. Um mês na Europa trouxe novas esperanças ao grupo. Finalmente, o público podia sentir a música que eles pretendiam fazer. A imprensa estava cheia de críticas favoráveis por onde a banda passasse. O público europeu ouviu, livre de expectativas em relação ao Big Brother. Eles vinham aos concertos adorar Janis e a achavam completamente merecedora de sua adoração.

Um dos pontos altos da turnê foi o show em Frankfurt, cheio de militares americanos. Após um entusiástico bis, Janis disse ao público que ela faria outro show que seria gravado para a televisão. Quem desejasse ficar, seria bem-vindo. A maioria ficou. No final, eles subiram ao palco para dançar com a dama do rock'n'roll "Get It While You Can".

O show no Albert Hall de Londres também foi um estrondoso sucesso. Uma fita de Bobby Neuwirth feita nos camarins após o show capturou claramente uma entusiasmada Janis dizendo: "Foi uma dinamite, cara! Não fico tão excitada há dois anos, cara... Vocês sabem o quanto deveríamos estar felizes?... Conseguimos atravessar uma parede que eu não achava possível romper. Tipo, desde que chegamos aqui [Europa], tipo, o público que tivemos foram os melhores. Sempre achamos: 'Oh, é demais! Isso é maravilhoso da parte deles'. Mas todos diziam: 'Não esperem isso do público britânico. Não esperem que façam nada, cara'. Na primeira vez em que eles se levantaram e começaram a dançar, foi como uma enorme onda de calor. E nós simplesmente dissemos: 'É isso aí!' É como se uma nova porta se abrisse, toda uma nova possibilidade que nunca nos ocorrera, como um ar que entrasse para a gente respirar..."

Foi a primeira vez que Janis esteve na Europa. Apesar da agenda, ela e Bobby Neuwirth visitaram museus de arte para ver as obras que ela estudara em seu tempo de pintora. Ela foi ao teatro em Londres ver uma montagem de *Hair*. Estava recuperando sua antiga petulância. Ao responder com rudeza a um *punk* em um *pub* após o teatro, Janis foi até Linda Gravenites e exclamou: "Ele me bateu! Você viu isso?". Esse tipo de teste de realidade não acontecia há muito tempo.

John Cooke exclamou: "Aquela banda era divertida! Especialmente na Europa, tivemos concertos maravilhosos e todos se sentiam bem". Janis sentia, com justiça, que haviam se tornado a banda de blues sincronizada que ela desejara. Certamente tudo estava ótimo! Daí, na noite do show no Albert Hall, o fiel amigo Sam Andrew, que ela chamava carinhosamente de "Sam-O", teve uma overdose na festa que celebrava o tremendo sucesso da banda. Mais uma vez, Linda Gravenites estava lá. Janis e Linda puseram Sam na banheira e o cobriram de água gelada. Elas o sacudiam constantemente para mantê-lo consciente. Ele parecia enfrentá-las, quase se recusando a respirar. No final, ele sobreviveu à provação. Janis também, mas não parecia ter aprendido nada com aquilo.

"Eu era aquela que tinha de lhe dizer que ela estava errada de um modo que *ela* pudesse aceitar", suspira Linda. "Ela ficava muito na defensiva, muito rápido. Eu odiava narcóticos! Simplesmente odiava!". Linda continua: "Perguntei a Janis por que ela tomava aquilo, e ela disse: 'Só quero um pouco de paz, cara'".

A heroína, como o álcool, embota os sentidos. Ela atrai as pessoas amaldiçoadas com um implacável redemoinho interior, uma veloz dinâmica introvertida que faz perguntas em cima de perguntas. Tanto a heroína como o álcool podem interromper parcialmente alguns tipos de estresse e conflito. Janis era decididamente ansiosa, uma condição piorada por sua posição na vida e uma carência de outros mecanismos de apoio. Ela aumentava sua sensação de estar à deriva com um uso liberal de álcool e uma dieta muito rica em açúcar. Quanto mais ela recorria a ajudas externas, mais afundava emocionalmente e mais necessitava se acalmar. Em vez de melhorar, aquelas coisas pioravam tudo. Ela começou um processo de automedicação, usando principalmente álcool e, em 1969, heroína.

Janis nunca se interessou por psicodélicos, que têm o efeito oposto. Eles exacerbam a vida interior, aumentando a complexidade e a intensidade da experiência cotidiana. "Com os entorpecentes, ela se transformava em uma casca acinzentada, e eu gostava da pessoa real que ela era, não daquela ninguém molenga", explica Linda Gravenites. Linda chegara ao extremo de sua paciência com os entorpecentes. O caso com Sam em Londres a convenceu de que precisava de uma folga. Linda optou por ficar na Inglaterra quando a turnê voltou aos Estados Unidos. Sua conveniente desculpa foi que George Harrison, um dos Beatles, encomendara uma de suas jaquetas artisticamente trabalhadas.

De volta a Nova York, Janis soube que a esposa de James Gurley, Nancy, morrera de uma overdose de heroína. Eles estavam acampando sozinhos na floresta, ambos se enchendo da droga deitados em sacos de dormir sob os idílicos pinheiros. James foi acusado de assassinato porque ele injetara a heroína. O que Janis e Sam fizeram logo que receberam a notícia? Bem, eles saíram, adquiriram um pouco de heroína e injetaram juntos. Era uma notícia tão horrenda que eles precisavam de um escape. Janis enviou 25 dólares para ajudar a pagar as despesas legais de James.

Não que Janis não estivesse cercada por pessoas que a estimulavam a parar. "Snooky era ótimo", lembra Sam. "Se ele tivesse voz, as coisas teriam sido muito diferentes. Ele não tinha nenhum mau hábito, nem nada. Ele estivera em Nam, vira drogas e não provara nenhuma. Era como um pastor religioso." Mas Janis falava a Sam da fantasia narcisista do usuário de drogas: "Nada vai me acontecer, sou da raça dura dos pioneiros!". Bobby Neuwirth a instava a substituir uma das drogas, o álcool, pela outra, a heroína.

De volta aos Estados Unidos, a banda esperava que o público americano desse continuação ao entusiasmo do público e da imprensa europeus. Estavam enganados. Os americanos não conheciam o triunfo de Janis no além-mar e continuavam a desprezar o grupo. "Janis realmente acreditava nas críticas negativas da imprensa", conta Snooky, suspirando.

No final de abril e na primeira metade de maio, eles rodaram novamente pela Costa Leste. Hospedada no Chelsea Hotel de Nova York, Janis ia de avião às apresentações de fim de semana. Odiava Nova York. Representava tudo o que ela não queria ser e continha as armadilhas da sociedade contra a qual ela se rebelara. As pessoas eram diferentes e o ritmo da vida era mais frenético. Em Nova York, ela tinha de se concentrar no mercado e não na arte.

O escritório de Albert era em Nova York, assim como o quartel-general da Columbia. Ela também tinha de lidar com entrevistas e recepções agendadas por sua assessora de imprensa, Myra Friedman, que era um tipo especial de amiga, uma folga da monotonia de músicos homens. Bennett Glotzer, sócio de Albert, explica que uma das funções de Myra no escritório era fazer companhia a Janis quando ela estava em Nova York. Janis era, para a maioria das pessoas, uma amiga bem-humorada, cativante e inspiradora.

A agenda de Janis lhe permitia férias muito merecidas entre 12 de maio e 16 de junho. Ela disse: "De tanto viajar, a gente não vê nada além da parte de dentro dos aeroportos, hotéis e academias masculinas... O sucesso fica no seu caminho. Há tanta porcaria não pronunciada no ar que você fica realmente sozinho". Janis disse a Pat Nichols ao voltar à Califórnia: "Nunca mais! Não posso suportar os casos de uma só noite e os quartinhos!". Mesmo assim, Janis não estava prestes a desistir. Tenho certeza de que odiava aquilo, mas ainda acho que havia um tom ambivalente em suas lamentações. Janis quase parecia chorar: "Não é maravilhosamente horrível? Tenho tanto sucesso que preciso aguentar isso tudo!".

A banda passou dez dias em Los Angeles, de 16 a 26 de junho, para gravar um novo álbum. Chegaram a Hollywood e correram para uma festa na casa de Tom Wolfe, que estava vestido todo de branco – um Mark Twain atrasado, disse Sam Andrew. Hollywood não era seu tipo de cidade. Ela transpirava aquilo a que Sam chamava mal suave, uma preocupação com a imagem, a superfície, a aparência insignificante das coisas, e ignorava a substância. O mal-estar geral da sociedade naquele tempo aumentava sua ansiedade subconsciente sobre a vida – os bombardeios se intensificavam no Vietnã; o senador Edward Kennedy acidentalmente jogou o carro para fora de uma ponte, causando a morte por afogamento de sua companheira, Mary Jo Kopechne. Mesmo o mercado de ações estava em baixa.

A banda ficou no Landmark Hotel de Los Angeles. Janis chamou Sam Andrew para seu quarto e eles compartilharam um pouco de heroína. Depois, estando ambos quimicamente relaxados, ela disse a Sam que seus serviços não seriam mais necessários. Ele não reagiu, por isso ela disse: "Bem, você não vai perguntar por quê?". Sam respondeu que não fazia muita diferença, já que iria embora de qualquer modo. Ela apenas murmurou: "Acho que você tem razão". Uma semana depois, ela lhe pediu que ficasse até encontrar outro guitarrista, e ele ficou feliz por ter a oportunidade de ser generoso e concordar.

O álbum que estavam burilando no estúdio se chamaria *I Got Dem Ol' Kozmic Blues Again Mama!* A frase *kozmic blues* era um legítimo míssil joplinesco. Combinava a angústia real da preocupação com a morte com a sofisticada alteração da soletragem de *cosmic*. O resultado ria de si mesmo porque estava rindo.

Gabriel Mekler, que produziu o álbum, era um profissional ocupado com o que era importante e o que não era, acrescentando um elemento divisório a um relacionamento já conturbado na banda. Ignorava as sugestões dos músicos experientes, fazendo-os reclamar e praguejar às escondidas, e usava a maior parte de suas energias tratando com Janis, a estrela. Isso criou uma racha ainda maior no grupo, entre Janis, que não conseguia assumir de vez a posição de líder, e um grupo de indivíduos mais experientes que tinham pouca coesão além de uma fonte comum de pagamento.

Em julho, em nova turnê pelo Leste, Janis deu ao grupo o nome de Band from Beyond. Mais tarde, o grupo foi chamado de Kozmic Blues Band, como no título do álbum. Esse disco nunca recebeu as mesmas honrarias que outros trabalhos, mas é uma coleção particularmente grandiosa de performances de Janis.

O grupo mudava de membros frequentemente, sintoma da confusão de Janis sobre a direção a dar a ele musicalmente. John Cooke descreveu as transições da banda na *Rolling Stone* de 12 de novembro de 1970:

> Os únicos dois músicos que permaneceram com a Kozmic Blues durante seu ano de existência foram Brad Campbell [baixo] e Terry Clements [sax alto]. Bill King era o organista original, mas o Exército começou a procurá-lo depois de duas apresentações e ele foi substituído por Richard Kermode, que ficou até o final. Roy Markowitz foi o baterista por mais ou menos metade do ano, seguido por uma semana [durante algumas das sessões de gravação] por Lonnie Castille e depois por Maury Baker. Depois da saída de Sam Andrew, John Till trouxe sua guitarra ao grupo e está com Janis desde então. Marcus Doubleday tocou trompete por um tempinho e decidiu que aquele caminho não era mais para ele. Foi seguido primeiro por Terry Hensley e depois por Luis Gasca, que estava com a banda havia mais de oito meses... Nas últimas semanas, Luis foi se-

guido por Dave Woodward. Snooky Flowers [sax barítono] foi acrescentado à banda no início e ficou até o final.

Em 1969, Janis estava de fato no auge. Ela gravara seu segundo *Dick Cavett Show* em 18 de julho, um sinal de sua aceitação pelos intelectuais. Aparecia em uma blusa de cetim rosa-avermelhado com uma gola em V sobre calças boca de sino combinando, encimadas por um colete dourado de malha aberta, centenas de braceletes e muitos anéis. Usava orgulhosamente sandálias com saltos dourados e meia-calça vermelha combinando com a roupa. Estava feliz e relaxada, em ótima forma. Abriu com "To Love Somebody" e posteriormente cantou "Try".

Ela falou sobre tópicos característicos: por que parecia diferente de outras cantoras; seus sentimentos a respeito das turnês; se Cavett tinha ou não soul. Janis disse: "Você tem, todo mundo tem". Ela brincou que, quando sua carreira declinasse, queria "aprender a fazer pão orgânico e ter bebês". Janis falava repetidamente sobre os críticos. Um deles perguntara: "Uma estrela de rock que ganha centenas de milhares de dólares pode cantar blues?". Janis irritou-se com a ideia e explicou que, "quando você chega lá e toca, não tem nada a ver com dinheiro. Tocar é sentimento... é permitir-se sentir todas as coisas que você tem dentro de si". Em outro momento do programa ela inseriu uma observação sobre os excessos nas críticas: "Já li páginas e páginas comparando – 'Noto a influência de Shelenberg nesse solo em particular' – quando o cara estava apenas fazendo 'Tchuru-tchuru'". Também comentou que os escritores quase sempre dizem mais sobre si mesmos do que sobre aquilo que supostamente estão descrevendo. Observou que isso ficava particularmente óbvio para um leitor que estivesse no evento que o sujeito estava cobrindo.

Durante o show, Janis também se reuniu ao Committee, um grupo de teatro de improviso que contava com 25 pessoas e tinha três localizações – São Francisco, Los Angeles e Nova York. Eles deram uma "Lição de Soul", com um homem negro ensinando a um branco como andar e falar. O número final foi uma "Sinfonia de Emoções", na qual todos os atores e convidados do programa representavam uma emoção. Cavett foi o amor e Janis representou a frustração. Foi um evento divertido, com um diretor que guiava o tom geral de dez pessoas emocionando-se vigorosamente em uníssono.

Ela também gravou o programa de televisão *Music Scene* em 8 de setembro. O Committee apresentava o show, com Pat Paulsen e Janis entre os convidados. Janis fora incluída no grupo das privilegiadas estrelas convidadas à casa de Tommy Smothers na noite da transmissão para uma festa de bota-fora para a turnê de Donovan. Depois de ouvir o homem cantar empoleirado em um travesseiro sobre o trampolim, o grupo se reuniu para se ver na TV. Na festa também estavam Andy Williams, Mama Cass, Peter Fonda, Mason Williams, Stephen Stills e Graham Nash. Isso foi na folga dela! Pensar que ela poderia relaxar nesse tipo de companhia seria ridículo. Ela estava emperrada no modo JANIS JOPLIN, assim em maiúsculas.

O verniz da fama começava a se desgastar. Um ano antes, ela se comportara por vezes como uma *groupie*. Em 1969, ela explicava: "Quando encontrei Dylan pela primeira vez, eu não o reconheci, nem George Harrison. As pessoas são diferentes ao vivo. Elas sempre são menores do que você imagina". Ela percebeu que aquilo afetara sua vida pessoal de maneira diferente da esperada. "O sucesso fica no caminho", disse ela à *Newsweek*. "Você tem algo bem maior e mais importante do que apenas estar com as pessoas. Não posso mais simplesmente andar pela rua. Agora, sempre que eu vejo pessoas – exceto meus próprios amigos – há uma atmosfera artificial, gente que fala com você pelas razões erradas."

Quando o álbum *Kozmic Blues* foi lançado, a CBS deu a Janis uma pilha de discos para distribuição pessoal. Empilhou as cópias em casa, preparando-se para dá-las aos amigos. Ela e Pat Nichols convidaram dois dos Hell's Angels para celebrar um aniversário. Pela janela começaram a entrar outros Angels, que acharam a pilha de 1 metro de discos bastante atraente. Enquanto eles se serviam dos álbuns, Janis berrava: "Caiam fora!". Ela esperava que seus convidados a apoiassem, especialmente quando um dos não convidados a acertou e bateu nas suas costas. "Quando você convida um de nós, convida todos nós", disseram eles. Desamparadas, Janis e Pat observaram a cambada desaparecer, junto com a maior parte de seus álbuns.

O mais celebrado evento de rock'n'roll, amor e comunidade desabrochou em 15 e 16 de agosto de 1969, na fazenda de laticínios de Max Yasgur perto de Woodstock, Nova York. "A invasão humana criou condições de emergência – racionamentos de comida e água, banheiros inundados, crises médicas", escreve John Morthland em *The Rolling Stone Illustrated History of Rock & Roll*. "A chuva transformou o festival em um enorme lamaçal. A sucessão de talentos era a maior já reunida, mas era quase impossível ouvir a música, e quase ninguém se importava com isso". Mais de 100 mil pessoas que compareceram não tinham ingresso, sobrecarregando ainda mais os preparativos logísticos. Com a ajuda das estrelas do rock e doações dos organizadores, a multidão conseguiu se virar, resolvendo seus próprios problemas. Morthland escreve: "Woodstock tornou-se o símbolo da solidariedade da juventude".

"Todo um novo grupo minoritário", disse Janis, segundo a *Newsweek*, em sua entusiástica descrição do evento. "Há montes e montes e montes de nós, mais do que ninguém nunca havia pensado. Costumávamos nos considerar grupelhos de esquisitões." Não mais. Woodstock anunciava a dominação da América pela juventude. A rebelião não se baseava mais na Califórnia; ela varrera a nação.

O local era de fácil acesso a partir da casa de Albert Grossman, e os convites para se hospedar ou comer lá eram as credenciais do elitismo. Janis e outros músicos compraram comida e levaram ao festival para distribuir, contou-me ela mais tarde. Mesmo assim, parecia piedosamente inadequado ao desafio de enfrentar a severidade da chuva, vento, lama, banheiros insuficientes e o caos generalizado de povoar uma cidade média em dois dias.

A imprensa declarou que Woodstock era a realização que coroava a cultura do amor, mas o amor não mudara a ideia de Janis sobre despedir Sam Andrew. Ele guardara sua guitarra em silêncio e deixara a banda apenas três apresentações antes do evento. Sam achava que Janis queria uma mudança musical, mas talvez fosse mais que isso. Ele era sua última ligação com as origens no rock do Big Brother e, provavelmente, o melhor amigo no grupo. Ele já dissera a Janis que havia guitarristas melhores e nunca soube por que ela o mantivera por tanto tempo. Talvez a demissão de Sam fosse mais um passo em seu compromisso com um sucesso profissional de longa duração. Sem dúvida era difícil para ela despedir Sam, não importa o quanto as razões parecessem lógicas. Embora houvesse rumores sobre um envolvimento romântico entre os dois, a única vez em que dormiram juntos foi pouco após a demissão. Ela era sempre avessa a fazer rompimentos claros em seus relacionamentos. Será que fazer sexo com ele depois de ter cortado suas responsabilidades profissionais era um modo de pedir perdão? Será que estariam testando se a saída de Sam era o que realmente queriam?

Janis tocou no Festival Pop Internacional do Texas em 30 e 31 de agosto e 1º de setembro. Uma porção de gente tentava copiar o sucesso de Woodstock. Os organizadores do Festival Pop de Atlanta de 4 de julho marcaram um em Lewisville, Texas, no Dallas International Motor Speedway, para o fim de semana do Dia do Trabalho. O blues pesado era a música dominante e Janis recebeu diversas ovações em pé. O *Dallas Morning News* relatava: "Um inexplicável sentimento de generosidade e harmonia se desenvolveu ao longo do período de três dias que exemplificou o verdadeiro significado de irmandade".

Em uma breve visita à família em Port Arthur, Janis tentou explicar o impacto desses eventos. Ela esperava que percebêssemos que os hippies agora eram uma horda de crentes. A revolução chegara! Sorrimos e dissemos: "Uau, isso deve ter sido ótimo!". Mas, para nós, Woodstock era apenas mais um artigo na *Time*.

Ela trouxera Snooky Flowers, o saxofonista barítono de sua nova banda. Era o primeiro negro a ser recebido em nossa casa – um grande marco, embora parecesse a visita de um amigo. Ele era gracioso e afável. Seu calor e atitude protetora em relação a Janis eram confortadores para nossos pais, especialmente quando ele a levou à Houston Avenue para visitar os clubes negros locais. Janis voltou cheia de histórias sobre seu encontro com a população afro-americana da cidade, que havia sido negado a ela por ser uma garota branca. Ela me confidenciou jubilosa: "Falamos com uma senhora negra muito sensata que já viu de tudo, e ela disse que eu estou 'por fora', cara, 'por fora'! Não acredito!". Janis precisava da aceitação da sociedade negra, daqueles que seus amigos do colegial haviam definido como os heróis do baixo-ventre da América, os faróis de sua vida. Quando Otis Redding morreu, Janis e Sam Andrew ficaram a noite inteira ouvindo sua música. Janis disse que só queria que ele a ouvisse cantar e dissesse que ela era boa.

Janis tagarelava sobre seu casaco de lince russo. Não bastava que o casaco fosse bonito e se adequasse perfeitamente à sua imagem; ele também tinha uma excelente história por trás. Ela se pavoneava, contando a história que dissera à *New York Times Magazine*. "A menina do escritório do meu empresário fazia cópias de toda maldita notícia em que eu mencionasse Southern Comfort, e eu as enviei para a empresa e eles me mandaram uma montanha de dinheiro. Como é que alguém em pleno uso da mente poderia me querer para difundir sua imagem? Oh, cara, foi o dinheiro mais fácil que já ganhei – imagine só ser paga por desmaiar por dois anos?". Eles se ofereceram para comprar a Janis o casaco que ela escolhesse. Ela foi a uma loja de peles em Nova York em um horário fechado ao público e vagou entre as prateleiras. Ela podia escolher qualquer um. De uma perspectiva sul-texana, ela chegara ao ápice. O clima era tão temperado em Port Arthur que ninguém usaria um casaco de peles a menos que quisesse se exibir. Para Janis, a dádiva de uma pele era claramente uma alta honraria.

A próxima vez em que vi Janis foi no *This Is Tom Jones*. Filmado em 21 de setembro, o programa foi exibido em 6 de dezembro de 1969. Ela cantou sua música favorita, "Little Girl Blue", e um dueto com Tom Jones, "Raise Your Hand". Mais de um ano depois, após a morte de Janis, mamãe recebeu longa carta de uma moça de Louisiana que dizia ter conhecido Janis enquanto trabalhava como faz-tudo no *Tom Jones*. Ela fugira de casa com o sonho de ser atriz. Fora a Los Angeles e, alguns dias antes de morrer de fome, conseguiu um emprego naquele programa. Ela recebera a função de ajudar Janis no que precisasse. A carta deixava subentendido que ela estava grávida e não sabia o que fazer. Evidentemente, Janis acolheu a garota, levou-a a uma festa, apresentou-a a todos e depois a pôs em um ônibus de volta a Gulf Coast. "Mas não falei com minha família desde que fugi", preocupara-se ela. "Não importa", Janis lhe disse, "são sua família e amam você, e vão querê-la de volta". Janis podia lhe dizer isso por experiência própria. Anexa à carta enviada a mamãe havia a foto de uma mulher com uma bebê à qual dera o nome de Janice. Pergunto-me se Janis teve um desejo fugidio de entrar no ônibus junto com aquela moça.

A carreira de Janis continuou sua célere ascensão. Os hippies se tornavam mais comuns que qualquer outra coisa. O filme *Monterey Pop* foi lançado e aclamado em maio de 1969 e a foto de Janis saiu na capa da *Newsweek* no mesmo mês. *Easy Rider* estreou em julho, outro da série de filmes alternativos que incluía *Alice's Restaurant* e *if...* Apesar daquilo que parecia uma tendência, o filme mais lucrativo de 1969 foi *Se meu fusca falasse*, longe de um modelo de contracultura. Pelo lado de dentro, a decadência do movimento era mais óbvia. Trinta e seis lojas estavam fechadas no Haight. As 18 que permaneciam abertas puseram grades de metal na porta, contou Charles Perry no *The Haight-Ashbury*. Dave Moriaty conta: "Naquela primavera houve 17 assassinatos em um mês". Comparados com o dinamismo de 1966-67, o rock'n'roll e o movimento social estavam desorientados. A comercialização exacerbada transformava até as bandas de rock nascidas do movimento.

A feiura subjacente ao paz e amor emergiu à superfície em Altamont, Califórnia. Os Rolling Stones marcaram um concerto grátis para o final de sua turnê pelos Estados Unidos em 1969. Cerca de 300 mil pessoas se reuniram no Altamont Speedway. Mais uma vez, as instalações eram calamitosamente inadequadas e as multidões exacerbaram a excitação pretendida pela música. A *The Rolling Stone Illustrated History of Rock & Roll* diz: "Altamont transformou-se em um pesadelo de ocorrências com drogas, fedor dos banheiros e fogueiras e comida e vômito, problemas no som e, finalmente, a violência brutal despejada sobre o público pelos Hell's Angels, munidos de tacos de bilhar e facas, dizendo que haviam sido contratados (pelos Stones e os copatrocinadores Grateful Dead, por 500 dólares em cerveja) como seguranças". Mais tarde, naquele mesmo dia, um rapaz negro sacou uma arma e foi esfaqueado pelos Angels, supostamente na frente de todo o público. Três outras pessoas morreram em Altamont. Aquilo que se iniciara em Monterey e tivera seu clímax em Woodstock explodiu e se incinerou em Altamont.

Como se não bastasse, a opinião pública censurava violentamente o ideal comunitário-familiar por causa das distorções e insanidades do culto a Charles Manson. Seu grupo havia assassinado brutalmente a atriz Sharon Tate, que estava grávida, e quatro outras pessoas na sua casa. As emoções desenfreadas e o comportamento sem barreiras do movimento estavam saindo pela culatra.

A enérgica, jocosa e petulante Janis já dera lugar à Janis desiludida, cheia dessa ignorância. "Já disse tudo 50 vezes", queixou-se a um repórter que pedia uma entrevista. O repórter disse: "Mas tenho algumas perguntas realmente novas. Fale-me de seu passado". Janis se esforçara muitas vezes para se distanciar do coração do mesmo movimento que a coroara com tal glória. Não sabia se devia ou não acreditar. Muitas vezes dizia: "Sou uma *beatnik*. Eles rejeitam a sociedade e o mundo os desaponta. Os *beatniks* acreditam que as coisas não vão melhorar – então dizem para tudo ir ao Inferno e simplesmente enchem a cara". Certa vez, ela disse: "Olhe, não sou um porta-voz da minha geração. Nem sequer uso ácido. Eu bebo". Mas no *The Dick Cavett Show* ela defendeu os hippies, dizendo: "Eu acredito na juventude".

Uma Janis mais reflexiva surgiu. "Normalmente, [os entrevistadores] não falam sobre meu canto tanto quanto sobre meu estilo de vida", declarou ao *Port Arthur News*. "As únicas razões que posso ver é que talvez alguns artistas tenham um modo de arte e outro modo de vida. Em mim, são a mesma coisa. Simplesmente veio como algo natural a partir do modo como eu amo, a liberdade necessária e procurada. Eu queria o mesmo que acontecia na música e por acaso eu tinha uma voz. Os jovens se interessam porque é como uma representação gráfica de como é soltar as amarras e ser o que você é."

Janis tocou no Hollywood Bowl em 23 de setembro. Foi um momento glorioso, destacado pela presença de tia Barbara, que foi ao evento intencionalmente vestida para matar com sua estola de pele de marta. Sentou-se orgulhosa na primeira fileira. Janis interrompeu a conversa com o público em certo momento, olhou para Barbara, rindo carinhosamente, e disse: "Você vai arruinar minha imagem se descobrirem que é minha tia".

Em 19 de outubro, ela chegou a Austin, Texas, "magnificamente desarrumada em um xale de seda bordada, um chapéu branco de pele falsa e óculos escuros cor lavanda", escreveu o *Austin American-Statesman*. Ela cantou para 7 mil pessoas "freneticamente entusiasmadas" no Gregory Gym. Foi uma experiência catártica para os fãs e para a estrela. Janis disse: "Eu costumava frequentar a escola aqui e nunca me trataram desse jeito". Finalmente, ela tinha a sensação do retorno triunfante de que necessitava.

Mas nem tudo estava bem. Algum tempo depois, o empresário de turnês John Cooke acedeu a suas objeções a respeito da cena e pediu demissão dois meses antes do final da turnê, dizendo: "Deixou de ser divertido". Naquele ano, o alcoolismo de Janis afetara visivelmente seu desempenho. Qualquer um que conhecesse o alcoolismo podia ver sinais da doença em seu comportamento. Ela acordava de manhã após uma noitada e perguntava a Linda: "Como chegamos em casa ontem à noite?". Os apagões de memória eram um dos sinais de que ela ultrapassara qualquer nível razoável de bebedeira. Janis dizia que bebia antes de se apresentar apenas para relaxar um pouco e, como os músicos que afinam seus instrumentos, fazer fluir suas emoções e adrenalina.

Mas o abuso de álcool também se mostrava quando ela bebia e fazia coisas grotescas. Certa vez, ela dirigiu até um ponto de ônibus com Snooky, parou o Porsche e gritou, chamando qualquer pessoa que quisesse festejar: "Dois para viagem!". Snooky riu muito disso, dizendo que a história é um exemplo de como Janis era "totalmente livre". Em Nova York, ela foi ao Max's Kansas City, frequentado por Andy Warhol e seus amigos. Acabou sendo chutada debaixo da mesa por um deles durante uma luta verbal e física.

A 5 de outubro, Janis e a banda tocaram no Winterland em São Francisco e Ralph Gleason acabou com eles. Foi a última apresentação de John Cooke e ele acredita que foi a chave para que Janis concluísse que o blues negro com metais não conseguiria ser aceito pelo público.

Snooky reagiu com raiva ao falar daquele tempo. Achava que, por causa de Ralph Gleason e das críticas negativas, o Kozmic Blues Band recebera pouco crédito por ajudar no desenvolvimento de Janis como cantora. Eles eram a banda que se apresentara na Europa, mas a aclamação que receberam lá se mostrou inútil nos Estados Unidos. Ele resumiu a decisão de Janis de desmontar o grupo com a declaração: "O Kozmic Blues era um pouco poderoso demais para Janis. Ela nunca se sentiu totalmente confortável porque sabia que a banda era melhor que ela, musicalmente adiante dela".

Janis teve um encontro com o chefe dos bombeiros de Houston durante um concerto no Houston Coliseum em 26 de outubro. Em muitos dos concertos daquela turnê ela prevenira o público contra as manifestações exageradas. Algumas vezes dizia para não dançarem porque havia policiais a postos, prontos para julgar a todos injustamente. Em Houston, o chefe dos bombeiros subiu ao palco durante sua absorção vocal em "Ball and Chain", dizendo: "Srta. Joplin, gostaríamos de pedir-lhe que solicitasse ao público que se afastasse e se acalmasse". Janis parou de cantar, a banda parou de tocar e passaram a encarar, atônitos, Paul Carr, do Corpo de Bombeiros de Houston. Ela abaixou o microfone, cobriu-o com a mão e disse a Carr o que pensava de sua ação. Janis terminou a canção e saiu do palco, resmungando.

A polícia e os bombeiros apareciam em todos os concertos pelo país. Estavam ansiosos com os problemas em potencial que poderiam resultar de milhares de jovens subindo nas cadeiras e saindo da linha em uma grande sala. As pessoas poderiam ser esmagadas. A cena de Houston quase se repetiu em Tampa, Flórida. Lá, os policiais usaram um megafone para interromper "Try". Janis parou e respondeu: "Sei que não vai haver nenhum problema se vocês simplesmente forem embora!". Recusando-se a sair do palco, os policiais voltaram a usar o megafone e Janis ficou doida da vida. Em vez de abaixar o microfone e xingar os policiais, como fizera em Houston, Janis poluiu o ar da Flórida com suas imprecações e foi imediatamente presa, arrastada para fora do palco e posta na cadeia por desacato. Sua resposta aos repórteres foi: "Eu digo o que quiser no palco. Não me importo de ser presa porque empolguei uma porção de jovens".

Sua prisão saiu na revista *Time* de 28 de novembro. Eu li aquilo e fiquei com um nó no estômago. O que estava acontecendo com minha irmã? O que ela achava que estava fazendo?

Sua mudança de comportamento foi percebida pelas pessoas que acompanhavam a cena. Robert Somma escreveu sobre Janis na *Drama Review* do outono de 1969, que tratava da "Teatralidade do Rock". Somma escreveu: "No início, Janis contava com sua extensão e volume; daí, conforme subia na escala da popularidade, ela relaxou um pouco, acrescentou alguns ornamentos de palco (birita, inglês capenga) e, com a inevitável fadiga e encenação, seu estilo outrora cru, mas contagiante, tornou-se endurecido, cínico e neurótico. Ela parecia perder contato consigo mesma na relação esmagadora que enfrentava".

Talvez, em sua busca pela música após o Big Brother, Janis estivesse tentando ultrapassar seu "blues de menina branca". Ela ainda imitava aqueles que idolatrara e assim foi apanhada em um período de transição em sua expressão musical. Em 1969, ela estava sendo desafiada a fabricar um novo som autenticamente branco que também tivesse soul.

Naquele outono, Albert mandou Janis a um médico, dr. Edmund Rothschild, um especialista em doenças internas que costumava atender os clientes de Albert. O dr. Rotschild achou Janis uma jovem animada, vibrante e estimulante. Ela irrompeu em seu consultório usando uma blusa translúcida e boás de plumas no cabelo. Disse a ele que queria parar de usar heroína, mas que não se considerava usuária pesada de narcóticos. Ele pediu um longo relatório oral sobre seu histórico e fez um exame físico, mas não achou nada de mais. Percebeu que o uso de heroína era intermitente e episódico.

Muitos usam a droga para fugir de dor psicológica. A prática que Janis descreveu ao dr. Rothschild era exatamente o oposto. Ela usava heroína depois de um concerto, um sucesso vibrante. Talvez usasse a heroína do mesmo modo que um viciado em anfetaminas, para evitar que a depressão da droga desapareça, como um modo de voltar facilmente à vida. Talvez Janis usasse a heroína para ajudá-la a abaixar os níveis de adrenalina acumulados durante a apresentação, para se acalmar da intensidade das sensações do palco.

Janis achava que seu uso de álcool era um problema, e o médico concordou. Ela ingeria álcool em excesso e diariamente. Embora os resultados dos exames feitos no fígado tenham sido normais, ele a aconselhou a respeito das complicações que poderiam surgir caso ela continuasse a beber daquele jeito. Na época, ela estava muito magra e descreveu uma dieta atroz ao dr. Rothschild. Ela comia um monte de porcarias e doces. Os alcoólatras muitas vezes vivem em um estado de reação hipoglicêmica à ingestão de açúcar. Sentem muita necessidade de açúcar e da injeção de energia que vem com os doces, mas quando os níveis de açúcar caem ficam muito mal e iniciam o ciclo novamente. Os alcoólatras comumente têm dietas pobres, substituindo as calorias saudáveis dos alimentos pelas calorias insalubres do álcool. Janis não estava pronta para lidar com o alcoolismo, declarando corajosamente que os resultados dos exames provaram que ela estava bem.

Eles se concentraram em seu desejo de parar com a heroína. O dr. Rothschild enfatizou o perigo daquilo que ela fazia, que ela nunca podia conhecer a força ou a pureza das drogas que injetava diretamente no corpo. Ele não achava que ela estivesse fisicamente viciada em heroína naquele momento, mas sugeriu a metadona como um modo seguro de afastá-la da droga. Receitou metadona suficiente para uma semana.

A metadona impede que a heroína surta seu efeito agradável e interrompe os desejos do viciado. Mas não é o barato da heroína que vicia; são os efeitos colaterais sobre o sistema básico. Os ex-viciados que voltam a usar heroína dizem: "Faz com que eu me sinta normal novamente".

Viciados recuperados com sucesso descobriram que largar a droga não basta; também é preciso mudar seus amigos e atividades sociais. Em vez de sair com um grupo que reforça o desejo de usar essa ou aquela droga, um viciado em recuperação precisa de um sistema social que apoie a abstenção. Sem saber disso, Janis parecia estar seguindo o conselho à risca. Ela e Pat Nichols fizeram um pacto. Ambas decidiram parar de usar heroína. Elas perceberam que sua vontade de usar a droga era alimentada uma pela outra. Elas não poderiam se encontrar até que as duas estivessem curadas. Era um começo.

Abandonar uma coisa tão viciante quanto a heroína muitas vezes é um processo de múltiplas fases. Janis estava tentando, mas mal começava a se aproximar do ponto crucial do problema. Ela ainda inventava razões pelas quais a droga era boa para ela. Em seu ponto de vista, os médicos equiparavam a saúde psicológica com a conformidade social. Ela achava que suas opções eram abandonar o estilo de vida que lhe valera o êxito e se comportar como uma professora primária em nossa cidade, ou continuar com os hábitos dos quais tentava se livrar. O modo como ela se colocou diante das opções praticamente a obrigava a rejeitar a recuperação como uma opção viável. Ela precisava retornar ao tempo em que escreveu esta letra: *"Não tenho razão para viver/não vejo causa para morrer/preciso encontrar um caminho do meio"*. A questão era: será que ela estava disposta a desistir de alguma coisa para poder encontrar esse caminho do meio?

Quando Janis voltava à Califórnia para curtas visitas, sentia falta de sua velha colega de quarto, Linda Gravenites. Linda ainda estava na Europa, sem vontade de retornar ao estilo de vida drogado de Janis. Janis escreveu a Linda e a persuadiu a voltar a Marin. Ela a amansou contando como queria vencer as drogas e viver a vida do "outro" jeito. De acordo com uma das cartas de Janis, em posse de Myra Friedman, ela planejava passeios no bosque, ioga, aulas de piano e possivelmente cavalgadas. Sua versão romântica de uma vida limpa era simplesmente uma negação das tarefas que ela realmente tinha de cumprir, assim como seu consumo desenfreado de álcool.

A maior mudança construtiva que ela fez foi comprar uma casa. Janis entrou em contato com Ed, amigo da tia Barbara, e pediu que ele procurasse um retiro especial na região. Ele encontrou uma casa perfeita em Larkspur, uma pequena comunidade em Marin County, atravessando a ponte Golden Gate em São Francisco. Era uma comunidade montanhesa formada por muitas estradinhas que contornavam os morros. Localizado em uma rua sem saída em uma área montanhosa e arborizada, o lote em que estava a casa dava para um bosque público. Era a casa quintessencial da estrela do rock da época: uma porção de plataformas com sequoias crescendo entre elas e muito vidro. "Ficava na área de West Baltimore, perto de uma rua chamada Shady Lane, que impressionou Janis ao extremo", conta Bob Gordon. "Ela sempre disse que queria morar na Shady Lane [*rua Sombreada, ou Sombria*]".

O gosto musical de Janis se suavizava. Ela espontaneamente estreou "Me and Bobby McGee" de Kris Kristofferson ao se apresentar em Nashville em novembro. A recepção foi entusiástica. Ajudou a lhe dar um novo senso de direção.

A Kozmic Blues Band fez sua última apresentação no Madison Square Garden em 19 de dezembro de 1969. Foi um triunfo. Ela nocauteou a audiência e a fez pular do jeito que gostava. Clive Davis deu uma festa para Janis depois do show. "Ela parecia estar em má forma", lembra John Cooke sobre a festa. Ele pensou: "Cara, estou feliz por ter abandonado a turnê naquele momento. Não queria ter visto aquilo lhe acontecendo". A mudança era dura, especialmente quando a parte dela que queria a mudança era encurralada por cercas de arame farpado tão letais como a heroína, o álcool e a posição de *superstar*.

Em 1969, Janis aprendera muitas lições. Ela evitara a responsabilidade por sua carreira, deixara as decisões a especialistas demais e perdera o contato com sua própria essência. A agenda de turnês consumira sua vida pessoal. Tinha pouco tempo para desenvolver ou manter relacionamentos, perdera o controle de sua autoimagem e acreditava nos artigos da imprensa que a diziam incomparável. Ela namorara os excessos que lhe traziam breves e insignificantes lampejos de aprovação. Janis começava a perceber que tinha de fazer algumas mudanças. O ano de 1969 foi um ponto decisivo.

CAPÍTULO 14

DESCANSO, ROMANCE E REAGRUPAMENTO

I don't want much out of life
I never wanted a mansion in the South
I just wanted to find someone sincere
Who treated me like he talks
One good man...

[Não quero muito da vida
Nunca quis uma mansão no Sul
Só queria encontrar alguém sincero
Que me tratasse como fala
Um bom homem...]
– JANIS JOPLIN, "One Good Man"

Nos primeiros quatro meses de 1970, Janis finalmente conseguiu ter uma folga dos agitados dias de turnê. Ela podia acertar sua vida, planejar os próximos movimentos profissionais e relaxar. Ela inaugurou o período com um chá de cozinha de arromba no finalzinho de dezembro de 1969. Não foi uma festinha doméstica comum. Ela produziu o equivalente *underground* a um baile de gala do *country club*. O evento foi terceirizado e havia um barman de casaca branca pronto para preparar qualquer drinque que se pedisse. Havia outro aspecto menos elegante na festa: o pessoal do rock'n'roll não podia resistir a festejar em excesso. Alguns convidados corriam, totalmente alcoolizados, para o bosque de pinheiros para fazer amor sob o baldaquino da floresta. Outros vomitavam e desmaiavam sob uma plataforma de sequoia. A festa era no mínimo sua tentativa de demonstrar um pouco de grandiosidade.

A casa de Janis em Larkspur era aconchegante. O interior era todo de sequoia. Portas corrediças de vidro iluminavam as paredes. Traziam as vistas de fora para dentro do cômodo e emolduravam a paisagem como obras de arte. A sua casa não se encaixava na imagem ostentatória e selvagem que a imprensa adorava exibir. Não havia néon ali.

Janis decorou aquele novo símbolo de sua chegada com móveis vitorianos e tapetes orientais. Escolheu cores quentes e texturas macias que se misturavam ao estilo hippie de arte popular da época. A casa era cheia de balangandãs – coisas compradas por impulso apenas porque ela gostava delas.

No topo de sua lista de aquisições estavam cães. O belo vira-lata George era o grande esteio de sua vida na Califórnia. Leal e carinhoso, estava ali sempre que ela chegava em casa. Mas certo dia, no final de 1969, ela o levou à cidade em seu Porsche e ele saltou para fora para dar uma volta. Janis foi à estação de rádio local pedir ajuda para encontrá-lo, mas o melhor que conseguiu foram vagos rumores. Algumas vezes achava que um fã tinha levado George e o exibia por aí dizendo que ela o havia dado de presente. Janis desistiu das esperanças de voltar a ver George. Como muitas pessoas que enfrentam uma perda que não podem aceitar, Janis tomou providências para limitar sua vulnerabilidade. Em vez de substituir George por um único cão, ela adotou uma porção de vira-latas do canil, além de cães de raça adquiridos em exposições.

"A casa dela era linda, de bom gosto", conta Nick Gravenites, "nem exagerada nem despojada demais. Eu sempre era bem-vindo ali. Ela dava festas, não orgias que duravam a noite inteira, mas drinques refinados durante a tarde. Ela adorava sua casa e seus cães."

A colega de quarto de Janis, Linda Gravenites, voltara de sua estada prolongada na Europa. Com sua ajuda, Janis estava tentando voltar ao caminho do meio. Ela começara a tentar se livrar da heroína em dezembro e os esforços continuavam. Havia visitas a diferentes médicos e o uso de Dolofina para suprimir a necessidade da droga. Alguns dias eram limpos, outros não.

23 de janeiro de 1970

Querida família...

Consegui atravessar meu – cof – 27° aniversário sem chegar a senti-lo de verdade. Não estou fazendo grande coisa agora – só curtindo a casa. Estou há um mês em férias supostamente de três meses, que aparentemente só vão ter um mês e meio. Suspiro. Ah, que brincadeira divertida... quando você não é ninguém e é pobre, não tem importância – pode só ficar boiando, mas quando você chega a uma certa posição e um certo dinheiro, começa a se afobar para ganhar mais e quando você é o número um, precisa realmente se matar para que ninguém te alcance! Alcançar?! Há dois anos eu nem queria chegar nisso! Não, não é verdade. Tenho olhado em volta e notei algo. Depois que você atinge um certo nível de talento (e muitas pessoas têm esse talento), o fator decisivo é a ambição ou, da forma como vejo, de quanto você precisa. Precisa ser amado e ter orgulho de si mesmo... e acho que ambição é isso – não uma busca pervertida por posição, Mike, ou dinheiro, talvez seja por amor. Muito amor! Ha...

Estou fazendo algumas belas reformas na casa – os caras são meio artistas e meio carpinteiros – transformando uma parede desocupada e sem graça em uma explosão de pranchas de sequoia com um bar e um grupo de prateleiras fluindo organicamente dos dois

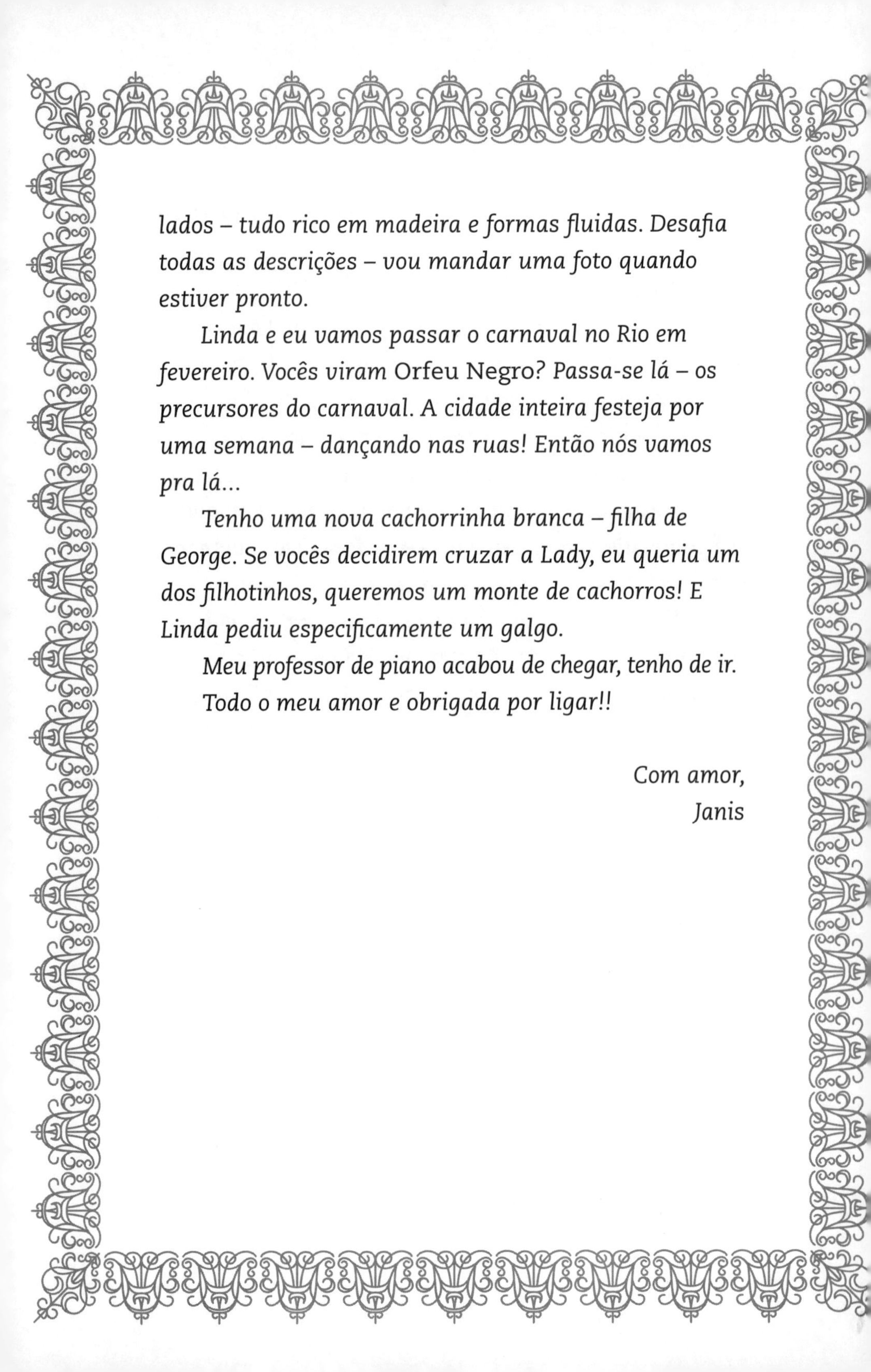

lados – tudo rico em madeira e formas fluidas. Desafia todas as descrições – vou mandar uma foto quando estiver pronto.

Linda e eu vamos passar o carnaval no Rio em fevereiro. Vocês viram Orfeu Negro*? Passa-se lá – os precursores do carnaval. A cidade inteira festeja por uma semana – dançando nas ruas! Então nós vamos pra lá...*

Tenho uma nova cachorrinha branca – filha de George. Se vocês decidirem cruzar a Lady, eu queria um dos filhotinhos, queremos um monte de cachorros! E Linda pediu especificamente um galgo.

Meu professor de piano acabou de chegar, tenho de ir. Todo o meu amor e obrigada por ligar!!

Com amor,
Janis

Janis e Linda traçaram a ideia de visitar o Brasil no carnaval. "A viagem ao Rio seria sem heroína", explica Linda, "e seria extremamente divertida sem ela". Linda nunca deixou que Janis esquecesse o que ela pensava sobre a droga – ela a odiava! Chegaram a um ponto em que sempre que Janis entrava em seu quarto e trancava a porta, Linda prendia a respiração até que ela saísse. Janis sabia que tinha de parar, mas não sabia bem como. De fato, a maioria das pessoas que ela conhecia e que usavam a droga estava tentando parar. A epidemia de heroína de 1968 e 1969 se transformou em uma batalha para largá-la em 1970. Já em 1968, 60% das ocorrências com drogas no Haight haviam sido por anfetaminas e heroína, não por maconha. Os anos de uso estavam se fazendo ver. As pessoas estavam desesperadas para ficar sóbrias.

Era evidente que os tempos estavam mudando. Em 1970, a saia na altura da panturrilha substituiu as míni. O presidente Nixon começou a retirar as tropas do Vietnã. O desemprego chegava a 6% e os jovens de 18 anos ganharam o direito de votar. A União dos Trabalhadores Rurais obteve reconhecimento dos vinhateiros da Califórnia. Os Beatles apresentaram as canções "The Long and Winding Road" e "Let it Be".

Janis telefonou para casa para falar de seus empolgantes planos de ver o carnaval no Rio. Os velhos tentaram dar apoio, esperando que ela se divertisse. Mas, depois de alguma reflexão, conversando com Karleen em um mercado, papai comentou: "Não sei por que ela está tendo tanto trabalho para ir ao Rio. Tudo o que ela vai fazer é se embebedar, e isso ela pode fazer facilmente em casa".

Oficialmente, o carnaval no Brasil começava na noite de sexta, 6 de fevereiro, e ia até a Quarta-feira de Cinzas, em 11 de fevereiro. Na verdade, os eventos duravam duas semanas. É um ritual pré-Quaresma, preparação para um período de jejum e penitência. Durante esse período, cessam todas as atividades normais de todo o país, porém mais particularmente no Rio. Desfiles diários, do meio da tarde até o alvorecer, uniam estranhos dançando sambas bobinhos pelas ruas. Alguns usam fantasias malucas, embora muitos vistam o mínimo de roupa possível por causa do calor do verão brasileiro. As mulheres destacam sua sexualidade em trajes eróticos. A timidez é a única coisa que não é bem-vista no carnaval. É um período feito para expulsar as inibições e liberar o desejo. O carnaval não é apenas uma série de eventos. É um estado de mente, tentando forçar o renascimento pela plena intensidade do abandono pessoal.

À noite há muitos bailes para as classes média e alta. Janis e Linda foram ao Baile Municipal, em que todos os convites tinham de ser por indicação. Janis conseguira ser convidada por um aristocrata grisalho, o sr. Mayo. Seu convite lhe permitia até entrar no camarote presidencial. Inacreditável! Ali estava ela em um país estrangeiro, e seu sucesso lhe permitia tais honrarias. Mas, logo que chegou ao camarote presidencial, ficou óbvio que pertencia a um nível social diverso. Alguém lhe pediu que saísse. Com o típico aprumo Joplin – uma taça de champanhe supostamente atirada no rosto do leão-de-chácara –, Janis retirou-se. Já em meio ao pessoal normal, Janis e Linda divertiram-se muito, dançando e rindo durante o resto da noite.

Na praia, Janis usou um biquíni com estampas escuras de marcas de mãos sobre fundo branco. Eram postas estrategicamente na calcinha e no sutiã, como se houvesse alguém agarrando seu corpo naqueles locais. Um sujeito magrelo ficou olhando para Janis e seu traje de banho. Ele acabara de voltar de uma viagem de canoa de um ano e meio pelo Rio Amazonas, na selva brasileira. Ele parecia bruto, selvagem e experiente. "Oi, gracinha", Janis disse, em seu modo jovial de se divertir com estranhos. Mas aquele cara iniciou uma conversa, e logo Janis e Linda estavam saindo com David Niehaus e seu companheiro de viagem, Ben Beall.

Janis sempre quis um homem que a amasse por sua alma. Queria alguém que pudesse ver além do verniz, fosse ela a cantora famosa ou a artista *beatnik*. Em David Niehaus, ela encontrara isso: "David era uma pessoa real", conta Linda. "Um dos poucos na parte final de sua vida." Em meio a um oceano de casos de uma só noite, ela iniciou uma verdadeira história de amor.

David e Ben eram colegas de faculdade que faziam explorações após quatro anos de vida intensa após a graduação. David era um nativo de Cincinnati pertencente à classe média alta, que estudara comunicações na Notre Dame. Tinha corpo atlético, com 1,90 metro de altura, 90 quilos, cabelo castanho e olhos verdes. Entrara para o Corpo de Paz após a faculdade e trabalhara em uma aldeia da Turquia. Acreditava que viajar era um modo de sair do condicionamento da cultura americana e se livrar de preconceitos. Começou a estudar Direito, mas quando encontrou Janis estava tirando umas férias. Estivera em Woodstock, dali para o Peru e depois desceu o Rio Amazonas e foi se encontrar com Ben Beall no Rio. Ben era formado em estudos internacionais por Notre Dame; em seguida, entrou para a Marinha. Acabava de sair de um hospital de veteranos, recuperando-se de ferimentos múltiplos causados pela explosão de uma granada.

Dois dias depois de conhecer Janis, David comentou: "Sabe, você se parece com aquela cantora de rock, Janis Joplin". Ela respirou fundo e se virou, dizendo: "Eu sou Janis Joplin". Haveria maneira melhor de descobrir que David amava a pessoa de Janis, e não sua imagem? Ele nem tinha percebido quem era ela quando se apaixonou! David era um homem gentil, mas intenso demais para ser delicado. Sua voz nunca tremia, refletindo o tipo de ferocidade latente que podia fazê-lo dar a volta ao mundo e torná-lo capitão do Barco do Ano no Iate Clube de Nova York.

Os amigos logo se mudaram para um grande grupo de quartos em um hotel à beira-mar com as garotas. Depois saíram para se divertir. David e Ben já estavam no Rio havia algum tempo, por isso conheciam as paisagens. Estavam bastante desapontados com o carnaval, que acharam demasiadamente comercial para ser divertido. Assim, o grupo se divertia pelas periferias carnavalescas, entrando nos desfiles noturnos, usando fantasias e frequentando os bares.

Janis rejeitou a heroína quando esteve no Brasil e David a ajudou. Ele ficou a seu lado durante os sintomas da abstinência, fraqueza, insônia, calafrios e ondas de arrepios que davam o nome ao processo: peru frio. Era um dia de inferno rodeado por dois dias ligeiramente melhores. Mas funcionou. Ela estava limpa. "Eu a amava de verdade. Ela era uma garota ótima, está em meu coração, posso te dizer", declarou ele. "Janis escolheu usar heroína porque não podia evitar sentir todas as emoções de seus fãs." Ele conta que Janis era supersensível aos que a rodeavam e não conseguia afastar suas emoções, mesmo quando não estava no palco.

"Albert lhe mandou alguns telegramas dizendo: 'Volte aqui, volte ao trabalho'." David se orgulhava porque Janis respondera: "Não. E não venha ficar me botando culpa". Ela voltaria quando estivesse pronta. Estava assumindo as rédeas de sua vida.

"Fomos à selva", continua ele, "sem nada a não ser montes de dinheiro para comprar antiguidades para a casa dela. Ela ficava bem comigo". Sentados em um jipe, a brisa agitando seu cabelo castanho, Janis cantou "Me and Bobby McGee" só para David. "Apenas dois *beatniks* na estrada", descreveu ela mais tarde.

Mas ela ainda não podia fugir de seu papel. A primeira cidade a que chegaram depois de semanas na selva brasileira estava com a *jukebox* no volume máximo quando passaram pelo ponto de ônibus. Era a voz de Janis que penetrava o ar sul-americano, entoando uma melodia de seu álbum *Kozmic Blues*, como se fosse para trazê-la de volta à realidade após sua idílica jornada.

Janis se permitiu um único gesto profissional enquanto estava no Brasil: ficou sabendo que nunca houvera um show de rock'n'roll no Brasil, por isso decidiu organizar o primeiro. Estava tudo pronto quando ela montou na motocicleta de David, usando biquíni e embrulhada em um saco de dormir para se aquecer na viagem até o local. Seria em uma praia a cinco horas a norte do Rio. Ela pousou a cabeça nas costas de David e adormeceu. Ao chegar ao alto de um morro, ele desviou para evitar uma ilha no meio da estrada. Puxou o freio, a moto empinou e eles voaram longe. Janis bateu a cabeça no guidão e caiu deitada imóvel. Alguém chegou em um Volkswagen e os levou a um hospital. Ela tivera uma concussão e não poderia fazer o concerto.

Janis e David passaram horas conversando no Brasil, contando um ao outro a história de sua vida. Janis falou sobre a importância de entrar no mundo da música e de como ela sentira pela primeira vez o sucesso em Austin, no bar de Ken Threadgill. Ela lhe contou que em certa época fora muito gorda. Comia sem parar porque tinha medo de não conseguir mais alimento. Aí jejuava a ponto de não comer nada, e isso a ajudara a ter forças para fazer sucesso. Ela testara seu medo e o superara. Via os ciclos de sua vida por aquilo que eram.

Os amantes planejavam voltar à Califórnia juntos, mas descobriram no aeroporto que os documentos de David estavam irregulares – ele excedera o período do visto. A atitude inflamada de Janis não ajudou em nada, ainda mais com ela gritando: "Você é um filho da puta e este é um país filho da puta!". Era tudo o que os oficiais precisavam ouvir para mostrar-lhe quem é que mandava. Detiveram David por dois dias. Janis também não teve permissão de ficar com ele. Despacharam-na no voo reservado para a Califórnia. Para uma pessoa com um domínio da razão tão fraco quanto Janis, essa foi uma ótima desculpa para tomar um pouco de heroína durante a escala em Los Angeles. Ao chegar a São Francisco, ela já estava chapada.

O que David poderia ter dito ao chegar dois dias depois e ser recebido por um fantasma cinzento de mulher? Para não mencionar o caos da cena rock de São Francisco. Era o bastante para confundir qualquer um, mas David parecia saber quem era. Era Janis quem parecia perdida.

Ver Janis injetando heroína era duro para David, mas ele tentou superar aquilo. Podia aceitar o álcool que, em sua opinião, permitia que as pessoas enfrentassem as coisas que não tinham força para enfrentar. Achava que a heroína era como o álcool, mas muito mais forte. Logo que estivesse em seu corpo, nada mais interessava, o corpo inteiro relaxava. Ele era totalmente contra, mas entendia por que Janis usava aquilo. Porém, as drogas o faziam dizer: "Querida, não sei por quanto tempo vou aguentar".

Todo o mundo tem oscilações emocionais. Algumas vezes a vida parece clara e fácil, em outras é quase esmagadora. Mas Janis também tinha de enfrentar os horários malucos e a agenda exigida de um músico. Podia ficar intensamente ocupada e sem contato com os amigos por vários meses e daí ficar totalmente desocupada por semanas. Suas alterações de humor eram sempre exacerbadas pelo uso de álcool e outras drogas. Era evidente que sua vida tinha muitos momentos de delicioso sucesso. Quando ela estava por cima, adorava. Em outras vezes ela se sentia pequena, o que a aterrorizava.

Mas Janis tentava manter um relacionamento íntimo com David. Preparava seu café da manhã, esfregava suas costas quando ele estava na banheira e conversava com ele durante horas sobre nada. Ali estava um homem que confidenciava: "Alguns de meus melhores amigos são livros". David conhecia a Janis suave: "Ela me fazia feliz. Ninguém nunca havia cuidado de mim antes... Eu nunca tivera ninguém para me amar antes, exceto minha mãe".

Eles se divertiam juntos. Em um passeio no Porsche de Janis, passaram por Muddy Waters na estrada. Janis o chamou, gritando: "Ei, entre aqui". Passaram alguns dias juntos fumando baseados, bebendo e festejando. Sempre havia gente por ali, boa gente.

"Certa noite, acordamos", conta David, "e quatro ou cinco Hell's Angels com armas na cintura e cheios de ácido haviam comido tudo o que havia na geladeira. 'Querido', Janis disse, 'Bote esses meninos pra fora.' Eu levantei, vesti as calças e entrei na sala, e fui recebido com olhares que diziam: 'Quem é esse cuzão?' De volta ao lado dela, eu disse: 'Meu bem, você quer mesmo que eu faça isso? Eles estão em cinco'. Daí Janis abriu a porta e declarou: 'Vocês são uns cuzões, porque comeram toda a minha comida e deviam ter mais bom senso. O que estão fazendo aqui a essa hora da manhã, incomodando a mim e a meu namorado?'". Instantaneamente, Janis transformou aqueles homões enormes em crianças acanhadas, envergonhadas por sua indiscrição. Mais tarde, cinco sacos de compras foram encontrados na cozinha e o conteúdo cuidadosamente guardado na geladeira.

Janis e David foram a Los Angeles e acabaram em um estúdio de gravação, espremidos em uma cabine à prova de som. Dividiram uma garrafa de tequila e Janis cantou oito ou nove canções, em sua linda voz, apenas para David.

David revirava na mente a ideia de ficar com Janis enquanto tentava encontrar um sentido para sua própria vida. Daí, ao voltar a Larkspur após uma viagem de dois dias para esquiar em Heavenly Valley, ele pegou Janis na cama com uma amante, Peggy Caserta. Dois dias? Ela não conseguia ser fiel por dois dias? Mas não, David não tinha queixa sobre Janis, e estavam na era do sexo livre. Peggy deixou bem claro que achava ter prioridade sobre Janis. Seu relacionamento remontava a anos. David achou que Peggy estava tentando fazê-lo sentir-se como o intruso. Isso acabou sendo mais vida do que David gostaria de aceitar. Ele queria uma esposa, uma parceira.

David declarou: "Querida, não posso ficar aqui". Janis propôs que ele se tornasse seu empresário de turnê em uma viagem com a nova banda que, mais tarde, ficaria conhecida como Full Tilt Boogie Band. Ele pensou no assunto, mas ter trabalho não era o único problema. "Vou parar de usar essa merda [heroína] se você ficar", Janis alegou. Mas David não queria que Janis o acusasse de fazê-la largar as drogas na próxima vez em que ela tivesse uma crise de abstinência. Queria que ela tomasse a decisão por si mesma.

"Era demasiadamente radical", David explicou. "Sou uma pessoa ególatra, como ela era, e toda vez que saíamos de casa havia 500 pessoas berrando em volta do carro, aquele Porsche pintado à mão. Não era nada divertido. Eu a teria levado comigo em um instante, mas ela queria sair em turnê... ela quase veio comigo, mas tinha trabalhado muito por aquilo. Liguei para ela algumas vezes da Turquia e lhe mandei algumas coisas vintage que as mulheres costumavam vestir. Ela queria estar lá, mas isso a obrigaria a desistir de tudo. Ela trabalhara por muito tempo para chegar lá. Eu era muito jovem e muito ardoroso. Queria que ela viesse comigo. Não queria simplesmente ir na viagem dela. Queria ir na nossa viagem." O melhor que Janis pôde dizer foi: "Talvez eu o veja mais tarde".

Em dezembro de 1969, apenas quatro meses antes de Janis terminar com David, conversara a noite toda com uma mulher que conhecera no Chelsea Hotel de Nova York. Janis a aconselhou sobre se devia ou não se casar com o namorado. Com a seriedade enfática de uma pessoa que diz a verdade, Janis exclamou: "Se eu encontrasse um homem que me amasse de verdade, nunca largaria dele. Faria qualquer coisa para que desse certo". Mas ela não o fez. No final das contas, David foi a melhor coisa que já acontecera a Janis. Mas, quando precisou escolher entre amor e carreira, Janis ficou com a última. Foi difícil. Muitos de seus amigos percebiam que ela não era uma feminista, que realmente queria um marido, filhos e um lar confortável. Mas estavam errados; ela desejava uma carreira e um homem que se encaixasse nela. Teria pensado que o romance não duraria? Teria achado que David poderia se mostrar tão falso quanto Peter de Blanc o fora? Teria sido forçada a escolher entre seu lado profissional e seu lado romântico?

As questões relacionadas à carreira de Janis agora eram infinitas. Que tipo de cantora ela seria? Que tipo de canções? Que tipo de banda? Quem estaria na banda? Essas eram grandes questões para alguém que sempre declarara que seu ponto forte como cantora era a capacidade de comunicar emoção. Pelo menos Janis não estava só. Albert Grossman dava a orientação profissional e o apoio de que ela necessitava. Ao perceber que a Kozmic Blues Band sofria com a falta de direção da líder Janis, ele participou diretamente da seleção do grupo seguinte. Albert e Janis ouviram as fitas dos candidatos a músicos, visitaram shows para vê-los em ação, discutiram e discutiram.

"Ele não me dirige", ela disse sobre Albert. "Ele apenas descobre para onde eu quero ir e me ajuda a chegar lá. E ele está lá para me confortar quando eu preciso. Cara, isso é importante. Não gosto de admitir que preciso de ajuda, mas preciso, preciso mesmo."

Janis terminara a fantasia da banda de blues, percebendo que ela não seria aceita pelo público. Ela era uma cantora de folk/blues que passara ao rock'n'roll e depois ao soul rock. O próximo passo veio pela experimentação. Janis criou um blues branco mais individual. Ela ascendera à fama graças à novidade de ser uma cantora de blues branca. Agora percebia que isso não significava representar e parecer negra, mas sim apresentar a versão única de blues que poderia falar mais diretamente a seu público.

Janis pedira a John Till, seu guitarrista, e a Brad Campbell, seu baixista na Kozmic Blues Band, para continuar com ela em seu novo grupo. Para os quatro meses antes da nova turnê, eles recebiam 123,40 dólares por semana, como adiantamento. Ela encontrou seu pianista, Richard Bell, quando ele tocava na banda de Ronnie Hawkins. Ouvindo um disco de Jesse Winchester, ela escolheu seu organista, Ken Pearson.

Agora só faltava um baterista. Janis o ouviu quando foi assistir a uma apresentação de John e Brad com Snooky Flowers em um clube de topless de São Francisco, o Galaxie. Como Albert estava na cidade, os dois foram. Deve ter causado sensação a presença de Albert e Janis juntos em um clube de topless – Albert com sua pança e paletó de veludo cotelê cinza e um suéter leve, o longo cabelo grisalho amarrado em um rabo de cavalo. Janis com seu passinho petulante, enfeitada com guizos e uma montanha de cabelo ondulado. Snooky dirigiu os holofotes para eles, dizendo: "Senhoras e senhores, esta noite temos conosco uma das melhores cantoras..." Janis apenas sorria.

Após a apresentação, Janis falou com Albert sobre Clark Pierson, o baterista da banda de Snooky. Ela pediu a Brad que perguntasse se ele queria fazer uma audição na casa de Janis no dia seguinte. Clark nem mesmo sabia quem ela era até que Snooky os apresentou. Ele riu: "Bem, não tenho mais nada para fazer". Ele apareceu e o grupo tocou algumas melodias no estúdio improvisado na garagem. Ao lado de Albert, Janis perguntou a Clark se ele queria entrar para o grupo. Alegrou-se quando ele disse que sim.

Clark foi o último membro a entrar para a banda. Sua semana como baterista com Brad e John já comprovara que ele era adequado. Essa banda era um grupo mais jovem do que aquele que formava a Kozmic Band. Mais importante que isso, explicou John Cooke, "aqueles rapazes estavam atrás de uma banda que fosse seu lar. Sabiam que Janis era a chefe e gostaram uns dos outros de cara. Acho que o fato de quatro dentre os cinco serem canadenses ajudou".

Em 1970, Janis tinha amplas oscilações emocionais, com picos e depressões. Ela podia mudar de um momento para o outro ou permanecer no mesmo estado mental durante dias. "O problema é que ela estava em chamas. Ela tinha o poder", conta David Niehaus. "Ela sabia que o poder vem de ver a verdade. Ela nem sempre via, mas tinha o poder de ver a verdade. Não havia nada que pudesse se erguer contra ela quando estava lúcida. A única razão por que sua carreira lhe causou problemas", explica, "era que sua personalidade oscilava a tantos extremos. Assim, quando ela era pequena, sua carreira era esmagadora. Você precisa entender" – fez uma pausa – "que não era a carreira que era esmagadora, era o estado de mente. Quando ela estava no grande estado de mente, sua carreira não era nada esmagadora."

Abril de 1970

Olá!

Correndo muito nos ensaios, tenho uma nova (dois são os mesmos caras, três são novos) banda menorzinha e está indo muito bem! Ótimas canções novas – precisava muito de novas canções –, por isso faremos um álbum enquanto estivermos na próxima turnê. Albert está aliviando minha agenda um pouco por causa de minha avançada idade e porque eu bati o pé! Dois meses na estrada e dois fora, dois nela e dois fora, etc. Assim eu posso ter um pouco de vida pessoal, espero. Conheci um homem muito bacana no Rio, mas tive de voltar a trabalhar, por isso ele foi descobrir o resto do mundo – África ou Marrocos agora, acho, mas ele me amava de verdade e era tão bom para mim e quer voltar e se casar comigo! Eu achava que ia morrer sem alguém além dos fãs me pedir em casamento, mas ele falava sério e quem sabe – posso ficar cansada do mundo da música, mas estou muito ligada nele agora! E fazendo muitas reformas fabulosas e caras na casa. Está virando um palácio – cheia de pele e madeira e vitrais e sofás de veludo e divãs e até um lustre em meio a uma profusão de sequoias. FANTÁSTICO! Tenho um novo cãozinho – um cão dos Pirineus todo branco, um dos maiores cães que existem – chega a

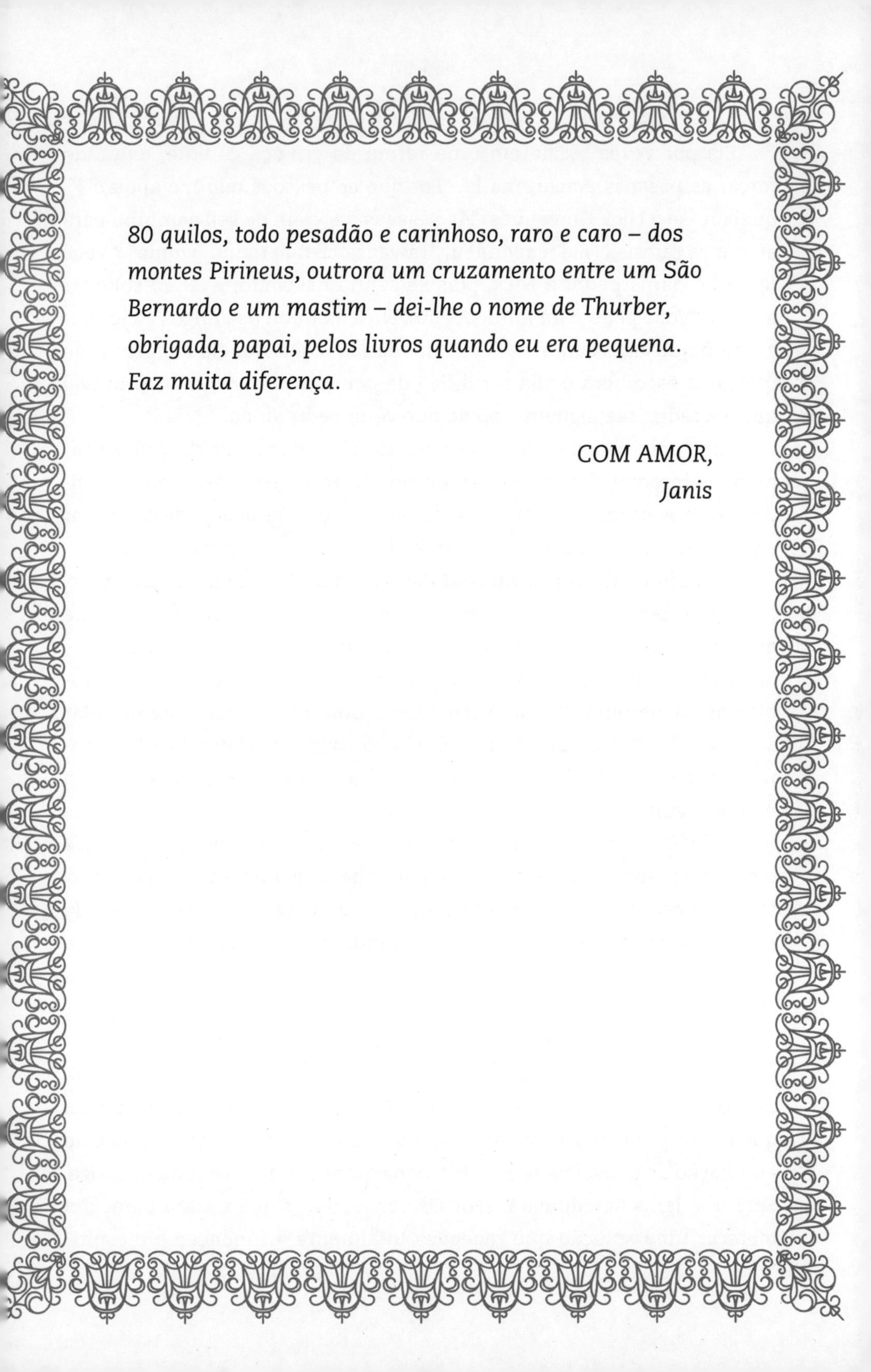

80 quilos, todo pesadão e carinhoso, raro e caro – dos montes Pirineus, outrora um cruzamento entre um São Bernardo e um mastim – dei-lhe o nome de Thurber, obrigada, papai, pelos livros quando eu era pequena. Faz muita diferença.

COM AMOR,
Janis

Ela por vezes recaía em uma rotina de criança carente, tentando forçar as pessoas a acarinhá-la. “Por que as pessoas não me apoiam?”, queixou-se a Nick Gravenites. “As pessoas desviam de seu caminho para ajudar as outras!”. Ele respondeu: “Talvez você não tenha pedido”. “Você faz isso”, Janis pediu a Nick, pois se sentia desconfortável ao solicitar auxílio. “Você pede para mim.” Assim, Nick chamou os amigos e eles sugeriram que Janis cantasse determinadas canções. Aquela imagem rude que Janis escolhera podia ser difícil de penetrar. Parecia mais provável que ela reduzisse alguém a pó do que vê-la pedir ajuda.

Janis precisava daquilo que as pessoas que tratam de drogados chamam de intervenção. Uma intervenção confronta o usuário com a realidade do que os outros veem, das mudanças que a pessoa pode não notar em si mesma. Sem saber disso, Linda deu essa experiência a Janis.

Quando Linda viu David Niehaus sair, decidiu que Janis nunca largaria a heroína. Linda não conseguia mais conviver com a heroína. Ela era tão íntima de Janis que podia dizer-lhe a verdade. Algumas vezes Janis se permitia ouvir. Linda ficava atrás dela, falando de todos os problemas da heroína. “Linda, você parece uma mãe judia! Pare de falar sobre isso”, berrou Janis. “Se você não consegue ficar quieta, vá embora.” Linda disse: “Tudo bem, parto amanhã mesmo”. Mudou-se da casa no dia seguinte.

A declaração de Linda de que estava saindo de lá porque Janis era incapaz de largar a heroína bastou para que Janis tomasse uma decisão. Linda a desafiara, e Janis nunca permitira que alguém dissesse que ela não era capaz de qualquer coisa! Ela ainda usava a heroína apenas de vez em quando, por isso largá-la naquele momento não era tão difícil como poderia ter se tornado depois. Ela era capaz de parar.

Procurou a ajuda que conseguiu encontrar, mas achou difícil cumprir toda a rotina psiquiátrica. Janis percebeu que a heroína era uma imposição em sua vida e queria deixá-la. Será que fingia para si mesma que todo o problema se resumia em uma droga ruim? A crença hippie na ampliação da consciência com métodos químicos ainda estava em voga. Será que Janis acreditava nisso? Os conselheiros que visitou pareciam oferecer uma solução que renegava totalmente a fundação e o espírito dos anos de 1960. John Cooke descreveu-os como assistentes sociais com pouquíssima empatia.

E mesmo assim uma nova força orientava a vida de Janis, o poder de uma mente livre. A natureza de seu espírito artístico estava mudando. Sua experiência com o Big Brother, uma banda-família, dificultara sua adaptação à atitude de sua segunda banda, com músicos contratados. Com o terceiro e mais novo grupo, Janis percebeu mais uma vez que as boas vibrações entre os componentes eram essenciais. "Janis necessitava amar as pessoas com quem trabalhava", explica John Cooke. Sabendo disso, ela conseguira escolher pessoas apropriadas. Eles se tornaram os seus garotos.

Janis estava se tornando a vocalista que se gabava de poder ser. Em todo o ano de 1969 deu entrevistas dizendo que estava aprendendo a usar mais a sua voz, a se conter e não forçar demais sem perder o efeito. Ela usava seu poder de ênfase. Janis também estudou música e tomou aulas de piano para aprender a teoria por trás daquilo que sabia apenas em nível intuitivo. Nick Gravenites exclamou: "Janis podia cantar um acorde, três notas ao mesmo tempo. Como ela conseguia?". Em seu livro *The Story of Rock*, Carl Belz escreveu: "Diferentemente do Big Brother, a Full Tilt Boogie [o nome que a terceira banda recebeu] não competia com a voz de Janis; antes disso, eles a permitiam estender-se espontaneamente, enriquecendo-a com uma dignidade folk que era seu complemento natural".

Também era essencial a consciência cada vez maior que Janis tinha a respeito da diferença entre sua personalidade pessoal e a profissional. Ela estava pensando na vida e na carreira que criara para si. Ela e Bobby Neuwirth, entre outros, discutiam demoradamente sobre a "necessidade de ter um certo personagem de palco, como uma máscara, não um embuste, apenas um distanciamento de seu *eu* mais íntimo... Você não precisa entregar tudo o que tem, apenas partes selecionadas".

No estúdio montado na garagem da casa de Janis, a nova banda ensaiava. Certo dia, como me explicou John Cooke, Janis teve a fantasia de adotar um apelido. Depois de algumas sugestões, os rapazes escolheram "Pearl" [Pérola]. Janis estava em busca de um símbolo para si mesma, para lembrar a "verdadeira" Janis. Seu próprio nome se tornara sinônimo de sua personagem de palco. "Pearl" a ajudaria a ser mais uma cantora e menos uma profissional do entretenimento.

Pat Nichols conta que a Janis pública e a particular eram muito diferentes. "Não que ela fosse mais contida, mas seu riso era livre, não forçado. Seu senso de humor era mais sutil. Ela parecia mais uma menininha que uma prostituta", Pat finalmente exclamou. Depois de um suspiro, explicou com firmeza que "Janis teria se saído igualmente bem sem aquela personagem da prostituta de boca suja".

Pat Nichols considerava Janis "uma pessoa muito espiritual". Conta que Janis tinha "medo de deixar que os outros vissem isso". Ela não descartou simplesmente o *I Ching*, mas leu o livro inteiro. Pat conta que Janis também lia panfletos da Sociedade Rosacruciana. Ken Thompson, porta-voz do complexo de estudos rosacrucianos em São Francisco, explica que eles não são uma religião, mas uma instituição fraterna dedicada à educação espiritual. "Os hippies se tornavam membros", explica, "porque acreditavam que a educação era boa para as pessoas. Os rosacrucianos acreditam em expansão da mente por meio da educação. Falamos sobre o Deus de nosso coração..." O principal órgão de ensinamento é um curso por correspondência, com meditações semanais, exercícios e leituras sugeridas. Uma das crenças fundamentais é a igualdade de todos os sexos e raças.

Um sentido espiritual de responsabilidade pessoal se agarrava, em Janis, ao seu contínuo uso de drogas. Pat conta que Janis, internamente, reconhecia que largar o vício a ajudaria a recuperar seu carma e atingir a graça espiritual. Obviamente, Janis não adotou imediatamente a resolução. Dizia que limparia sua barra mais tarde, colocando aquilo em compasso de espera, por assim dizer.

Uma das razões para que os hippies fossem aos concertos de rock era encontrar a si mesmos. A geração de Janis era mais fortemente incitada por um show de rock do que por *qualquer* reunião social ou cívica. Quando os hippies iniciaram coletivamente sua busca por um sentido, voltaram-se a religiões menos conhecidas. Optaram por práticas espirituais de outras sociedades, estados induzidos por drogas, experiências musicais e uma mistura de crenças que constituíam outro modo de encarar a vida.

Além de seu respeito pela alma da humanidade, Janis questionava a religião formalizada. O cinismo de seu tempo de colegial e o condicionamento cultural imbuído na ciência levavam Janis a se queixar sobre alguns religiosos: "Aaaargh! São crentes!". Mesmo quando sua antiga colega de quarto começou a meditar todos os dias, Janis proclamou: "Linda, não fique sagrada demais pra cima de mim".

Janis precisava da religião sem o julgamento, uma afirmação de sua validade como uma pessoa sentimental. Ela precisava de um modo de descobrir sua verdadeira natureza, não de uma instituição que reforçasse a culpa e o medo do Inferno. Precisava de um lugar em que as pessoas admitissem livremente suas falhas. Precisava de honestidade e abertura.

Janis estava pronta para admitir as falhas em sua vida e também para se orgulhar de seus pontos fortes. Começava a construir um relacionamento com uma nova colega de quarto, Lyndall Erb, que estava tentando ocupar o lugar de Linda Gravenites. Mas ela era mais flexível e maleável que Linda. A nova banda estava se entrosando, e aquilo era ótimo. Talvez isso lhe tenha possibilitado voltar um pouco ao passado. Em 4 de abril de 1970, Janis subiu ao palco com o Big Brother and the Holding Company. Cantou nos vocais de "Mr. Natural", uma canção de Sam Andrew. Continuava amiga dos rapazes do Big Brother, mas ainda havia a rixa originada pelo rompimento das relações profissionais. A carreira deles não ia tão bem quanto a dela. Era estranho que, enquanto os cinco estavam juntos, Janis recebia todas as boas críticas e a banda, as más. Quando fizeram um disco sem Janis, as críticas foram ótimas, mas ninguém ligou. O álbum não vendeu. Sam Andrew lembra que Janis caçoou em 1969: "Em 1968, será que o Big Brother teria pensado em me dar mais dinheiro e colocar metais na banda?". Ele lhe disse que a banda provavelmente o teria feito, mas ela nunca pedira.

Em 1970, ela ainda não sabia bem se fora uma boa ideia deixar o Big Brother. Em abril, ela se preparava para a estreia da Full Tilt em maio.

Sua ansiedade pela incerteza da resposta do público era difícil de aguentar. Bobby Neuwirth, com seu colega Kris Kristofferson, se adequou à ocasião. Kris tinha o charme e a boa aparência que deram fama à sedução sulista. Era estudante de Rhodes, com dom para letras poéticas e estava construindo um nome na cena da música country.

Bobby e Kris trouxeram o escape perfeito, um desbunde alcoólico que ficou conhecido como "O Grande Boogie de Tequila". A festa começou com Bobby e Kris em Greenwich Village. Havia uma noite inteira com Odetta, e depois eles foram à Costa Oeste, atracando na casa de Janis. Pode ser que Kris tenha feito Janis lembrar de David Niehaus. Ele era forte, viril e extremamente atraente, além de inteligente e bem-educado. Podia ser delicado e gentil, mas também gostava de se entregar ao abandono alcoólico, assim como Janis. A principal diferença é que a cena musical não lhe era estranha. Ele já trabalhava nela. Enquanto David não conseguia encontrar um lugar no seu mundo profissional, Kris buscava seu futuro em um caminho semelhante.

Eles ouviram os discos de Kris, um deles com sua foto, jovenzinho, no Festival Folk de Newport. Parecia um garoto assustado no palco. Na verdade, era a primeira vez que se apresentava em público. Janis caçoou: "Cara, ainda bem que você não tinha essa cara quando te conheci. Nunca teria saído com você". Chocado, Kris retrucou: "Mas que maneira rasa de olhar para alguém, Janis".

Seu primeiro dia de festança alcoólica transformou-se em três semanas de entornamento de tequila. "Janis bebeu a ambos sob a mesa", ri Nick Gravenites. Ela bateu na porta dele certa manhã, com uma garrafa na mão, dizendo que tinha trazido uns amigos para lhe apresentar. Nick perguntou: "Onde estão eles?". Ela apontou uns pontinhos no fim da rua, andando com muita dificuldade e agarrados um ao outro. Quase não conseguiam andar até a casa. Janis estava brilhante e tagarela.

Janis convidou a todos para se juntar à festa. Ligou para Jerry Ragovoy, compositor de muitos de seus sucessos. Ela o despertou no meio da noite com o telefonema, instando: "Venha para cá, estamos dando uma festa". Ele riu consigo mesmo e respondeu: "Pode ser que demore alguns dias. Vivo em Nova York, sabe, Janis". "Sem problema. A festa ainda vai estar rolando."

O Boogie de Tequila culminou com uma festa na casa de Janis, carinhosamente chamada Lyle Tuttle Tattoo Party ["A festa de tatuagem de Lyle Tuttle"]. Tuttle, com seu torso tatuado, montou um pequeno estúdio e fez tatuagens nos participantes da festa. Mais de uma pessoa acordou na manhã seguinte perguntando-se como podia ter permitido aqueles desenhos em seu corpo. A festa foi grandiosa e Janis e Kris estavam próximos, mas não era um romance feito para durar. Ambos precisavam atender às exigências de suas carreiras.

Era o momento de estrear com a banda. O grupo estava entrosado e a música era boa, mas faltava alguma coisa. "Se John Cooke estivesse aqui", Janis disse a Bobby. "Você quer John Cooke? Vou lhe dar o seu John Cooke", Bobby exclamou com cavalheirismo, dirigindo-se ao telefone.

Foi necessária uma certa explicação. Afinal, na última vez em que John vira Janis ela estava dando alguma desculpa para ir ao banheiro injetar heroína. Seu uso de drogas transformara as turnês em um fardo. Bobby insistia: "Ei, cara, Janis está em ótima forma. Você precisa fazer isso, e deve ver essa nova banda!". John chegou cinco dias antes do início da turnê e três dias antes do final do Boogie de Tequila.

Janis estava pronta para a turnê, mas as semanas de folia de tequila haviam causado má impressão. Ela precisava reduzir a bebida. O médico que ela procurou disse que era tudo ou nada. Reduzir a bebida não era o tratamento prescrito para um problema com o álcool – a única solução comprovada era a abstinência total. Ela estava em um dilema. Queria *ficar* limpa, não queria atravessar todas as etapas que a *deixariam* limpa, como parar de beber completamente. Partir em turnê estava longe de ser um método ideal para tratamento do alcoolismo. Ela não estava pronta para parar, por isso decidiu tentar cuidar disso sozinha. Se não conseguisse nada melhor, deixaria de beber por algumas horas antes de subir ao palco.

O início da turnê era um compromisso em uma festa privada dos Hell's Angels no Pepperland, em San Rafael, Califórnia. Era um programa duplo com o Big Brother and the Holding Company. O escritório não havia marcado a data, conta Bennett Glotzer. Janis ligou para Albert e disse que ela queria tocar lá e ele concordara. "Albert, você é biruta!", exclamara Bennett.

Os Hell's Angels pareciam ser um bom grupo para a estreia de sua nova banda, porque certamente seriam um público entusiasmado. Afinal de contas, Janis parecia se preocupar mais em capturar a audiência do que com uma performance impecável da banda. Ela queria que o povo local lhe dissesse que o grupo era bom. Também gostou de tocar em um programa duplo com o Big Brother.

Os Angels eram um público desvairado. Um tipo especial de intensidade parecia pairar na sala escura e enfumaçada. Ela se refletia na exaustão sentida por Nick Gravenites ao descer do palco após cantar com o Big Brother no número de abertura. Quase não conseguia andar de tão esgotado. Houve uma exigência surreal sobre os artistas naquela noite.

Bennett, Albert e outros estavam lá para a estreia. O Pepperland estava cheio de bêbados vestidos de motoqueiros. Quando chegou a vez de Janis subir ao palco, seu séquito subiu junto. Bennett explicou: "A banda subiu primeiro, depois eu, depois Janis. Uma mulher, que era a garota de algum motoqueiro, pediu a Janis sua garrafa. Janis se recusou a dividir a bebida e a garota gritou: 'Quando um Hell's Angel pede alguma coisa, você dá!' Elas começaram a trocar socos, até que Sweet William, presidente da divisão dos Hell's Angels de Oakland, apareceu e acabou com a briga. Em questão de minutos eles afastaram todos os lunáticos e ela subiu ao palco. Janis comentou: 'Viu, eu disse que tudo sairia bem'".

Os Angels tinham um orgulho especial por cuidar de seus músicos. Como Clark Pierson estava fazendo um trabalho intenso na bateria, um Angel disse: "Você parece estar com calor. Por que não tira a camisa?". Clark recusou-se e continuou tocando. Alguns minutos mais tarde, Clark percebeu que o sujeito não pedia, estava mandando. Parou de tocar e tirou a camisa. O Angel cuidadosamente dobrou-a e a pôs sobre uma cadeira. Pelo resto da noite, o Angel particular de Clark enxugou carinhosamente o suor da testa do baterista.

A noite foi simplesmente bizarra. Algumas histórias contam que havia um casal dançando nu, outras que um casal fez amor no palco. Quando Janis acabou de se apresentar, compreendeu a exaustão de Nick ao terminar seu número. Era um jeito e tanto de iniciar uma turnê.

CAPÍTULO 15

ESTREIA TRIUNFAL

You know that I need a man
You know that I need a man
But when I ask you to, you just tell me
That maybe you can

[Você sabe que preciso de um homem
Sabe que preciso de um homem
Mas, quando te peço, você só me diz
Que talvez possa]
– JANIS JOPLIN, "Move Over"

O verão foi um sonho. "Ela se divertia mais sendo careta", relatou John Cooke. Janis planejara inicialmente um limite de oito semanas para a turnê do Full Tilt, conforme seu plano de dois meses na estrada e dois meses fora. As oito semanas começaram a transbordar nas duas pontas da turnê, até que o pacote total acabou com 12 semanas. Ela abriu em 29 de maio em Gainesville, Flórida.

Seu antigo amante de Austin, Bill Killeen, vivia em Gainesville. Ele se mudara para lá para editar uma revista de humor estudantil e mais tarde abrira uma loja de artigos para usuários de drogas. Janis telefonou e, juntos, planejaram uma excursão para sua fazenda de criação de puros-sangues no interior. Mas os negócios ficaram no caminho. O escritório de Nova York agendara concertos em Jacksonville em 30 de maio e em Miami em 31 de maio. Era muito difícil manter uma vida privada quando ela estava em turnê. Janis tinha dificuldades para recusar dinheiro, e os concertos significavam rendas.

A turnê foi alegremente diferente das anteriores. Janis estava cheia de energia e entusiasmo. Ela se divertia com os rapazes. Em Maryland, em 19-20 de junho, antes da apresentação, ela pegou uma caixa de miçangas que trouxera da Califórnia. A banda inteira sentou-se fazendo colares e conversando, muito amigos.

Maryland foi um concerto memorável para Janis porque ela começou a se sentir mal perto do final e não conseguiu fazer um bis. O organizador mandou trazer um carro para evitar a comoção que uma ambulância causaria, e zarparam para a sala de emergência, com John Cooke em seus calcanhares. Janis ficou deitada em uma maca, esperando pacientemente por ajuda durante 45 minutos, até que um jovem residente diagnosticou seu problema. Tinha um músculo distendido.

Ela tirou vantagem do incidente no *Dick Cavett Show* de junho de 1970. Ele perguntou sobre a distensão de um músculo e ela respondeu: "Sim, é verdade, foi lá embaixo, em Maryland". A plateia veio abaixo, interpretando a insinuação de que se tratava de uma parte de seu corpo, e não do Estado. Janis sabia como brincar com sua imagem, mas, em particular, estava mudando em aspectos pequenos, mas importantes. Quando alguém que grudava em seu grupo durante uma reunião social começava a resmungar contra os "porcos" que abusam de seu poder, Janis interrompia: "São policiais, apenas pessoas que fazem seu trabalho, meu bem. Não os chame de porcos, isso só piora tudo". Quando ela começou a fazer turnês com o Big Brother, se uma garçonete fosse rude por causa de seus trajes e estilo, saíam sem dar gorjeta. Na turnê do Full Tilt, uma garçonete rude podia chegar a receber uma nota de 100 dólares, como modo de fazê-la mudar de atitude para com os hippies. Mais que isso, a atitude casual de Janis a respeito de sexo estava notadamente diferente. Ela não achava mais que fazer sexo com um rapaz era um bom modo de conhecê-lo. Agora declarava que nunca dormia com as pessoas com quem trabalhava.

Depois de cinco semanas de turnê no Leste, Janis partiu para uma viagem de trem pelo Canadá, tendo a bordo apenas músicos que faziam apresentações nas paradas do caminho. Era difícil imaginar coisa melhor, especialmente porque ela recebeu 75 mil dólares pelos três concertos e ainda participou de uma festa de cinco dias.

Janis adotara um novo visual para o palco, de acordo com a nova banda. Talvez a influência country de Kristofferson a tenha feito encomendar alguns trajes do famoso estilista country e western Nudie. Seu favorito eram calças boca de sino justas e um colete longo aberto de cor púrpura. Cascatas de fitas douradas e pedras brancas e vermelhas caíam pelas peças de roupa. Davam o destaque perfeito para uma figura rutilante no palco.

"Aquela vez em que fomos ao Canadá", riu John Cooke, "foi a primeira vez em que ela atravessou a fronteira sem ter nada a esconder. Eles podiam vasculhar tudo e não encontrariam coisa alguma... Um baixinho do escritório de imigração franco-canadense na alfândega começou a mexer nas coisas de Janis. Ela se irritou e, naquele momento, estava com um boá de plumas... Ela o incitava. Ele encontrou uma substância em pó em seu conjunto de toalete. Ela disse: 'Você não quer saber de que se trata, meu bem?' E ele perguntou: '*Qu'est-ce que c'est?*' E ela: 'São sais de banho, cara'. E ele ficou cor de beterraba. Levou um tempão, ela estava se divertindo tanto com a inspeção!"

"O trem que atravessou o Canadá foi o ponto alto do verão", explicou John Cooke. "Era um festival sobre rodas, uma combinação de pessoas que nunca tiveram oportunidade assim para tocar juntas, improvisar, reunir-se em torno de música, apresentações, práticas e conversa." No trem estavam Ian e Sylvia, Delaney e Bonnie, Buddy Guy, os Grateful Dead, a Band e outros. John Cooke andou pelos 18 vagões com uma caixa de sapatos dizendo: "Dinheiro para o bar do pessoal". Angariou 350 dólares em dez minutos e gastou tudo em Saskatoon, em garrafas para consumo a bordo.

Os músicos designaram um dos vagões para os músicos acústicos e outro para os elétricos. "Era mesmo como férias", explica John. "Outras pessoas dirigiam e havia aquele lindo cenário lá fora. Acabou se tornando uma celebração. E todo mundo, eu inclusive, bebia durante grande parte do dia, não apenas à noite."

Nesse ambiente havia poucas sugestões de que Janis deveria se preocupar com o álcool. A multidão inteira se regozijava na embriaguez. Quando as pessoas bebem, querem música. Quando têm música, desejam um drinque, certo? John disse: "Meio que me lembro de Janis e eu dizendo: 'Ei, cara, você precisa provar isso, ficar bêbado o dia inteiro, é maluco!' Se você fizer isso no nível certo, não vai ficar todo mole e estúpido, vai apenas ficar mantendo". Janis pode ter feito discursos inflamados contra as drogas, mas punha o álcool em outra categoria. Gostava de misturá-lo com sucos doces para que descesse mais fácil. Ao experimentar com as quantidades, esperava livrar-se da frustrante tendência do álcool de fazer com que uma pessoa ficasse lenta e confusa.

Ao falar com um repórter da *Circus* em Toronto, Janis compartilhou seu entusiasmo com a banda, a turnê e o novo som. "Sempre ficava bêbada no palco", ela disse, "mas agora não preciso mais. Às vezes bebo, às vezes não. Consigo me embriagar apenas com a música!".

Janis estava apaixonada por sua nova banda. Era o grupo que sempre desejara. Eram músicos, amigos e colegas artistas que se davam muito bem. No solo de "Tell Mama" ou "Move Over", John Till conta: "Ela veio rebolando até onde eu estava e nossos rostos se uniram assim, e daí ela me deu um beijão. E não me lembrava de nada a não ser grandes asteriscos e pontos de exclamação sobre minha cabeça. Eu tentando fazer um solo e aquilo – uuuuuuuuh! Era uma experiência, fazer um solo de guitarra diante de 40 mil pessoas e ganhar aquele lindo (*suspiro*) beijo de Janis".

Houve um vislumbre de 1966 no trem quando alguém misturou a tequila com ácido. Em 1970, as pessoas em geral eram contra esse tipo de coisa. Felizmente, alguém interferiu antes que muita gente provasse da surpresa.

Após o trem, a agenda de Janis levou a banda ao Havaí. Depois do concerto de lá, a banda teve a chance de relaxar, mas Janis tinha outro compromisso. Partiu para Austin, como convidada surpresa na festa de jubileu de Ken Threadgill em 10 de julho de 1970. A velha amiga Juli Paul telefonara para convidar Janis. "Você não pode fazê-la em outro dia? Eu trabalho no fim de semana", perguntou Janis. Ela compareceu assim mesmo, direto do Havaí para o celeiro em que ocorria a festa, em Oak Hill, Austin.

Oito mil pessoas estavam presentes, todas em compasso de celebração. Muita gente se apresentou com alguns dos sucessos folk esperados pelo público. Daí pediram que Janis cantasse e o público começou a explodir. Janis gritou: "Estão prontos para um pouco de rock'n'roll?". A resposta foi enfática. Desajeitada, pedindo que lhe emprestassem um violão e ajustando os microfones, Janis berrava: "Não sei afinar essa merda, alguém pode afinar para mim?". Brincou com o público sobre o uso do violão acústico, explicando que, se tocasse os acordes errados, ninguém ouviria. No máximo, pensaria que a banda estava desafinada!

O apoio de Ken Threadgill fora um dos pontos críticos de sua vida. Ele a ajudara quando aquilo era mais necessário. Ela fora a Austin para homenageá-lo e, por isso, evitou contentar os olhos ávidos da imprensa ou dominar o palco. Cantou "Me and Bobby McGee", contando ao público que Kris Kristofferson ficaria famoso rapidinho porque escrevia canções ótimas. Diante da insistência da multidão, ela cantou outra das melodias de Kris, "Sunday Mornin' Comin' Down".

Havia 8 mil vozes gritando em uníssono que amavam Austin, Ken Threadgill, a música que ele promovia e Janis. Ela viu rostos conhecidos na multidão. Alguém lhe perguntou: "Você gosta do que faz?". A resposta, rápida, foi: "Eu escrevi o papel".

No dia seguinte, ela voltou à turnê. A banda tocou em San Diego em 11 de julho, um programa duplo com o Big Brother and the Holding Company. Sam disse que a bebida começava a se mostrar no corpo de Janis e ela estava voltando a ganhar peso. Sam também lembra de sua pele vermelha e inchada, um sinal claro de consumo excessivo de álcool.

A montanha-russa emocional ainda estava correndo rápido demais para Janis. Com altos e baixos, ela lutava para manter um equilíbrio. A presença de velhos amigos em San Diego a energizara para o voo de volta a São Francisco. Ela comprou bebidas para todos. James Gurley achou-a demasiadamente exuberante, como se tentasse desesperadamente ser a alegria da festa. Mas Sam Andrew nem sequer notou que Janis estava no avião. Estava absorvido ouvindo Michael Bloomfield, virtuose da guitarra, contar sobre sua experiência sexual. Janis pediu a James que a acompanhasse no resto da turnê, mas ele recusou.

Na maior parte do tempo, a vida na estrada era entediante. Janis sempre tentava torná-la mais palatável, trazendo coisas de casa para que os quartos de hotel parecessem mais pessoais. Pendurava echarpes de seda nos lustres para suavizar a luz. Às vezes ligava a TV colorida e, usando o botão de sintonia, deixava a imagem borrada para que houvesse sempre um show de luzes ao fundo.

"Quando Janis estava em turnê, passava bastante tempo lendo, ao contrário do que muita gente pensa", explica Bobby Neuwirth. "Ela ficava sozinha, não se drogando, mas lendo. Havia uma porção de conversas silenciosas, porque tinha muito tempo."

Os momentos calmos também eram passados escrevendo cartas. Embora seu romance com David Niehaus estivesse em pausa por causa das contínuas viagens pelo mundo, eles mantinham as chamas do relacionamento com uma comunicação esporádica. Em 24 de julho, Janis escreveu a David uma carta alegre e amorosa.

David, benzinho! PAPAI!!

Não esqueci de você e cheguei a te escrever – você já deve ter recebido a carta pela Am. Express. PORÉM! *Escrevo com notícias fantásticas!! Ouça – eu arrasei!!! quatro meses atrás, estou na estrada arrasando c/um ótimo grupo, não tenho nem o mínimo plano de me afastar de novo (porque estou me divertindo muito!), por que dormir? Certo?! Por isso trouxe Janis de volta! Ela é absoluta e (se eu mesma o digo) deliciosamente doida, mas eu adoro! E peguei aquela foto de nós dois em Salvador e sempre que olho para ela eu me pareço com uma mulher – não uma* popstar *– mas tenho medo de que seja tarde demais! Sei como ser uma* popstar, *mas não sei fazer pão... Mas querido, quando olho para você – um turbilhão me invade e eu me lembro... você e tudo e eu te amo e escrevi filho da puta, não grite comigo!! Agora estou no caminho para Albuquerque para uma noite e minha banda é ótima e estou ficando fantástica e estamos nos divertindo muito! Acabei de fazer um show em San Diego e cantei uma canção chamada "Cry". É uma boa canção, mas fiz uma fala no meio sobre (glup) você estar prestes a amar e partir e algum dia (eu digo assim na canção) "você vai acordar e* PERCEBER *que sua vida não é aí na África, meu bem, você deixou a vida bem aqui em casa..." e tal e tal ad fastio. Mas de qualquer modo* *recebi uma carta de Dodge que estava no show e disse que ficou arrepiado por conhecer o homem pelo qual eu estava chorando! Muito paradoxal, cumprimento* "ESTRANHO", *mas ele adorou o show mesmo assim.*

Liguei para sua mãe em Cincinati (como se escreve...?) há algumas semanas para saber se ela tinha notícias suas porque eu não tinha e ela foi muito simpática e parecíamos duas mulheres bobas falando sobre um homem que as duas amavam e que se foi – e éramos. E ele é...

Mas de qualquer modo – se você não adivinhou estou um pouco (?) bêbada, estou indo para uma apresentação, estendida por toda a minha vida (SOCORRO!) *e ainda amo você.*

Espero que você receba esta carta e espero que possa apreciar o fato de que não sou mais uma junkie *e estou novamente cheia de sentimentos! É fantástico e dói, mas não voltaria a dormir por nada. Oh, e Linda me abandonou – decidiu que eu era uma fracassada.*

Mas NÃO *sou!! Divirta-se por aí, conheça as pessoas e aprenda todas essas línguas, mas não esqueça de casa – porque está esperando por você...*
COM AMOR!, *Janis*

Nota adicional de casa, sóbria

Estarei em turnê até o final de agosto, gravando em setembro, e estaremos de folga mais ou menos de 25 de

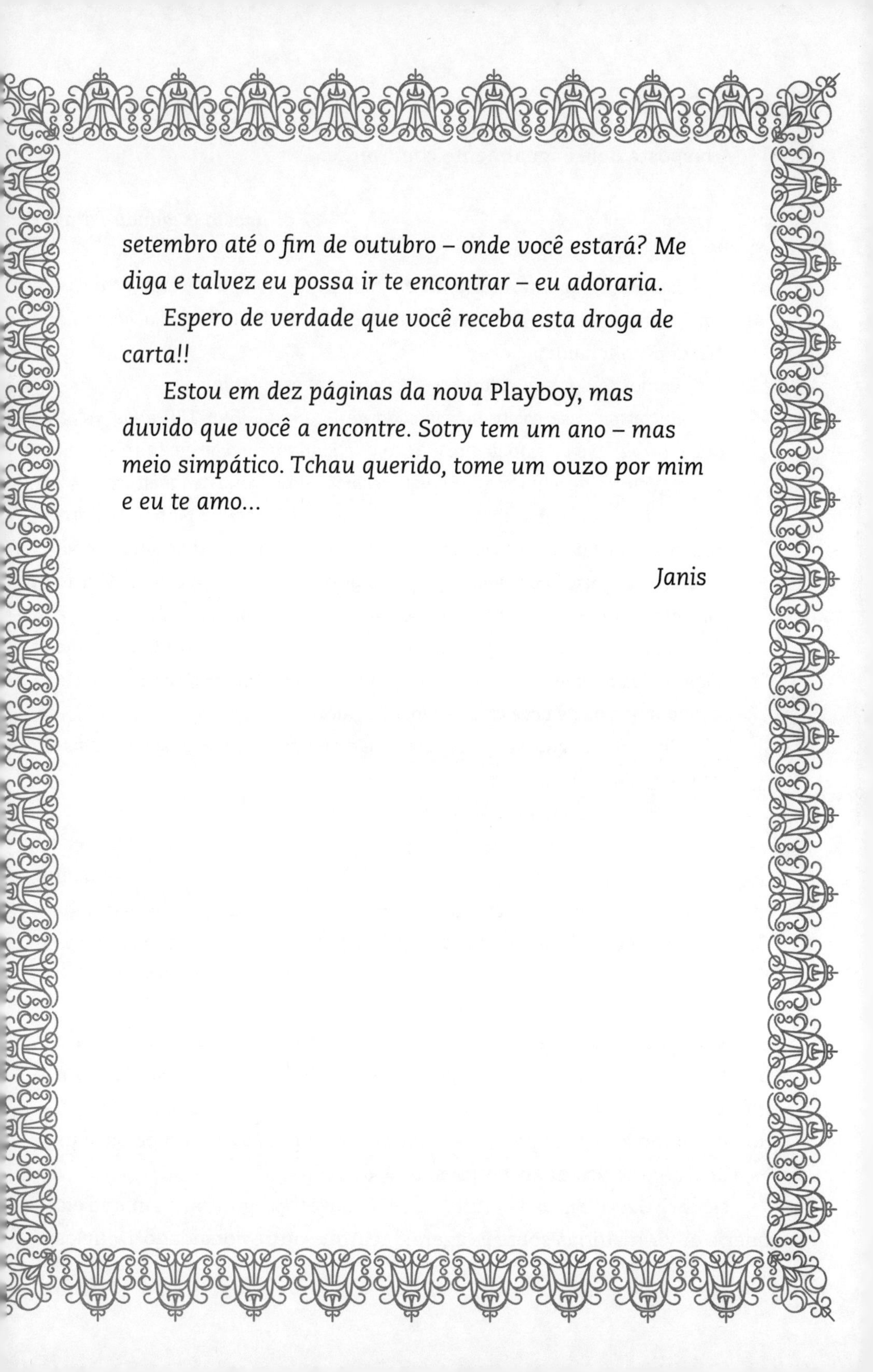

setembro até o fim de outubro – onde você estará? Me diga e talvez eu possa ir te encontrar – eu adoraria.

Espero de verdade que você receba esta droga de carta!!

Estou em dez páginas da nova Playboy, *mas duvido que você a encontre. Sotry tem um ano – mas meio simpático. Tchau querido, tome um* ouzo *por mim e eu te amo…*

Janis

A resposta dele é igualmente comovente.

17 de agosto (segunda-feira)

Istambul é quente, com gente em toda parte. Vou para leste – atravessar a Turquia até Bagdá e pelo Irã até o Afeganistão (Cabul), Cachemira e Nepal (Katmandu).

Vamos lá, Mama! Adoraria que você estivesse aqui.

Encontrei esse colete no mercado de Istambul. Tem 130 anos. Acho que o trabalho é de fato demais. Acho que Linda vai poder restaurá-lo um pouco. Vou tentar enviar algumas tapeçarias do Irã ou Afeganistão.

Ei, Mama! Venha para cá ver um pouco do Oriente. Nepal em ou*tubro vai acontecer de verdade me escreva A/C embaixada americana, Cabul, Afeganistão se puder vir por algumas semanas ou anos. Vou te encontrar em Katmandu a qualquer momento, mas no final de outubro é a melhor época. De qualquer modo, meu bem – escreva para Cabul e me diga como vai indo. Não ouvi merda nenhuma de você e não sei se o correio é uma bosta ou se você está sendo uma vaca.*

Sinto muito sua falta. As coisas não são as mesmas sozinho (rabiscado e rasurado).

Te amo, Mama, mais do que você sabe.

David

Achei um narguilé fantástico – queria mandar para Linda, mas são muitos anos de confusão para passar pela alfândega. Talvez consiga mandá-lo quando chegar ao Irã.

Em 1970, *Zelda*, de Nancy Milford, foi publicado. Janis comprou-o imediatamente. Ela adorava biografias, e F. Scott e Zelda Fitzgerald eram influências orientadoras de sua vida. Scott e Zelda encabeçaram a Era do Jazz, famosos tanto por suas elegantes escapadas quanto pelos seus escritos, alguns dos quais emprestados de Zelda.

No *Dick Cavett Show* de junho de 1970, Cavett perguntou a Janis se ela queria ouvir histórias sobre Fitzgerald, porque outro convidado, Douglas

Fairbanks Jr., o conhecera. Janis pinçou os lábios e muito diretamente disse: "Não, apenas a verdade". Janis recomendou o livro no ar e comentou: "A impressão que tenho em todas as biografias de Fitzgerald é que ele meio que a destruiu. Mas ele lhe escreveu uma carta [reproduzida em *Zelda*] que dizia: 'Eles ficam dizendo que destruímos um ao outro, não acho que seja verdade. Acho que destruímos a nós mesmos'".

Durante a turnê, Janis enfrentou questionamentos sobre o disco que a banda gravaria. Quem seria o produtor? Como funcionaria? Gabriel Mekler, produtor do álbum *Kozmic Blues*, criara uma rixa entre Janis e a antiga banda. Ela sabia que não queria aquilo, mas tinha apenas uma vaga ideia do que desejava realmente.

Pouco a pouco, foi se lembrando de que Paul Rothchild gostara de vê-la cantando. Muito antes que a fama houvesse moldado as percepções que as pessoas tinham de Janis, Paul falou-lhe do respeito que tinha por ela. Por acaso, Paul era um velho amigo de John Cooke. John ligou para Paul e entoou a mesma cantiga e coreografia que Bobby usara para convencer John a acompanhar a turnê. "Não sei", Paul afirmou. "Na última vez em que vi Janis, ela era uma *junkie*. Ela não conseguia se concentrar em sua arte." Cooke exclamou de modo enfático: "Não, está bem melhor agora. Ela largou a heroína, bebe menos e tem uma nova banda. Eles são verdes, espertos e inocentes! Janis quer que você acompanhe a turnê deles por algum tempo, para ver como as coisas estão". Paul me contou: "Era uma reunião alegre e os olhos de Janis estavam brilhantes e claros, e seu espírito animado".

Paul Rothchild tinha apenas 1,75 metro, cabelo enrolado castanho-claro e olhos azuis. Seu rosto tinha uma aparência que ele define como "estranha", mas as mulheres a achavam fofinha e bonita, apesar de seu marcante nariz romano. Sua constituição leve ficava perfeita com *jeans* pretos, camisas pretas e botas de caubói, destacados por um belo bracelete índio de turquesa. Muitas vezes usava um chapéu Borsalino verde-escuro, do tipo que usam os donos de ranchos, não os caubóis comuns.

Rothchild gostava de se divertir. Com formação clássica como regente, começou a produzir folk, blues e *bluegrass* nos anos de 1950 e 1960. Foi o diretor de gravação da Prestige Records e da Elektra Records até 1968.

Daí se tornou produtor independente. Produziu todos os álbums do The Doors e também trabalhou com a Paul Butterfield Blues Band. Sua ligação com um obscuro grupo de folk-blues da cena folk de Minneapolis – Koerner, Ray e Glover – lhe valeu o respeito especial de Janis.

Rothchild a acompanhou nas últimas apresentações da turnê, de 11 de julho em San Diego até 12 de agosto em Harvard. Nos bastidores, era às vezes visto examinando cuidadosamente os amplificadores, mexendo na mixagem e conferindo outros detalhes do som da banda. Em San Diego, Janis lhe deu um cronômetro, dizendo: "Olhe, tenho 35 minutos para mim. Fique atrás dos amplificadores e vá me indicando quanto tempo ainda resta". Paul achou um bom sinal o fato de ela estar controlando seu ritmo, como um corredor.

Uma de suas questões ao trabalhar com Janis foi a voz dela. Quando ouviu a Kozmic Blues Band, Paul temeu que ela a houvesse matado. Nos bastidores de San Diego, já nos primeiros dez segundos, percebeu que a voz estava ali novamente. "Ela cantava e eu fui arrebatado porque ouvia uma das mais brilhantes vocalistas que já escutara na música clássica, pop ou jazz. Mas que voz! Eu repetia: 'Ai, meu Deus!' Toda a mulher se revelava. O envoltório de Janis desaparecia. Para alguém como eu, que sempre fala sobre a beleza interior e essas coisas, isso me atingiu em cheio. Assim, eu estava totalmente gamado daquele momento em diante, em todos os níveis possíveis."

Paul oferecia um contraste marcante com os outros produtores com quem ela trabalhara. Era um rapaz dos anos de 1960 que achava que os músicos deviam ser o ponto central. Paul acreditava que um produtor devia criar uma atmosfera na qual os músicos ficassem confortáveis e pudessem mostrar o melhor de si. Ele compreendia que, embora o ponto focal da gravação sempre estivesse na música, os músicos não poderiam mostrar seu melhor a menos que o ambiente e as sensações estivessem certos.

Paul ganhou toda a simpatia de Janis em uma briga com a CBS por causa de uma restrição que exigia que os artistas gravassem no estúdio da CBS com engenheiros da CBS. "Esperem aí", exclamou Paul. "Todos os engenheiros da CBS têm a idade de Noé. Os estúdios estão desatualizados e regulados para o som de Johnny Mathis." Ao apresentar seus argumentos a Clive Davis, Paul continuou: "Queremos fazer certo, em um ambiente rock'n'roll." Mesmo com esses argumentos, os advogados da empresa só puderam responder que os engenheiros entrariam em guerra.

Finalmente, chegaram a um acordo. Os executivos entenderam o argumento de que, se a CBS não se adequasse à nova música, não conseguiriam novos contratados. Paul faria duas gravações de demonstração com Janis. Uma delas seria em um estúdio da CBS com engenheiros da CBS; a outra em um estúdio independente, o Sunset Sound. Clive Davis concordou, com a condição de que o trabalho no Sunset Sound incluísse um engenheiro da CBS na sala, emitindo gás carbônico.

Fizeram as duas gravações e as reproduziram em um teste cego para todos os envolvidos. Todos preferiram a gravação do Sunset Sound e, assim, Clive Davis permitiu que a gravação fosse feita lá. Ele afirmou enfaticamente que, se houvesse alguma queixa do sindicato, fecharia os estúdios em Los Angeles, no qual trabalhavam 176 engenheiros. Os engenheiros reclamaram e os estúdios da CBS em Los Angeles foram fechados e permanecem assim.

Entre fazer as demos e iniciar o trabalho de gravação, Paul foi a Larkspur com John Cooke. "Ela não percebia na época", diz ele, "mas eu a estava estudando cuidadosamente. Não havia droga nenhuma ali". Ele perguntou a Janis: "O que você quer ser quando tiver 45 ou 55 anos?". "Quero ser a maior cantora de blues do mundo", berrou. Sacudindo a cabeça com um sorriso, ele respondeu: "Isso é perfeitamente possível para você, mas não se arruinar sua voz".

Paul começou então a demonstrar o que queria dizer. Na sala ensolarada de Janis, ambos cantaram com as vozes de coro de igreja de quando tinham 10 anos. Ele explicou: "O que queremos fazer é trabalhar essa parte de sua voz em canções e desenvolvê-la até a plena paixão, para que o efeito seja mais dramático". "Sim, sim, sim! Ótimo, vamos fazer isso", é como ele se lembra da resposta.

Janis vinha lutando com essa questão desde que ficara famosa. Disse a um repórter da *Playboy* que a razão para estar trabalhando tanto "com toda a certeza não era o dinheiro. No início era ganhar o amor do público. Agora é atingir meu pleno potencial, ir tão longe quanto puder. Consegui a chance. É uma grande oportunidade!".

Foi uma bênção Janis ter encontrado Paul, alguém que sabia como ajudar. Os amigos de Janis sempre dizem que ela gostava de pessoas que não tinham dúvidas sobre elas mesmas e sabiam de que estavam falando. Ela era atraída por sua convicção, conhecimento e poder. Parte disso era porque valorizava a competência por seus próprios méritos. Parte era sua própria insegurança, sentindo que precisava de alguém para lhe dizer o que fazer. Ela não compreendia sua ascensão à fama e era incapaz de falar claramente com os músicos por causa de sua falta de treino. Ela buscava ajuda sempre que encontrava alguém que sabia. Nas gravações, Paul Rothchild era alguém de quem se aproximar e com quem aprender.

As pessoas sempre eram importantes para Janis. Apesar de sua tendência para explosões de raiva, principalmente em 1968 e 1969, era extremamente leal. Nos bastidores de um concerto de Elton John, Jack Nicholson estava "agredindo verbalmente o escritório de Albert por não ter conseguido a ela o papel de Helena em *Cada um vive como quer*", conta Bennett Glotzer. Janis respondeu calmamente a Nicholson: "Meus empresários são geniais. O que quer que tenham querido fazer, tinham uma razão". Bennett sorriu. Janis e ele sabiam que o escritório tinha feito besteira, mas a defesa incondicional de Janis o comoveu.

"Janis sempre me recebia bem em sua casa", continua Bennett. As pessoas comumente passavam por lá para jantar, para um drinque ou só para conversar. Nos bastidores de um concerto, ela declarou aos presentes: "Todo mundo se contenha. Há uma criança na sala". Bennett Glotzer considerou este um gesto delicado diante da presença de sua filhinha de 8 anos. A consideração pelas pessoas aumentava cada vez mais em sua vida em 1970.

"Janis dizia que, se não estivesse fazendo o que fazia, gostaria de ser socióloga", explica Linda Gravenites. Foi o que ela estudou por último na faculdade. As pessoas eram a força que a motivava. "Meu único propósito é comunicar", Janis disse certa vez. "O que eu canto é minha própria realidade. Mas o fato de que as pessoas chegam para mim e dizem, 'Ei, essa também é minha realidade' comprova que não é só minha." Janis gostaria de ter um bar chamado Pearl's quando sua carreira de cantora terminasse; Pat Nichols ficaria no bar, Linda Gravenites faria o projeto e haveria boa comida, como na Barney's Beanery. Janis queria um ponto distante da cidade em que pudesse cultivar uma clientela fiel.

Porém, sua vida ainda tinha altos e baixos. Dave Moriaty, um amigo de Port Arthur que se tornara são-franciscano, viu-a no vernissage da revista em quadrinhos que ele imprimia em sua empresa, a Rip Off Press. "Ela parecia desiludida", conta. Sentada no capô de seu Porsche, "Janis bebia uma garrafa de Southern Comfort e se queixava de como sua fama e tudo o mais haviam saído pela culatra. As pessoas que ela de fato valorizava não apareciam mais nem falavam com ela. Ela nunca as via porque sempre estava ocupada", relembra Dave. "Aí ela fazia um canto alpino de vez em quando, só para chamar a atenção das pessoas que passavam pelo Porsche."

Acho que ela começava a perceber que estava perdida; podia parecer uma maçã vermelha e suculenta em um momento, mas se tornava uma porcaria farinhenta no seguinte. Por mais maravilhosa que seja a vida, cada pessoa deve também encarar sua própria morte. Parecia injusto a Janis; nenhum Deus amoroso podia fazer aquilo às pessoas. Mas em 1970 ela parecia estar superando até mesmo isso. Fez uma tatuagem no pulso como "uma celebração da aceitação da vida", disse ela. "Tive uma tristeza kozmic muito forte uma vez. Você tem de perceber que nunca terá tanto quanto quer e que, quando você morre, estará sozinho – todos estão. Uma vez que você aceite isso de fato, não dói tanto. Faça o que pode, enquanto pode... porque talvez não esteja disponível amanhã."

Foi muito oportuno que o correio tenha trazido um convite para a reunião de dez anos do colegial, a ser realizada em 15 de agosto de 1970. Muitas vezes me perguntei por que ela decidira ir. No *Dick Cavett Show* que foi ao ar em 25 de junho, ela cantou "Move Over" e "Get It While You Can". Naquele estado de espírito, ela falou da reunião do colegial, dizendo: "Eles riram tanto de mim que deixei a classe, a cidade e o estado – por isso estou indo para casa". Ela sorriu com tamanha satisfação que o público de gente sofisticada, que concordava que o mundo não os havia tratado com justiça, aplaudiu com empatia. Desejaram que ela pudesse voltar triunfante. Ela deve ter se assustado quando percebeu o que dissera na TV aberta. Port Arthur não era tão atrasada a ponto de não ter aquele canal.

Janis apareceu novamente no *Dick Cavett* em 3 de agosto de 1970, menos de duas semanas antes da data marcada para a reunião. Seria uma tentativa de se desculpar, de corrigir a gravação? Ela não estava na mesma forma exuberante naquela noite. A conversa de agosto com Cavett mostra uma mulher embriagada, cujo discurso molenga e comentários aleatórios eram interessantes, mas abaixo do padrão. A verdade mais joplinesca da noite veio em resposta ao que parecia ser uma pergunta planejada de Cavett sobre seu relacionamento com a imprensa e sentimentos sobre as entrevistas. Janis disse: "Além de ter de fazê-las, e além de ter de falar por um bom tempo com alguém que parece não entender o que você está dizendo, elas não me incomodam". Cavett também perguntou a Janis sobre as críticas negativas devidas a confusões durante certos concertos de rock. Janis achava que o problema era logístico. A popularidade cada vez maior dos eventos significava um número maior de pessoas, e são necessários organizadores de ponta para fazer bem um concerto de rock. Ela comparou o problema com a cena de Haight-Ashbury, quando as hordas invadiram o movimento. A cena simplesmente não estava equipada para lidar com a superabundância de corpos e, consequentemente, degenerara.

Em 12 de agosto, a Full Tilt Boogie Band tocou no estádio de Harvard. Após o triunfante número final, Janis acrescentou uma nota de cautela ao público: "Se vocês ainda têm energia para gastar, vão para casa e façam isso com alguém que amem". Ela lhes pedia para não vandalizar a vizinhança. Havia um número cada vez maior de incidentes criminais após concertos de rock. O único registro nos arquivos de Janis no FBI se refere a um aviso de que talvez houvesse uma tentativa de perturbar o concerto de Janis em Illinois e causar violência. Duzentos policiais patrulharam o concerto de Ravinia Park, Illinois, para evitar problemas.

A polícia de Boston também estava pronta. Vigiaram a área de carro após o concerto de Harvard, detendo os tipos suspeitos. Encontraram John Cooke e alguns dos rapazes da banda, que estavam se dirigindo ao carro para ir ao restaurante. "Está tudo bem, moramos aqui", disseram à polícia, mostrando as chaves do hotel. Não teve jeito; eles precisaram *correr* de volta ao hotel para não ter problemas. Mesmo depois, a viatura deu cinco voltas no quarteirão e John Cooke telefonou à delegacia para pedir que tirassem os sabujos de lá. Estava faminto. O guarda falou: "Sim, mas os homens que estavam lá disseram que ela incitou o vandalismo". Cooke manteve o sangue-frio e disse, "em inglês muito elevado: 'Isso está exatamente *não* correto'". Depois de muita conversa, a polícia disse que houve muitos problemas na área depois de diversos shows de rock. No dia seguinte, ficaram sabendo que aquele fora o primeiro concerto que *não* fora seguido por vandalismo.

No dia seguinte, Janis veio para o Texas. Ficamos no aeroporto ao lado de outras pessoas, à espera do pequeno avião bimotor regional que traria Janis ao aeroporto Golden Triangle. Quando ela desceu do avião e nos abraçou, percebemos que as pessoas em volta eram da imprensa. Ela balançou meu cabelo, dizendo: "Como vai, arrepiada?". Naquela época, eu havia deixado o cabelo crescer e adotara o estilo hippie, repartindo-o ao meio e deixando-o cair naturalmente. Enquanto saíamos, uma mulher correu até mim, com um bloquinho e um lápis na mão. "Esse é o apelido que ela te dá, 'Arrepiada'?". "O quê? Não, não é, foi só um comentário à toa", respondi rapidamente.

Apesar do estado emocional que ela afetara no *Cavett Show*, nós quase não o percebemos. Ela estava vindo para casa, pronta para nos visitar e divertir-se. Cheia de histórias, ela contava como preferia comprar na Paraphernalia, em que a conheciam de vista e já separavam artigos, dizendo: "Sei que vai gostar disto, srta. Joplin". As outras lojas, explicou, esnobavam-na por causa de seus trajes, embora ela pagasse com um American Express! Ao perceber que aquilo não significava nada para nós, acrescentou: "É preciso ganhar 50 mil dólares só para ter um!". Ela estava exibindo as armadilhas do sucesso para impressionar os habitantes locais.

"Venha, por favor", ela ficava me pedindo. "Venha comigo à reunião do comitê da festa. Não quero ir sozinha." Finalmente acedi e fiquei feliz pela oportunidade de sair só com Janis. Nosso relacionamento precisava de algum tempo para conhecermos as pessoas que havíamos nos tornado. Em 1970, eu adotava trajes e ideias hippies tanto quanto era possível em Port Arthur. À noite, no meu carro, Janis perguntou: "Fazendo bastante sexo?". Resmunguei, brava: "O bastante para mim, mas não para você, presumo". Seu semblante mudou para uma expressão de choque e inocência: "Quer dizer, você não é mais...", ela exclamou delicadamente. Arregalei os olhos, dizendo: "Você não é a única a crescer, sabe, Janis!". Já que estávamos nesse ponto, comentei: "Não gosto de seus comentários a meu respeito para a imprensa. Pense nisso, Janis. Estou na faculdade, minha irmã é a rainha do circuito universitário e fica dizendo: 'Meu irmão é bem legal, mas minha irmã está no cio!' Muito obrigada". As palavras dela haviam sido como farpas direto em meu coração. Eu a amava e ela ficava me renegando em público. Nem todos os universitários se beneficiavam de julgamentos em rede nacional por uma pessoa tão incrível quanto Janis! Ela suspirou. Perguntei, irritada: "Como diabos você acha que me sinto?". Ela ficou lá, com a cabeça inclinada. Pensamentos me percorriam a mente. Será que eu deveria estar surpresa? Será que ela já pensara em como suas ações poderiam afetar os outros? Não em minha experiência. "Você pode ser espantosamente frustrante, Janis." Ela olhou para mim. "Sim, eu sinto muito." Pelo menos estava tudo bem claro. Desafogar minha raiva e perceber que ela estava arrependida me acalmaram um pouco. A conversa desanuviou o ar durante o resto de nossa visita.

Ao chegar à casa de uma antiga colega, sentamos na sala e ouvimos Janis responder às questões ansiosas sobre a reunião. "O que você quer, Janis?". "Nada de especial", ela explicou. "Só vim ver o pessoal." A quem ela estava enganando? Nada de especial? Ora, ela queria que eles planejassem um brinde comprido, fizessem uma fila de cumprimentos e lhe pedissem para fazer um discurso. Queria que reconhecessem publicamente seu sucesso! Mas eles a tomaram ao pé da letra. Sam Monroe, membro do comitê, perguntou: "Tivemos vários pedidos de entrevistas, Janis. Como devemos lidar com eles?". Ela assentiu. "Sim, acho que um local especial para entrevistas e uma hora marcada seriam bons." Após seus comentários do *Dick Cavett*, o comitê responsável pela reunião tinha medo de que o evento se tornasse uma coisa demasiadamente espetacular. Queriam ser tranquilizados e foi o que ela fez. Juntos, planejaram um método de lidar com a imprensa. Antes de se despedirem, Glenda South fez a Janis a pergunta difícil, aquela que queimava as orelhas de todos em Port Arthur. "Janis, por que você acha que alguns de nós não gostavam de você?". Argh, ela teria de explicar a um deles! Ela tentou, com um desfile de histórias pontuado por uma linguagem incomum nos círculos sociais de Port Arthur. Disse que as pessoas a xingavam nos corredores e cuspiam nela. Impassível, a resposta de Glenda foi: "Não sabia de nada disso e não tomei parte nisso". Eles se sentiam injustamente vilipendiados em rede nacional. A maioria não a odiava. Eles não percebiam que o pior crime, aos olhos dela, era não reconhecer como sua opinião estava correta e a deles, errada!

Muitas pessoas foram brutas e rudes com Janis no colegial, mas não era a única a receber a atenção delas. Porém, Janis deixara que os xingamentos penetrassem fundo em sua psique, até que os acontecimentos estivessem elaboradamente entranhados em sua mitologia pessoal.

Aquilo afetava até mesmo uma boa amiga como Karleen, que estivera na loja de cosméticos e ouvira Glenda South falar de como estava empolgada para ver Janis. Karleen pensou: *Por que você estaria feliz em vê-la agora? Nunca esteve antes*. Karleen decidiu testar a amizade de Janis. Pensou: *Se Janis quiser me ver, ela vai me ligar. Não quero ser mais uma Glenda ligando*. Karleen descobriu depois que, quando Janis perguntara a seu respeito, mamãe dissera que ela se mudara para Houston. Janis não telefonou e Karleen não foi à reunião. A melhor amiga de Janis não estava lá para abrir caminho na multidão e lhe dar o abraço de urso que ela tão desesperadamente desejava.

Ao entrar em nossa rua e nos aproximarmos de casa, percebemos que não teríamos outro momento de sossego. Assim, Janis foi obrigada a fazer a pergunta que a sufocava. "Mamãe e papai têm orgulho de mim?". Respirei fundo, percebendo a importância daquela questão. "Sim, Janis, eles estão explodindo de orgulho!", respondi. "Mas você não facilita as coisas para eles, sabe. Janis, você disse à imprensa que eles te expulsaram de casa aos 14 anos! Isso não é verdade! Como pôde dizer isso? Com que cara você acha que eles andam na cidade? Acha que eles riem de lado e comentam: 'Oh, não foi isso que ela quis dizer'?". Janis respirou fundo e deu um longo suspiro, dizendo "Oh" e afundando no assento, percebendo a coisa toda. A caricatura da mulher que se tornara conhecida como Janis Joplin já afetara os relacionamentos na família. Janis era muito esperta para chamar a atenção da imprensa e soltar frasezinhas que eram manchetes por si sós. Mas as aspas haviam mudado a opinião que as pessoas tinham dela.

Na manhã da reunião, Janis levantou-se, disposta a receber o grupo que chegara para comparecer aos eventos com ela. Ela pediu que viessem para se mostrar, mas também pela necessidade extremamente prática da segurança. Uma pessoa pública que fazia uma aparição pública precisava se cercar de músculos. Janis queria ter trazido Tary Owens, músico em São Francisco e também colega de classe. Oferecera-se para pagar a passagem, mas ele recusou, demasiadamente absorvido em suas drogas no momento para se envolver no resto do mundo. Janis alegremente fez as honras da casa, preparando ovos beneditine para todos. Mamãe e papai pediram desculpas, dizendo que já tinham combinado ir ao casamento da filha de um amigo. Janis ficou ofendida por eles saírem enquanto ela estava em casa, mas os velhos não gostavam do modo como ela aparecia. Não estavam dispostos a desistir de seus compromissos por causa de visitas esporádicas. Ela era apenas uma das cinco pessoas da família. Depois que saíram, o resto de nós ficou na cozinha, conversando e observando Janis mexer o molho e contar histórias.

Eu a interrompi no meio da algazarra e fiz a pergunta óbvia: "Mas você é feliz?". Ela refletiu por um instante e depois se recompôs, em uma fração de segundo: "Estou no topo do mundo!", berrou. "Eu sei", disse eu, "mas é feliz?". Dando-me as costas, ela só conseguiu resmungar alguns sons que significavam que não responderia a uma pergunta tão idiota.

Janis pediu licença para se trocar para os eventos da tarde e da noite. Depois fomos até o luxuoso carro alugado. Ela estava com trajes de rock de São Francisco – inclusive as miçangas, pulseiras e penas na cabeça. As penas me incomodavam. Perguntei: "Por que está usando isso? Não é um concerto, sabia?". Ela retrucou bruscamente: "Isso não é problema seu". Não desisti. "Janis, é um grupo de pessoas que vão se encontrar com outras pessoas, não com estrelas. Basta ser você mesma!". Seus olhos lançaram dardos. "Meta-se com a sua própria vida." Comecei a temer pelo evento, uma festa que não era uma celebração, mas um concurso de individualismo.

Ao chegar no Goodhue Hotel, fomos andando pela rua. Junto conosco estava o séquito de Janis, composto por John Cooke, Bobby Neuwirth e um chofer de Nova York, John Fisher, que fora trazido para transportá-la pela cidade em grande estilo. Lamentavelmente, ele não conseguira alugar uma limusine para o evento.

Janis se dirigiu à sala separada para a imprensa. O *Port Arthur News* escreveu: "Com o drinque na mão, ela se aproximou de uma grande mesa cheia de repórteres. 'Parece a Última Ceia, não é mesmo?', perguntou". Janis estava com um humor brincalhão, tentando ser honesta, mas divertindo-se com a imprensa. Alguém perguntou: "O que você acha de Port Arthur agora?". Ela respondeu: "Bem, parece ter relaxado um pouco desde minha partida. Há muito cabelo comprido e rock, o que também significa uso de drogas, sabe. Parece que estão fazendo exatamente o mesmo que o resto do país: relaxando, unindo-se". E logo em seguida: "Você fica surpresa ao ver Port Arthur assim?". "Sim, um pouco", respondeu ela.

Os microfones estavam reunidos em uma mesa coberta por uma toalha. Janis sentou-se, jogando o cabelo, fumando um cigarro e sorrindo para as câmeras. Olhei para a cena, emoldurada pela vista das ruas do centro de Port Arthur na janela. John Cooke sorriu e segurou meu braço. Empurrou-me para os holofotes, dizendo: "Vá sentar-se com Janis". "Não", eu repetia, até que Janis e a imprensa perceberam. Ela chamou: "Ei, Laura, sente-se aqui a meu lado". Sorri e sentei-me junto a ela enquanto as perguntas continuavam.

Questão: "O que você acha que os jovens estão buscando hoje em dia?". Resposta: "Sinceridade e diversão". Questão: "Você tocava no colegial?". Resposta: "Apenas quando descia à coxia. Não, não tocava. Eu era pintora, um tipo de reclusa, no colegial. Mudei bastante." Questão: "O que aconteceu?". Resposta: "Fui libertada. Não, eu não sei. Simplesmente comecei a cantar e o canto faz você querer se abrir, enquanto a pintura, acho eu, mantém você introvertido. Quando comecei a cantar, meio que dava vontade de falar cada vez mais com as pessoas e sair mais".

Os repórteres fizeram várias perguntas sobre seu período infeliz no colegial, sentimentos a respeito da cidade desde então, etc. Ela as respondeu de muitas maneiras diferentes. Ao lhe perguntarem em que havia mudado, ela disse: “Por que não perguntam a eles?”. Quando indagaram se era excêntrica no colegial, gracejou: “Acho que eu me considerava excêntrica. Eu nem tinha idade bastante para ser excêntrica”. Ao lhe perguntarem se ela havia ido à formatura, Janis disse seriamente: “Não, não acho que quisessem me levar”. Daí riu e acrescentou: “E sofro desde então. É o bastante para que você queira cantar blues”.

Perguntaram sobre a nova banda, o novo disco, canções especiais que estariam nele, etc. Queriam saber se ela faria um concerto em Port Arthur ou Austin e ela respondeu: “Sim, se me pagarem”.

O único momento em que se aborreceu foi em uma pergunta sobre seu apelido, que o repórter achava ser “Pearl Barley”. Janis ficou aturdida e replicou: “Esse nome não deveria ter chegado à imprensa. Eu estava contando isso à minha mãe. Não percebi que estava rodeada de repórteres. Esse é um nome particular para meus amigos usarem para não terem de me chamar de Janis Joplin. Só meus amigos podem dizer ‘Ei, Pearl, prepare-me outro drinque’. Não é um nome novo. É só um apelido”.

As questões então caíram sobre mim. “Você ouve bastante os discos dela?”. Entrei em pânico, selecionando várias respostas mentalmente. Balançando a cabeça afirmativamente, disse: “Tínhamos três, mas perdemos dois. Sim, nós ouvimos a música de Janis.” “Ouvem?”, foi sua resposta fingidamente chocada e risonha.

A última pergunta a Janis foi: “O que você acha que tem em comum com seus colegas de 1960, além do fato de terem sido colegas de classe?”. Janis sopesou as respostas e escolheu esta: “Sempre há um ponto de comunicação entre as pessoas. É só descer ao nível humano e descartar o sotaque ou a roupa ou o que for. Ainda temos coisas sobre as quais conversar. Apenas tivemos tipos diferentes de experiência. Eles possuíram filhos, eu não tive, sabe. Uso plumas, eles não usam. Vocês veem, temos muita coisa em comum. Podemos falar sobre pássaros”. Ao fim da frase, Janis perguntou que horas eram. Os repórteres entenderam a dica e se retiraram.

Janis se virou para mim. "Você tem de aprender a sorrir, Laura", explicou baixinho depois que a imprensa terminou sua saraivada de questões. "Assim", disse ela, "com os lábios separados e os dentes abertos. Tente, não é difícil", ensinou ela. Ficou insistindo até que eu dei um sorrisinho amarelo, mas também disse: "Janis, ninguém quer falar comigo. Eu não sou famosa!".

Mais tarde, perambulamos pelo coquetel. Ela cumprimentava as pessoas e relembrava os professores e momentos especiais. Sentou-se em um sofá com Glenda South e Clarence Bray, a presidente da classe. Tentaram relembrar a canção da escola. Encontramos Kristen Bowen no bar. Janis jogou sinuca e tomou alguns drinques antes do jantar.

Sam Monroe era o mestre de cerimônias da noite e prudentemente adotou um tom formal ao discursar. Em um resumo da classe, listou o número de filhos tidos por seus membros e os diversos números de médicos, advogados e outras ocupações. Afundando no assento ao meu lado, Janis ouviu-o terminar com um inoportuno: "Será que esqueci alguma coisa?". Suspiro – o sombrio senso de humor de Sam não conseguiu criar a consternação jovial que achei que ele procurava. "Janis Joplin!" Alguém disse em tom de já-que-você-perguntou. "Oh, sim, e Janis Joplin!". Eles aplaudiram, alguns assobiaram e Janis levantou-se, balançando a cabeça polidamente. "Em homenagem por ter percorrido a maior distância até a reunião, o comitê gostaria de entregar a Janis um pneu". Ahhhh, Janis sorriu. Era menor que a ovação recebida por Ken Threadgill em seu jubileu e de algum modo ela parecia esmagada. Janis realmente queria mais.

"É apenas Sam, Janis. Ele está querendo ser engraçado, mas não é bom nisso. Ele não sabe o que fazer", sussurrei. Ela me olhou zombeteiramente, seu rosto registrou assentimento, os músculos tensionados relaxaram.

Nenhum dos acompanhantes de Janis quis ficar para o baile. Amontoamo-nos no carro alugado e fomos ao Pelican Club, tendo ouvido falar que Jerry Lee Lewis estava na cidade. Não era a primeira vez que Janis o encontrava. Em Louisville, em 12 de junho, ela fora ao seu concerto e tentara visitar os bastidores. Ele se recusara a falar com ela, assim como seu grupo de musculosos guarda-costas. Janis e seus amigos saíram, mas não sem que ela quase coroasse um segurança com uma garrafa de uísque. Por que, eu me perguntava, ela achava que seria diferente ali? Estaria tentando oferecer-lhe a hospitalidade local ou queria se queixar sobre o vilarejo de quinta que era Port Arthur? Talvez, após a reunião pouco laudatória, apenas quisesse tocar a outra realidade de sua vida, o brilho e a ligação especial entre um artista e outro. Afinal, qual de seus colegas poderia sequer sonhar em se aproximar de Jerry Lee?

Janis me puxou para ir cumprimentá-lo nos bastidores e fiquei na porta. Andando em sua direção, ela disparou: "Esta é minha cidade, e gostaria que você conhecesse minha irmã". Ele olhou para ela rudemente. Daí seus olhos zangados pousaram em mim. "Você não seria feia", rosnou, "se não estivesse tentando ficar parecida com sua irmã!". Ela deve ter tido algum reflexo, porque enfiou um punho fechado na cara dele. Com a mesma rapidez, ele devolveu o golpe!

Os meninos correram em sua defesa, levando-a para fora da sala. Choramingando em meio ao círculo de pessoas que saíam do clube, ficava repetindo: "Como ele pôde fazer isso?". Aturdida com o episódio todo, eu disse: "Quem se importa, Janis? Nós amamos você. É a nossa opinião que importa. Quem é ele, afinal?". Bobby aproveitou a deixa. "Claro, claro, ele não é nada, Janis." "Está bem" – ela endireitou os ombros – "está bem."

Em casa, a família já dormia. Mesmo assim, o grupo inteiro entrou e sentou-se em volta da mesa. "Janis", perguntei, "você se lembra da canção que escreveu há muito tempo, 'Venha comigo e vamos construir um sonho'?". Ela ergueu de repente a cabeça e saiu do cômodo, resmungando: "Não, não sei do que você está falando". Os olhos de Bobby brilharam e ele mal esperava para fazer alguma observação cáustica sobre acreditar em sonhos. A saída dela foi o que o impediu.

No dia seguinte, mamãe e papai ficaram furiosos ao descobrir que Bobby dormira no carro com o motor ligado e John Fisher estava no sofá. Nenhum deles se importara em voltar ao hotel. Os rapazes saíram encabulados e Janis tentou explicar que aquilo não era importante, mas criou uma tensão na casa.

Jimmy Pryor veio perguntar a Janis se podiam falar dela no jornal que ele e Michael publicavam, o *Agape*. Eles tinham uma circulação internacional, já que alguém do Panamá fizera uma assinatura. Eram jovens escrevendo para jovens, sobre o Cristianismo como o amor universal. "Acredito nisso", Janis afirmou naquela voz profunda e enfática, com uma pincelada de humor. Em escrita fluente, meia página da edição seguinte afirmava: "Não comprometa a si mesmo, é tudo o que você tem", com a assinatura de Janis Joplin.

Janis me falou de uma amiga que se apaixonara por um sujeito que tinha muito dinheiro e vivia em Montana. "Ele a pediu em casamento, foi até a Califórnia de helicóptero e a levou embora", disse Janis pensativamente. "Gostaria que alguém me levasse embora", continuou, suspirando.

Janis me perguntou: "Por que você não vai me visitar?". Fiquei deleitada com o convite e respondi: "Certo, eu gostaria, mas não vou ter tempo antes do Natal". Por isso, fizemos planos para que eu fosse passar as festas com ela em Larkspur.

Em 1990, falei com Bobby Neuwirth sobre a reunião. Ele disse: "Após a reunião, ela tinha sentimentos confusos. Foi um tipo de desapontamento, mas ao mesmo tempo lhe dera uma sensação de completude. Tipo, ela não precisava mais brincar com aquilo... não necessitava mais lamentar as experiências originais".

Acho que a experiência como um todo fez bem para ela, para que crescesse como ser humano. Mamãe escrevera em uma carta circular para a família algum tempo antes: "É estranho ouvir falar da filha mais velha como 'A Rainha', 'A Deusa', 'A Superstar'. Ela liga de vez em quando, mas nunca mais escreveu. Talvez o pessoal de casa transforme essa aura em apenas um tênue verniz".

De volta à Califórnia, ela contou aos amigos sobre suas experiências em casa. Estava repensando o papel de pária mortalmente ferida que apresentara à imprensa. Ela dissera ao *Port Arthur News* durante aquela entrevista: "Bem, para dizer a verdade, ele [o colegial] me fez muito infeliz. Talvez fosse algum problema comigo, mas os problemas não têm um lado só. Aquilo apenas me tornava muito infeliz. Eu não tinha ninguém com quem conversar... Agora posso falar com qualquer um em Port Arthur porque estou mais velha e posso acompanhá-los. Posso acompanhá-los, quer eles possam ou não me acompanhar. Mas eu era muito jovem e não tinha experiência em me relacionar com as pessoas e todas as vezes que uma de minhas aberturas era recusada, doía muito".

Bob Gordon percebeu que sua atitude em relação à família mudara e sugeriu que ela reescrevesse o testamento. Janis concordou, e ele esboçou um novo documento. O anterior deixava tudo para Michael, pois na cabeça de Janis ele era o único que a amava. De volta à casa, percebera que não era verdade. Todos na família a adoravam, desde que ela lhes permitisse. Ela estava deixando de lado o sentimento de ser rejeitada pelo mundo.

Ela estava tentando fazer as coisas certas, ter o tipo de vida que sempre desejara. Parte disso envolvia um bom relacionamento amoroso. De volta à Califórnia, iniciou um romance com Seth Morgan, um sujeito que conhecera em maio na Lyle Tuttle Tattoo Party. Janis esteve em turnê pelo Leste, hospedada em Nova York, na maioria dos meses seguintes. Depois de 12 de agosto entrou de férias e voltou à sua casa em Larkspur. O romance floresceu com uma mistura única de sua exorbitância pessoal.

Seth tinha lábios grossos e sensuais e cabelo escuro ondulado que emoldurava seu rosto. Estudante de Berkeley, fora criado em uma casa frequentada por muitos dos grandes nomes da literatura da época, porque seu pai editava um jornal literário. Era membro *daquela* família Morgan, descendentes de J.P. Morgan. Era magro, musculoso e alguns anos mais jovem que Janis. Também era inteligente, interessante, divertido e espontâneo. Podia se cuidar e não tinha medo nem se deprimia com a cena do rock'n'roll.

Era ótimo exibir Seth em público porque ele era bonito, rebelde e impetuoso. Andava de motocicleta e tinha um ar arrogante e altivo. Na verdade, ele gostava de ser visto com Janis a bordo do Porsche pela cidade. Fora Janis quem acabara com essa história e preferia ficar em casa, tomando vinho e assistindo à televisão juntos. Ao passo que David Niehaus não gostava da visibilidade que adquiria ao andar com Janis, Seth se regozijava nela. Apesar disso, tinham uma vida tranquila. John Cooke se lembra daquelas noites com espanto, enfatizando que considerava a relação positiva para ela. Ela estava pegando leve com as festas.

Seth tinha uma renda modesta vinda de investimentos familiares, o que lhe dava a independência necessária para um relacionamento com Janis. Ele não era esmagado por sua personalidade ou carreira, embora tenha se esforçado para continuar os estudos e perseguir seus próprios objetivos profissionais para preservar a própria personalidade.

Seth oferecia a Janis o equilíbrio perfeito. Ela não precisava escolher entre uma carreira e um companheiro. Ele podia lidar com os dois. Falavam sobre seu futuro juntos. Janis queria aposentar-se logo, embora as sessões de gravação e a turnê com a Full Tilt a tenham convencido de que sua nova banda era ótima. Ela queria ter um filho e mudar de vida. Seth concordava com tudo, embora sempre acrescentasse que desejava um casamento "aberto". Janis deve ter achado que aquilo que ele oferecia era o bastante, pois se concentrou em seu futuro juntos.

Mas Seth também era um pouco vigarista – um "demônio eloquente". Muitos anos após a morte de Janis, ele foi prisioneiro em Vacaville, condenado a cinco anos por assalto a mão armada. Enquanto estava preso, escreveu um artigo sobre seu relacionamento com Janis. Disse que a conheceu quando vendia cocaína (uma droga não comumente associada a Janis). Mesmo mais tarde, depois que ele escreveu um romance de sucesso, falava à imprensa a respeito dela em suas entrevistas para promover o livro. "Se ela fosse uma velha qualquer, eu nem teria olhado para ela... Não, isso não é verdade. Janis e eu tínhamos uma chama real e genuína. Se ela não fosse Janis Joplin, teríamos sido apenas grandes amigos."

Nada da torturada insanidade que marcou os últimos dias de Seth Morgan estava evidente naquele momento. Ele ainda era um neófito. É por isso que mais tarde podia dizer com sinceridade: "Quem sabe o que aconteceria se ela não tivesse morrido?". Foi apenas após sua morte que ele provou heroína pela primeira vez. Eu pensaria que ver Janis morrer o impediria de usar a mesma droga que a matara. Mas, para Seth, foi uma razão para começar.

Janis estava cansada de esperar por um homem que conseguisse lidar com a vida que ela levava. Em 1969, ela disse a um repórter da *Playboy*: "Caramba, tudo o que qualquer garota quer de verdade é amor e um homem. Mas que homem poderia suportar uma estrela do rock'n'roll?".

Seth parecia ser capaz disso, mas indícios posteriores demonstram que ele não era um apoio muito firme.

Eles fizeram grandes planos – um casamento no mar do Caribe em um navio de cruzeiro. O advogado de Janis, Bob Gordon, esboçou um acordo pré-nupcial a pedido dela. Eles ainda não haviam anunciado aos amigos. Estavam esperando o momento apropriado.

Quem sabe se eles acabariam se casando. Os 20 anos de vida dele após a morte de Janis foram uma montanha-russa de drogas e álcool, motocicletas rápidas e um constante fluxo de mulheres. Ele disse ter uma atração fatal por mulheres autodestrutivas, que gostava de auxiliar no caminho que elas mesmas escolhiam. Morreu em 1990, cheio de álcool, cocaína e Percodan, em um acidente de motocicleta que também matou uma de suas amantes. Minutos antes de perder o controle da moto, ela foi vista batendo desesperadamente nas costas dele, berrando: "Diminua!".

Em setembro de 1970, Janis ficou em Los Angeles para gravar seu novo disco. Seth permaneceu em Larkspur e ia visitá-la às vezes. Não gostava muito da cena de Los Angeles, já que não tinha nada para fazer lá a não ser vagar pelo estúdio de gravação.

Janis estava fazendo história, a primeira contratada da CBS a ter permissão de gravar em um estúdio independente. A Sunset Sound era uma garagem convertida, a atmosfera perfeita para uma banda de rock, explicou Paul Rothchild. Ela tinha o estúdio, o produtor, uma banda que adorava e material bom. O trabalho ia muito bem.

Gravar pode ser especialmente difícil para uma artista como Janis, que se ligava no público. Seu som não era independente; contava com a resposta do público. Ela gostava que os fãs se levantassem, batessem mãos e pés, cantassem e demonstrassem que aquela música os atingia. Aquilo não existia no estúdio. Mesmo assim, Paul conseguiu fazer com que funcionasse sem o público.

Paul ajudou-a a desenvolver-se como cantora. Ela aprendeu a usar as nuances sutis de sua voz e não apenas a potência. "Ela exigia grandiosidade de si mesma e a conseguia", conta ele. "A banda se reunira e crescera espetacularmente em muito pouco tempo. E eles eram empenhados, totalmente entregues a Janis. Fariam tudo por ela, assim como eu... Ela confiava em mim e eu confiava nela. Contávamos um com o outro e éramos leais e honestos."

Gravar era bastante tedioso. O cantor tinha de esperar a gravação das faixas instrumentais antes de começar os vocais. Janis passava esse tempo em busca das melodias certas e dos melhores arranjos. Estavam fabricando uma obra de arte.

Para distrair a turma durante uma pausa, Janis cantou uma melodia inédita, "Mercedes Benz", que rabiscara em um bar junto com Bobby Neuwirth. Emprestaram a cáustica poesia de uma linha só de Michael McClure – "Oh, Senhor, você não vai me comprar uma Mercedes Benz?" – e a transformaram em uma canção. Janis jamais pretendera incluí-la no disco. Porém, a canção foi gravada no processo.

"Não era um período triste e sádico", conta Paul, sorridente. "A diversão estava por trás de tudo. Éramos alegres exploradores. Estávamos explorando terras proibidas por nossos antepassados e era como se fantasiar e tinha o mesmo tipo de inocência. Tudo eram sorrisos e diversão e riso e conversas sobre aquilo no dia seguinte, porque não havia segredos".

"Como posso dizer isso sem parecer sexista? Janis era um dos rapazes. Quando eu estava com ela, não havia aquele sentido de ela é fêmea, eu sou macho", explica Paul Rothchild. No caminho para o carro da banda após a gravação em Los Angeles, Janis se voltou e inspecionou o grupo de rapazes, perguntando-se quem deveria dirigir. Perguntou: "Quem tem as bolas maiores?". E ela mesma respondeu: "Eu". "Seu humor muitas vezes vinha de uma orientação quase masculina", explica Paul. "Seu equilíbrio masculino era tão forte quanto meu equilíbrio feminino. Nós dois reconhecíamos esse lugar, o outro lado de nossa totalidade sexual."

Janis disse a Seth que voltara a usar heroína. Explicou aquilo dizendo: "Comecei porque não conseguia trabalhar, pois estava estupidamente bêbada o tempo todo. Quando terminar o álbum, vou parar como antes". Ela guardou o uso da droga para si, injetando-a apenas de madrugada, depois que acabava de gravar. Não havia ninguém por perto como Linda Gravenites, que teria gritado: "Não, você não pode voltar a tomar essa merda, não depois de já ter conseguido parar!". Seth não seria a pessoa a tomar essa posição, embora ela tenha ligado para ele e suplicado: "Faça-me parar, por favor". Ele nem tentou e lhe disse: "Isso é uma coisa que você tem de fazer sozinha". E Lyndall Erb era a companheira de quarto de Janis, uma mulher que, segundo Seth, parecia enlevada com a fama de Janis. Ele conta que ela nunca dizia não a Janis. Achava que era uma bajuladora e seu relacionamento com Janis, "pernicioso". Em Los Angeles, Peggy Caserta estava por perto, uma mulher que usava heroína pesadamente na época.

Muitas pessoas sabiam ou suspeitavam que Janis consumia heroína, porque seu comportamento mudou. A estranha verdade é que, quando ela usava heroína, transformava-se em uma menininha nebulosa. Perdia a energia vibrante que era a *persona* de Janis Joplin. Tornava-se passiva e quietinha. Quando estava careta, seu intelecto florescia; sabia o que queria e sabia de antemão o que desejavam as pessoas que a rodeavam. Em uma das vezes em que usou heroína durante a estada em Los Angeles, ela vagou até o quarto do colega de banda John Till. Raramente o visitava, mas estava se sentindo solitária. John e Dorcas queriam ajudá-la, mas não sabiam como dizer "heroína é o problema, não a solução". As pessoas não tinham essa clareza na época.

De modo geral, Los Angeles foi um período divertido para Janis. Ela trabalhava com pessoas que trabalhavam para realizar as ideias que lhes surgiam na mente. "Nós dois tínhamos Porsches", conta Paul Rothchild. "Apostávamos corrida pelo Sunset Boulevard até o Laurel Canyon. Ela era bem mais maluca que eu – e eu era doidão. Ela ia na contramão em curvas sem visibilidade, com a cabeça abaixada, às gargalhadas: 'Nada pode me derrubar.'"

Ela pegou um avião até Santa Fé, onde encontrou Albert para uma sessão de fotos para seu primeiro trabalho como representante comercial. Albert conseguira para ela um contrato para representar uma empresa de cigarros. As fotos foram tiradas na ponte sobre o Rio Grande, no Novo México. Não era um momento para visitas e reflexões com Albert. Em vez disso, a fotógrafa Lisa Law a apresentou a um sujeito que Janis chamou de "seu homem das montanhas" e ela saiu com ele à noite. Um dia dentro, no outro dia fora. Janis voltou a Los Angeles.

Ela ligou para Pat Nichols, que vivia em Los Angeles. Elas não se viam desde 1969, quando concordaram em se encontrar novamente apenas quando as duas estivessem livres da heroína. Pelo telefone, marcaram um encontro no dia 5 de outubro para assistir a um filme de samurai de Toshiro Mifune.

Janis estava em contato com Jerry Ragovoy em Nova York. "Você não tem nenhuma melodia nova para meu novo disco?", ela perguntou. Ele lhe escreveu uma chamada "I'm Going to Rock and Roll Heaven". Ela não queria esperar que a fita demo chegasse, por isso mandou que a cantasse pelo telefone. Adorou! Ele partiu para gravar uma fita demo para que a banda aprendesse a música.

No estúdio, Janis telefonou a Nick Gravenites, pedindo-lhe também uma nova melodia para o álbum. Ele estava produzindo um disco de Brewer e Shipley, mas tirou um tempo para ir a Los Angeles. Sentou-se em um canto da Sunset Sound, absorvendo a música e a vibração. Escreveu "Buried Alive in the Blues", uma melodia que empolgou todo o mundo.

Andando pelas ruas com Bennett Glotzer, Janis encomendou hambúrgueres para todos. Enquanto esperavam, "ela abriu o coração", conta Bennett. "Ela falou sobre Seth, como se sentia a respeito dele, sua agitação, suas dúvidas sobre ser o relacionamento certo para ela e se ele de fato a amava."

No sábado, 3 de outubro de 1970, a banda gravou as faixas instrumentais de "Buried Alive". Tudo estava pronto para que Janis gravasse os vocais no dia seguinte. Tinha ficado bom e o grupo estava contente. Terminaram por volta das 11 da noite. Como de costume, Janis parou para um drinque na Barney's Beanery antes de se dirigir ao Landmark Hotel. Tomou dois drinques no bar, por cima do álcool que já consumira no estúdio. Dirigiu até o hotel com Ken Pearson, seu organista, e cada um foi para seu quarto.

Janis muitas vezes nadava um pouco depois do trabalho, mas não naquela noite. Apenas foi ao saguão comprar cigarros por volta da 1 da manhã. A última pessoa que falou com ela foi Jack Hagy, no balcão. Ele lhe deu troco para 5 dólares para poder usar a máquina de cigarros.

Depois de fechar a porta do quarto, Janis sentou-se na cama, vestida de blusa e calcinha. Pôs os cigarros no criado-mudo e, ainda com os trocados na mão, caiu para a frente. Seus lábios sangraram, pois ela bateu na mesinha de cabeceira. Seu corpo ficou preso entre a cama e a mesinha. Em algum momento depois de voltar ao hotel, ela injetara heroína. Janis fizera uma injeção subcutânea em vez de diretamente na veia. Uma injeção intravenosa dá o impacto mais forte imediatamente. A subcutânea tem um impacto máximo retardado por até 90 minutos.

A heroína que Janis usou naquela noite fora comprada por volta das 4 da tarde com George, seu fornecedor por todo o tempo em que usara a droga. Ela tinha a precaução de manter um só fornecedor e ele tomava cuidado com o que vendia. Normalmente, pedia que um químico conferisse a droga antes da venda. Naquele lote, o químico estava de viagem. Ele vendera a heroína sem examiná-la. A droga que Janis comprara naquele sábado era de quatro a dez vezes mais forte que a heroína normal de rua. Era de 40 a 50% pura.

Ninguém encontrou Janis, toda dobrada no chão, até o dia seguinte por volta das 7h30. Seth se recusara a viajar à noite porque estava jogando *strip* sinuca com algumas garçonetes do Trident Restaurant, mas chegou no domingo à tarde. Ligou para John Cooke antes de sair de São Francisco, porque não conseguira encontrar Janis para lhe dizer a hora em que devia buscá-lo. John entrou em contato com Paul Rothchild para ver se Janis se encontrava no estúdio, mas Paul informou que ela estava estranhamente atrasada para a gravação. John estava no hotel, por isso apanhou uma chave mestra dos quartos (fizera isso na noite anterior) e foi ao seu quarto.

Quando John viu Janis deitada no chão, aproximou-se dela, esticando o braço como se fosse sacudi-la. Um toque em sua carne fria e rija foi o bastante para que percebesse que não precisaria chamá-la novamente. Telefonou a Bob Gordon, advogado dela. Bob ligou para um amigo médico e para a polícia. Enquanto John aguardava sua chegada, mandou alguém ao aeroporto buscar Seth e lhe dar a notícia.

Mais tarde, John dirigiu-se ao estúdio. Não conseguiria dar a notícia à banda pelo telefone. Queria fazê-lo em pessoa. Chamou Paul de lado e lhe contou. Daí eles pediram que os engenheiros se retirassem. Não havia um modo melhor senão dizê-lo diretamente, então John falou apenas: "Janis morreu". Era possível observar o efeito penetrando nas pessoas, alterando visivelmente seu corpo. Ele continuou a penetrar durante dias.

O legista e a polícia vasculharam o quarto no dia seguinte às 11 da manhã. Encontraram o kit de seringas de Janis na gaveta de cima da cômoda. Acharam uma toalha, um pouco de gaze e uma bola de algodão com sangue. Mais tarde, também encontraram um balão vermelho contendo um pó no cesto de lixo. Os testes determinaram que se tratava de heroína. O lapso de tempo entre o encontro da seringa e o da heroína aparentemente se deveu ao ato impulsivo de um amigo. Alguém pensara em remover a heroína do quarto após a morte, esperando manter as drogas fora das manchetes. Mais tarde, ficou óbvio que aquela não era uma boa ideia, por isso o balão foi devolvido.

Disseram que a morte de Janis fora uma overdose acidental, embora o legista tenha feito uma autópsia psicológica, entrevistando amigos, verificando suas atividades e estabelecendo um estado de ânimo. Precisava ter certeza de que não fora suicídio. Estranho que uma pessoa conhecida pela dedicação à energia e à excitação da vida pudesse ser imediatamente considerada uma suicida em potencial.

Questões e rumores sobre os detalhes da morte circularam no circuito das fofocas durante anos. As pessoas especulavam se a morte de Janis fora um trabalho da CIA, um assassinato pago ou qualquer outra fantasia. Nenhuma dessas teorias pode superar os fatos. Alguns dos amigos de Janis sabiam que ela vinha usando heroína havia algumas semanas. Além de uma marca recente de agulha, havia vários sinais em seu braço que não podiam ter mais de uma ou duas semanas. A droga usada por Janis era extremamente pura, embora não pudesse ter causado a morte por si só. Janis também estava legalmente bêbada. Uma morte rotulada como "overdose de heroína" muitas vezes é resultado da interação de diferentes drogas, particularmente a heroína e o álcool. Naquele fim de semana, várias outras pessoas que haviam sido clientes de George, o fornecedor de heroína, faleceram. As mortes também foram consideradas overdoses de heroína.

Os amigos de Janis ainda se lembram do choque ao saber que ela morrera. Mesmo 20 anos depois, as sensações do momento voltavam ao descreverem a comiseração que se estendeu entre eles. A morte de Janis afetou-os, como a mim, de modos diferentes de como sua vida os afetava. Juli Paul conversara com Janis na sexta-feira antes de sua morte. "Ela queria que eu fosse a Los Angeles. Logo que soube que falecera, senti medo de que, se eu tivesse ido, talvez ela não tivesse morrido, então também havia culpa." Pat Nichols, que estava esperando para ver o filme com ela, jurou ficar longe da heroína para sempre. Ela ouviu a morte de Janis como não ouvira nada antes. Vinte anos depois do fato, Pat ainda está limpa.

"Perdi seis amigos em seis meses por causa das drogas", conta Paul Rothchild. "O mundo mudou radicalmente. A morte de Janis foi a coisa mais devastadora da minha vida. Ameaçamos trabalhar juntos durante anos e, quando conseguimos, decidíamos que ficaríamos juntos para sempre. Eu nunca me divertira tanto em um estúdio. Ela sempre estava 110% presente. Ainda sinto imensamente sua falta." Sam Andrew, porém, saiu para comprar um pouco mais de heroína para aliviar a dor de perder mais uma amiga.

Nosso coração doía, pois a amávamos, mas a vida continuou. Paul e a banda tinham de terminar o álbum. Deram 100% de si, como faziam quando Janis estava com eles. Uma qualidade surreal penetrou no estúdio ao gravarem novas faixas instrumentais para encaixar nos vocais escolhidos na batalha da escolha de estúdio. Um estranho sentimento os dominou, de que tudo o que fizessem tinha de ficar perfeito dessa vez. Não haveria uma segunda chance. A voz de Janis dominou seus sentidos enquanto ouviam os vocais e gravavam seu coração na fita.

Também encontraram a divertida canção "Mercedes Benz", gravada de brincadeira. Durante a turnê de verão, Janis enviara recados por intermédio de amigos para pedir que Michael McClure lhe telefonasse. Ele escrevera uma canção para um grupo com o qual tocava, chamado Freewheeling McClure Montana. Os amigos de Michael McClure, Emmett Grogan e Rip Torn, cantaram-na para Janis durante um jogo de sinuca quando estavam todos em Nova York. Janis finalmente ligara para Michael, dizendo: "Estou cantando uma música com a sua frase da 'Mercedes Benz' no meio". Ele disse: "Quer cantá-la para mim?". Ela cantou pelo telefone. Ele disse: "Gosto mais da minha canção". "Você se importa se eu a usar?", perguntou ela. "Não, vá em frente", disse ele, ignorando discussões sobre dinheiro ou créditos. Por isso concordaram que ambos cantariam suas próprias versões. Michael nunca considerou que fosse um acordo comercial. Estava apenas compartilhando arte, como sempre fazia. Dias depois, ela morreu. Muito mais tarde, descobriu que ela dividira os direitos autorais com ele.

A finalização da gravação levou alguns dias. Em 18 de outubro, eles haviam terminado um excelente álbum, *Pearl*. Os críticos muitas vezes dizem que é o melhor registro da obra de Janis, a única vez em que os músicos do estúdio trabalharam com ela, e não contra ela. A *Popular Music*, um guia comentado de discos, disse que *Pearl* "é provavelmente um dos melhores álbuns do gênero rock".

No dia seguinte à morte de Janis, Paul trombou com Bobby Neuwirth. Ambos comentaram sobre a aparência esgotada um do outro. "O que há?". "O telefone fica tocando, e é Janis. Ela diz 'Está tudo bem, cara. Esse lugar é bom. Estou em boa forma. Não se preocupe com nada'." "Uau! Não acredito! A mesma coisa vem acontecendo comigo."

Bob Gordon teve uma experiência semelhante. Sua vida foi consumida pela tumultuada cena de interrogatórios e detalhes legais após a morte. Durante semanas não fez nada além de tratar com o escritório do legista, a investigação, a imprensa e nossa família. Em certa tarde de domingo, quando o caos começava a diminuir, lembra-se ele, "eu meio que desmaiei e estava cochilando e tive uma visão. Era muito vívida, não como um sonho que desaparece. Foi muito forte. Ela e eu estávamos sentados no sofá que aparece na capa de *Pearl*, conversando. Ela disse que estava muito bem, que nunca se sentira tão calma, e que era hora de ir".

John Cooke teve sua própria visão. "Alguns meses após a morte de Janis, tive um sonho. Era o final de um concerto. Janis desceu do palco e eu a estava esperando. Ela disse: 'Eu fui bem?', com aquela sua incerteza infantil, e eu disse: 'Você foi ótima'. Abracei-a. Foi incrivelmente real. Acordei com uma bola de emoção dentro de mim e senti que Janis viera me visitar. Ela não estava apenas perguntando se havia se saído bem no concerto. Estava perguntando sobre sua vida. E fiquei feliz por ter a chance de tranquilizá-la. 'Você foi ótima, Janis.'"

CAPÍTULO 16
A CELEBRAÇÃO MEMORIAL

Come back and believe in my love
Come back and believe in my love
Come back and believe in the magic of love!

[Volte e acredite em meu amor
Volte e acredite em meu amor
Volte e acredite na magia do amor]
– MARK SPOELSTRA, "Magic of Love"

"Voltar a Port Arthur?", perguntei incrédula. "Não vou lá há 18 anos!". Minha mãe levou a melhor sobre meu irmão e eu para representar a família em uma cerimônia memorial para nossa irmã, Janis. Sam Monroe, chefe da sociedade histórica local, telefonara para pedir-lhe isso. Por ser filho de seu antigo chefe, mamãe sempre ouvia Sam. Ele queria ajuda para desenvolver uma exposição em homenagem a Janis.

Sam trabalhava com John Palmer, um porto-arthurense que Janis conhecera vagamente na escola. Uma das cruéis ironias da vida tornara John, bem-sucedido homem de negócios, malquisto na sociedade local quando ele testemunhou contra uma família importante em um caso de golpe de desvio de petróleo. Com a dor da perda da reputação, desenvolveu uma nova simpatia pelos rejeitados. Não haveria, em nossa cidade, totem mais óbvio a erguer que Janis, sua colega de colegial, uma mulher aplaudida pela nação, mas cujo nome ainda evocava um perturbado ressentimento em alguns cidadãos de bem. Era hora, declarou ele firmemente, de abrir os braços a Janis, com honra e amor. Comprometer-se com o custo de uma estátua de bronze à sua imagem foi seu modo de fazê-lo.

O esforço simbólico de John Palmer foi o que bastou para atrair os fãs da região – aqueles dedicados a ela e sua música, os que dividiam seu ressentimento pelas regras sociais e os que queriam fazer as pazes com o passado. A imprensa aproveitou e as ideias foram levadas adiante. Em 19 de janeiro de 1988, no dia em que teria sido seu 45° aniversário, Port Arthur realizou uma cerimônia dedicada para a exposição e inaugurou uma estátua de Janis Joplin.

Mais de 5 mil pessoas se espremiam em um salão feito para receber apenas 3 mil. Operários das refinarias, estudantes e donas de casa ficavam ao lado de crianças de colo e adolescentes. A maioria vinha de nossa cidade texana de Port Arthur e região. Ônibus fretados chegavam de Houston e alguns vinham de lugares tão distantes quanto Iowa e Canadá.

Vinham homenagear uma garota da cidade que fizera sucesso no distante e quase estrangeiro mundo de São Francisco e no rock'n'roll dos anos de 1960. Janis desprezara publicamente nossa cidade em muitas entrevistas. A coisa mais gentil que dissera a respeito de Port Arthur é que era um ótimo lugar para se abandonar. Vinte anos após sua morte, os anciãos da cidade acharam aceitável enterrar a machadinha de guerra que ela desenterrara. Ignoraram seu papel como uma cavaleira do rock'n'roll, justando com a hipocrisia inerente a nossa cultura. Em vez disso, destacaram suas realizações mais aceitáveis, como o fato de ter gravado excelentes músicas que venderam muitos discos e lhe valeram um lugar perene no coração de muitos amantes da música.

Fossem fãs ou amigos, suas ideias a respeito de Janis eram determinadas em parte pela febre da fama em nossa cultura. Em *The Frenzy of Renown*, Leo Braudy diz que havia quatro elementos na fama: a pessoa, sua realização, a publicidade imediata e aquilo que a posteridade pensou a seu respeito desde então. Em *Intimate Strangers: The Culture of Celebrity*, Richard Schickel escreve: "Após a morte, as estrelas se tornam personagens de quadrinhos, propriedade dos fãs, tendo os elementos verdadeiros, mas incômodos, a permissão de desaparecer e os outros aspectos embelezados". As pessoas vinham à cerimônia com seu próprio ponto de vista, mas todas prontas a prestar seu respeito.

A natureza da morte de Janis, por overdose de heroína, parece ter eclipsado sua imagem em vida. A imprensa raramente escreve sobre seu caráter divertido, sua concentração na arte ou suas atitudes sociais, tão familiares às pessoas que a conheceram. Na mente de muita gente, a história de Janis Joplin trata principalmente dos atos que a levaram a exagerar nas drogas.

Quando Janis morreu, em 1970, não esperávamos que sua imagem fosse crescer, evoluir e tornar-se um dos principais símbolos da época. Achávamos que o interesse do público se enfraqueceria, que sua vida e imagem retornariam àqueles que a conheceram por um tempo maior que os quatro anos em que ela esteve sob os holofotes. Em vez disso, dividíamos com o público o amor por ela.

Mamãe se dedicou a encontrar itens para mandar à exposição. Fiel a seu caráter, decidiu que, se deviam fazer uma apresentação sobre Janis Joplin, tinham de fazê-la direito. Fez o melhor que pôde para enviar todas as bagatelas da infância de Janis, as coisas comuns que ela tocara ou usara. Arrancadas do fundo de gavetas e caixas há muito fechadas, mamãe enviava as migalhas de seu amor.

Como ficavam estranhas as coisas enfiadas em vitrinas como provas históricas dos detalhes da existência de minha irmã. Sua régua de cálculo, que todos usávamos, foi mantida no estojo de couro verde-escuro, com apenas alguns rabiscos adolescentes. O curador a colocou próximo à *Bíblia* encapada em tecido negro, que ganhara quando entrou para a Primeira Igreja Cristã. O livro mostrava o desgaste provocado por mãozinhas curiosas virando as páginas finas e admirando as figuras coloridas. Um enorme livro verde partiu meu coração. Em letras grandes, a capa anunciava: *As Cartas de F. Scott Fitzgerald*. A leitura era a espinha dorsal da família Joplin e nada representava Janis melhor que o livro.

Mamãe incluiu o artigo do *Port Arthur News* sobre Janis do verão de 1957, quando ela trabalhou na Biblioteca Gates Memorial. A foto amarelada mostrava Janis adolescente com cabelo cacheado e um sorriso radiante, orgulhoso e inocente ao lado das ilustrações que fizera com os personagens do *Mágico de Oz*, de L. Frank Baum. Os moradores da cidade doaram os desenhos originais, adquiridos de Janis havia muito tempo. Sua Garota de Retalhos de Oz dançava alegremente com o animado Espantalho.

O que Michael e eu não sabíamos, mas provavelmente devíamos ter adivinhado, era de nossa responsabilidade ao tratar com a imprensa. Dar entrevistas é uma arte que Janis dominava. Nova no jogo, achei tudo muito incômodo. Os profissionais de imprensa eram pessoas genuínas e honestas, mas muitos acabavam de sair da faculdade. Estavam na escola primária quando Janis começara a cantar. Faziam suposições demais a partir da pouca pesquisa que realizavam. Uma mulher perguntou: "Qual foi a primeira coisa estranha que vocês notaram em Janis?". Michael e eu nos entreolhamos e rimos! Como dizer a alguém que nossa irmã nunca pareceu estranha para nós?

A imprensa deitou e rolou, inventando manchetes como CIDADE QUE EXPULSOU JANIS AGORA A APLAUDE. Uma repórter perguntou sobre o esconderijo de Janis, um retiro que ela teria supostamente montado em nossa garagem. Ela nos disse que era um lugar para onde Janis ia quando a vida em Port Arthur se tornava muito frustrante. De onde vinham essas histórias? Michael e eu podíamos apenas murmurar que nunca havíamos percebido que Janis se retirava para algum lugar. Não só isso, como sempre ficava no centro das coisas. Explicamos que ela às vezes ia pintar na garagem quando o tempo estava bom ou quando precisava de mais espaço. Não conseguíamos fazer entender que a expressão artística era a regra em nossa família. Dissemos à repórter que a maior parte das histórias sobre Port Arthur era exagerada. "É apenas uma cidade, sabe, não tem nada de particularmente especial sob aspecto nenhum." Michael acrescentou: "Janis era uma ótima *showman*, fazia parte de seu personagem. Surtia grande efeito e passava a mensagem".

A imagem e as frases de Janis haviam sido tão destiladas e distorcidas pelos anos que sua relevância desaparecera. Explicá-la e explicar suas declarações sobre Port Arthur era impossível sem falar da década de 1960 e da forma como se desenvolveram. Eu não conseguiria fazer isso em uma só frase, do tipo que essa gente da imprensa adora pôr entre aspas.

Depois de um certo tempo todas as questões pareciam iguais, como se as corporações de imprensa houvessem se reunido para uma xícara do forte café texano e chegado a um consenso sobre o que era importante no evento. Uma que sempre aparecia era: "O que você acha que Janis diria sobre essa cerimônia?". Essa pergunta, mais do qualquer outra, trazia claras lembranças de Janis em casa. Senti-me segura em dizer que ela teria gostado da cerimônia. Podia imaginá-la segurando o riso e comentando "Bem, já era hora", com um sorriso meio irônico.

Depois de terminarmos o serviço obrigatório de relações públicas, nossa atenção se voltou ao evento que se desenrolava diante de nós. Fomos envolvidos pela lenta e densa multidão de estranhos que olhavam Michael e eu como se também estivéssemos em exibição em uma vitrine.

Em meio às hordas de figuras desconhecidas, rostos há muito esquecidos começaram a surgir, mais velhos, mas ainda reconhecíveis como nossos antigos vizinhos. Sua presença imediatamente transformou o evento em um verdadeiro chá de panela. Bodie Pryor, que ainda vivia na casa de trás, abraçou-nos e disse que viera homenagear Janis. Ele era sólido e carinhoso, uma pessoa que nunca se afastou de seu sentido interno de fé. "Janis era uma menina maravilhosa e feliz. Não importa o que escrevam, eu nem ligo. Eu sei que era uma pessoa maravilhosa."

Bodie e outros rostos familiares sentaram-se no centro da grande sala em forma de ginásio. Havia um palco, com cadeirinhas de metal em uma ponta e uma fila de senhores de terno escuro sentados nelas. Eram os dignitários locais que vinham emprestar à cerimônia sua legitimidade cívica. Havia fileiras de cadeiras de metal diante do palco e bancos nos dois lados da sala, que a multidão já ocupara. Aqueles que chegaram somente no horário tiveram de ficar de pé, quando couberam. De vez em quando alguém conseguia chegar perto do palco e gritava: "Laura, Laura, lembra-se de mim?". O ar estava carregado de expectativa emocional.

O óbvio amor demonstrado a Janis me ajudou a formar as palavras que eu planejava falar ao público. O rumor crescente de sua conversa transformou-se em um bramido acústico pouco perturbado pelo martelinho insistente do orador. O pedido de silêncio formou uma espécie de onda que partia do palco.

A cerimônia começou. Parecia uma convenção do Kiwanis Club ou do Rotary, pensei, com os comentários secos dos cidadãos prosaicos chamados a subir ao palco. O público ouvia educadamente, à espera. O prefeito de Port Arthur, Malcolm Clark, surpreendeu a todos berrando: "Feliz aniversário, Janis!". Ele derrubou o dique que continha as emoções da turba. A felicidade era contagiante, transbordava sobre minha tentativa de reflexão, estimulava a euforia.

O barulho foi se acalmando conforme o tom voltava aos comentários apropriados a respeito da cerimônia. Sam Monroe anunciou seu prazer em abrir a exposição permanente sobre Janis Joplin na Biblioteca da Universidade de Lamar. Disse com honestidade que o prefeito Malcolm Clark, a câmara de comércio e o museu esperavam que a exposição fosse um sucesso.

Embora os fãs tenham vindo porque amavam Janis, os comerciantes locais apoiaram o evento para atrair visitantes à cidade. Port Arthur estava mal economicamente e eles queriam os dólares dos turistas. O prefeito obteve o necessário apoio local explicando que Elvis Presley fizera muito por Mênfis e da mesma maneira Janis podia realizar bastante por Port Arthur.

Ouvi de longe um dignitário local explicando: "Deus nos diz para perdoar, e posso perdoar Janis". Acredito que parte de sua frustração com Janis deveu-se à sua condenação de uma cidade de que ele gostava. As pessoas se lembravam dos comentários depreciadores feitos à imprensa e eles ainda despertavam emoção em 1988. Mas muito de sua raiva parecia se dever às declarações de Janis sobre o uso de drogas. Ele precisou de 20 anos, mas conseguiu perdoar Janis por estimular o uso de drogas por meio de seu comportamento público. Janis era certamente a maior perdedora desse jogo. As drogas a mataram, com sua estouvação de pensar que era dura o bastante para aguentá-las; muitas vezes me perguntei se Janis e sua turma acreditavam, como Timothy Leary, que as drogas fossem um atalho para descobrir uma realidade maior. Seria sua busca pela verdade, honestidade e por si mesma? Tanto faz, eles a perdoavam.

Outros, porém, não os haviam perdoado por seu desdém pelos que eram semelhantes a Janis. Dave Moriaty reclamou disso comigo. "A opinião que mais me irrita", exclamou, "é que Janis era algum tipo de cantora do inferno, que tinha um estilo de vida terrivelmente sórdido, enquanto a sociedade recompensava a capacidade de mentir e de conformar-se. Os porto-arthurenses não eram sexualmente puros. Também havia gays e tarados! Não acho que Janis fosse mais orgiástica ou amoral ou drogada do que qualquer membro do resto da sociedade na época. As donas de casa tinham anfetaminas, benzedrina e seconal para dormir! Tomar álcool era o modo de os meninos provarem que eram homens. Meus amigos quase se mataram tentando ser homens!".

"Que diabos Janis fazia de tão ruim na Costa Oeste? Ela não prejudicava ninguém. Não estava roubando dinheiro, explorando empregados ou participando de alguma vigarice gigantesca para roubar o ganha-pão de todo mundo... Janis apenas esfregou os preconceitos da própria sociedade na cara dela... Janis tinha um código moral mais rigoroso que o normal, porque não aceitava as mentirinhas educadas normais que a sociedade exige de nós!"

Certas pessoas consideravam Janis a corporificação do errado. Os rock'n'rollers que se seguiram à sua geração se inspiraram no comportamento chocante de seus precursores. Para se adequar à nova norma, as histórias sobre Janis foram cada vez mais enfeitadas para manter sua reputação de ofensivas. Já me contaram, a sério, que Janis se apresentara nua no Festival Pop Internacional do Texas. O jovem que disse isso cheio de autoridade não tinha idade suficiente para ter assistido ao evento. Apenas repetia o que ouvira dizer e acreditava em cada palavra.

Algumas pessoas entendiam literalmente frases como a letra "Consiga enquanto você pode". Achavam que se tratava de obter sexo, dinheiro, experiência, etc. Alguns, como John Cooke, compreendiam que se tratava da concentração total, uma disposição em dar *tudo* de si pela arte, não se conter, não esperar. Em qualquer momento dado, está acontecendo apenas uma coisa. O que uma pessoa produz ou obtém daquele instante depende do quanto ela consegue se concentrar e se entregar àquilo. O canto permitia a Janis entregar-se inteiramente à apresentação. Janis muitas vezes disse que "vivia por aquela meia hora no palco", porque era muito real para ela.

As pessoas ouviram Janis dizer: "Erga essa bunda e sinta", e alguns se assustaram com o que poderiam sentir. Janis também podia se identificar com eles. Ela dizia: "Oh, sim, estou assustada, eu penso. Oh, está tão perto, será que consigo? Se fracassar, vai ser na frente do mundo inteiro. Se errar, nunca vou ter uma segunda chance para nada. Mas tenho de arriscar. Nunca me contenho, cara. Estou sempre na extremidade externa da probabilidade".

Assim, a cerimônia de Port Arthur incorporava uma conciliação local a seu respeito. Muitos cidadãos não queriam homenagear Janis e escreveram cartas iradas ao editor do *Port Arthur News*. Para aplacar aquela sensibilidade, a cerimônia acabou por incluir todos os músicos locais que fizeram sucesso no mercado de entretenimento. A lista me espantou. Na sala de exposições, junto com as vitrines que continham a régua de cálculo e o livro do ano de Janis, outras vitrines tratavam dos outros músicos. Havia diversos discos de ouro e trajes de palco cobertos de cristais, cuidadosamente etiquetados.

O filho de Big Bopper estava lá, aceitando as honras por seu pai, que fora um *disc-jockey* local antes de escrever *Chantilly Lace*. Mais tarde, ele fez turnês com Buddy Holly e Ritchie Valens, e os três morreram juntos em um acidente de avião. A lista de estrelas locais era longa e incluía Johnny e Edgar Winter, Tex Ritter, Ivory Joe Hunter, Harry James, Clarence "Gatemouth" Brown, J.P. "Big Bopper" Richardson, Glen Wells, ZZ Top e George Jones.

Quando o apresentador chamava um nome, um representante subia ao palco. Cada vez mais eu me perguntava o que havia de especial na região para produzir tanto talento. Muitas vezes pensei que poucas pessoas entendiam o álbum *Kozmic Blues* de Janis porque não conseguiam se identificar com sua base em Port Arthur. Acho que era sua interpretação da música de Louisiana que ela ouvira no Big Oak Club, no qual os texanos menores de idade iam dançar e beber.

Eles deixaram Janis por último, como a principal homenageada da noite. Michael e eu fomos os representantes. Mesmo nós dois não bastávamos para os fãs. Éramos simplesmente a melhor coisa disponível. Pediram-me que eu falasse ao público por um momento.

"É bom estar aqui esta noite", comecei, "de volta ao Texas, de volta a Port Arthur, de volta à casa". A multidão aplaudiu e assobiou após "casa".

"Há algo de especial no lar, em que todas as visões e sons nos trazem à mente as agradáveis memórias de uma maravilhosa infância.

"Há alguma coisa no Texas que gruda no sangue, de modo que, não importa onde vive ou o que faz, você sempre será texano." A multidão se manifestou novamente e senti como se tivesse acendido uma luz dentro deles.

"De muitas maneiras, acredito que Janis era como a texana quintessencial, a exploradora petrolífera, determinada a fazer o que fosse necessário para ter sucesso na profissão que escolheu." O bramido da multidão me forçou a uma pausa.

"Em uma de suas muitas cartas à família, Janis escreveu sobre sua carreira. Ela dizia que, quando começou, tinha de trabalhar duro para obter um pouco de sucesso. Quando conseguiu um pouco de sucesso, descobriu que tinha de trabalhar ainda mais duro para mantê-lo." A multidão se acalmou, ouvindo as palavras vindas diretamente de Janis: "Daí, quando você é o número um, tem de se matar para permanecer no topo". A multidão estava então em silêncio total.

"Certamente, Janis tinha um jeito com a imprensa que lhe rendeu muita publicidade útil. Talvez por isso eu esteja tão feliz de estar entre amigos e vizinhos, entre aqueles de podem, junto comigo, se lembrar da criança, da adolescente, da jovem, longe dos flashes e do brilho que dominaram sua vida sob os holofotes.

"As emoções que sinto esta noite são confusas. Não queria estar aqui. Preferiria estar em casa, em minha cozinha, fazendo um bolo de aniversário, tomando café e conversando com minha irmã."

Um sonoro "Amém" ressoou na audiência, das frias cadeiras de metal próximas ao palco. Eu estava muito grata. Alguém estava comigo.

"Mas não posso estar lá e isso me faz sentir um prazer especial por estar aqui com vocês esta noite, o povo de Port Arthur, lembrando da mulher, minha irmã, Janis Joplin."

A plateia aplaudiu em pé. Ao me sentar, um senhor de terno azul me deu um tapinha no ombro e comentou: "Foi maravilhoso!". Eu o surpreendera. Pretendia dizer algo significativo, mas foi ali que percebi que tudo o que eles queriam era que eu aparecesse e dissesse "Obrigado". Oh, bem, eu fiz o que queria fazer.

Continuei a refletir até perceber que todas as pessoas no palco haviam se afastado para assistir a um clipe de 20 minutos do documentário *Janis*. Os trechos incluíam uma bela entrevista com ela em Estocolmo. Ela era muito jovem, menos de 26 anos, e eu faria 40 poucos meses após a cerimônia. Mas Janis sempre seria minha irmã mais velha, por isso eu me senti mais nova que ela.

O filme a mostrava no palco, cantando e parecendo radiantemente feliz. Na tela, um repórter lhe perguntou sobre suas influências musicais, e eu sorri, pois conhecia as duas primeiras: mamãe e papai. Papai, que não conseguia decorar uma melodia, tinha uma alma musical. Muitas vezes chamava os filhos à sala. Mandava-nos sentar no sofá e dizia: "Agora, apenas ouçam". Cuidadosamente selecionava seu disco favorito de violoncelo, Pablo Casals tocando "Kol Nidrei", e o colocava na vitrola. Quando a agulha se acomodava nos riscos do disco, papai se instalava na cadeira, transfigurado, com lágrimas nos olhos. "Vocês conseguem ouvir? A tristeza? Apenas ouçam", pedia ele. Assim, sua primogênita cantava de coração, com as lágrimas do pai misturadas às suas melodias.

O público adorou a música no filme. Não achei que os gritos e manifestações pudessem ficar mais intensos, mas ficaram. Era como se fôssemos um animal vivo e palpitante enquanto cantávamos e balançávamos ao ritmo da música.

A seguir, vinha a inauguração da estátua. O escultor, Doug Clark, e seu mecenas estavam ao lado da peça, coberta por um pano. Embora John Palmer gostasse de explicar suas razões à imprensa, Clark parecia ser um homem que preferia deixar que sua arte falasse por ele. Michael e eu puxamos um cordão e descobrimos a estátua; ergui os olhos para ter uma boa visão dela. Repentinamente, os repórteres voltaram. Flashes estouravam por todos os lados. Várias mãos me agarraram e alguém disse: "Fique ao lado da estátua", e os flashes voltaram a pipocar. Outra pessoa enfiou uma dúzia de rosas nas minhas mãos. Eu queria segurar as rosas graciosamente, como uma rainha de beleza, mas as flores estavam em um vaso cheio de água. Eu mal podia segurá-las em pé e manter minha cabeça acima delas. "Sorria e olhe para a estátua. Fique ao lado dela", orientavam os fotógrafos. Pediram várias poses para Michael e eu, mas aceitamos tudo com calma. Afinal de contas, prometemos comparecer. Não podíamos dizer "deixem para lá", simplesmente porque não sabíamos o quanto o evento intrigaria a imprensa.

As luzes ainda estavam pipocando e os repórteres ávidos já começavam a perguntar: "O que você acha da estátua, Laura?". Eu queria fazer algum comentário brilhante e inspirador, mas não conseguia nem vê-la por causa dos flashes ofuscantes! Correria, correria, correria.

A multidão interrompeu a ação da imprensa. As arquibancadas se esvaziavam e as pessoas tentavam olhar melhor a estátua. Velhos amigos puxavam nossas mangas, tentando nos cumprimentar. A sensação era ótima.

Dois repórteres foram insistentes. Não tinham conseguido uma entrevista e por isso me interromperam quando conversava com um dos membros da turma do colegial de Janis, Jim Langdon. Sua voz profunda e seus olhos penetrantes me desafiaram a provar que eu conseguia me lembrar da garota por trás daquilo tudo. Eu queria escapar do rebuliço que nos cercava e encontrar um local confortável para absorver suas lembranças. Queria saber o que ele pensava de Janis dizer que ele era um "arredio" no colegial. Eu era criança e só lembrava que Janis estava sempre com amigos.

Daí a realidade do evento me atingiu. Os fãs estavam relaxados. A maioria das pessoas vagava em meio à densa multidão, admirando os artigos em exposição e olhando curiosamente para nós. Seus olhares eram calmos, como se a cerimônia lhes houvesse dado a válvula de escape de que necessitavam. Ocasionalmente alguém se aproximava para dizer "Já era hora de homenageá-la" ou "Sou um verdadeiro fã de Janis. Só queria que vocês soubessem como eu a amava". Suas vozes eram sombrias e às vezes eu sentia que estavam recitando uma litania e que eu era um ícone.

Muitos nos pediam para assinar um pôster do evento. Uma garota pediu que assinássemos sua jaqueta *jeans* na altura do ombro. As pessoas estavam delicadas, carinhosas e comovidas, e dividiam aquilo conosco. O ambiente era alegre e jubiloso. Todos os que estavam lá forçosamente sentiam o calor e a empolgação.

Havia também outra coisa, que me atingiu com força plena quando uma fã se destacou da multidão e me deu um indesejado abraço de urso por trás. "Eu tinha de fazer isso", disse ela. Ela agarrou meus ombros e olhou dentro de meus olhos. "UAU!", disse. Ela só conseguia repetir essa palavra. Tentei me soltar, sentindo que ela usava meu corpo para abraçar algo dentro de si mesma, e eu não tinha a certeza de que desejava essa função. Mais tarde, eu a ouvi dizer: "Por que não sou irmã de Janis Joplin?". Perguntei-me por que ela desejava isso. Se fosse para desejar alguma coisa, por que simplesmente não desejar ser Janis?

Talvez no público também houvesse alguém como o sujeito que se apresentara a mamãe anos antes, quando ela estava pondo flores para Janis no jardim. "Gostaria que a senhora soubesse", disse ele, "que, no dia em que sua filha morreu, parei de usar drogas. Percebi que, se ela não era forte o bastante para usá-las, eu também não era." Para onde quer que eu olhasse, revivia experiências como as que ouvira de outras pessoas. Papai me dissera que os fãs não queriam nada deles, mesmo os que escreviam anos depois da morte de Janis. Só desejavam que ele e mamãe os conhecessem.

A multidão na cerimônia nos cercou e nos sentimos sufocados. Eu entendi por que os famosos têm guarda-costas. Eram as mãos. As pessoas nos agarravam por todos os lados, como trombas de elefante à cata de amendoins. Michael e eu precisávamos sair dali.

Saímos para o fragrante ar do Texas. Relaxamos e deixamos que seu fresco alento nos arrancasse da intensidade do prédio. Foi então que a verdadeira magnitude do evento se mostrou. Havia alto-falantes na grama, que transmitiram nossas palavras às centenas de pessoas que não conseguiram entrar no Centro Cívico de Jefferson County. Os alto-falantes vibravam com a música da contínua celebração e nós olhamos para o estacionamento. Havia automóveis em toda parte – na grama, nas ilhas e mesmo no caminho de acesso.

Enquanto nos acomodávamos em meu carro, olhei novamente para o auditório. Através das portas abertas via a multidão olhando a exposição. Acima deles, na parede, via a exibição das obras de arte de Janis. Meus olhos pousaram no retrato que ela fizera de mim aos 11 anos. Eu me lembro de estar no quarto, imóvel e muito entediada. Eu esperava que Janis me pintasse da forma como eu me sentia. Fantasiara que ela me emprestaria a imagem de uma bela garota sulista com um caro vestido de baile diante de uma lareira. Em vez disso, ela me pintou como eu era: uma garota entediada de 11 anos, olhando por sobre o ombro para ver o que a irmã maior estava fazendo.

Janis me via como eu era e me amava como eu era. Eu não precisava ser uma beleza sulista para merecer sua ilimitada afeição. Durante toda a carreira, ela se entregou a seus fãs do mesmo modo. Em seu próprio modo cambaleante e determinado, ela os deixava saber que todos eram merecedores de total aceitação e amor simplesmente por ser quem eram.

Ela cantava músicas que ajudavam as pessoas a encontrar a si mesmas. Uma mulher contou a história de sua constante vigilância para manter a sobriedade. Certa manhã, estava loucamente tentada a beber, até que ouviu Janis cantando "Me and Bobby McGee" no rádio. O verso sobre *liberdade* que dizia que não sobrara nada para perder a libertou de seu desejo de beber. Ela sabia que tinha algo a perder – sua sobriedade.

Como Janis morreu por causa das drogas, sua vida nunca pôde ser separada do aumento do uso de álcool e outras drogas pela geração do amor. Certas pessoas dizem que a geração dos anos de 1960 virou as costas para os critérios de seus pais e para a moderação em todas as coisas. Pode também ser verdade que eles simplesmente tenham entendido as mensagens subliminares da cultura que os criou e as posto em prática. Se os outdoors e anúncios mostravam homens e mulheres romantizando os cigarros e o álcool, os jovens os consideravam inextricavelmente ligados. Se os eventos esportivos e shows eram promovidos pelas indústrias de cerveja, os jovens equiparavam o álcool à saúde física e à diversão boa e limpa. Se todas as festas e celebrações adultas começavam com um brinde alcoólico, os jovens aprenderam que os bons momentos exigiam uma bebida.

A morte de Janis foi rotulada como overdose de heroína, permitindo que as pessoas que não usavam heroína se sentissem seguras contra esse destino. Mesmo assim, sua morte provavelmente se deveu à interação da heroína com o álcool. Se assim foi, sua morte se relacionava ao álcool. Além disso, ela não iniciou seu "uso de drogas" com a heroína. Ela começou com o tabaco, passou ao álcool, maconha, anfetaminas e uma seleção de outras drogas sociais fáceis de obter.

O alcoolismo de Janis começou como o da maioria das pessoas, bebendo socialmente antes dos 21 anos. Ela estava no caminho aceito para a maturidade. Ela acreditara na crença dos médicos de que as drogas são panaceias. Aceitava a fé da cultura em substâncias químicas que resolvem problemas sentimentais. Concordava com os escritores e líderes culturais de sua época, que diziam que as drogas ilegais usadas por seu grupo não eram muito diferentes das drogas legais consumidas pela velha geração.

Janis era corajosa o bastante para enfrentar as injustiças da vida com a cabeça erguida. Ela se manifestou contra a discriminação racial antes que estivesse na moda fazê-lo. Perseguiu uma vida determinada a aplacar seu desejo visceral de conhecer a alma. Rejeitou quaisquer soluções conciliatórias, como se acomodar em uma rotina suburbana. Janis voltou as costas ao seu intelecto como meio de despertar seu *eu* emocional, acreditando que aquilo que a frustrava mentalmente pudesse ser encontrado nos sentimentos. Ela se concentrava na fraqueza cultural de seu tempo – como lidar com as emoções. Nossa sociedade ordenada é incrivelmente grandiosa com a mente e totalmente inepta para lidar com o desconforto emocional.

Ela tentou encontrar um novo modo de viver. Recebera apropriadamente o nome do deus romano Janus, que governava os inícios e os fins. Janus é representado de perfil, com dois rostos idênticos olhando para direções opostas. Janeiro, o mês de nascimento de minha irmã, recebera o nome de Janus. Toda a sua vida foi entremeada pela missão de mudança e formação.

Janis tentou valentemente mudar a si mesma e, por isso, ajudou muitas pessoas que buscavam transformações emocionais em si mesmas. Ela nunca deixava os velhos modos morrerem em silêncio. Levava-os até um penhasco e atirava torrentes de ira sobre eles. Antes de morrer, um novo *eu*, mais tranquilo, era visível no emaranhado de suas volumosas diatribes cínicas. Seu renascimento ainda estava em operação quando a morte o interrompeu.

A verdade que ela encontrou estava em sua música. Desistiu de tudo por ela porque não encontrou nada parecido. Ela encontrava sua nova realidade enquanto cantava e, quando estava sintonizada a esse poder, dava amor puro a seu público.

Sua relação com o público lhe ensinou que o amor não era *obter* algo de outras pessoas. A boa sensação vinha de *dar* – dar amor. Ela se esforçava para aplicar essa lição ao resto de sua vida.

Tentou com bravura relacionar-se com os outros além dos véus do condicionamento cultural. Era como se seguisse o tradicional ritual hindu de saudação em que duas pessoas, ao se encontrar, pousam a mão no peito, com as palmas unidas, os dedos apontados para o queixo. Dessa maneira eles dizem: "O Deus em mim cumprimenta o Deus em ti". Janis cantava para o mundo de dentro de uma maré que a carregava e que chamava a si mesma de revolução social. Era uma das porta-estandartes do movimento, clamando contra as regras do tipo "Você simplesmente não pode fazer isso!".

Janis cantava: *"Há um fogo dentro de cada um de nós/Você vai precisar dele agora"*. Não podemos nos agarrar às ideias do passado; os anos de 1960 as destruíram para nós. Estamos mudados. E as canções de Janis ainda nos encorajam. Não sabemos o que encontraremos, mas o ímpeto de mudança não para de nos impelir. Sabemos, como Janis, que, se não procurarmos, vamos ficar estagnados em papéis sociais vazios.

Janis e a geração do amor nos mostraram a importância do amor como um guia. Janis e o Big Brother conclamavam: *"Volte e acredite em meu amor/Volte e acredite na magia do amor"*. A música de Janis sempre parecia ir direto ao coração.

Ela até mesmo respondia às perguntas sobre como seria descrita pelos escritores do futuro que tratassem dos anos de 1960. "O que eles vão dizer sobre mim", Janis repetiu a pergunta, "algum garoto boboca de lá? Acho que vão dizer que minha música foi quando aquela coisa de branco e negro acabou, e o negro podia gostar do que o branco cantava, e o branco podia gostar do que o negro cantava... e tudo era música, e chegava onde devia chegar."

Graças a Janis, Michael e eu nos reunimos ao menos duas vezes por ano para tratar de seus negócios. É uma razão engraçada para se reunir. É muito diferente, digamos, de se encontrar para o jantar de Ação de Graças (o que também fazemos). O trabalho de lidar com as decisões foi excessivo e nos aproximou mais do que teria acontecido se a história fosse diferente. A família é um compromisso contínuo em nossa vida.

Certa vez, estávamos em Tucson, na casa de Michael. Com os aromas de bacon e café perfumando sua casa de tijolos, desfrutávamos a manhã em silêncio. *Fom, fom*, fez uma buzina de carro, rompendo o silêncio. Mais tarde, outra pessoa repetiu o gesto, berrando bem alto: "Janis era a maior!".

"É o Dia dos Mortos", Michael explicou diante de minha expressão atordoada. "*Día de los muertos*. É o dia em que os mexicanos relembram seus mortos queridos. Os fãs de Janis passam pela minha casa neste dia todos os anos, desde que alguém descobriu que eu vivia aqui", continuou.

A celebração é muitíssimo mais exuberante do que as da cultura anglo-saxã. Esse evento, o mais mexicano de todos, é um período de respeito, amor e divertimento. Os parentes honram seus mortos ativamente, não apenas em relembranças silenciosas. Eles servem o prato favorito da pessoa homenageada, arrumam um lugar para ela na mesa ou se dedicam a uma atividade favorita da pessoa – por exemplo, cuidar de uma árvore especial no jardim.

Como muitos feriados mexicanos, uma arte popular especial se desenvolveu no Dia dos Mortos. Os artistas esculpem figurinhas de pessoas e as pintam como esqueletos. Eles as colocam em uma cena que expressa os prazeres que a pessoa julgava especiais durante sua vida. A peça inteira muitas vezes não tem mais de 15 centímetros.

Um conjunto desses para Janis teria uma pequena figura humana, pintada de branco com ossos negros, usando as roupas favoritas dela. O artista de Janis poria óculos cor-de-rosa em seus olhos e um traje enfeitado com lantejoulas no corpo. Haveria uma banda de rock de esqueletos atrás de Janis, com pequeninas guitarras e uma bateria, e uma multidão de fãs-esqueleto dançando na frente do palco. Eu colocaria dúzias de rosas no palco, um show de luzes na parede e seu cão perdido, George, esperando-a nos bastidores. Certamente seria a cena favorita de Janis, a ser saboreada nesse dia mais especial de todos, um dia para se lembrar.

Os carros continuavam a passar diante da casa de Michael, diminuindo a marcha. Suas palavras me aqueceram com suas bênçãos. Ela não fora esquecida.

Alguns meses mais tarde, eu estava em casa, trabalhando em uma nova compilação das canções de Janis. Eu ouvia cada um de seus álbuns, um após o outro, em uma nova sequência. Melodias de diferentes períodos eram misturadas.

Ouvi atentamente "Try" e "Piece of My Heart", e voltei a pensar no Dia dos Mortos, nos fãs e na diversão de um concerto de Janis. Ouvi "Work Me, Lord" e "Mercedes Benz", tentada a cantar junto, desafiando sua voz estereofônica a superar meu volume de carne e osso. Minha filha e uma amiga entraram para observar aquele comportamento tão pouco materno, duas menininhas alegres de 5 anos entoando "Tia Janis, rock'n' roll". Ergui as sobrancelhas, para não perder uma palavra da melodia, e comecei a dançar, estimulando-as a acompanhar a música.

Pulando para cima e para baixo, balançando, sacudindo o cabelo, dando os braços, dançávamos. Gritamos as letras de "Summertime" e "Maybe", e recuperamos o fôlego em "A Woman Left Lonely". Curtíamos juntas, olhando-nos nos olhos, sorrindo nas respostas dentro de "Nobody Knows You When You're Down and Out". E assim continuamos, canção após canção, até que nossos sentimentos se exaurissem. "Little Girl Blue" nos reuniu, em um enorme abraço carinhoso, sendo Janis a mais abraçada. Deitamos no chão e ouvimos "I Need a Man to Love" e "Blindman", e começamos a chorar com "Me and Bobby McGee".

Minha amada irmã não será esquecida.

AGRADECIMENTOS E FONTES

Tenho uma dívida eterna com as muitas pessoas maravilhosas que me doaram seu tempo e dividiram seu coração, suas lembranças e suas percepções. Meu trabalho e minha vida se beneficiaram de suas dádivas oferecidas de boa vontade. Agradecer e dar nome aos indivíduos é inerentemente inadequado por causa das ideias intangíveis e dos sentimentos que nunca podem ser plenamente expressos.

Os sentimentos tiveram grande parte na confecção deste livro – ouvir sobre os dos outros, descobrir os meus próprios e resolver muitos deles. A técnica de "Liberação" do Instituto Sedona foi essencial para me ajudar a lidar com os altos e baixos emocionais que acompanham a escrita de um livro como este. Sei que não poderia terminar este manuscrito sem ter feito o workshop em Phoenix e o curso em vídeo.

Nas próximas páginas, quero agradecer aos indivíduos que deram informações e minhas principais referências escritas para os respectivos capítulos. Embora muitas entrevistas e textos tenham dado informações úteis em vários capítulos, enumerei nomes conforme a área principal de contribuição. Fiz isso com a expectativa de que o leitor percebesse que as informações muitas vezes eram usadas de maneira geral, não apenas em um capítulo específico.

Há algumas pessoas cujas contribuições foram tão amplas que quero agradecer-lhes aqui.

Primeiro, quero agradecer à minha mãe, Dorothy Joplin, por sua fé, confiança e ajuda nos anos em que trabalhei neste projeto.

Segundo, quero agradecer a meu irmão, Michael Joplin, por seu constante apoio e ajuda contínua para preparar o livro. Em particular, Michael pesquisou e ajudou a selecionar as fotografias aqui presentes.

Em terceiro, gostaria de expressar minha gratidão a meu marido, Richard, e seu apoio pelos anos que levei para terminar este livro. Ele também foi meu consultor de informática, manteve nosso sistema funcional e me ensinou a usá-lo.

Em quarto, quero agradecer a Robert Gordon, advogado de Janis, por seus ótimos e delicados conselhos pelos últimos 22 anos.

Em quinto, sou grata a Manny Fox por sua constante atenção e opiniões enquanto eu escrevia o livro, especialmente no início, quando a tarefa parecia aterradora.

Em sexto, estou em dívida com muitos amigos que leram os primeiros esboços e me deram opiniões extremamente necessárias: Marilyn Green, Carolyn Koplin, Liz Kreider, Carolyn Manly, Rod e Marilyn Mitchell, Barbara Pollack e Nancy Sparks. Um agradecimento especial às pessoas que ajudaram a editar os primeiros rascunhos: Mae Chu, Laura Museo e Marie Rallis.

Em sétimo, quero agradecer a meu editor, Doug Stumpf, e à minha editora de produção, Beth Pearson, da Villard Books. A atenção, as ideias e a confiança de Doug, junto com as questões pertinentes e a atenção aos detalhes de Beth, ajudaram-me imensamente a transformar um manuscrito grosseiro no livro em que eu desejava transformá-lo.

Em oitavo, gostaria de agradecer o apoio especial e a contribuição dos vários amigos de Janis:

Jim Langdon e Dave Moriaty, que me encorajaram a escrever o livro, acreditando que era necessário contar uma história mais completa de Janis. Quero especialmente agradecer a Dave por ter checado os fatos no manuscrito.

John Cooke, que ofereceu apoio, o acesso aos seus documentos da época, sua memória brilhante e uma amigável boa vontade em falar sempre que necessário. Um agradecimento especial por seus comentários editoriais sobre um dos primeiros esboços.

Pat Nichols, cuja sinceridade e atenção ao dar informações ajudou-me a compreender muitas coisas.

Os membros do Big Brother and the Holding Company – Sam Andrew, Peter Albin, Dave Getz e James Gurley – que deram informações e permissão para usar suas letras publicadas pela Cheap Thrills Music Company. Agradeço também a Sam, por sua ajuda ao conferir os fatos do livro.

Gostaria de me desculpar com antecedência pelos esquecimentos ao agradecer pelo tempo, as informações e a atenção de todos que eu possa ter deixado de mencionar. Não foi intencional.

UM: OUTUBRO DE 1970

Peggy Caserta, Dr. Henry Chu, John Cooke, Bob Gordon, Mimi Krohn, Pat Nichols. "Rock and Roll Woman", de Michael Thomas, in *The Age of Rock*, Jonathan Eisen, ed. Vintage, Nova York, 1969.

DOIS: NOSSOS ANCESTRAIS

Ima Jo Bryant, Gerald East, Vern e Eva East, Bob e Eleanor Hanson, Grace Hanson, Lorena Hempell, J. Mike Joplin, Marjorie Joplin, Ellen Jopling, Mimi Krohn, Donna MacBride, Kate McDonald, Violet Merryman, Wilma Parnell, Pauline Webb.

"The Ancestors of Henry Sherman Hanson", artigo de James Hanson, 1991.

"The English Ancestry of Hezekiah Hoar of Taunton, Massachusetts", de Lyon J. Hoard; New England Historical and Genealogical Register, Boston, janeiro de 1987.

Generations: The History of America's Future 1584-2069, de William Strauss e Neil Howe, Morrow, Nova York, 1991.

A History of Women in America, de Carol Hymowitz e Michaele Weissman, Bantam Books, Nova York, 1978.

"The Jopling-Joplin Family", de Dorothy Eason, Fricks e Adams.

Lone Star: A History of Texas and the Texans, de T. R. Fehrenbach, Collier, Nova York, 1985.

"Memories of the Robert Ury Porter Home and Family", artigo de Eleanor Porter McSpadden, 1970.

The Oxford History of the American People, volumes I e II, de Samuel Eliot Morison, New American Library, Nova York, 1972.

The Reformation, de Edith Simon e os editores da Time-Life Books, Time Inc., Nova York, 1966.

A Religious History of the American People, de Sydney E. Ahlstrom, Yale University Press, New Haven, 1972.

Slavery and Freedom, de James Oakes, Alfred A. Knopf, Nova York, 1990.

Texas: An Album of History, de James L. Haley, Doubleday, Nova York, 1985.

Trial by Fire: A People's History of the Civil War and Reconstruction, de Page Smith, Penguin, Nova York, 1982.

TRÊS: A INFÂNCIA DE JANIS

Karleen Bennett, Kristen Bowen, Dorothy Joplin, Michael Joplin, Mimi Krohn, Roger e Jimmy Pryor, Dorothy Robyn, Jack Smith, Marilyn e Carolyn Thompson.

Great Expectations: America and the Baby Boom Generation, de Landon Y. Jones, Ballantine, Nova York, 1981.

Lone Star: A History of Texas and the Texans, de T. R. Fehrenbach, Collier, Nova York, 1985.

The Oxford History of the American People, volume I, de Samuel Eliot Morison, Nova American Library, Nova York, 1972.

Port Arthur, patrocinado pelo programa para escritores dos WPA do Texas, Anson Jones Press, 1940.

Texas: An Album of History, de James L. Haley, Doubleday, Nova York, 1985.

QUATRO: ADOLESCÊNCIA

Karleen Bennett, Kristen Bowen, Adrian Haston, Jim Langdon, Grant Lyons, Sam Monroe, Dave Moriaty, Tary Owens, Jack Smith, Randy Tennant.

Great Expectations: America and the Baby Boom Generation, de Landon Y. Jones, Ballantine, Nova York, 1981.

In a Different Voice: Psychological Theory and Women's Development, de Carol Gilligan, Harvard University Press, Cambridge, Mass., 1982.

In the New World: Growing Up with America 1960-1984, de Lawrence Wright, Alfred A. Knopf, Nova York, 1988.

South to Louisiana: The Music of the Cajun Bayous, de John Broven, Pelican Publishing Co., Gretna, La., 1987.

CINCO: A FACULDADE E A CENA BEAT DE VENICE

Todas as pessoas e referências do cap. 4 e mais: Gloria Haston, Rae Logan, John Maynard, Dave McQueen, Patti Mock, Lionel Rolfe.

In Search of Literary Los Angeles, de Lionel Rolfe, California Classics Books, Los Angeles, 1991.

Modigliani, the Pure Bohemiany, de June Rose, St. Martin's Press, Nova York, 1990.

Venice West: The Beat Generation in Southern California, de John Arthur Maynard, Rutgers University Press, New Brunswick, N.J., 1991.

SEIS: AUSTIN, TEXAS

Pat Brown, John Clay, Bill Helmer, Jack Jackson, Bill Killeen, Ted Klein, Jim Langdon, Rod e Marilyn Mitchell, Dave Moriaty, Gilbert Shelton, Powell St. John e muitos amigos do colegial e da faculdade de Janis mencionados anteriormente.

Agradecimentos especiais a Dave Harman por pesquisar a cena musical de Austin; o vídeo de Claude Matthews sobre Kenneth Threadgill, *Singing the Yodeling Blues*; John Wheat e John Slate, da Barker Texas History Library, da Universidade do Texas; e a Texas Student Publications em Austin, Texas, por nos permitir usar artigos, fotografias e cartuns da *Ranger* e *The Summer Texan*.

A History of Underground Comics, de Mark James Estren, Ronin Publishing, Berkeley, 1989.

In the New World: Growing Up with America 1960-1984, de Lawrence Wright, Alfred A. Knopf, Nova York, 1988.

Screening the Blues: Aspects of the Blues Tradition, de Paul Oliver, Da Capo Press, Nova York, 1968.

SETE: A CENA BEAT DE SÃO FRANCISCO

Peter Albin, Pat Brown, Nick Gravenites, Adrian e Gloria Haston, Chet Helms, Seth Joplin, Kenai, Jim Langdon, Rae Logan, Pat Nichols, Gilbert Shelton, Linda (Gottfried) Wauldron.

The Female Hero in American and British Literature, de Carol Pearson e Katherine Pope, R.R. Bowker Co., Nova York, 1981.

Ferlinghetti, de Barry Silesky, Warner Books, Nova York, 1990.

Ginsberg, Barry Miles, Harper Perennial, Nova York, 1989.

Jack Kerouac, de Tom Clark, Paragon House, Nova York, 1984.

OITO: DE NOVO EM CASA

Karleen Bennett, Adrian e Gloria Haston, Chet Helms, Patti Mock, Tary Owens, Jack Smith, Linda (Gottfried) Wauldron.

Buried Alive, de Myra Friedman, William Morrow & Co., Nova York, 1973.

The Story of Rock, de Caril Belz, Harper Colophon Books, Nova York, 1969.

NOVE AO 15

O resto do livro trata da vida de Janis na cena do rock'n'roll de São Francisco. Muitas pessoas forneceram importantes informações sobre esse período. Incluo aqui seus nomes para marcar sua contribuição no resto do livro. Peter Albin, Sam Andrew, Peggy Caserta, John Cooke, Dave Getz, Bob Gordon, Linda Gravenites, Nick Gravenites, James Gurley, Pat Nichols, Tary Owens, Richard Ryan. Os seguintes textos serviram de fonte sobre o período de 1966 até 1970.

The Age of Rock, Jonathan Eisen, ed., Vintage Books, Nova York, 1969.

Buried Alive, de Myra Friedman, William Morrow & Co., Nova York, 1973.

The Haight-Ashbury: A History, de Charles Perry, Vintage Books, Nova York, 1985.

A History of Underground Comics, de Mark James Estren, Ronin Publishing, Inc., Berkeley, 1974.

Hit Men: Power Brokers and Fast Money Inside the Music Business, de Fredric Dannen, Times Books, Nova York, 1990.

Intoxication, de Ronald K. Siegel, Pocket Books, Nova York, 1989.

Licit and Illicit Drugs, de Edward M. Brecher e os editores da Consumer Reports, Little, Brown and Co., Boston, 1972.

One More Saturday Night, de Sandy Troy, St. Martin's Press, Nova York, 1991.

The Pharmer's Almanac: A Training Manual on the Pharmacology of Psychoactive Drugs, de Anthony B. Radcliffe, Carol F. Sites, Peter A. Rush e Joe Cruse, MAC Publishing, Denver, 1985.

Rock Folk, de Michael Lydon, Citadel Press, Nova York, 1990.

Rock of Ages: The Rolling Stone History of Rock and Roll, de Ed Ward, Geoffrey Stokes e Ken Tucker, Rolling Stone Press, Nova York, 1986.

The Rolling Stone Illustrated History of Rock & Roll, de Jim Miller, ed., Random House, Nova York, 1980.

Storming Heaven: LSD and the American Dream, de Jay Stevens, Harper Perennial Library, Nova York, 1988.

Uncovering the Sixties: The Life and Times of the Underground Press, de Abe Peck, Citadel Press, Nova York, 1991.

NOVE: O MOVIMENTO HIPPIE DE SÃO FRANCISCO ATÉ

DOZE: ROMPIMENTO COM O BIG BROTHER

Principais contribuições: Fred Catero, Nancy Getz, Sharry Gomez, Jay Good, Bruce Harah-Konforth, Chet Helms, Richard Hundgen, Julius Karpen, Joe McDonald, "Bear" Owsley, D. A. Pennebaker, Dan Weiner, Baron Wolman.

TREZE: A BANDA DO ALÉM

Sam Andrew, John Cooke, Cornelius "Snooky" Flowers, Linda Gravenites, Nick Gravenites, Bobby Neuwirth, John Till.

CATORZE: DESCANSO, ROMANCE E REAGRUPAMENTO ATÉ

QUINZE: ESTREIA TRIUNFAL

Sam Andrew, Ben Beall, Peggy Caserta, dr. Henry Chu, John Cooke, Bennett Glotzer, Linda Gravenites, Nick Gravenites, James Gurley, Michael McClure, Sam Monroe, Seth Morgan, Bobby Neuwirth, Pat Nichols, David Niehaus, Tary Owens, Clark Pierson, Jimmy Pryor, Paul Rothchild, dr. Ed Rothschild, Glenda South, John e Dorcas Till.

DEZESSEIS: A CELEBRAÇÃO MEMORIAL

The Frenzy of Renown: Fame and Its History, Oxford University Press, Nova York, 1986.

Intimate Strangers: The Culture of Celebrity, de Richard Schickel, Double-day, Garden City, N.Y., 1985.

Diversos artigos do *Port Arthur News* em 1987 e 1988.

AGRADECIMENTOS PELA PERMISSÃO DE USO

Este livro foi composto em caecilia e impresso em papel pólen 80 g pela gráfica Copiart em junho de 2019.